장애인 복지론

김영철
윤진순
정행복
김민선
김혜숙
이용주

박영story

머리말

이제 장애인에 대한 근본적인 인식전환의 시기에 와 있다. 현대사회에서 장애인의 인구는 계속 증가하고 있으며, 어느 누구도 장애의 위험으로부터 완전히 벗어날 수가 없다는 것은 부인할 수 없는 사실이다. 과거 자연적 현상에서 이제는 사회적 변화에 따른 장애인 수가 증가하고 있다. 특히, 각종 법제도적 개선으로 장애범주의 지속적인 확대와 장애인 복지욕구의 다양화는 그들의 욕구충족 및 문제해결을 위한 장애인복지정책의 중요성을 새삼 증대시키고 있다.

이러한 상황에서 유엔을 비롯한 세계 각국은 장애인복지정책을 다양하게 추진함으로써 어느 정도의 기본적인 틀은 마련되었다고 볼 수 있다. 하지만 장애인의 완전한 사회참여와 평등을 실현하기에는 아직도 개선해야 할 부분들이 많다는 것은, 우리 사회가 장애인과 비장애인의 사회통합이 이루어지고 있지 않고 있음을 반증한다고 볼 수 있다. 따라서, 정부정책의 내실화를 위한 다각적인 노력이 요구되며, 장애인들이 사회적 공동체의 일원으로서 평등하게 생활할 수 있도록 종합적인 복지정책이 연계되어 시행되어야 한다. 장애인들이 사회구성원의 한 사람으로서 평등하게 교육을 받고 직업을 가지며, 비장애인들과 함께 더불어 살아가는 사회적인 환경을 만들어 주는 것은, 장애인복지정책이 나아가야 할 기본적인 방향이다.

이와 같이 장애인의 권리를 보장하기 위한 장애인복지제도는 빠르게 변화되고 있으나, 장애인과 그 부양가족의 욕구를 충족하기에는 아직도 많이 부족하다. 장애인의 욕구가 제대로 충족되지 않고 있는 현실은 장애인이 차별을 받고 있는 현실과 다르지 않다. 장애인에 대한 인권의 미비는 생존과 생명의 위협이며, 인간으로서 당연히 누려야 할 권리의 침해이다. 이러한 이유로 한국사회에서 장애를 가지고 살아간다는 것은 매우 힘들고 어렵다. 장애를 가진 당사자와 그 가족에게는 일상생활의 영위가 고통의 연속이라고 할 수 있다.

이 책은 장애인에 대한 이론과 실제를 겸하고 있다. 장애인에 대한 학습은 결코 이론만으로 이루어질 수 없으며, 사회복지실천현장에서 실제 적용되어야 한다. 이 책의 주요 내용은 다음과 같다.

제1장 장애와 장애인
제2장 장애인복지
제3장 장애유형
제4장 장애인복지의 발전과정
제5장 장애인복지의 사상
제6장 장애인소득보장정책
제7장 장애인고용보장정책
제8장 장애인교육보장정책
제9장 장애인복지 관련법
제10장 장애인복지실천 접근방법
제11장 장애인복지 전달체계
제12장 장애인복지시설
제13장 장애인과 재활

원고를 정리하고 보니 걱정이 앞선다. 이 책으로 인해 장애인 여러분과 학습자분들께 조금이라도 되어야 할 텐데 하는 마음 때문이다. 더구나 올해는 코로나19로 인해 전 국민이 힘들어 하는 때이고, 학습현장에서도 제대로 교육이 이루어지지 않고 있기 때문이다. 더구나 장애인들의 시위로 인해 정치권과의 알력이 발생하고, 심지어 장애인들이 사법처리되는 유난히 뜨거운 여름을 보내고 있다. 학습자 여러분들의 연구로 인해서 조금이라도 장애인들에게 도움이 된다면 우리 공동저자들은 이 책을 펴낸 보람이 있으리라 감히 말씀드린다. 이 책을 출판하기까지 수고하신 박영스토리 대표님과 관계 임직원 여러분께 진심으로 감사드린다.

2022년 8월

공동저자 대표 **김영철**

목 차

PART Ⅰ. 장애인복지의 일반적 이해

PART Ⅱ. 장애인복지정책

PART Ⅰ

장애인복지의 일반적 이해

Chapter 1

장애와 장애인

✓ **학습목표**

1. 장애와 장애인의 정의 이해
2. 장애인에 대한 인식을 토의
3. 장애인 실태분석을 사회현실과 접목하기

✓ **학습내용**

1. 장애와 장애인의 개념
2. 장애인에 대한 인식
3. 장애인 실태분석

✓ **개요**

장애와 장애인의 개념은 해당 국가의 정치의식이나 경제수준, 문화 및 전통이나 사회적 가치관에 따라 다르며, 복합하고 다양한 성격을 가지고 있기 때문에 정형화된 정의를 내리기가 어려운 실정이다. 현대적 의미에서 장애인에 대한 개념은 개인이 일상생활의 활동을 제한받거나, 사회와의 관계에서 참여제한 정도까지를 장애인으로 판정하고 배려하는 것이 타당해 보인다. 이 장에서는 장애와 장애인을 살펴보고자 한다.

장애와 장애인

1 장애와 장애인의 개념

1) 장애와 장애인의 정의

모든 인간은 살아가는 동안에 건강이 악화되는 상황을 겪을 수 있다. 따라서, 장애는 소수의 인간에게만 발생하는 사건은 아니다. 따라서, 인간은 살아가면서 언젠가는 장애상태에서 지낼 수 있다.

장애와 장애인의 개념은 해당 국가의 정치의식이나 경제수준, 문화 및 전통이나 사회적 가치관에 따라 다르며, 복합하고 다양한 성격을 가지고 있기 때문에 정형화된 정의를 내리기가 어려운 실정이다. 현대적 의미에서 장애인에 대한 개념은 개인이 일상생활의 활동을 제한받거나, 사회와의 관계에서 참여제한 정도까지를 장애인으로 판정하고 배려하는 것이 타당해 보인다. 정애의 정의에 따라 장애 인식도 변화되어 장애인이 비장애인과 같이 동등한 시민으로서의 삶의 질을 꾀할 수 있다는 인식전환이 이루어지고 있다(김보기 외, 2016: 266).

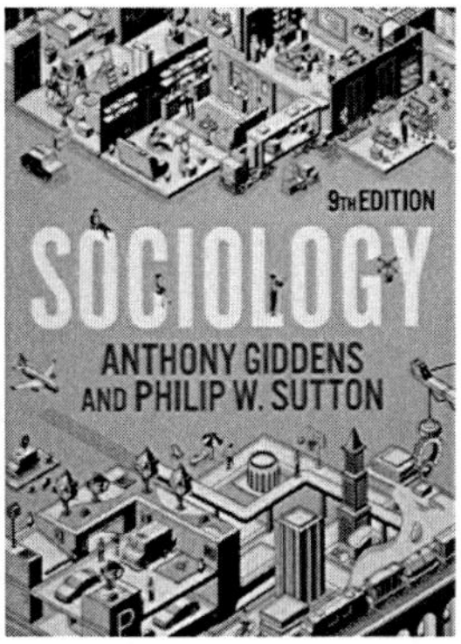

『사회학』
(2021년 출판)

기든스(Anthony Giddens)는 그의 저서 『사회학(*Sociology*, 2021)』에서 장애 대한 용어의 사용에 대해 다음과 같이 말한다.

> 건강에 대한 생의학적 모형이 오랫동안 장애를 관습적으로 개인의 불행인 질병이나 비정상(illness or abnormality)으로 이해하는 것을 뒷받침하였다. 최

근 생의학적 모형을 비판하는 사회적 추세는 장애에 대한 의학적 · 개인주의적 이해에 대한 강력한 도전의 일부분이다. 장애(disability)를 말할 때, '핸디캡이 있는(handicapped)'이라는 말은 자선과 구걸을 의미하는 '손 장갑(cap in hand)'과 연관되기 때문에 거의 사용되지 않는다. 원래 장애를 말하는 데 사용된 다른 용어들, 예를 들어 '뇌성마비(spastic)' 또는 '불구(cripple)'와 같은 용어들은 주로 상처를 주는 모욕으로 사용된다. '먼눈을 떠라(turning a blind)' 혹은 '듣지 못하는 귀(a deaf ear)'와 같이 일상적으로 사용되는 수사적 표현도 배제의 느낌을 함의하기 때문에 비판을 받는다. 또한 장애라는 용어를 이해하는 방식조차 논란의 대상이 된다(Giddens, 2021: 463).

2) 장애개념의 이분법적 분류

장애에 대한 개념은 시대 변화 또는 장애를 인식하는 시각에 따라 달리 정의되어 왔으며, 장애인을 바라보는 관점도 과거와 현재 서로 변화하는 모습을 보이고 있다. 장애에 대한 의학적 접근이 이루어지기 전에는 논리적으로 설명할 수 없는 미신적인 접근으로 장애인을 사회적으로 부적합한 존재로 보았으며, 장애인에 대한 문제는 개인의 책임으로 간주하였다. 그러나 의학의 발전과 함께 장애의 원인이 의학적으로 조금씩 밝혀지면서 새로운 측면에서 장애인관을 정립하고자 하는 이론들이 점차 등장하게 되었다. 이후 두 차례에 걸친 세계대전은 엄청난 전쟁 부상자들이 속출하였을 뿐 아니라, 급속한 산업화 과정은 산업재해와 질병을 야기하게 되어 이들에 대해서 국가가 일정한 책임을 수행해야 한다는 논의들이 제기되었다. 이로 인해 장애인을 사회적 측면에서 바라보게 되고, 장애문제에 대하여 사회가 그 해결책을 제시해야 한다는 사회적 책임을 강조하기 시작하였다. 따라서, 장애인의 이해 그리고 장애문제의 해결을 위한 장애에 대한 관점은 장애문제의 근원을 개인에게 부여하는 개인적 또는 의학적 측면과 장애문제의 발생을 사회적 맥락에서 파악하는 사회적 측면으로 이해되고 있지만, 오늘날에는 장애를 개인적 책임으로 규정하는 관점은 약화되고, 장애인의 인권을 존중하고 장애인의 사회참여와 사회통합을 강조하는 사회학적 관점으로 변화되고 있다. 그 내용은 다음과 같다(임종호 외, 2021: 19-23 ; 김영애 외, 2021: 3-7 ; 고명석 외, 2020: 25-30).

(1) 개인적 모형

개인적 모형(individual model, 의료적 모형)은 역사적으로 영국과 같은 서구사회에서 지배해 오고 있다. 이 모형은 개인적인 정신적·육체적 손상이 장애가 있는 사람들이 경험하는 문제의 주된 원인이라고 본다. 신체적 비정상성(abnormality)은 장애나 기능적 한계를 어느 정도 야기하는 것으로 이해된다. 개인적 모형을 뒷받침하는 것은 장애인들을 우연한 사건의 불행한 희생자로 보는 '개인적 불행 접근(personal tragedy approach)'이다. 의료전문가들은 장애인들이 겪는 문제를 치료하고 재활을 위해 진단하기 때문에, 장애의 개인적 모형에서 의학 전문가들이 핵심적인 역할을 한다. 이러한 이유로 의료 장애인들의 삶에 행사되는 전문가들의 권력을 보여 주기 때문에, 흔히 개인적 모형으로 그려진다. 그러나 최근 10년에 걸쳐 이러한 장애의 개인적 모형은 강한 도전을 받고 있다(Giddens, 2021: 463).

개인적 모형 또는 의학적 모형은 장애에 대한 개념을 의료적 또는 개인적 관점에서 바라본다는 것으로, 장애문제를 장애인 개인문제라고 보았으며, 기본적인 입장은 장애인의 '재활(rehabilitation)'에 초점을 맞추어 왔다. 따라서, 장애인이 신체적·심리적·정신적 손상(impairment)에서 회복되어 사회에 나가 사회적 기능을 수행하는 데 최종 목표를 두었다. 따라서, 장애로 인하여 나타나는 문제는 개인의 의지 부족이나 노력 부족 등 장애를 가지는 개인에게서 비롯된다고 보았으며, 개인이 장애를 가짐에 따라 발생하는 기능적 제한 및 심리적 상실을 야기하기 때문에 그 원인과 책임 역시 개인에게 있다고 주장하는 것이다.

개인적 모형에서의 목표는 장애를 치료, 회복하여 최대한의 신체적 기능수행이나 취업을 통한 직업활동과 사회생활 안정에 있으며, 장애가 완화되거나 치료되면 심리적 문제도 자연스럽게 해결된다고 보았기 때문에 장애인 개인이 가지는 재활에 대한 욕구와 동기 등 개인을 변화시키는 데 맞추어진다. 따라서, 전문가가 제시하는 진단·치료 체계에 얼마나 순응하고 동조하느냐 하는 것을 특별히 강조하였다. 따라서, 이 모형은 장애인에 대한 신체적·정신적 기능을 최대화하기 위해 장애인을 치료하고 재활훈련을 통해 적응력을 갖추면 사회에 복귀할 수 있다고 본다.

그러나 개인적 모형 또는 의학적 모형은 비장애인이 중심이 되는 사회에서 사회의 주류로부터 배제당하고 사회적 역할 수행과 책임을 부여하지 않게 되면서 강제된 무능력자로 또는 부정적 인식의 결과에 대해 지금까지의 시각이 잘못되었다는 것을 자각하게 되었다. 왜냐하면 만성질병이 치료된 사람이나 신체장애를 극복한 사람, 취업이 가능한 장애인조차도 차별, 무시, 편견에 의한 사회통합이 이루어지지 않는 경우가 지속적으로 발생하였기 때문이다.

(2) 사회적 모형

사회적 모형에서는 장애문제를 장애인이 속한 사회환경 및 구조적인 문제로 본다. 1980년대 이후 전문가 중심의 진단과 재활중심의 의료적 모형들이 비판을 받으며, 장애개념을 장애개인이 가지는 문제점보다 장애인이 생활하는 사회환경적 원인에 기인한다는 사회적 관점에서 장애인복지가 논의되기 시작하였다. 장애인의 사회참여와 통합을 방해하는 요인으로서 장애인 개인의 심리적 부적응도 중요한 원인이지만, 이보다도 장애인이 인간다운 삶을 영위할 수 있는 기회를 박탈하고 장애인이 가지는 개별적인 능력과는 상관없이 장애인 전체를 사회에서 가치절하하고 사회활동의 제한을 야기하는 생태체계 안의 부적절한 환경이 더욱 중요한 저해요인이라는 것을 인식하게 되었다. 또한 노동력과 개인의 능력 여부에 따라 상품성이 인정되는 현대의 경쟁사회에서 장애인은 신체적·정신적 기능의 제한으로 직업인으로 적합하지 않다는 인식에 따라 노동시장에서 소외될 수밖에 없음도 더 많은 요인으로 작용한다고 보고, 사회환경들을 개선할 수 있도록 사회변화를 강조하였다. 따라서, 사회적 모형에서는 장애문제를 해결하기 위해서는 사회적 행동이 필요하다고 주장하며, 정치적으로는 인권과 관련이 된다. 이러한 사회적 인식을 바탕으로 이후 자립생활운동(Independent Living Movement, ILM), 인권모형(Human Right Model) 등이 나타나 발전하였으며, 인종, 정치, 사회문화 소수자(minority)들의 차별철폐와 장애인들도 소수자로서 차별과 편견을 당하고 있다는 새로운 의식들이 논의되게 되었다. 이처럼 장애에 관한 사회적 관점은 장애를 사회구조적 문제로 인식하고, 그 원인과 해결 또한 사회적 맥락에서 고려되어야 한다는 시각을 제시하고 있다.

① 사회진화론과 우생학론

허버트 스펜서

사회진화론은 다윈의 생물진화론을 개인과 집단에 적용시킨 사회이론으로 환경에 잘 적응하는 특성만이 전승되어 사회가 진화된다는 주장이다. 1860년대 영국의 대표적인 사회진화론자인 스펜서(Herbert Spencer, 1820-1903)는 인간사회의 생활은 개인 간의 '생존경쟁'이며, 그 경쟁은 적자생존에 의해 지배된다고 주장하였다. 따라서, 진화론자들은 생존의 조건은 환경에 잘 적응하기 위해서는 환경을 적절히 변화시키며 성공적인 생산능력을 가지고 있어야 하며, 사회진화를 위해서는 부적합한 사람을 배제해야 한다고 보았으며, 장애인은 사회적으로 약자이며 사회의 진화를 방해하는 부적격자로 제거의 대상으로 인식하였다. 우생학은 장애인을 열성인자로 분류하고, 이들을 사회로부터 고립시키거나 유기시킴으로써 점차 도태·소멸시켜야 한다고 주장한다. 이 이론은 사회로부터 장애인을 격리·수용할 뿐 아니라, 장애인이 인간다운 삶을 영위할 수 있는 기회를 박탈하는 것으로 비도덕적이고 비윤리적이라는 비판을 받았다.

② 낙인이론

『낙인』
(1986년 출판)

낙인(stigma)이란 사회가 어떤 사람을 범죄자 또는 무능력자 등 부정적으로 사회의 일탈된 존재로 규정하는 것을 말한다. 낙인이론에서는 일단 사회에 의해 장애인이라고 낙인 찍힌 사람은 스스로를 장애인으로 규정하고 점점 더 자기비하와 무능력에 빠지게 된다고 설명하고 있다.

고프만(Erving Goffman)은 1963년 그의 저서 『낙인: 훼손된 정체성의 관리(*Stigma: Notes on the Management of Spoiled Identity*)』에서, 상호작용이론을 토대로 낙인이란 개념을 소개하였다. 그는 낙인을 사회적으로 관심을 가지고 있는 상황의 결과로 설명하고, 낙인은 정상과 비정상 사이의 상호작용에 기인한다고 하였다. 낙인찍힌 개인은 타인과의 분리를 강요받게 되고, 이렇게 분리된 개인은 부정적이고 열등하며, 자신과 같은 낙인찍힌 개인이나 집단적 지위를 받아들여야만 하였다. 역사적으로 장애인을 인식함에 있어 낙인은 장애인에게 차별과 편견을 부여하였으며, 도덕적·윤리적 차원에서 장애인을 비장애인에 비해 가치가 적은 존재로 인식하게 만들었다.

사회는 어떤 특정한 규범이나 기준, 가치를 택해서 그것을 바람직한 것으로 규정함으로써 일탈자를 만든다. 즉, 사회는 어떤 사람들이 도달할 수 없는 기준을 세워놓고 여기에 도달하지 못하는 사람은 특별한 방법으로 취급하도록 유도함으로써 장애를 조성한다. 대부분 사회에서 바람직한 것으로 규정한 기준으로는 아름다운 신체나 건강한 신체, 높은 사회적·경제적 경쟁능력 그리고 사회적 적응능력 등이다. 그러나 장애인은 이러한 사회적 가치나 기준에 도달하지 못하는 경우가 대부분이다. 낙인찍힌 개인이나 집단은 타인이나 타 집단과의 분리를 강요받게 되고, 이렇게 분리된 개인이나 집단은 부정적이고 열등한 지위를 받아들여야 한다. 따라서, 장애인이 직면하는 문제의 대부분은 사회적 낙인에서 비롯된 것이라고 할 수 있으며, 특히 사회계층 가운데 신체적·심리적·경제적 미성숙기에 속하는 아동과 청소년이 신체 및 정신적 장애를 가진 사람이라고 판명 받음으로써 낙인이 찍히게 된다. 이와 같은 사회현실에서 장애인은 멸시와 차별의 대상이 되어 왔으며, 건전한 사회참여나 생산활동에 참여할 수 있는 능력이 없는 것처럼 간주되어 왔다.

결국 장애인에 대한 낙인이나 낙인주의는 장애인 개개인에 대해 상호 개별적으로 주어지는 것이 아니라, 구조적 측면에서 장애인에 대한 집합적 차별과 억압을 가하는 것이라고 설명하고 있다. 사회의 주류적 관심에서 벗어나고 국가의 정책과 제도적 혜택에서 소외당한 장애인은, 그들에 대한 사회의 인식에 따라 그들이 누릴 수 있는 인간다운 생활의 정도가 달라진다. 낙인이론은 낙인을 가하는 비장애인의 입장에서 낙인찍힌 장애인의 권리박탈과 가치박탈 등의 장애에 따른 부수적 문제를 해결하려고 시도하였다. 그러나 이 이론은 근본적으로 장애인문제 해결을 위한 대안으로 낙인을 가하는 비장애인이 장애인에게 낙인을 부여하는 것을 피하려는 노력을 하지 않는다는 비판을 받기도 한다.

③ 상품이론

상품이론(commodity theory)은 장애문제를 자본주의 시장경제체제에 있다고 보는 관점이다. 현대 산업사회에서의 각 개인은 그들이 갖고 있는 노동력과 지식이 개인의 능력을 평가하는 기준이 되고, 이러한 가치의 창출과 재창출을 통한 개인의 생산은 그 개인의 시장경제에서의 경쟁력을 좌우하게 된다. 나아가 그의 사회적 신분에 영향을 미칠 뿐 아니라, 개인의 능력 여부에 따라 상품성이 인정된다는 것이다. 이러한 상품이론에 의하면, 장애인은 신체적·정신적 기능의 제한으로 인해 적극적으로 경제활동에 참여하지 못하기 때문에 현대 산업사회에서는 장애인을 노동이 불가능한 또는 노동생산성이 저하된 존재로 인식하며, 직업인으로서 생산력이 낮게 평가되는 것이 대개의 경우이다.

현대사회는 생산성의 향상을 위하여 양질의 노동력과 높은 수익성을 추구하게 되므로 자연히 장애인에 대한 상품성은 인정받지 못할 뿐 아니라, 경제활동에 제외대상이 되어 직업인으로서 인정받지 못하고 상품성이 없다는 평가를 설명하는 이론이다. 이러한 인식은 노동시장에서 경쟁적 상황에 따라 '최후 고용, 최초 해고'라는 과정을 겪는다.

④ 편견이론

편견이론(prejudice theory)은 비과학적인 선입견에서 나오며, 장애인을 무가치한 존재로 개인적인 차이를 인정하지 않거나 평가하지 않으려는 데서 발생한다. 우리 사회에서 장애인 문제를 설명함에 있어 가장 근본적 문제가 되어 온 것은, 무엇보다도 장애인의 능력이나 일상생활 전반에 대한 잘못된 인식과 장애에 대한 미신적 선입견으로 인한 차별 때문이라고 볼 수 있다. 장애인들이 사회에서 가치절하되면서 주류적인 지역사회 생활에서 배제되고 사회적 노출이나 접촉이 결여된 상태에서 비장애인은 장애인에 대해 잘못된 인식을 갖게 되고, 이는 사회적 차별을 형성하게 된다. 결국 장애인에 대한 사회의 이해 부족으로 인해 장애인은 사회참여의 균등한 기회를 갖지 못하게 되고, 다시 불평등이 이해의 부족을 낳는 악순환의 현상을 초래한다. 즉, 장애인이 가지고 있는 개별적인 능력과 관계없이 전체 장애인에게 낮은 가치를 부여하거나, 그러한 존재로 인식하는 것이다. 이러한 편견은 성장과정에서 학습되는 것으로서 감정적으로 이루어지고 있다. 이성적으로는 장애인에 대해 긍정적 반응을 보이며 장애인의 통합에 찬성하지만, 실제로는 장애인시설 설치를 반대하는 등 차별적 태도를 보이는 것과 같은 것이다.

이와 같이 가정, 학교, 노동시장이 상호작용하는 관계 속에서 일종의 악순환이 계속된다. 따라서, 이러한 편견을 없애고 가정 및 학교에서 장애인에 대한 올바른 인식교육을 갖도록 교육하는 것도 매우 중요하다.

개인적 모형과 사회적 모형의 비교는 <표 1-1>과 같다.

표 1-1 장애의 모형

개인적 모형 (individual model)	사회적 모형 (social model)
개인적 비극 모형	사회억압이론
개인적 문제	사회적 문제
개인적 치료	사회적 행동
의료화	자조
전문적 지배	개인적·집합적 책임
숙련가	경험
개인적 정체성	집합적 정체성
편견	차별
보호	권리
통제	선택
정책	정치
개인적 적응	사회적 변화

자료: Giddens(2017: 464).

3) 장애개념의 WHO 분류

장애의 개념은 다양한 수준의 장애개념이 혼재되어 있는 상태로 시대의 변천과 사회의 발전과 함께 장애에 대한 개념도 변화하고 있다. 세계보건기구(WHO)에서는 장애개념을 전 세계에서 사용할 수 있는 범주로 분류하고자 노력해 왔으며, 장애 패러다임의 변화에 따라 이를 반영한 새로운 장애개념과 분류기준을 제시하고자 노력해 왔다. 장애개념의 변화 경향은 첫째, 장애 당사자의 자기결정과 선택에 대한 강조, 둘째, 장애를 규정하는 개념이 단순모형에서 복합모형으로 전환, 셋째, 장애의 개념 규정에서 환경적 요인을 점차 강조, 넷째, 긍정적인 용어사용을 강조하고 있는 점 등으로 요약할 수 있다(임종호 외, 2021: 23).

국제사회는 1980년대에 들어서 복잡한 장애개념에 대한 표준을 정립함으로써 개별 국가들이 장애인에 대한 보건의료 및 사회정책적 지원을 용이하도록 할 필요성이 있다는 판단하에 장애에 대한 공식적인 정의 및 분류체계를 정립하는 노력을 본격적으로 기울여 왔다. 그러한 노력의 결과물로서 세계보건기구(WHO)는 1980년에 ICIDH(internationaI classification of impairments, disabilities, and handicaps) 분류체계를 발표하였으며, 이어서 1997년에 장애개념에 대한 새로운 접근을 모색하기 위하여 ICIDH－2를 제시하였고, 이에 대한 검토결과를 토대로 2001년 ICF(internationaI classification of functioning, disability and health)를 승인하였다. 이렇듯 세계보건기구가 장애분류체계를 지속적으로 개정하게 된 것은 장애를 어떻게 정의할 것인가에 대한 다양한 관점과 시대적 상황을 적절하게 반영하고자 하였기 때문이다. 여기에서는 최초의 국제장애분류체계로서 의의를 가지고 있는 ICIDH(1980)와 ICIDH－2(1997)의 구조적 틀은 유지하되 세부적인 측면에서 발전적으로 계승하였다고 평가할 수 있는 ICF(2001)를 중심으로 국제사회의 장애개념 변화 양상을 살펴보고자 한다. WHO에서 분류한 장애개념은 다음과 같다(서동명 외, 2022: 25－30 ; 임종호 외, 2021: 23－29 ; 황희숙, 2021: 13).

(1) ICIDH

1980년에 세계보건기구(WHO)에서는 국제장애분류(International Classification of Impairments, Disabilities, and Handicaps, ICIDH)라는 장애에 관한 개념적 틀을 발표하고, 이 분류기준을 적용할 것을 권장하였다. ICIDH는 장애개념을 세 차원으로 설명하고 있다.

첫째, 손상(impairment)은 심리적·생리적·해부학적 구조나 기능의 손실 또는 비정상성을 말한다. 이는 손실을 포함한다는 의미에서 질병에 비해 더 포괄적인 개념이다. 손상은 일시적 또는 영구적 손실이나 비정상이 특징이며, 사지, 기관, 피부 또는 정신적 기능체계를 포함한 신체의 구조적 비정상, 결손 또는 손실의 발생이나 존재를 포함하는 것으로 병리적 상태가 외재화된 것을 의미한다.

둘째, 능력장애(disability)는 손상에서 야기된 것으로서 인간에게 정상적인 것으로 간주되는 범위 내에서 또는 그러한 방식으로 활동을 수행하는 능력의 제약이나 결여를 뜻한다. 능력장애는 일상적으로 기대되는 활동 수행 및 행동의 과다 또는 결핍이 특징이다. 능력장애는 손상의 직접적 결과로서, 또는 신체적·감각적 또는 기타 손상에 대한 개인적 반응으로서 일어날 수 있다. 즉, 손상이 객관화된 것을 의미하며, 신변처리나 일상생활의 활동수행에서의 장애를 포함한다.

셋째, 사회적 불리(handicaps)는 손상이나 능력장애로부터 야기된 것으로, 사회문화적 요인에 따른 정상적인 역할의 수행을 제약받거나 방해받는 개인의 불이익을 의미한다. 사회적 불리는 가치가 규범에서 분리될 때 한 개인의 상황 또는 경험에 부여된 가치와 연관된 것이다. 이는 손상이나 능력장애가 사회화된 것을 의미하며, 이로 인해 야기된 개인에 대한 사회적·문화적·경제적·환경적 결과를 반영한다. 따라서, 사회적 불리는 생존 역할이라고 규정될 수 있는 것을 유지하는 능력에 방해를 받을 때 발생한다. 사회적 불리의 분류는 동일한 연령의 다른 사람들에 비해 장애를 가진 사람을 상대적으로 불이익에 처하게 하는 상황에 대한 분류라고 할 수 있다.

ICIDH의 세 차원은 1차 장애, 2차 장애, 3차 장애라고도 불리며, 시간적으로 연속적 관계에 있다. 어떤 질병으로 손상이 발생하고, 손상이 활동능력에 제약을 가져오면 능력장애가 발생하며, 능력장애가 사회적 불이익을 초래할 때 사회적 불리라고 한다. 세 차원에 대한 정책적 행동지침 및 대안으로는 1차적 손상은 예방, 2차적 능력장애는 재활, 3차적 사회적 불리는 기회의 균등화로 제시하고 있다.

ICIDH에 의한 장애개념은 <표 1-2>와 같다.

표 1-2 ICIDH에 의한 장애개념

개념	의미	차원
손상	임상적인 질병을 다른 사람이 인식할 수 있게 되었다. 즉, 일반 타인이 개인의 어떤 '비정상성'을 인식하였다.	신체적 차원
능력 장애	활동상의 능력제한이 발생하였다. 즉, 개인적인 차원에서 활동수행능력이 감소되었다.	개인적 차원
사회적 불리	개인의 활동상의 능력제한에 대하여 사회적 참여의 제한이라는 사회적 반응이 발생하였다. 즉, 개인은 다른 사람에 비해 불리한 상황에 처해졌다.	사회적 차원

자료: WHO(1980).

(2) ICIDH-2

장애개념에서 개별적 차원 외에 사회환경적 접근이 강조되기 시작하면서 세계보건기구에서는 ICIDH를 수정하여 1997년에 새로운 분류기준인 ICIDH－2를 발표하였다. ICIDH가 건강상태에 따라 손상, 능력장애, 사회적 불리가 일직선상에서 발생하는 것이라고 보는 것과 달리, 이 새로운 분류의 특징은 환경과의 상호 관계성 속에서 보다 포괄적으로 장애를 규정하는 것이라고 할 수 있다.

ICIDH－2는 장애를 손상(impairment), 활동(activities), 참여(participation)로 설명하면서 손상과 활동은 개별적 모형의 개념을, 참여와 상황요인(contextual factors)은 사회적 모형의 개념을 제시한다.

ICIDH－2의 구성 요소를 구체적으로 살펴보면, 손상은 신체구조나 물리적·심리적 기능상의 상실이나 비정상성을 의미한다. 손상의 차원은 신체 기능 또는 신체구조와 관련된 것으로, 이러한 기능상의 제한, 신체 또는 신체 부분의 기본적인 기능을 수행하는 데 따르는 불능을 손상이라고 한다.

활동 및 활동제한의 경우, 일상의 과업에서 기대되는 개인의 통합된 활동으로서 단순한 행위의 차원을 넘어 그 이상의 것과 관련이 있다 예를 들어, 보기·듣기·인지하기·학습·지식적용·과업완수·의사소통·운동·이동·일상생활·대인활동·특정 상황에 대한 반응과 처리, 보조적 도구, 기술적 원조 등을 포함한다.

참여 및 참여제한은 상황적 맥락에서 개인의 참여 정도, 참여를 촉진하거나 방해하는 사회적 반응을 의미한다. 참여는 환경과 장애인 간의 복잡한 관계와 상호작용으로 규정될 수 있다. 따라서, 참여는 생태학적이고 환경적인 모형에 의한 것이다. 이에 해당하는 세부 분류는 개인적인 유지와 보호의 참여, 이동성의 참여, 정보교환의 참여, 사회적 관계의 참여, 교육·노동·레저와 정신적 영역의 참여, 경제생활의 참여, 지역사회 생활의 참여라고 할 수 있다.

ICIDH－2에 의한 장애개념은 <표 1－3>과 같다.

표 1-3 ICIDH-2에 의한 장애개념

구분	손상	활동	참여	상황요인
기능의 수준	신체 (신체의 부분)	개인 (전체로서의 개인)	사회 (사회와의 관계)	환경적 요인 (기능에 영향을 미치는 외적 요인) 개인적 요인 (기능에 영향을 미치는 내적 요인)
특징	신체기능 신체구조	개인의 일상활동	상황에서의 관련	신체적·사회적·태도적 측면의 실제
긍정적 측면	기능적· 구조적 통합	활동	참여	촉진요소
부정적 측면	손상	활동제한	참여제한	장벽, 어려움

자료: WHO(1997).

그림 1-1 ICIDH-2

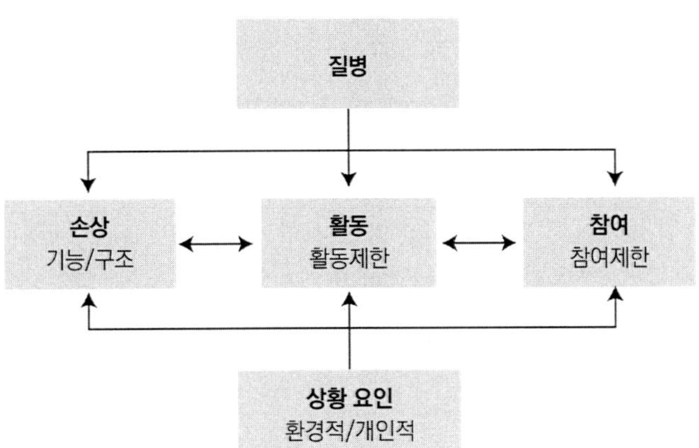

자료: Priestley(2003: 17).

(3) ICF

세계보건기구에서는 2001년 ICIDH-2에 제시된 내용을 계승하면서 분류체계와 언어사용을 보다 긍정적이고 환경지향적인 맥락에서 수정한 ICF(International Classification of Functioning, Disability, and Health)를 발표하여 세계적으로 통용될 수 있도록 승인하였다.

ICF는 장애에 대한 개별적 모형과 사회적 모형의 통합을 위한 노력의 결과라고 할 수 있으며, 국제질병분류체계인 ICD-10과 병행해서 상호 보완적으로 사용하도록 만들어졌다. ICD-10은 질병의 진단에 초점을 두고 있다면, ICF는 기능(function)에 대한 풍부한 정보를 제공하도록 되어 있다.

ICF는 다양한 전문영역과 실천현장에서 기여하기 위하여 제안되고 승인되었다. 그 내용은 다음과 같다.

첫째, 건강 및 건강과 관련된 상태, 건강관련 성과, 건강관련 결정요소 등을 이해하기 위한 과학적 기초를 제공하는 목적이다.

둘째, 건강보호전문가, 연구자, 정책입안자, 장애인을 포함한 일반 대중 등의 서로 다른 집단들의 의사소통을 증진하기 위하여 공통의 언어를 제공하는 목적이다.

셋째, 국가 간, 건강보호 전문분야 간, 서비스 간, 시기 간의 자료비교가 가능하도록 하는 목적이다.

넷째, 건강정보체계에 대한 체계적인 기록 수단을 제공하기 위한 목적이다.

결국 ICF는 장애를 가지고 있는 사람들에 제한되어 적용될 수 있는 것이 아니라, 모든 사람의 건강에 관련된 요소들을 설명해 줄 수 있는 보편적인 적용이 가능한 틀이라고 할 수 있다. ICF는 인간의 기능과 기능의 제한 요소들의 연관된 상황을 묘사할 수 있도록 해 준다. 이 체계는 정보를 조직화하기 위한 틀로서, 제1영역에서는 기능과 장애를 다루며, 제2영역에서는 상황요인들을 다룬다.

CF에 의한 장애개념은 <표 1-4>와 같다.

표 1-4 ICF에 의한 장애개념

<table>
<tr><th>구분</th><th colspan="2">1부: 기능수행과 장애</th><th colspan="2">2부: 배경요인</th></tr>
<tr><th>구성요소들</th><th>신체 기능 및 구조</th><th>활동과 참여</th><th>환경적 요소들</th><th>개별적 요소들</th></tr>
<tr><td>영역</td><td>신체기능
신체구조</td><td>삶의 영역
(과제, 해외 등)</td><td>기능수행과 장애에 대한 외적 영향</td><td>기능수행과 장애에 대한 내적 영향</td></tr>
<tr><td>구성물</td><td>신체기능의 변화(생리학), 신체구조의 변화해부학)</td><td>표준 환경에서의 과제를 실행하는 능력, 현재 환경에서의 과제를 실행하는 능력</td><td>물리적, 사회적 및 태도적 측면에서 촉진하거나 저해하는 영향력</td><td>개인의 태도에 대한 영향력</td></tr>
<tr><td rowspan="2">긍정적 측면</td><td>가능과 구조의 통합</td><td>활동, 참여</td><td rowspan="2">촉진요인</td><td rowspan="2">적용 안 됨.</td></tr>
<tr><td colspan="2">기능적인 삶</td></tr>
<tr><td rowspan="2">부정적 측면</td><td>손상</td><td>활동제한,
참여제한</td><td rowspan="2">장해요인
/저해요인</td><td rowspan="2">적용 안 됨.</td></tr>
<tr><td colspan="2">장애</td></tr>
</table>

자료: WHO(2001).

ICF에 의한 장애의 설명은 1980년에 제안된 ICIDH와는 몇 가지가 다르다. 즉, 이 가운데 가장 중요한 것이 기능과 장애의 상호작용에 대한 설명이다. ICIDH에서는 손상, 기능제약, 사회적 불리 등을 일방향적 관계로 보았다. 손상의 전제 위에 기능제약이 논의되고, 기능제약의 전제 위에 사회적 불리의 여부를 판단하는 체계였다. 그러나 ICF에서는 개인적인 손상이나 기능제약과 상황적 요소들(환경적 요소와 개별적 요소)과의 상호작용에 의하여 기능과 장애를 설명한다. 즉, 특정 영역에서의 개인들의 기능 수준은 의학적, 기능적 조건과 상황적 맥락의 상호작용의 결과라고 본다.

아래 그림은 이러한 특징을 설명하고 있다. 개인의 기능은 신체의 기능과 구조, 활동, 참여 등의 서로 다른 차원을 통하여 표현된다. 이러한 세 가지 차원의 기능들은 건강조건(장애나 질병)과 상황적 맥락에 포함되는 환경 요소(사회의 인식, 건축물의 장애요소 정도 등) 그리고 개별적 요소(성, 연령, 인종, 습관, 대처양식 등)의 영향을 받는다. 예를 들어, 호흡기 질환으로 호흡기능에 문제가 있는 상황을 묘사해보면, 호흡기능과 호흡기의 구조, 호흡기능의 제한으로 인한 활동제약의 정도, 이로 인한 사회적 참여 제한의 정도는 상호작용하면서 기능을 표현한다. 호흡기 질환의 특징이나 정도라는 건강조건과 대기의 청정도라는 환경요소, 당사자의 연령이나 문제에 대처하는 스타일 등의 개별적 요소들의 상호작용에 의해 신체기능과 구조, 활동, 참여가 규정되며, 또한 이들 요소 간에도 상호작용한다는 것이다.

ICF 구성요소 간의 상호작용관계는 [그림 1-2]와 같다.

그림 1-2 ICF 구성요소 간의 상호작용관계

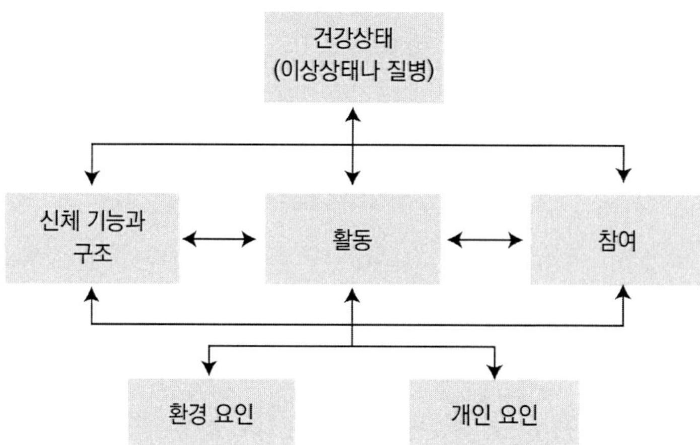

자료: WHO(2001).

장애개념에 대한 새로운 접근에서 확인되는 변화의 특징은 다음과 같다.

첫째, 가장 대표적인 변화는 상황적 맥락이라는 영역을 통하여 환경요소와 개별적 요소를 동시에 강조한다는 점이다. 이는 장애의 사회적 모형과도 관련이 있다. 장애에 대한 사회적 모형은 환경의 중요성을 강조하며, 동시에 장애인 당사자가 적합한 환경에서 자기결정과 선택을 할 수 있어야 함을 강조한다.

둘째, 장애를 규정하는 개념이 단순모형에서 복합모형으로 변한다는 점이다. 장애를 규정하는 과거의 모형은 개별적 손상이나 능력의 장애를 강조하는 개별적 모형에 기반 한 것이었으나, 사회적 모형이 그 설득력을 확장하게 됨에 따라 사회적 모형의 요소를 통합하여 개별적 모형과 사회적 모형을 동시에 적용하여 장애를 설명하려는 시도들이 이루어지고 있다.

셋째, 장애개념의 규정에서 긍정적인 용어사용을 강조한다. ICF에서는 손상, 기능제약, 사회적 불리 등의 용어를 사용하지 않고 신체구조와 기능, 활동과 참여, 환경적 요인, 개별적 요인 등을 주요 구성요소로 하고 있는 점도 이런 맥락이다.

2 장애인에 대한 인식

현대사회는 산업재해의 발생, 교통사고, 각종 질병 등으로 장애인의 수가 증가하고 있으며, 향후에도 새로운 사회문제의 발생으로 장애인구는 늘어날 것으로 예측된다. 이러한 사회 변화 속에서 장애인에 대한 비장애인의 태도는 장애인들이 사회통합을 이루어 함께 살아가도록 하는 데 가장 중요한 요인이 된다. 장애인에 대한 사회의 고정관념을 살펴보면 다음과 같다(임종호 외, 2021: 59－61).

1) 동정의 대상

『불쌍하지 않다』
(2011년 출판)

사피로(Joseph P. Shapiro)는 2011년 그의 저서 『불쌍하지 않다: 장애인, 새로운 민권 운동을 용서하다(*No pity: People with disabilities, forgiving a new civil rights movement*)』에서, 장애인을 불쌍히 여기는 태도는 다양한 방식으로 표출되어 왔다고 주장한다. 그에 따르면, 장애인에게 서비스를 제공하는 사회복지기관에서도 모금활동을 위해 대중의 동정심을 조장하는 활동을 해 왔다. 「미국장애인법(American with Disabilities Act, ADA)」 제정을 주도하기도 했던 장애인 캠프(J. Kemp)는 텔레비전을 통한 모금 방송에 대해 말하면서 “장애인에 대한 동정심을 유발하는 것은 모금액을 증가시킬 수는 있지만, 대중과 장애인 사이에 두려움의 장벽을 쌓게 할 수 있다.”라고 지적하였다. 또한 동정은 무시와 고정관념의 산물이다. 원래의 의도는 이타심에 의한 것일지라도, 모금활동이 동정을 조장하고 죄책감을 이용한다면, 사회복지 관련 종사자들도 이러한 부정적 고정관념 조성에 기여하였다(Shapiro, 2011).

장애인을 동정의 대상으로 여기는 또 다른 방식은 안락사나 낙태와 관련되어 나타나곤 한다. 교통사고를 당하고 나서 중증장애인으로 살아가는 것보다는 스스로 자살하는 것이 낫다고 생각하여 이를 주장하는 장애인을 다룬 영화가 있었다. 이 영화를 본 대중은 장애를 지니고 살아가는 것이 죽음보다 더 힘든 것이라는 메시지를 받게 된다. 태아가 심각한 장애를 지녔을 때 낙태를 하는 것이 정당하다는 사람들의 인식은 장애가 죽음보다 더 나쁜 것이라는 사회적 가정을 드러내는 것이다. 또한 장애를 지닌 사람들에 대한 안락사를 지지하는 전문가들은 장애가 끔찍한 운명이라는 잘못된 인식을 강화시켜 왔던 것이다.

2) 사회의 위협

『성과 장애』
(2011년 출판)

장애인에 대한 또 다른 인식은 장애인을 사회의 위협이 되는 존재로 여기는 것이다. 예를 들어, 자신의 이웃에 장애인을 위한 공동생활가정이 있을 때 지역주민은 자녀가 지적장애인 또는 정신장애인에게 신체적인 공격을 당할 수 있다는 생각에 아이를 보호하기 위해 장애인을 지역사회에서 내쫓아야 한다고 주장하는 것이다.

로데스(R. Rhodes)는 1996년 『성과 장애: 복지사를 위한 안내서(*Sexuality and Disabilities: A Guide for Human Service Practitioners*)』에 게재된 그의 논문 「정신지체와 성적 표현: 역사적 관점(Mental retardation and sexual expression: An historical perspective)」에서, 장애인을 사회의 위협으로 생각하는 인식이 장애인을 시설에 분리시키고 결혼을 반대하거나 불임시술까지 자행하는 결과를 가져왔다고 주장한다.

3) 병자

사회는 장애인을 병자로 취급하여 건강한 장애인에게도 병자로서의 역할을 기대왔다. 장애인은 생산적이라고 생각하지 않기 때문에 생산적이고 경제적으로 자립할 수 있는 기회를 거부당한다. 사회의 시스템이 장애인으로 하여금 독립적으로 행동하며, 자기결정권을 행사하는 것을 어렵게 하더라도, 장애인은 사회로부터 제공받은 도움에 감사해야 할 책임이 주어져 왔다. 병든 것과 장애는 동의어로 여겨 왔으며, 의료전문가들은 장애인이 서비스를 받기 위해 전문가의 통제하에 있도록 함으로써 장애인 스스로 자율성을 행사하는 것을 억제해 왔다.

4) 영원한 아이

장애인은 자신의 나이와 관계없이 어린아이와 같이 취급된다. 이를 '영원한 아이'의 역할이라고 명명하기도 한다. 비장애인에게는 정상적인 발달단계를 거쳐 성장할 것을 기대하는 반면, 장애인에게는 성장이나 발달에 대한 기대를 갖지 않는다. 따라서, 성장할 수 있는 기회도 주지 않는다. 장애인의 잠재력을 발휘하기 위해 많은 자원을 지원해야 하지만, 낮은 기대로 인해 자원도 적게 지원된다.

5) 무능력함

휠체어를 탄 장애인이 비장애인과 레스토랑에 갔을 때, 종업원은 휠체어를 탄 장애인에게 주문을 받기보다는 비장애인에게 주문을 받고자 한다. 휠체어를 탄 장애인은 주문할 능력이 없거나, 주문을 할 때도 도움이 필요할 것이라고 생각하여 같이 온 비장애인에게 장애인이 무엇을 먹고자 하는지를 묻는다는 것이다. 장애인이 무능력하다는 고정관념은 재활서비스에도 많은 영향을 미치고 있다. 장애인이 무능력하다는 고정관념으로 재활프로그램을 축소시키기도 하며, 장애문제를 해결하는 수단으로 평가나 의료적 진단을 강조함으로써 누구는 할 수 있고 누구는 할 수 없는지를 결정하기도 한다. 이러한 관점을 찬성하는 사람들은 경쟁고용에서 기능할 수 없는 장애인의 경우 재활서비스를 받아서는 안 된다고 주장한다. 이러한 고정관념을 가진 전문가들은 장애인을 그들의 생애 전반에 걸쳐 통제하려고 한다.

6) 신의 저주

성경에도 예수의 제자들이 시각장애인으로 태어난 남자를 보고 자신이나 부모가 죄를 지었기 때문에 장애인이 된 것으로 가정하는 구절이 있다. 장애인은 스스로를 신의 눈 밖에 난 존재로 생각하며, 이러한 고정관념으로 인해 장애인과 그들의 가족은 죄책감과 수치심을 느끼거나 서로를 비난하게 된다.

3 장애인 실태분석

보건복지부(2021: 1)의 「2020년 장애인실태조사 결과」에 따르면, 코로나19 장기화가 장애인의 생활에도 영향을 미치는 것으로 나타났다.

등록장애인의 전반적인 생활만족도는 예년 수준을 유지하고 있으며, 장애인 차별에 대하여 '없다'고 응답한 비율이 상승했다. 또한 장애인 돌봄지원서비스 확대로 인해 장애인의 일상생활지원 서비스 이용 경험률이 지속적으로 증가하고, 장애인가족의 돌봄 부담이 다소 완화되는 경향을 보였다. 다만, 코로나19로 인해 외출, 정서적 안정, 경제활동, 보건의료 서비스 이용 등에 어려움을 겪고 있었다. 특히, 코로나19 장기화에 따른 소득감소 및 고용시장 위축으로 인해 장애인 자신의 가구를 저소득 가구로 인식하는 경향을 보이며, 소득보장 욕구가 증가한 반면, 고용보장 욕구는 감소하는 결과가 나타났다.

1) 장애인구

우리나라의 등록장애인은 262.3만 명('20.5월 기준)으로 2017년에 비해 약 4.2만 명 증가하는 등 지속적인 증가 추세를 보이고 있다.

장애인구 중 65세 이상 노인의 비율은 49.9%로 2017년(46.6%)에 비해 3.3%p 증가하여 고령화 경향을 보이며, 전체 장애인 가구 중 장애인 1인 가구 비율 역시 27.2%로 2017년에 비해 증가한 것으로 나타나고 있다.

장애인구는 <표 1-5>와 같다.

표 1-5 연도별 장애인구(2008-2020)

구 분	2008년도	2011년도	2014년도	2017년도	2020년도
장애인 추정	–	2,683,477	2,726,910	2,668,411	–
등록장애인	2,137,226	2,611,126	2,646,064	2,580,340	2,622,950
• 65세 이상 장애인구	36.1%	38.8%	43.3%	46.6%	49.9%
• 장애인가구 중 1인 가구	14.8%	17.4%	24.3%	26.4%	27.2%

주) 2020년 등록장애인은 2020. 5. 말 기준.
자료: 보건복지부(2021: 2).

그림 1-3 장애인구 및 고령장애인 비율

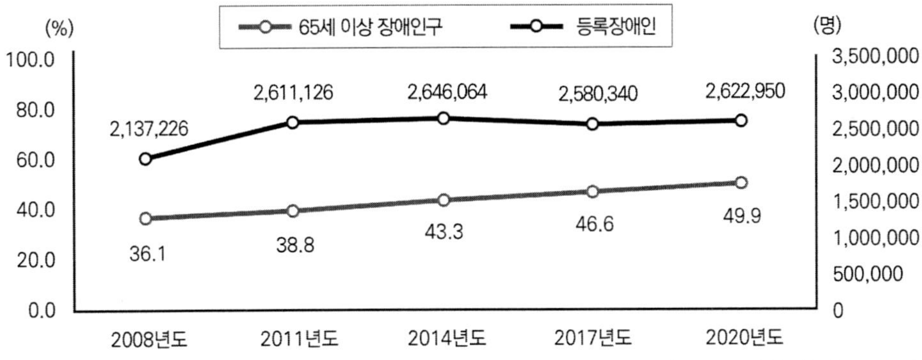

자료: 보건복지부(2021: 3).

그림 1-4 장애인구 및 고령장애인 비율

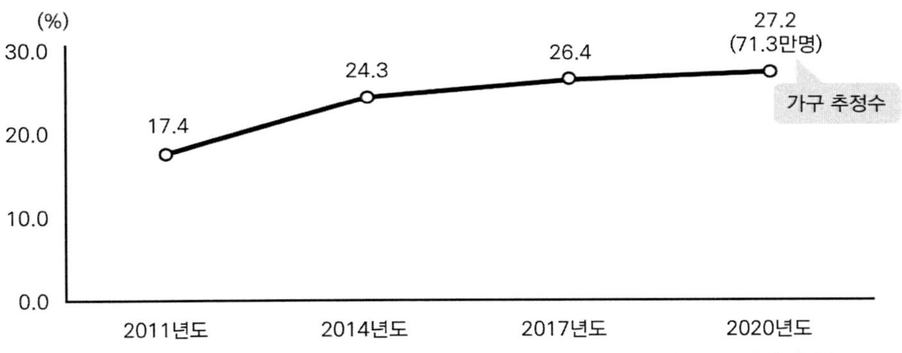

자료: 보건복지부(2021: 3).

2) 장애인 교육정도 및 결혼상태

장애인의 교육정도는 대학 이상 학력자가 14.4%로 2017년 15.2%에서 다소 감소하였는데, 65세 미만의 대학 이상 학력자는 23.9%로 2017년(23.1%)에 비해 증가하였으며, 장애인의 결혼상태는 배우자가 있는 비율이 51.3%이다.

장애인 교육정도는 <표 1-6>과 같다.

표 1-6 교육정도

구분	2011년	2014년	2017년	2020년	
				전체	만 25-65세 미만
무학	12.3	12.0	10.9	9.2	2.3
초등학교	33.0	29.4	27.5	28.4	11.6
중학교	18.4	16.0	16.8	18.1	17.2
고등학교	24.5	27.2	29.6	29.9	45.0
대학 이상	11.8	15.3	15.2	14.4	23.9
계	100.0	100.0	100.0	100.0	100.0

주) 25세 이상 기준
자료: 보건복지부(2021: 3).

표 1-7 결혼상태

구분	2011년			2014년			2017년			2020년		
	남자	여자	전체	남자	여자	전체	남자	여자	전체	남자	여자	전체
미혼	16.9	8.8	13.5	19.2	10.1	15.4	18.1	11.5	15.3	21.8	11.5	17.4
유배우	68.0	44.7	58.1	63.7	42.5	54.7	65.0	42.5	55.3	60.4	39.1	51.3
사별	5.0	38.2	19.1	5.6	38.2	19.5	5.3	36.6	18.7	6.6	39.9	20.8
이혼	8.8	7.2	8.1	9.3	8.0	8.7	9.9	7.9	9.0	10.5	8.7	9.7
별거	1.3	1.1	1.2	2.0	1.0	1.6	1.6	1.5	1.6	0.7	0.7	0.7
기타 (미혼모/부)	0.1	–	0.0	0.1	0.1	0.1	0.0	0.1	0.1	0.0	0.2	0.1
계	100.0	100.0	100.0	100.0	100.0	100.0	100.0	100.0	100.0	100.0	100.0	100.0

주) 25세 이상 기준
자료: 보건복지부(2021: 3).

3) 국민기초생활보장 생계급여 수급자

장애인 중 국민기초생활보장 생계급여 수급자 비율은 19.0%로 2017년의 15.0%에 비해 4.0%p 증가한 수준이며, 전체 인구의 수급률 3.6%(2019년 12월 기준)에 비해 약 5.3배 높다.

국민기초생활보장 급여 유형별 수급은 <표 1-8>과 같다.

표 1-8 국민기초생활보장 급여 유형별 수급

(단위: %)

구분	2017년도	2020년도
생계급여	15.0	19.0
의료급여	16.2	25.8
주거급여	14.4	14.8
교육급여	1.4	1.8

주: 1) 국민기초생활보장제도 맞춤형 급여체계 개편 이후
2) 제1차 의료급여기본계획에 따라 의료급여수급 대상자 중 중증장애인 가구에 부양의무자 기준 적용 제외

자료: 보건복지부(2021: 4).

4) 건강 수준 및 의료이용 실태

장애인 중 자신의 건강상태가 '좋다'고 생각하는 경우 14.0%로, 전체 인구(32.4%)의 절반 이하로 낮고, 우울감 경험과 생활에서의 스트레스 경험률은 높은 것으로 나타나고 있다.

(주관적 건강상태) 건강상태가 '좋음 또는 매우 좋음'이라고 응답한 비율은 14.0%이며, 48.7%는 '나쁨 또는 매우 나쁨'으로 나타나고 있다.

주관적 건강상태는 <표 1-9>와 같다.

표 1-9 주관적 건강상태(주관적 건강인지율)

(단위: %)

구분		장애인		전체 인구
		2017년	2020년	
주관적 건강상태	좋음	14.9	14.0	32.4
	보통	33.8	37.3	52.0
	나쁨	51.3	48.7	15.6
계		100.0	100.0	100.0

주: 1) 만 19세 이상
2) 전체인구: 2019 국민건강통계(보건복지부, 질병관리청)
자료: 보건복지부(2021: 4).

우울감 경험률은 18.2%이고, 자살생각률은 11.1%로 2017년(18.6%와 14.3%)에 비해 낮아졌으나, 전체 인구의 10.5%에 비해서는 여전히 높은 수준이다.

우울감 경험, 자살생각은 <표 1-10>과 같다.

표 1-10 우울감 경험, 자살생각

(단위: %)

구분	2017년	2020년			전체 인구
		전체장애인	만 19~64세	만 65세 이상	
우울감 경험	18.6	18.2	17.9	18.5	10.5
자살 생각	14.3	11.1	10.8	11.5	–

주: 1) 만 19세 이상 기준
2) 전체인구: 2019 국민건강통계(보건복지부, 질병관리청)
자료: 보건복지부(2021: 5).

장애인의 정기적 보건·의료서비스 이용은 낮아지고 미충족 의료서비스 경험 비율은 높아져서 코로나19 장기화 등 사회환경 변화로 보건·의료서비스 이용에 어려움을 경험하는 것으로 나타나고 있다.

(의료 및 재활서비스 이용) 장애인의 76.3%가 최근 1년간 자신의 장애에 대한 치료, 재활, 건강관리를 포함하여 정기적·지속적 진료를 이용하고 있다고 하였는데, 이는 2017년에 비해 6.0%p 감소한 수준이다.

현재 치료, 재활, 건강관리 목적의 정기적, 지속적 진료 여부는 <표 1-11>과 같다.

표 1-11 현재 치료, 재활, 건강관리 목적의 정기적, 지속적 진료 여부

(단위: %)

구분	2011	2014	2017	2020년도
지속적 진료 받음	72.4	78.3	82.3	76.3
지속적 진료 받고 있지 않음	27.6	21.7	17.7	23.7
계	100.0	100.0	100.0	100.0

주) 전체연령
자료: 보건복지부(2021: 5).

5) 사회경제적 생활실태

장애인 차별에 대한 인식은 좋아졌다고 느끼는 반면, 「장애인차별금지법」의 인식은 큰 변화를 보이지 않고 있다.

장애인 차별에 대하여 '없다'고 응답한 비율은 36.5%로 2017년 20.1%, 2014년 27.4%에 비해 증가하였으나, 「장애인차별금지법」에 대해 '알고 있다'로 응답한 경우는 10.5%로 2017년 13.9%에서 감소하였다.

장애인 차별이 없다는 응답은 이전에 비해 높아졌으나, 여전히 높은 수준이므로 지속적인 차별 예방 노력이 필요하며, 「장애인차별금지법」 인지 비율은 다소 감소하였는데, 연령별로는 장애노인의 「장애인차별금지법」 인지 비율이 다소 낮다.

장애인 차별 인식은 <표 1-12>와 같다.

표 1-12 장애인 차별 인식

(단위: %)

구분	전체	연령별		
		만 19세 미만	19-64세	65세 이상
없다	36.5	27.2	30.4	42.7
있다	63.5	72.8	69.6	57.3
계	100.0	100.0	100.0	100.0

자료: 보건복지부(2021: 7).

표 1-13 장애인차별금지법 인식

(단위: %)

구분	전체	연령별		
		만 19세 미만	만 19-64세	65세 이상
알고 있다	10.5	17.8	15.5	5.4
들은 적이 있으나 내용은 모른다	25.9	24.5	31.0	21.2
알지 못한다	63.6	57.6	53.5	73.4
계	100.0	100.0	100.0	100.0

자료: 보건복지부(2021: 7).

지난 1개월 간 장애인의 외출 빈도는 거의 매일 외출하는 경우가 45.4%로 2017년에 비해 큰 폭으로 감소하였으며, 전혀 외출하지 않는 경우는 8.8%로 약 2배 정도 늘어난 것으로 나타났다.

주 1~3회 외출(32.9%)과 월 1~3회(12.9%)는 증가하여 장애인이 외출 빈도를 줄이거나, 외출하지 않은 경우가 많아진 것으로 보이며, 외출하지 않은 이유는 '장애로 인한 불편함'이 가장 큰 이유이며, '코로나19로 인해', '하고 싶지 않아서', '도우미 부재' 등으로 응답하였다.

외출 빈도는 [그림 1-5]와 같다.

그림 1-5 외출 빈도

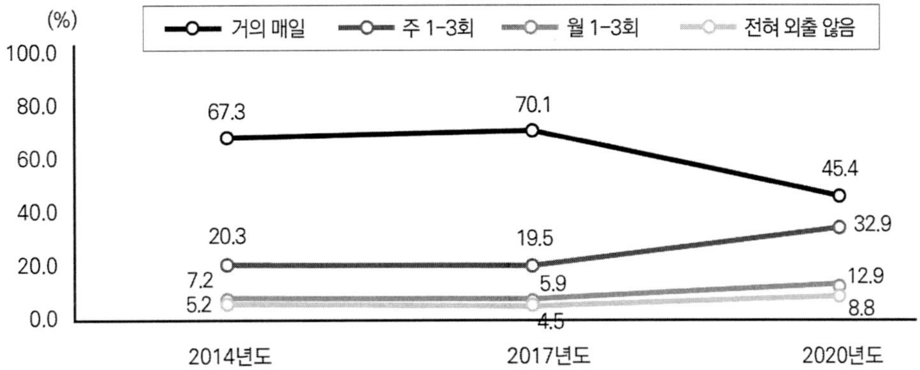

자료: 보건복지부(2021: 7).

그림 1-6 외출하지 않은 이유

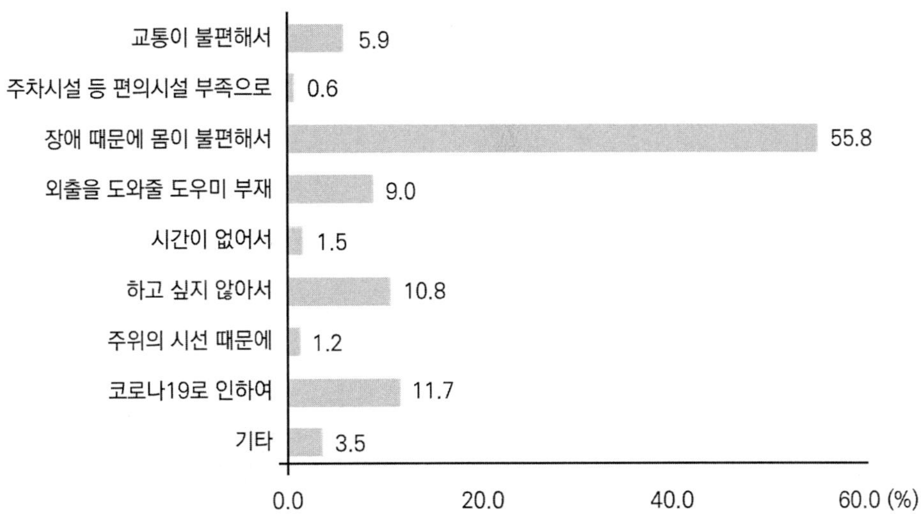

자료: 보건복지부(2021: 7).

생활에 대한 전반적인 만족도는 예년과 유사하였으나, 여가생활만족도는 낮아졌다.

장애인의 생활만족도는 3.2점으로 2017년과 유사한 수준으로 유지되었으나, 문화 및 여가생활에 대한 만족도는 2.9점으로 감소하였다.

생활영역에서는 '친구들 수'와 '하고 있는 일'의 만족도가 낮아져서 외출의 어려움 등 좁아진 사회관계와 고용의 어려움을 반영하고 있는 것으로 보인다.

생활만족도는 [그림 1-7]과 같다.

그림 1-7 생활만족도

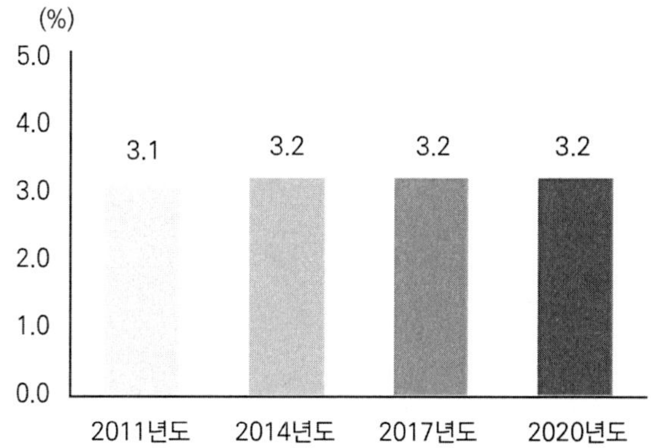

자료: 보건복지부(2021: 9).

그림 1-8 문화 및 여가활동 만족도

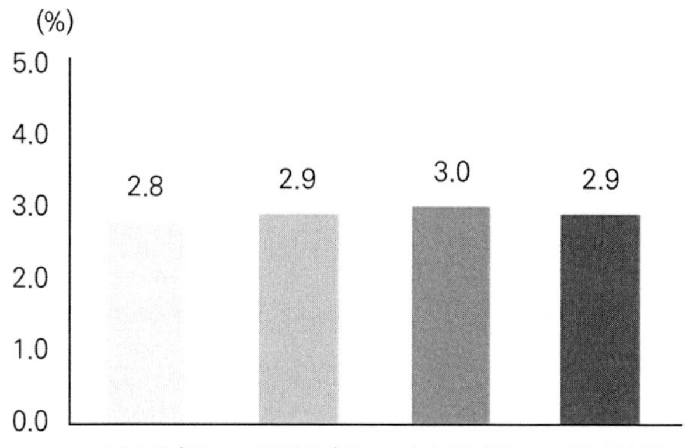

자료: 보건복지부(2021: 9).

6) 장애인의 돌봄

장애인의 32.1%가 일상생활에서 다른 사람의 지원이 필요한 것으로 나타났으며, 이는 2017년의 33.9%에 비해 다소 감소한 수준이다. 이 중 '거의 모든 일에 다른 사람의 지원이 필요한' 경우는 6.2%로, 2017년(5.5%)에 비해 증가하였다.

만 65세 이상 장애노인의 경우, 일상생활에서 도움이 필요한 경우는 34.1%로, 2017년에 비해 감소하였다.

일상생활 도움 필요 정도는 [그림 1-9]와 같다.

그림 1-9 일상생활 도움 필요 정도

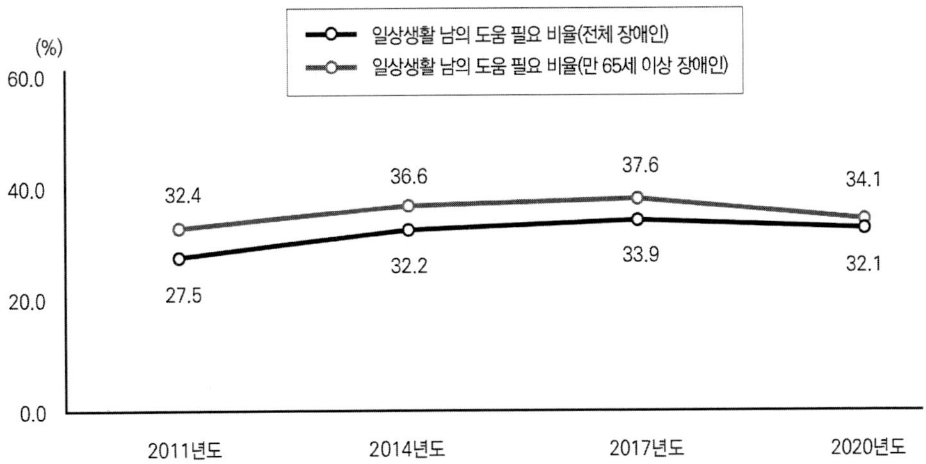

자료: 보건복지부(2021: 12).

국가 및 사회에 대해 가장 우선적으로 요구하는 사항은 '소득보장'(48.9%), '의료보장'(27.9%), '주거보장'(7.4%), '고용보장'(3.6%)의 순으로 나타나고 있다.

소득보장 욕구가 더욱 커지고, 의료보장에 이어 주거보장 욕구가 높게 나타나 2017년과 차이를 보이며, 소득보장 욕구의 증가와 고용보장 욕구의 감소는 코로나19 장기화로 인한 소득감소, 고용시장 위축을 고려하여 이해할 필요가 있다.

그림 1-10 생활만족도

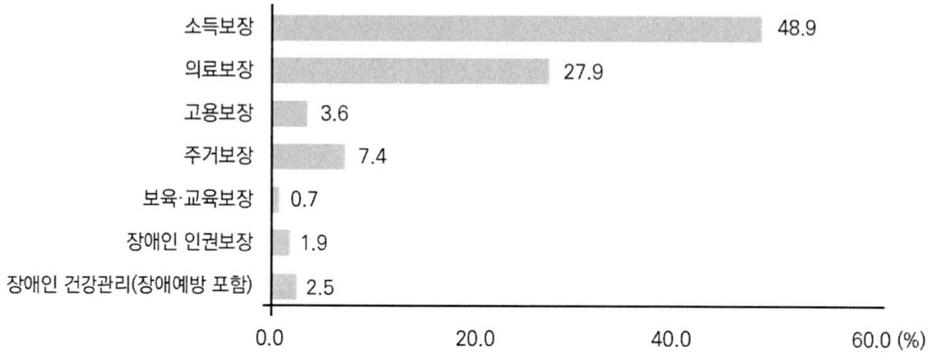

자료: 보건복지부(2021: 13).

Chapter 2

장애인복지

✓ **학습목표**

1. 장애인복지의 의미
2. 장애인복지정책에 대한 내용 숙지
3. 장애인복지의 문제점 토의

✓ **학습내용**

1. 장애인복지의 개념
2. 장애인복지의 내용
3. 장애인복지의 사회보장
4. 장애인복지 문제점 및 해결방안

✓ **개요**

장애인복지는 신체적·정신적 장애로 인해 생활상의 곤란과 사회적 편견 및 차별을 겪고 있는 사람에 대하여 다양한 재활의 기회를 제공하고, 사회적 인식의 개선과 물리적 환경을 조성하여 사회의 모든 구성원들과 마찬가지로 인간다운 삶을 영위할 수 있도록 사회적·법적·제도적 보장과 지원 서비스를 제공하는 활동을 말한다. 이 장에서는 장애인복지를 살펴보고자 한다.

Chapter 2

장애인복지

1 장애인복지의 개념

1) 장애인복지의 정의

장애인복지는 '장애인(the disabled 또는 people with disability)'과 '복지(welfare)'가 합쳐진 말이다. 사전적으로, 'welfare'는 안락하고 만족스런 생활상태 또는 건강과 번영, 안녕(well-being)의 상태를 의미한다. 따라서, 장애인복지는 신체적·정신적 장애로 인해 생활상의 곤란과 사회적 편견 및 차별을 겪고 있는 사람에 대하여 다양한 재활의 기회를 제공하고, 사회적 인식의 개선과 물리적 환경을 조성하여 사회의 모든 구성원들과 마찬가지로 인간다운 삶을 영위할 수 있도록 사회적·법적·제도적 보장과 지원 서비스를 제공하는 활동을 말한다.

1976년 세계보건기구(WHO)에서는 1976년 장애인복지를 의료적·사회적·교육적·직업적 서비스를 통합적으로 사용하여 개인을 훈련시키고 재훈련시켜 개인의 기능적 능력을 가능한 한 최고의 수준으로 높이는 것으로 정의하였다(WHO, 1976). 그리고 미국의 국립재활전문위원회(Nation on Rehabilitation)는 장애인의 신체적·정신적·사회적·직업적·경제적 가용능력을 최대한으로 회복시키는 것으로 정의한다(김한식 외, 2020: 17).

장애인복지는 장애인의 인격의 존엄성과 인간적 권리의 회복 그리고 자립에의 노력과 사회참가에의 기회보장 등에 입각하여 장애인 본인의 노력뿐만 아니라, 국가 및 지방 공공단체가 장애인의 재활을 원조함으로써 필요한 보호를 행하고 국민도 그의 재활에 협력하는 책무를 짐으로써 장애인의 불편함을 가능한 한 경감시켜 비장애인과 같은 생활조건과 생활안정을 누릴 수 있도록 하는 것이다(고명석 외, 2020: 113).

장애인복지의 중심 개념은 재활과 자립으로 볼 수 있다. 장애인의 손상된 육체적·정신적 기능을 회복시켜 주고 잔존능력을 개발하는 데 있어서 사회적 편견이나 핸디캡을 극복하고 생활의 안정을 확보하는 직업적·사회적 재활의 개념까지 포함하며, 자신의 능력을 최대한 활용하여 사회적·경제적으로 스스로의 생활을 영위하게 하는 것이다. 즉, 장애인의 생리학상 문제를 개인의 불행으로 돌리는 일반사회인의 편견이나 약자를 더욱 불리하게 하는 경쟁사회의 구조 아래에서 장애인이 생활의 위기를 대처해 나가도록 예방적, 사회치료적으로 개입하는 시책과 실천행동인 것이다. 또한 장애인복지는 신체장애인, 정신장애인 등이 그 장애로 말미암아 가족생활, 사회생활 등 모든 생활에서 곤란을 느끼지 않도록 국가나 민간 사회복지기관이 교육적·직업적·의료적·심리적·사회적 여러 문제에 걸쳐 원조하는 제도적·정책적 서비스의 조직적 활동과 노력이라고 정의할 수 있다.

이러한 장애인복지의 정의에는 두 가지 시각이 교차하고 있다(신현석, 2021: 31).

첫째, 장애인에게 있어서 바람직한 상태(사회적 상황)를 가리키는 것으로, 이념이나 목표라고 하는 목적 개념이다. 그것은 의학적 핸디캡을 갖는 상태에 있다 할지라도, 인간의 생명 그 자체가 가치인 것이며, 능력껏 살며 충실한 생활을 영위하는 것이 이상인 것이다. 그러기 위해 인간의 전체적 발달의 기회를 보장한다는 것이 장애인복지의 이념이며 목표가 된다. 이 개념하에서의 장애인복지는 장애인이 인간의 존엄성을 보장받으며, 인간으로서의 권리를 회복하게 하고, 재활과 정상화 그리고 '완전 참가와 평등' 같은 주요 가치가 주요 이슈로서 자리매김하게 된다.

둘째, 실체 개념으로서 정책, 제로 원조활동 등의 사회적 체계를 가리키며, 이것은 다시 현행의 복지정책, 제도, 원조활동 등 협의의 장애인복지와 여기에 교육, 위생, 노동 등의 관련 시책을 포함하는 광의의 장애인복지로 구분하여 사용된다.

그러나 이러한 장애인복지의 개념에 대한 이 두 가지 시각은 따로 존재하는 것이 아니라, 서로 밀접하게 관련되어 있다. 즉, 이념과 목표를 바탕으로 상황을 파악하고 구체적인 문제점을 찾아 대책을 구상함으로써 장애인복지가 실현된다. 따라서, 장애인복지는 장애인의 인격의 존엄성과 인간적 권리의 회복 그리고 자립에의 노력과 사회참가에의 기회보장 등에 입각하여, 장애인 본인의 노력뿐만 아니라, 국가 및 지방 공공단체가 장애인의 재활을 원조함으로써 필요한 보호를 행하고, 국민은 장애인의 재활에 협력하는 책무를 짐으로써 장애인의 단점을 가능한 한 경감시켜 비장애인과 같은 생활조건과 생활안정을 누리게 함으로써 궁극적으로 사회통합을 이루게 한다.

장애인복지의 기본 구조는 재활, 보조, 생활환경의 정비 및 등의 원조체계로 이루어진다. 복지서비스의 성격, 대상자의 장애정도, 대책의 전개방법에 따라 다음과 같이 도식화할 수 있다.

그림 2-1 장애인복지의 기본 구조

자료: 황희숙(2021: 45).

2) 장애인복지의 목적

「장애인복지법」 제1조(목적)에서 “이 법은 장애인의 인간다운 삶과 권리보장을 위한 국가와 지방자치단체 등의 책임을 명백히 하고, 장애발생 예방과 장애인의 의료 · 교육 · 직업재활 · 생활환경개선 등에 관한 사업을 정하여 장애인복지대책을 종합적으로 추진하며, 장애인의 자립생활·보호 및 수당지급 등에 관하여 필요한 사항을 정하여 장애인의 생활안정에 기여하는 등 장애인의 복지와 사회활동 참여증진을 통하여 사회통합에 이바지함을 목적으로 한다."라고 규정하고 있다.

장애인복지의 목적은 정상화 이념과 인권존중의 이념을 기초로 하여 장애로 인한 생활이 곤란한 자에 대하여 의료적·교육적·직업적·사회적·심리적 재활 등을 통해 사회복귀를 도모하고, 경제적·문화적·교육적 기회 등에서 차별과 편견으로부터 보호하여 장애인이 가지고 있는 사회적자별이나 편견을 해소시키며, 주체적 인간으로서의 자립생활을 보장해 주고 장애인에 대한 새로운 가치관의 정립을 일반 국민의 의식 속에 정착시켜 사회통합을 이루는 데 목적을 두고 있다. 구체적인 내용은 다음과 같다(고명석 외, 2020: 115).

(1) 개인의 전인적 능력개발

장애인복지의 과정을 통해 잠재능력과 잔존능력을 촉진·개발하여 사회적 역할 기대에 대응할 수 있는 주체적 능력으로 전환시키는 것이 '장애인 개인의 전인적 능력개발'로 이루고자 하는 바이며, 이는 장애인복지의 목표 중의 하나가 되어야 한다는 것이다.

(2) 사회환경 개선

장애인의 인간다운 생활을 보장하기 위해서는 장애인을 둘러싸고 있는 사회환경(물리적·제도적·문화적)이 개선되어야 한다. 따라서, 장애인복지에서 현실저긍로 성취되어야 할 목표 중의 하나는 '사회환경의 개선'이다.

(3) 장애인복지의 필요성

첫째, 산업화에 따른 장애유발요인의 증대, 둘째, 사회적 부담의 경감, 셋째, 장애가 사회환경에 미치는 부정적 효과의 최소화, 넷째, 인간의 존엄성과 국민의 권리보장 등에 있다.

3) 장애인복지의 특성

오늘날 사회복지는 개인의 복지에 직접 관계되어 인간 개인의 복지를 목적으로 하고, 이에 대해 직접적으로 그 개인에게 작용되는 사회정책으로 이해되고 있으며, 사회복지의 특성으로 사회적인 책임과 주관성, 조직적인 활동성, 이용자와의 직접적인 관계성, 인간의 권리성 등을 들고 있다.

장애인복지의 궁극적인 지향점은 일반적인 사회복지의 이념과 다르지 않다. 장애인복지와 사회복지의 목적과 방법은 다르지 않지만 대상이 갖는 특성으로 인해 고유의 성격을 갖는다. 여러 분야 중에서 장애라는 특성이 추가된다는 점에서 그러하다. 일반적으로 장애인복지의 이념은 완전한 사회참여를 통한 사회통합의 목적을 갖는다. 일반적으로 사회복지를 '사회구성원이 만족한 삶과 건강을 누릴 수 있도록 도와주기 위해 만들어진 사회적 서비스와 제도의 조직화된 체계'로 규정하여, 사회보장제도를 사회보험, 공공부조, 복지서비스로 분류하면서 장애인복지는 서비스에 포함시킨다. 그렇지만 장애인복지는 특성상 사회복지의 전 분야를 망라한다고 볼 수 있다. 이는 장애가 갖는 생애주기적 특성과 함께 장애라는 특성의 다양성에서 기인한다. 즉, 태어나면서부터 아동기, 청소년기, 성인기, 중·장년기, 노년기에 이르기까지 전 생애에 걸쳐 야기되는 부가적 욕구로 인해 각 시기에 맞는 적절한 지원을 필요로 한다. 또한 장애의 특성이 다르다는 점은 다양한 대책의 필요성을 의미한다. 예를 들어, 시각, 청각장애인에게는 감각기능이나 의사소통에 관한 사회적 대책이 필요하며, 사회보험에 있어서는 각종 사고로 인한 장애인에게 해당하는 보험급여가 제공되고, 장애로 인한 빈곤문제는 공공부조정책의 주요 사안이 되고 있다. 이와 같이 유사한 특성을 범주화할 수 있는 다른 대상 영역과 달리 장애인 분야는 다양한 특성으로 인해 접근방법 또한 매우 복잡하게 이루어져 있다(이채식 외, 2121: 16－17).

그러므로 장애인복지는 넓게는 사회복지라는 틀 속에서 공통된 특성을 가지고 있지만, 장애인이라는 특정인을 대상으로 하기 때문에 독특한 특성을 가질 수 있다. 장애인복지의 특성은 다음과 같다(이채식 외, 2021: 17－19 ; 배경희, 2021: 15－17 ; 고명석 외, 2020: 116－117).

(1) 복잡성(complexity)

장애는 신체적 장애와 정신적 장애로 분류되며, 신체적 장애는 외부 신체기능의 장애와 내부기관의 장애로 나누어지고 외부 신체기능의 장애는 지체·뇌병변·시각·청각·언어·안면 장애로 분류되며, 내부기관의 장애는 신장·심장·간·호흡기·장루요루·뇌전증 장애로 분류된다. 재활서비스 측면에 따라 다시 정의되는 등 장애유형과 장애로 인해 파생되는 여러 가지 문제도 다양하다. 또한 이러한 장애문제는 사회 전체가 가지고 있는 잘못된 장애인관, 사회적·문화적 환경과도 깊은 관련이 있는데, 이러한 여러 가지 장애문제의 다양성과 복잡성은 장애인복지를 어렵게 하기 때문에 복잡성이라는 특성을 가진다.

(2) 종합성(comprehensive)

장애문제는 다양하고 복잡하기 때문에 해결방법도 다양하고 종합적으로 강구되어야 한다. 장애인복지는 단순한 사회복지 차원뿐만 아니라, 의료적·교육적·직업적·사회적·환경적 차원과도 관련되어 있는 종합성이 요구된다. 장애인의 복지는 결코 어느 한 특정 분야의 전문성만 가지고는 달성하지 못한다는 사실이다. 예를 들어, 교통사고로 인한 지체장애인이 사회 재적응을 위해 필요로 하는 측면은 단순히 사회복지적인 차원에서의 서비스뿐만 아니라, 의료적, 교육적, 사회적, 직업적, 재활적인 모든 차원에서의 종합적인 서비스가 요구된다. 따라서, 장애인복지는 한 분야의 전문가만으로 그 서비스 목적을 실현할 수 없으며, 각 분야의 전문가들이 한 팀으로 조직적인 활동과 종합적인 서비스를 동시에 제공함으로써 그 효과성을 높일 수 있다.

그러므로 장애인복지는 전문분야의 특성을 팀으로 조직화하여 접근하여야 하며, 복지라는 측면과 재활이라는 측면이 종합적으로 강구될 때, 비로소 원래의 목적을 달성할 수 있다.

(3) 역동성(dynamic)

선진국에서 장애인복지가 처음 실시될 때에는 위정자나 전문가를 중심으로 한 일부 소수들에 의해 다루어지고 움직였으나, 점차 장애인 자신들의 의식이 높아지고 사회의 경제적인 수준이 상승되어 가고 있으며, 장애요인의 증가 등으로 인해 장애인복지에 대한 공감대 형성은 장애인복지를 시대나 상황에 따라 역동적으로 움직이고 있다. 장애인복지를 위한 모든 정책, 제도, 방법, 기술 등이 장애인의 욕구에 따라 수시로 유연성 있게 적용되어야 하며, 사회적 변화와 환경에 역동적으로 적절하게 움직여야 한다.

(4) 책임성(responsibility)

장애인복지는 한 인간의 재활문제를 다루는 공공적 성격을 띤 복지이기 때문에 반드시 책임성이 뒤따른다. 그 책임의 한계는 다음과 같다.

첫째, 장애인 개인을 대상으로 한 책임성이다. 장애인의 재활문제는 한 인간의 삶과 연계된 문제이기 때문에 거기에는 책임이 따라야 한다.

둘째, 후원자에 대한 책임으로 최근 장애인복지는 국가에서 뿐만 아니라, 민간, 특히 장애인복지기관에서 수행되는 경우가 많다. 이러한 기관은 반드시 후원자에 대한 책임성을 입증할 수 있어야만 운영이 가능하다.

셋째, 사회적 책임성이다. 장애인복지는 공공, 사회적 목적에 의해 규정하는 활동이라는 점에 대한 책임성을 입증할 수 있어야 할 것이다.

이러한 관점에서 볼 때, 장애인복지는 장애인 본인이나 가족에게만 국한되는 문제가 아니라, 사회와 국가가 협동해야 할 성질의 것이고, 또한 장애인의 개인적 복지를 실현하기 위해서는 각종 전문분야 서비스가 다각적인 접근을 통하여 종합적, 통합적으로 수행될 때, 그 효율성이 보장될 수 있을 것이다. 따라서, 장애인을 일정한 테두리 안에서만 살게 할 것이 아니라, 가능한 한 조기에 모든 재활서비스를 받게 함으로써 사회에 통합될 수 있도록 하여야 한다. 물론 사회는 장애인을 하나의 인격적 존재로 존중하고 그들의 사회적 성숙의 필요를 깊이 느끼며 잠재능력의 개발에 대한 책임의식을 가져야 한다. 그리고 장애인복지의 특성을 논의할 때 간과해서는 안 될 점은, 장애인의 일반적 심리를 이해하고 염두에 두어야 한다.

2 장애인복지의 내용

장애인복지의 내용은 다음과 같다(정종화 외, 2021: 76-80, * 일부 내용은 시행연도에 따라 변경이 있을 수 있음.).

1) 장애수당

「국민기초생활보장법」에 의한 수급자 및 차상위 계층(기준중위소득 50% 이하)의 만 18세 이상 등록장애인 중 「장애인연금법」상 중증장애인에 해당하지 않는 자(종전 3~6급)의 장애인의 생계안정을 위하여 정부에서는 기초(생계, 의료, 주거, 교육) 및 차상위 : 1인당 월 4만 원, 또는 보장시설수급자(생계, 의료) : 1인당 월 2만 원씩 장애수당을 지급하고 있다.

2) 장애아동수당

국민기초생활 보장법에 의한 수급자 및 차상위 계층(기준 중위소득 50% 이하)의 만 18세 미만 장애아동

- 중증장애인 : 「장애인연금법」상 중증장애인에 해당하는 자(종전 1급, 2급 및 3급 중복장애)
- 경증장애인 : 「장애인연금법」상 중증장애인에 해당하지 않는 자(종전 3~6급)

장애아동의 양육환경 개선 및 생활안정을 도모하기 위하여 저소득 가구의 중증장애아동 부양자에게 2002년부터 월 4만 5천 원을 지급하고 있다.

장애아동수당의 지원내용은 기초(생계, 의료) 중증 : 1인당 월 20만 원, 기초(주거, 교육), 차상위 중증 : 1인당 월 15만 원, 기초(생계, 의료, 주거, 교육) 및 차상위 경증 : 1인당 월 10만 원, 보장시설(생계, 의료) 중증 : 1인당 월 7만 원, 보장시설(생계, 의료) 경증 : 1인당 월 2만 원 등이 있다.

3) 장애인자녀 교육비

일정 규모 이하의 재산, 저소득 장애인 가구의 자녀에 대한 교육비를 지원하여 빈곤의 세습방지와 균등한 교육기회를 보장하여 장애인 가구의 생활안정을 도모하고 있다.

4) 장애연금

장애(인)연금이란 근로능력의 상실 또는 현저한 감소로 인하여 줄어드는 소득과 장애로 인하여 추가로 드는 비용을 보전하기 위하여 중증장애인에게 매월 일정액의 연금을 지급하는 사회보장제도를 말한다. 장애인연금 급여는 기초급여와 부가급여가 있으며, 대상자는 만 18세 이상 등록한 중증장애인 중 본인과 배우자의 소득과 재산을 합산한 금액(소득인정액)이 선정기준 이하인 자만 해당이 된다.

5) 의료보장

「의료급여법」에 의한 수급권자인 장애인에 대하여 본인부담금 일부를 지원하고 2차 또는 3차 진료기관 및 국공립결핵병원 진료 시 본인부담금 전액을 지원하고 있다.

6) 기타

장애인 의료비 공제, 장애인 보장구 부가가치세 면세율 적용, 장애인용 수입물품 관세 감면, 자동차 관련 세금 면세, 기타 교통 요금할인, 통신이용요금 보조, 시청각 장애인 TV수신료 면제, 공공시설 이용요금 보조, 고궁 국공립박물관, 공원 등 요금 면제 등을 받을 수 있다.

(1) 사회경제적 재활 지원

① 장애인의 날(매년 4월 20일), 장애인주간

② 의료비 지원

③ 생업, 취업, 재활 자금의 대여

④ 수당지금, 장애수당, 장애아동수당, 보호수당

⑤ 자녀교육비 지급

⑥ 공공시설의 우선이용과 이용료 감면

(2) 생활의 편의증진을 위한 지원

① 장애인사용자동차와 장애인보조견 등에 대한 지원

② 재활보조기구의 보조

③ 산후조리도우미 지원

④ 활동보조인의 파견 등 활동보조서비스 지원

(3) 세제상의 조치

① 소득세 공제

② 상속세 인적공제

③ 증여세 면제

④ 장애인보장구 부가가치세 영세율 적용과 면제

⑤ 특허출원료 또는 기술평가청구료 등의 감면

⑥ 자동차 구입 시 조세감면 조치

(4) 직업재활 및 고용의 촉진

① 복지 주체의 고용에 관한 의무
- 국가 또는 지방자치단체의 장애인 고용 의무
- 복지 주체의 시책 강구 의무와 고용 권유 의무

② 장애인고용제도
- 지원고용, 보호고용, 장애인 표준사업장제도, 사업주의 고용 의무와 장려

③ 취업을 위한 지원
- 취업의 알선
- 취업알선 시설자에 대한 지원
- 한국장애인고용촉진공단의 설립

• 장애인고용촉진 및 직업재활을 위한 실태조사

(5) 장애인복지 비용의 부담

의료비의 지급, 자녀교육비의 지급, 자립훈련비의 지급, 장애 수당, 장애아동 수당 및 보호수당, 재활보조기구의 구입 또는 수리, 재활보조기구업체의 지원과 육성의 조치와 장애인복지시설의 설치 그리고 운영에 소요되는 비용은 국가와 지방자치단체가 이를 부담한다.

(6) 수급자의 권리보호

① 압류금지

② 심사청구

3 장애인복지의 사회보장

장애인복지정책은 지체장애, 지적장애 등 심신의 손상으로 인해 사회적 생활이 곤란한 장애인에게 각종 복지서비스를 제공하여 물리적 장애와 사회적 편견 등을 제거하면서, 장애인이 비장애인과 동등한 삶의 기회를 누릴 수 있도록 하는 공공부문과 민간부문의 총체적인 정책이다(양승일, 2019: 208).

장애인복지는 재활의 개념으로 이루어지는 것으로, 장애인의 손상된 능력 회복뿐만 아니라, 잔존능력을 개발하는 것이다. 따라서, 장애인복지는 장애인의 사회복귀뿐만 아니라, 장애인이 계속적으로 직업을 가지고 경제적으로 자립하는 것을 목표로 하고 있다. 그 내용은 다음과 같다(박차상 외, 2020: 329-333).

1) 소득보장정책

장애인에 대한 소득보장정책은 장애인들이 일상생활을 영위함에 있어서 필요한 소득을 보충시켜 주는 것이다.

(1) 직접적 소득보장정책

첫째, 사회보험 중 국민연금제도는 특수직역에 종사하지 않는 일반 국민들이 가입기간 중에 산업재해가 아닌 다른 이유로 장애를 입은 경우 지급되는 급여로, 장애일시보상금과 장애연금 두 종류가 있다.

둘째, 공공부조의 경우, 장애인을 위한 공공부조로는 생활보호제도와 장애수당 그리고 장애인 자립자금 대여 등이 있다.

(2) 간접적 소득보장정책

첫째, 세금감면으로 소득세, 상속세, 자동차 특별소비세, 자동차세 등에 대한 세금감면이나 면세가 있다.

둘째, 세금감면으로 전화요금, 철도 및 도시철도요금, 항공요금, 주차료, 이동통신요금, 고속도로통행료 할인이 있으며, 고궁, 박물관, 공원 등 공공시설 이용요금 면제 및 TV 수신료 면제 혜택이 있다.

2) 의료복지정책

장애인 의료보장제도는 사회보험제도인 의료보험과 공공부조제도인 의료보호제도, 저소득장애인에 대한 의료비 지원과 보장구 무료교부사업 등이 있다.

첫째, 의료보험제도는 장애인 본인 또는 가구원이 일정률의 보험료를 납부하고, 의료서비스 이용 시 현물 또는 현금으로 급여를 받는 제도이다.

둘째, 의료보호제도는 국민기초생활수급자로 책정된 장애인에 한하여 의료보호 혜택을 받을 수 있다.

셋째, 장애인 의료비지원제도는 생활이 어려운 저소득장애인의 의료비를 지원함으로써 생계안정을 도모하고 의료보장의 실현을 위한 것이다.

넷째, 보장구 무료교부제도는 1982년부터 생활이 어려운 저소득장애인에게 보장구의 제조, 구매, 수리, 검진 및 적응훈련비를 지원함으로써 이들의 신체적 기능을 보완하고 생활능력을 향상시켜 장애인의 자활·자립을 도모하는 데 목적을 두고 있다.

3) 고용정책

장애인복지의 궁극적 목표는 모든 장애인은 자기능력을 최대한으로 개발하여 적성에 맞는 직업을 가지고 사회적·경제적 활동에 참여하여 자립을 도모하는 것이다. 여기에는 고용보장과 직업재활(직업훈련)을 들 수 있다.

첫째, 고용보장의 경우, 일반사업장에서 비장애인과 같이 고용되는 일반고용정책과 그렇지 못한 장애인을 대상으로 하는 보호고용정책으로 나누어 볼 수 있다. 일반고용의 경우, 정부는 1990년 「장애인고용촉진 등에 관한 법률」을 제정하여 상시근로자 300인 이상을 고용하고 있는 사업장에서는 고용인원의 2% 이상을 장애인으로 고용할 것을 의무화하였으며, 불이행 시에는 의무고용인원에 미달하는 인원수만큼 고용부담금을 납부하도록 하였다. 보호고용의 경우, 일반기업체에 취업하기 어려운 중증장애인을 위한 보호고용제도는 1986년 장애인복지시설의 자립작업장 설치운영계획에 의해 본격화되었으며, 장애인근로시설과 장애인수용시설에 주로 부설되어 있는 보호작업장이 있다.

둘째, 직업훈련의 경우, 장애인 고용을 촉진하기 위해서 가장 필요한 정책으로는 장애인에 대한 교육, 훈련 및 자격제도가 있다. 장애인에 대한 직업훈련은 국가와 지방자치단체의 고용촉진훈련과정, 일반직업훈련원, 특수학교, 장애인복지시설, 장애인 전문 직업훈련원 등에서 실시하고 있다.

4) 생활환경정책

장애인의 생활환경정책으로 장애인의 이동권과 건물접근권 및 정보통신권을 들 수 있다. 이동권 및 건물접근권의 경우, 정부는 1997년 「장애인, 노인, 임산부 등의 편의증진 보장에 관한 법률」을 제정·공포하여 장애인 등이 생활을 영위함에 있어서 다른 사람의 도움 없이 안전하고 편리하게 시설 및 설비를 이용하고 정보에 접근하도록 보장하고 있다.

장애인 정보통신권은 1995년 정부가 발표한 「정보화촉진기본계획」에서 장애인을 위한 정보시스템 개발 및 정보이용 혜택을 부여하는 것도 선언적 차원에서 밝히고 있다. 장애인과 관련된 정보복지를 보면, 컴퓨터 통신이용요금 50% 청각장애인을 위한 단말기 보급과 재활정보센터 운영을 들 수 있다.

5) 재가복지서비스

정부에서는 장애인이 집에서 생활하면서 치료와 교육, 직업훈련서비스 등을 받을 수 있도록 통원 가능한 이용시설을 설치, 운영하는 것을 지원하고 있다. 현재 장애인종합복지관 및 복지관 부설로 설치된 재가복지봉사센터와 주간 및 단기보호시설 등이 있다. 그리고 가정에서 보호하기 어려운 장애인을 지역사회의 소규모 주거시설에서 생활지도교사의 도움을 받아 사회적 자립을 수행하는 그룹홈이 운영되고 있다.

4 장애인복지 문제점 및 해결방안

1) 장애인문제의 사회문제화

현대사회는 인구가 고령화되고 계속해서 건강상태가 좋지 않은 사람의 수가 증가하기 때문에, 장애상태에 놓이는 사람의 비율이 높아지고 있다. 실제로 장애인의 수는 빠르게 증가하고 있다. 그리고 앞으로 인간의 수명과 기술이 더 빠르게 발달할 것으로 예상됨에 따라 장애상태에 있는 사람의 숫자는 계속해서 증가할 가능성이 크다. 즉, 전체 인구 중에서 장애인이 차지하는 비율은 계속해서 증가할 것으로 본다. 하지만 장애에 대한 대책은 모순으로 가득하다. 다시 말해서 장애에 대해서 기본적으로 그 권리를 인정하고 있지만, 차별은 여전히 존재하고 있다. 인간의 삶이 장애와 밀접하게 관련되어 있음에도 불구하고, 장애인은 사회에서 차별을 받는 경우가 많다. 이런 차별은 무의식적이면서도 한편으로는 의식적으로 발생할 수도 있다. 그 결과, 현대사회에서 장애인의 여건은 크게 개선되고 있지만, 가장 취약한 집단에 속해 있다는 사실을 부인하기 어렵다(노병일, 2018: 289).

장애는 개인의 질환과 정서적인 상황, 사회적 태도 및 법체계들을 포함하는 환경적 요인들과 개개인의 인구사회학적 특성들이 영향을 주어 사회활동의 제한 및 참여의 제한을 가져온다. 즉, 장애인은 편견과 차별, 낙인으로 인해 삶의 다양한 영역에서 배제의 문제를 겪고 있다. 장애인으로서의 어려움보다 일상생활에서의 격리나 주변 사람으로부터 소외, 영구적인 낙인으로 인해 더 많은 어려움을 견뎌내야 하는 실정이다.

오늘날 장애는 더 이상 개인의 문제로 이해되지 않으며, 손상이 있는 개인들이 사회에 참여하는 데 직면하는 사회적 장애라는 관점에서 이해되고 있다(Giddens, 2021: 463). 따라서, 현대사회에서 장애인문제는 중요한 사회문제가 되고 있다.

장애인문제를 사회문제로 인식하고 이를 해결하기 위해 사회적 합의를 이끌어내는 데는 매우 어려운 점이 있다. 즉, 기본적으로 장애인을 규정하는 것이 간단하지 않기 때문이다. 또한 부족한 재정문제가 있다. 그러나 사실 그 어느 것보다 우선적으로 지적해야 할 이유는, 장애에 대한 비장애인들의 보편적 관점에 문제가 있다. 비장애인, 다시 말해서 장애가 눈에 띄지 않은 사람들을 위해 그들이 만든 사회이기 때문에 거기에 맞는 범주에 들지 못하는 사람은 홀대는 물론 차별받으며, 심지어는 적대시하는 경향까지 보이고 있는 세계적으로 어디에서나 확인할 수 있는 장애인에 대한 인식이며, 대우 또한 그러하다(김보기 외, 2022b: 303).

장애인은 국민의 사람으로서 인권이 존중되어야 하며, 인간다운 생활을 권리가 있다. 다시 말해서 장애인은 건강하고 문화적인 생활을 누릴 동등한 자격이 있다는 말이다. 그렇지만 사회현실은 장애인의 권리인 인간의 기본권을 제한하고 있으며, 불평등과 차별이 존재하고 있는 실정이다. 이에 따라, 장애인이 당면한 문제는 사회문제가 되고 있는데, 장애인은 일반 시민과 똑같은 인격체로 대우받으며, 인권과 인간의 존엄성, 인간다운 삶을 보장받아야 한다.

2) 장애인문제의 특성

장애인문제의 특성은 일반적인 장애특성과 유형별 특성으로 분류되고 있다. 그 내용은 다음과 같다(김보기 외, 2016: 268-270).

(1) 일반적인 문제의 장애특성

첫째, 장애인문제의 복잡성 문제다. 장애인문제는 장애라는 사실로부터 주위 환경에서 부차적으로 파생되는 여러 가지 문제로, 학교 입학의 어려움, 취직난, 가족의 혼인에 미치는 영향 등의 고통 등 매우 다양하다. 이처럼 한 사람의 장애인문제가 중층화되면서 복잡한 구조로 나타난다.

둘째, 장애인문제의 총합성이다. 장애인문제의 복잡성에 따른 문제해결에 있어서 장애인복지는 총합성이 매우 높은 것으로 파악할 필요성이 있다. 즉, 장애인복지는 사회복지 영역의 문제뿐만 아니라, 사회학, 심리학, 교육학, 의학, 공학, 건축학, 노동 등의 과제이기도 하다.

셋째, 장애인문제의 운동성이다. 장애인에 대한 권리보장운동이 시민들 속에 장애인에 대한 이해를 불러일으키면서 더불어 산다고 하는 공감관계를 육성하는 방향으로 나아갈 때, 장애인의 위치는 구제대상으로부터 권리주체로 변화하게 된다.

넷째, 발달보장의 권리성 문제다. 장애가 없는 아동들과 마찬가지로 장애아동에게도 똑같이 보장되어야만 하는 것이며, 이와 같은 사고에 근거할 때 비로소 인간의 평등성이 실현되며, 헌법 제34조에 보장된 인간다운 생활을 할 권리가 실제로 보장된다고 할 수 있다.

(2) 유형별 문제의 장애특성

첫째, 장애인 인권문제이다. 장애인의 사회통합을 위한 인권문제는 우리 사회가 함께 풀어가야 할 과제이다. 장애인은 장애라는 이유로 사회로부터 특별히 보이고 부당하게 사회적 불리를 받게 된다. 최근에 장애인 인권문제가 제기되기 시작한 것은, '국제 장애인의 해'를 계기로 다양한 연구가 행해지고, 또한 정상화의 확산과 더불어 장애인 스스로의 권리의식이 강화되었기 때문이다.

둘째, 장애인 생활환경문제다. 장애인 생활환경문제는 주변 환경 등의 측면뿐만 아니라, 장애인 당사자의 직간접적인 생활환경에서의 곤란도 포함하고 있고, 이러한 문제는 의료보건과 교육, 사회보장, 주거문제, 이동권 등과 더불어 정상적인 사람들과 어울려 생활환경을 연대하는 시스템이 필요하고, 이를 통해 같이 생활하는 사회환경을 완성해야 한다.

셋째, 장애인 취업문제다. 장애인의 취업문제는 장애에 의하여 생기는 신체적·정신적 능력의 저하에 수반되어 발생하며, 일의 수행능력이나 학습능력이 고용수준에 미치지 못할 경우, 일반인과 달리 다른 취업기회를 고려하지 않으면 안 된다.

넷째, 장애인의 성과 생활문제다. 장애인의 경우, 사회생활에서 성기능의 장애나 차별로 인하여 생기는 문제가 다양한 데, 외국의 경우는 과학적으로 접근하고 있으나, 한국의 경우는 미흡한 실정이다. 장애인의 결혼생활은 정신적 장애와 신체적 장애가 있는 경우로 분류할 수 있는데, 정신박약장애인의 결혼은 '경제적 문제가 있으며, 시각·청각 장애인도 결혼생활에 문제가 있다.

이 밖에 장애인과 장애인문제는 경쟁사회에서 생존하기 위한 능력, 힘, 동기가 결여되어 있다. 이는 개인의 동기부족, 낮은 열망수준, 무절제, 게으름, 의타심, 과다한 출산, 부적응 등과 같은 자발적 원인과 가구주의 사망, 질병, 장애, 노화, 가구원의 질병, 낮은 교육수준 등과 같은 비자발적 원인으로 나타난다. 그리고 사회는 대다수의 일반인을 중심으로 구조화되고, 그들의 취향에 맞게 만들어진 구조다. 소수의 장애인을 염두에 두고 형성된 사회가 아니다. 장애인에 대한 편의시설, 교통수단, 건축물 등은 소수인으로서 장애인이 겪는 다양한 차별의 결과로 나타난다.

그러므로 장애인의 문제는 모든 국민의 생존권적 기본권으로 명시되는 법적인 권리에 의하여 다양한 사회문제 안에서 기본적인 위치와 의미를 갖고 있다. 장애인문제의 본질은 장애인의 인권을 존중하고 풍요로운 생활과 인간으로서의 전면적인 발달을 보장한다고 하는 권리보장의 관점에서 문제를 보아야 한다는 것이다.

3) 장애인복지 문제의 해결방안

장애인복지 문제의 해결방안 분야별로 정리하면 다음과 같다(김보기 외 2022a: 447-452).

(1) 보건의료 및 건강 지원

장애인의 보건의료 및 건강특성을 살펴본 결과, 장애유형에 따라 건강과 질환 상태, 입원과 외래진료, 건강관리 등의 양상이 다르다는 점이 특징이라고 할 수 있기 때문에 기본적으로는 장애특성에 맞는 맞춤형 접근이 필요하다. 예를 들어, 정기적 진료나 진료 받는 목적에 있어서 신체 외부와 내부 장애, 정신적 장애 간에 차이가 있어서 재활을 목적으로 하는 경우와 건강유지와 관리를 목적으로 하는 등 차이가 있으므로 장애특성을 고려한 보건의료 및 건강관리 방안을 고려하여야 한다.

건강검진과 관련해서는 일반 국민의 건강검진 수진율이 증가하는 반면, 장애인의 수진율이 낮은 점은 개선을 필요로 하며, 원하는 때 병원에 가지 못하는 이유에 있어서도 교통편의나 경제적 어려움, 의사소통의 어려움을 고려하여 적절한 지원이 필요하다고 하겠다. 이동이 어려운 뇌병변장애인의 경우에는 방문검진과 진료를 확충하고, 발달장애나 청각장애인의 경우에는 의사소통을 도와줄 도우미를 배치하거나, 치과진료와 같은 비용의 어려움 때문에 적절한 치료를 받지 못하는 경우에는 비용지원을 통해 검진기회를 늘려야 할 것이다.

장애인의 경우, 만성질환인 고혈압과 당뇨병 유병률은 일반 국민에 비해 높은 편이므로 이들 질환을 예방하고 조기에 발견하여 관리하기 위한 대책이 필요하다. 장애인의 특성상 추락을 비롯한 각종 사고경험률도 높아 안전관리와 함께 사고를 예방할 수 있는 시설의 확충과 개선도 요구되고 있다. 또한 많은 장애인들이 재활전문병원과 방문진료의 필요성을 지적하고 있는데, 장애특성을 고려한 맞춤형 진료가 가능하도록 전문병원이나 방문진료서비스를 확충할 필요가 있다.

재활치료(발달재활) 서비스는 바우처제도를 통해 그동안 지원대상이 지속적으로 확충되면서 장애아동 가족의 경제적 부담은 다소 줄어든 것으로 나타났고, 제도에 대한 사회적 인식도 제고되었으므로 앞으로는 재활서비스 인력양성을 포함한 재활서비스의 체계화에 노력을 집중할 필요가 있다.

건강관리 측면에서 장애인이 주로 활동하는 주택가 공원 등 근린시설에 대한 운동시설과 편의시설을 확대할 필요가 있고, 건강관리에 대한 정보부족을 해소하기 위한 보다 적극적인 교육과 홍보가 필요하다. 또한 비장애인에 비해 스트레스 경험률과 자살생각률이 매우 높은 편이므로 이들의 스트레스 예방이나 우울증 해소를 위한 심리적 지원체계의 마련이 필요하다.

(2) 일상생활 지원

사회적 구성물(social construct)로서 장애의 한 가지 차원은 기능제약이다. 장애인의 경우, 의학적 손상으로 인해 일상생활 및 사회생활에서 다양한 기능제약을 경험하게 되는데, 장애인 중 상당수가 일상생활수행에 상당한 어려움을 경험하고 있음을 기본적 일상생활동작(ADL)과 수단적 일상생활동작(IADL) 등에 대한 조사를 통해 확인할 수 있다. 특히, 뇌병변장애인과 지적장애인 및 자폐성장애인의 경우, 의학적 손상의 임상적 특성으로 인해 상대적으로 다른 장애유형에 비해 신체활동 및 기본적인 사회생활 기능수준이 낮다.

이렇듯 스스로 일상생활을 하기 어려운 장애인의 경우, 필연적으로 외부의 도움을 받아 일상생활을 영위할 수밖에 없는데, 현대 복지국가에서는 기능제약을 경험하고 있는 중증장애인을 목표로 하여 활동보조서비스 또는 장기요양서비스 등의 일상생활지원서비스를 제공하고 있다. 우리나라의 경우에는 지난 2007년부터 장애인활동지원제도와 노인장기요양보험을 통하여 기능제약 수준이 높은 장애인을 대상으로 일상생활지원서비스를 도입하여 지속적으로 확대하고 있는데, 제도 확대로 인한 서비스 이용자의 증대가 이루어지고 있다.

이와 같이 장애인 내부에서도 장애유형에 따라 기능제약의 양상이 다르게 나타나고 있음을 볼 때, 이러한 장애특성을 고려한 일상생활지원서비스의 고도화가 이루어질 필요가 있다. 구체적으로 타 장애유형에 비해 상대적으로 ADL 및 IADL 등의 영역에서 기능수준이 취약한 것으로 파악된 지적·자폐성 장애인이 장애인활동지원제도 이용에 있어 기능수준에 비례한 서비스 제공량을 할당받고 있는 지에 대한 세심한 검토와 그에 따른 합리적 방안 수립이 필요하며, 또한 현재 장애인의 연령에 따라 인정등급 심사, 서비스 제공량 및 서비스 제공 방식 등이 다르게 적용되어 서비스의 단절 등 서비스 이용에 불편을 경험하고 있는 장애인구가 적지 않다는 점에서 장애인활동지원제도와 노인장기요양보험 간의 효과적인 연계방안 수립 또는 제도통합과 같은 본질적인 논의가 있어야 할 것이다.

(3) 장애인 보조기구 지원

장애인 보조기구 사용현황 및 수요, 장애인 보조기구 구입 지원제도 수혜 여부, 장애인 보조기구 제도개선방안 등 다양한 항목에 걸친 조사 결과 등을 종합해볼 때, 정책적 시사점은 다음과 같다.

첫째, 장애인의 열악한 경제상태를 고려할 때, 장애인 보조기구의 보급 확대와 관련하여 가장 중요한 역할을 담당해야 할 공공 급여사업 중에서 지급대상 품목과 지급액 측면에서 가장 핵심적인 지위를 점하고 있는 건강보험을 중심으로 다양한 공공 급여 간 역할을 분담하여 장애인 보조기구 공급을 지속적으로 확대해야 한다.

둘째, 장애인 보조기구 지원제도와 관련한 개선사항 항목을 등장하는 데, 장애인 보조기구 구입여건을 개선하기 위해서는 권역별 장애인 보조기구센터를 중심으로 장애인복지관, 장애인단체, 자립생활센터 등 파편적으로 구성된 장애인 보조기구 전달체계를 네트워크에 기반한 장애인 보조기구 상담, 평가, 교육, 구입 지원 및 사후 관리 등의 통합적 서비스 제공이 가능한 전달체계로의 개편과 함께 건강보험(의료급여) 등 공공 급여의 지원수준을 더욱 확대해야 할 필요가 있다.

셋째, 일상생활에서 많이 사용하고 있는 정보통신기기 사용률로 파악해 본 장애인의 정보화 수준 역시 비장애인과 현격히 차이가 있음을 확인할 수 있다. 가장 보편적인 정보통신기기인 스마트폰의 경우, 사용률이 급증하고 있으나, 여전히 비장애인과 상당한 격차를 보이고 있고, 기능의 복잡함으로 인한 사용상의 어려움 및 비용부담으로 인해 정보통신기기를 활용하지 못하고 있는 장애인도 적지 않다는 점에서, 모바일기기 중심의 정보화 교육, 기기 보급 및 사용료 감면 등 장애인의 정보 격차 해소를 위한 다양한 정책적 노력이 지속되어야 한다.

(4) 취업 및 창업 등 직업활동 지원

국가에서 장애인직업재활을 위해 가장 먼저 해야 할 일에 대해서는 '직업능력개발', 취업정보 제공, 장애인에 대한 인식개선 활동, 임금보조 등의 항목이 꼽히고 있다. 장애유형별로는 지적장애의 경우, '직업능력개발'과 '장애인에 대한 인식개선 활동' 등을 우선적으로 지원할 필요가 있고, 지체장애는 취업정보 제공, 직업능력 개발, 임금보조 등을 국가가 장애인직업재활을 위해 먼저 해야 할 주요 과제로 꼽히고 있으며, 관련 정부정책도 장애특성에 따라 전문적으로 수립되어야 한다.

(5) 결혼생활·여성장애인 지원

장애인의 가족생활과 관련하여, 장애인은 고령화되어 가고, 그들의 자녀들 또한 중·장년기로 접어들어 장애인가족 전체가 고령화되어 가고 있다. 또한 한 가정에 장애인 부모와 장애자녀가 함께 살고 있는 가정, 즉 한 가정에 1인 이상의 장애인이 함께 살고 있는 가정의 수가 늘어나고 있는 추세이다.

향후 장애인을 위한 사회복지서비스를 몇 가지 차원에서 고려해야 할 사항은 다음과 같다.

첫째, 장애인들의 욕구가 가장 높은 경제적 지원을 비롯하여, 삶의 질을 높이기 위한 실질적인 지원대책이 필요하다.

둘째, 장애인의 신체적 제약과 불편함을 고려하여 차별화된 서비스가 마련되어야 할 것이다. 예컨대, 지체·뇌병변 장애인과 같이 신체적 제약으로 몸의 움직임이 어려운 장애인의 경우에는 가사지원 서비스나 이동을 도와 줄 수 있는 활동보조인 등 에 대한 욕구가 높고, 시·청각장애인의 경우에는 의사소통에 도움을 받을 수 있는 서비스 및 외출지원서비스 등의 욕구가 높다. 또한 심장, 신장, 호흡기 등의 장애인은 의료비 지원에 대한 욕구가 높으며, 지적자폐성 및 정신장애인 등은 외출지원이나, 교육지원 등 다른 유형의 장애인들과 차별화된 서비스 욕구가 높다. 더불어 자녀를 돌보는 장애인의 경우에는 자녀돌봄서비스, 양육지원, 교육지원 등이 필요하다. 향후 장애인복지를 계획함에 이처럼 장애인의 장애유형, 장애인 당사자의 연령, 자녀유무, 자녀의 장애유무, 자녀의 수, 자녀의 연령, 자녀양육의 조력자 유무, 배우자의 유무, 배우자의 장애유무, 등 장애인 자신의 장애특성 외에도 장애인이 속한 가족이나 지역사회의 특성에 따라서, 이들이 겪는 어려움이나 사회복지서비스 욕구도 달라진다. 따라서, 이들의 개별적인 특성을 고려하여 차별화된 지원제도가 마련되어야 한다.

셋째, 여성장애인의 경우에는 지금까지 가사노동과 자녀의 주 양육자로서의 역할을 수행할 때 자신들의 장애로 인해 물리적 제한과 기능의 부족, 사회적 관계의 부족, 경제적 어려움 등을 경험하고 있다. 또한 자녀양육에 있어 부모의 역할은 건강 및 안전, 훈육 및 생활지도, 성장발달을 위한 활동 등을 포함하며, 이는 집 안팎에서 이루어지는 광범위한 활동들로 구성된다. 장애여성들이 자신의 장애로 인한 가사 및 자녀 돌봄 수행에 있어서 어려움을 극복하고, 이를 통해 보다 긍정적인 경험을 할 수 있도록 하기 위해서는 공공영역에서의 사회적 지원이 중요하다.

(6) 사회 및 문화여가활동 지원

장애인의 사회생활은 대부분 장애인 혼자서 외출할 수 있으나, 전체 장애인의 15% 정도의 장애인은 혼자서 외출할 수 없는 정도로 중증이거나, 누군가의 돌봄과 지원이 필요한 것으로 판단된다. 외출 목적이 주로 통학, 통근 등이 다수이나, 특정 장애인(심장, 신장) 등 장애인은 병원방문 목적이 주요 목적으로 나타났다.

외출도우미가 필요한 경우, 지체·뇌병변 장애인의 경우, 휠체어 사용 등으로 인해 대중교통수단의 이용의 어려움, 이동의 불편을 도와줄 도우미가 필요하고, 시청각·언어장애인의 경우에는 의사소통이나 길 안내 등이 필요하며, 자폐성장애인과 지적장애인은 외출 시 보호자의 역할을 담당할 외출도우미가 필요한 것으로 나타났다. 이는 장애유형별로 외출 시 도움의 방식을 차별화한 것이다.

장애인의 문화·여가생활과 관련하여, 문화예술적인 감수성과 민감성이 개인의 경쟁력뿐만 아니라, 국가경쟁력이 되고 있는 상황에서, 우리 사회의 가장 문화소외계층에 해당되는 장애인에게 맞는 문화복지서비스 확대는 시급한 과제라고 생각된다.

(7) 주거

장애인의 집의 소유형태를 보면, 일부 장애유형의 주거 불안정이 우려된다. 뇌전증장애, 정신장애 및 안면장애는 자가 또는 전세의 비율이 낮고, 월세의 비율이 상당히 높은 것으로 나타났다. 또한 월세 금액도 전반적으로 높아져서 장애인의 주거비 부담이 상당히 커졌다. 이에 따라, 장애인을 위한 주거복지사업에서는 무엇보다도 대상자를 확대하기 위한 예산 확보가 중요하다고 할 수 있다. 특히, 공공(국민)임대, 기존주택 전세임대사업이나 저소득층 월세지원 시 만족도가 높다는 점을 고려하여 이들 정책의 지원대상자를 확대하려는 노력이 필요하다. 공공임대주택은 장애인의 주거비 부담을 완화시킬 수 있을 뿐 아니라, 주거의 질을 높이는 데 크게 기여할 수 있다.

결론적으로 장애를 인식하는 문제는 장애인 개개인에게 있는 것이 아니라, 국가와 사회구성원이 함께 장애인문제를 인식하고 사회복지서비스 제공을 위한 환경개선을 어떻게 만들어 낼 것인가에서부터 출발해야 하며, 공동체적 맥락에서 장애인이 보편적인 사회적 역할을 수행하기 위한 서비스전달체계의 구축이 필요하다. 이는 장애인문제 해결의 장이 중앙정부를 비롯한 지역사회에 있고, 장애의 환경개선을 위해서는 이를 지원하는 다양한 형태의 서비스전달체계를 갖추고 있어야 함을 뜻한다. 또한 장애인이 삶의 과정에서 자신의 의사로 선택권과 자기결정권을 가지고 사회생활을 영위할 권리가 있음을 인정해야 한다. 따라서, 장애인들이 사회문제 해결의 차원에서 사회에 자발적으로 참여하여 능력에 걸맞은 역할을 수행할 수 있도록 제도적으로 뒷받침되어야 하며, 사회적 약자로서 사회구성원들로부터 보호받아야 한다.

Chapter 3

장애유형

✓ **학습목표**

1. 유형에 따른 장애 파악
2. 신체적 · 정신적 장애의 특성
3. DSM-5에 따른 치료방법 토의

✓ **학습내용**

1. 장애의 범위
2. 장애유형별 특성

✓ **개요**

장애인이란 "신체적 · 정신적 장애로 오랫동안 일상생활이나 사회생활에서 상당한 제약을 받는 자"를 말한다. 여기서 '신체적 장애'라 함은 주요 외부 신체기능의 장애, 내부기관의 장애 등을 말하는 것이고, '정신적 장애'라 함은 발달장애 또는 정신질환으로 발생하는 장애를 말한다. 이 장에서는 장애유형을 살펴보고자 한다.

Chapter 3

장애유형

1 장애의 범위

장애인이란 "신체적·정신적 장애로 오랫동안 일상생활이나 사회생활에서 상당한 제약을 받는 자"를 말하는 것으로, 여기서 '신체적 장애'라 함은 주요 외부 신체기능의 장애, 내부기관의 장애 등을 말하는 것이고, '정신적 장애'라 함은 발달장애 또는 정신질환으로 발생하는 장애를 말한다(「장애인복지법」 제2조 장애인의 정의 등). 그리고 동법 시행령 제2조에서 장애의 종류 및 기준을 정하고 있는데, 여기서 15개의 장애를 대상으로 하고 있으며, 동법 시행규칙 제2조에 장애등급을 1등급부터 6등급까지 6가지로 분류와 규정을 하고 있다.

이러한 장애유형 분류는 1997년에 공포된 「장애인복지발전 5개년 계획」 이후의 단계적인 장애범주 확대에 의한 것으로 1단계 장애범주 확대가 1999년에 이루어져 장애범주가 5개에서 10개의 유형으로 확대되었고, 2단계 장애범주 확대는 2003년에 이루어져 10개의 유형이 15개의 유형으로 확대 실시되었다. 또한 2007년 개정된 「장애인복지법」에 따라 정신지체는 지적장애로, 발달장애는 자폐성장애로 개칭하였다. 장애범주의 확대는 법정장애인의 확대라는 의미 외에 그동안 복지서비스를 받지 못하고 있던 많은 장애인이 수급자격을 얻어 복지혜택을 받을 수 있게 되었다는 점에서 의의를 찾을 수 있다. 또한 장애범주의 확대는 점차적으로 선진국 수준에 도달하도록 추진되고 있는데, 향후 확대예상 장애범주에는 만성알코올·약물중독, 기질성 뇌증후군, 기타 정신발달장애, 소화기장애, 비뇨기장애, 치매, 만성통증, 기타 암, 기타 등이 포함된다.

「장애인복지법」상 장애분류는 동법 제2조 장애인의 정의 등에 규정되어 있듯

이, 신체적 장애와 정신적 장애로 크게 분류되며, 신체적 장애 및 정신적 장애의 대분류 밑에 중분류, 소분류, 세분류의 분류체계가 있다.

장애인의 분류는 <표 3-1>과 같다.

표 3-1 장애인의 분류

대분류	중분류	소분류	세분류
신체적 장애	외부 신체기능의 장애	지체장애	절단장애, 관절장애, 지체기능장애, 변형 등의 장애
		뇌병변장애	뇌의 손상으로 인한 복합적인 장애
		시각장애	시력장애, 시야결손장애, 겹보임(복시)
		청각장애	청력장애, 평형기능장애
		언어장애	언어장애, 음성장애, 구어장애
		안면장애	안면부의 추상, 함몰, 비후 등 변형으로 인한 장애
	내부기관의 장애	신장장애	투석치료 중이거나 신장을 이식 받은 경우
		심장장애	일상생활이 현저히 제한되는 심장기능 이상
		간장애	일상생활이 현저히 제한되는 만성·중증의 간기능 이상
		호흡기장애	일상생활이 현저히 제한되는 만성·중증의 호흡기기능 이상
		장루·요루장애	일상생활이 현저히 제한되는 장루·요루
		뇌전증장애	일상생활이 현저히 제한되는 만성·중증의 뇌전증
정신적 장애	발달장애	지적장애	지능지수가 70 이하인 경우
		자폐성장애	소아청소년 자폐 등 자폐성 장애
	정신장애	정신장애	조현병, 조현정동장애, 양극성정동장애, 재발성우울장애, 뇌의 신경학적 손상으로 인한 기질성 정신장애, 강박장애, 투렛장애(Tourette‘s disorder), 기면증

자료: 보건복지부 고시 제2022-16호

2 장애유형별 특성

장애(disorder)란 일반적으로 무엇을 수행하고자 할 때 방해가 되는 것을 의미하지만, 장애인복지에서 말하는 장애는 크게 장애인 자신이 가지고 있는 개인적 장애와 사회가 가지고 있는 사회환경적 장애로 구분된다(엄태완, 2019: 38-39). 개인적 장애와 사회환경적 장애가 중복된 결과로서 나타나는 것이 사회적 불리이다. 예를 들어, 신체장애의 결과로 일상의 사회생활을 유지하기 위한 능력이 저하되고, 이에 따라 직업의 기회를 얻지 못하게 되며, 지역사회에서 생활의 기초가 되는 인간관계 형성의 기회를 얻지 못하게 되어 지역사회에서 고립되는 경우를 말한다. 이와 같은 상태를 사회적 불리라고 한다. 사회적 불리는 모든 장애요인이 중첩되어 최종적으로 형성되는 것이며, 장애인복지에서 해결해야 할 대상으로 본다(김영철 외, 2021: 44-45).

장애유형별 특성은 다음과 같다(서동명 외, 2022: 92-132 ; 김영철 외, 2021: 56-65 ; 이준우 외, 43-60 ; 박옥희, 2021: 24-26).

1) 신체적 장애

(1) 지체장애

지체장애는 사지와 몸통의 운동기능장애를 의미한다. 사지는 상지(팔)와 하지(다리)로 구성된다. 상지는 어깨관절에서 손가락 끝, 하지는 골관절에서 발가락 끝까지이다. 몸통은 척추를 중심으로 한 상반신, 목, 머리 부분, 흉부, 복부를 말하는 데 내장기관은 포함되지 않는다. 운동기능장애는 운동기관이 있는 중추신경계, 근육 및 뼈, 관절 등의 부상이나 질병으로 인하여 장기간 일상생활에서 자기 혼자 활동하는 것이 곤란한 상태의 장애를 말한다.

① 절단장애

절단은 상지나 하지의 일부분을 잃어버린 상태를 말한다. 절단은 상지절단과 하지절단으로 구분된다. 상지절단에는 상완절단(어깨와 팔꿈치 사이), 전완절단(팔꿈치와 손목사이), 수지절단(손가락)이 있다. 하지절단은 대슬절단(무릎 위), 하슬절단(무릎과 발목 사이)이 있다. 즉, 절단이란 상지나 하지의 일부분을 잃어버린 상태를 말하며, 서구에서는 하지절단이 약 80%로 많으며, 우리나라의 경우에도 마찬가지지만 서구에 비해서는 상지절단이 상대적으로 많다. 절단의 원인으로 혈관장애에 의한 절단, 산업재해, 교통사고 등 외상에 의해 발생되는 경우가 대부분이다.

② 관절장애

관절장애는 관절경직, 완전경직, 부분경직의 증상을 갖고 있다. 관절장애는 뼈와 뼈를 연결하고 있는 관절의 운동범위가 제한되어 있는 것을 의미한다. 즉, 해당 관절의 강직, 근력의 약화 또는 마비 관절의 불안정(동요관절, 인공관절 치환수술 후 상태)이 있는 경우이다. 완전경직은 전혀 움직이지 않는 상태이며, 부분경직은 어느 정도 관절운동이 일어나는 경우를 말한다.

③ 지체기능장애

지체기능장애는 팔 또는 다리의 마비, 관절의 강직으로 기능에 장애가 있는 경우와 척추의 병변으로 척추강직이 있는 척추장애를 갖고 있는 경우를 말한다.

마비는 소아마비, 척수손상 등과 같이 중추신경 또는 말초신경에 장애가 오는 경우이다. 마비는 단마비, 대마비, 편마비, 삼지마비, 사지마비, 양마비, 복마비 등으로 구분된다. 예를 들어, 소아마비는 감각에는 이상이 없으나, 근육의 힘이 빠지는 이완성 마비로서, 보통 비대칭적으로 일정한 유형 없이 불규칙적으로 마비가 오는 것을 말한다. 이는 바이러스가 입으로 들어가 목, 내장, 신경계통에 침범하여 근육의 마비를 초래하기 때문이다.

근디스트로피(muscular dystrophy)는 유전적인 요인으로, 진행성 근쇠약을 보이고, 근육병리에서 근섬유의 괴사 및 재생을 특징으로 하는 퇴행근육병을 말한다. 증상으로는 통증은 없으나 근육의 진행성 위축을 초래하여 힘이 떨어져서 차차 걷지 못하고, 휠체어의 신세를 지거나 자리에 눕게 되는 것이며, 제대로 움직이지 못하고 병에 대한 저항력이 떨어지게 되는 경우, 호흡이나 심장의 기능이 저하되어 사망에 이르게 된다.

척수장애는 척수의 손상으로 오는 기능장애로 손상부위 아래부터 운동장애와 감각장애가 즉시 나타나고, 배뇨에 어려움이 있으며, 대변 배설이 잘 안 되고, 성기능에도 영향을 받는 것을 말한다. 척수손상의 원인은 교통사고, 산업재해 및 추락사고 등의 외상이 대부분이며, 선천성 감염, 혈관질환 등이 질병의 원인이 되기도 한다.

말초신경 손상은 척수나 뇌에서부터 피부나 근육에 이르는 운동신경과 감각신경이 손상되어 감각이 없어지고 근육의 수축이완이 마비되는 것으로, 그 원인은 총이나 칼로 인한 손상, 유리창에 넘어졌을 때, 근육주사를 맞거나 마취 후, 술을 마신 후 깊은 잠으로 인한 특정 신경의 손상, 요골, 비골, 좌골 등의 압박으로 인한 손상 등이다. 이는 당뇨병, 요독증, 중금속 중독, 접착제 흡입, 사고 등으로 인하여 그 기능이 저하되기도 한다.

④ 신체변형 등의 장애

신체변형 등의 장애는 신체의 어떤 부분의 외적 모양이 정상과 다른 것을 말한다. 이는 한 쪽 하지가 짧거나, 난쟁이와 같이 신체의 전반적인 발육부진으로 왜소한 경우도 변형에 포함된다. 절단은 변형에 포함되지 않는다. 변형은 태어날 때 이미 있었던 선천성 기형보다는 자라는 어린이에게 마비가 있을 때, 뼈의 '성장판'이 손상 받는 경우, 골절 후 잘못 유합된 경우, 오랫동안 진행된 류머티즘 관절염 등으로 인해 발생되는 경우가 많다.

(2) 뇌병변장애

「장애인복지법」 개정으로 뇌병변장애는 기존의 지체장애 항목에서 분리되었는데, 그 이유는 지체장애와 다른 특성을 갖기 때문이다. 즉, 뇌병변장애는 중추신경의 손상으로 인한 복합적인 장애로 뇌성마비, 외상성 뇌손상, 뇌졸중 등 뇌의 기질적 병변에 기인한 신체적 장애로 보행 또는 일상생활동작에 제한을 받는 것을 의미한다.

① 뇌성마비

뇌성마비(cerebral palsy)는 주로 유아기에 나타나서 시간이 지나도 악화되지는 않는, 운동의 통제에 결함이 생기는 일련의 만성적 장애를 갖는 것을 기술하기 위해 사용되는 포괄적인 장애 용어이다. '뇌성'은 뇌의 두 반쪽들, 또는 반구를 가리키며 '마비'는 신체운동의 통제에 결함을 일으키는 모든 장애를 말한다. 즉, 뇌성마비는 근육이나 신경의 문제에 의해 발생하는 것이 아니고, 뇌의 운동영역의 손상이나 잘못된 발달이 운동이나 자세의 적절한 통제를 하는 뇌의 능력을 방해하는 상태를 말하는 것이다.

뇌성마비는 언어, 학습, 심리적 장애, 지각-감각결손 등의 중복장애가 수반되는 경우가 대부분이다. 뇌성마비 장애인 중 40~50%가 지능장애를 동반하고, 아동 중 약 50%가 사시(squint, strabismus) 등의 시각장애를 수반하며, 언어장애 및 읽기, 쓰기장애로 의사소통에 어려움을 보이고, 감정적 장애를 나타낼 수도 있다. 감정적 장애는 주로 가족의 태도와 주위 환경에 대한 반응태도에 의해 동반된다. 뇌성마비의 원인으로는 출산 전 산모의 과다한 약물복용, 출산 시의 외상으로 인한 출혈과 산소 결핍, 유아기의 심한 황달이나 백일해, 뇌염과 뇌막염, 두부외상 등을 들 수 있다.

② 뇌졸중

뇌졸증(stroke)은 일반적으로 중풍이라 불리는 데, 뇌혈관질환이라고도 한다. 이는 어떠한 원인으로 인해서 갑자기 뇌혈관이 터지거나 막혀서 뇌 쪽으로 혈액순환이 되지 않거나, 직접적인 뇌손상으로 인해 뇌기능에 이상을 일으켜 의식장애, 편마비, 어지럼증, 두통 등이 돌발적으로 발생한 상태'를 말한다. 다시 말해서 뇌졸증은 뇌혈관 장애(중풍)로서 편마비 또는 반신불수 등의 신체 반측의 운동 및 감각의 장애를 말하며, 뇌의 급격한 혈액순환장애로 일어나는데, 혈전이나 경색으로 혈관이 막히거나 출혈로 뇌조직이 눌리고 순환이 되지 않아 발생한다. 대개 동맥경화증이나 고혈압이 원인이 되는 경우가 많으며, 심장내막염이나 심장판막염이 그 원인이 되기도 한다.

③ 외상성 뇌손상

외상성 뇌손상(traumatic brain injury)은 외상으로 인해 뇌에 손상을 입은 일반적인 상태를 모두 말한다. 폐쇄성 뇌손상(closed head injury), 개방성 뇌손상(open head injury) 그리고 관통성 뇌손상(penetrating head injury)으로 나눌 수 있다. 폐쇄성이냐, 개방성이냐 하는 것은 두개골 안의 경막 손상의 유무로 구분하며, 관통성 뇌손상은 외부 물질이 뇌 조직 내에 들어가 손상을 입힌 경우이다.

(3) 시각장애

시각의 기능에는 시력, 시야, 대비감도, 광감도, 색각의 다섯 가지 기능이 있다. 이러한 시각의 기능 중 한 가지 또는 여러 가지 기능이 복합적으로 손상되었을 때의 상태를 시각장애라 할 수 있다. 시각장애자는 시(視) 기능의 현저한 저하 또는 소실로 인해 일상생활 또는 사회생활에 제약이 있는 사람을 말한다. 이는 의학적으로 시력장애와 시야결손장애로 구분된다. 시력은 물체의 존재나 형태를 인식하는 눈의 능력을 의미하며, 시야는 정면의 한 점을 주시할 때 눈에 보이는 범위를 의미한다.

시각장애인은 공간지각을 위해 시각을 제외한 나머지 감각기관(잔존시력, 청각, 촉각, 후각, 운동감각 등)들에 의존할 수밖에 없는데, 전맹인의 경우, 손과 발의 감각을 주로 활용하며, 저시력인의 경우, 잔존시력을 활용한다. 시각장애인의 잔존시력은 빛과 색상을 감지하기도 한다. 모든 저시력인은 환경단서, 위험물 등을 탐지하기 위해 잔존시력을 활용한다. 건물의 형태를 인지하고, 크기를 대비하거나 빛을 이용한 조명이나 채광을 인지하고, 색채의 무채색 대비를 통해 인지할 수 있다. 그러나 잔존시력을 이용하여 물체를 파악할 때, 세밀한 부분을 잘 알지 못하거나, 큰 물체에 대한 전체 파악이 어렵고, 전체와 부분을 동시에 파악하기에 어려움이 있다.

청각은 시각장애인의 독립적인 이동에 중요한 단서를 제시하며, 음의 위치 식별과 반향음의 탐지로 공간 크기를 인지하거나, 공간정위, 물체 찾기가 가능하며, 안면감각을 통해 뺨이나 전두부에 압력을 느낌으로써 인지한다. 앞사람이 이동하는 소리의 흐름을 통해 방향을 추적하거나, 스스로 소음을 발생하여 존재성, 위치추적, 방향설정이 가능하며, 익숙한 목소리 등으로 장소정위가 가능하다. 그리고 시각장애인은 촉각으로 주로 손과 발을 이용하는 데 발을 통해서는 바닥마감 등의 지각에 도움을 받고, 손을 통해서는 환경과 환경 사이에 위치하는 물체에 대한 정보를 얻는다. 외부 마감 재질의 인지를 이용하거나, 경사각도의 파악을 통한 장소정위가 가능하며, 촉각을 통하여 공간의 형태를 인지할 수 있다.

(4) 청각장애

청각장애(hearing impairment)는 청각기관의 어느 부분이 어떤 원인에 의하여 이상이 생겨서 청력이 지속적 또 는 항구적으로 저하되어 있는 상태를 말한다. 2016년부터 시행되고 있는 「한국수화언어법」에 따르면, 청각장애인은 청력 손실과 상실로 인해 의사소통의 장애를 갖고 있는 사람이다. 최근 한국사회에서 청각장애인을 위한 가장 주요한 사회적 대책은 수화를 언어로 인정하고, 삶의 여러 영역에서 수어가 사용될 수 있도록 사회적 기반을 조성해 나가는 것으로 초점을 맞추고 있다. 이는 청각장애인을 단지 청각에 장애가 있는 장애인으로 보려는 병리적 시각에서 탈피하여 언어적·문화적 소수집단의 한 구성원으로 이해하려는 사회문화적 관점을 반영하는 경향이라고 할 수 있다. 따라서, 청각장애인을 '농인(농아 또는 농아인, deaf mutism)'이라 지칭하고, 수어를 보급하여 보다 많은 사람이 수어를 이해하거나 사용하려는 변화들이 일어나고 있다.

청각장애의 원인으로는 유전, 모체의 풍진감염, 혈액형 불일치, 조산, 뇌막염 등이 아동기 이전 주요 원인으로 알려져 있으며, 성인기에는 각종 사고에 의한 원인이 많다. 어린이 난청의 원인으로는 장애발생 시기에 따라 출생 전에는 유전적 원인과 비유전적 원인(임신 중 질환, 풍진, 바이러스성 질환, 임신 중 약물복용) 등이며, 출생 시에는 미숙아, 출산 시 외상 등이 원인이 된다. 한편, 출생 후에는 감염성 질환, 외상, 중이염 등으로 장애가 발생되는 것으로 알려져, 노인성 난청은 진행성 감각신경성 난청의 증세가 대부분으로, 보통 65세 이상에서 나타난다. 음향외상성 난청은 소음에 의한 청각장애로서, 일반적으로 장기간 소음에 노출되어 생기는 장애로서, 폭파음 등으로도 발생될 수도 있다.

청각장애인은 청력 손실과 상실로 인해 모든 판단을 시각으로 하기 때문에 그보다 수용할 수 있는 정보량이 제한적이고 정보접근성이 낮아 재난이나 위험상황 시 정보를 획득하거나, 정보를 전혀 얻지 못하는 경우가 있다. 실제 환경미화원으로 일하던 청각장애인이 뒤에서 돌진한 차량에 부딪혀 사망한 사건이 발생하였고, 가스온수기에 연결된 호스에서 가스가 노출된 사실을 모르고 있던 중 액화석유가스(LPG)가 폭발해 청각장애인 60대 부부가 화상을 입은 사고가 있었다. 이처럼 청각장애인은 듣지 못하기에 정보를 습득하지 못하거나 습득하더라도 속도가 늦을 수밖에 없고, 소리가 들리는 것의 의미가 무엇인지에 대해서도 알지 못하기 때문에 사고현장에서 청각장애인의 위험발생도가 높은 것은 사실이다.

청각장애는 본인이 수어를 사용하기 전까지 장애가 있는 것조차 알기 어렵고, 외형상 드러나는 장애가 아니어서 위험상황에 가벼운 장애로 오해를 받기도 하고, 장애 정도를 가볍게 생각하는 경향이 있을 수 있다.

(5) 언어장애

언어장애(speech disturbance/disorder)는 음성기능 또는 언어기능에 영속적인 현저한 장애가 있는 사람으로 소리를 전혀 낼 수 없다든가, 소리는 낼 수 있더라도, 음성이나 언어에 의해서 의사를 전달하는 것이 곤란한 장애를 말한다. 언어장애는 소리를 낼 수 없거나, 의사소통상의 방해를 받아 사회생활에서 정상적인 적응에 곤란을 겪는 경우로 말을 해도 발음이 정확하지 않아 타인에게 쉽게 들리지 않거나, 말의 내용이 적절히 이해되지 않게 말하거나, 음성이 타인이 듣기에 거북하거나, 특정 음성을 변형되게 말하거나, 언어학적으로 불완전하거나, 발성이 어렵거나, 말의 리듬, 음조 또는 고저에 이상이 있거나, 또는 말하는 사람의 연령, 성, 신체적인 발달 정도와 일치하지 않게 말을 하는 경우 등을 일컫는다.

언어장애를 세분화하면 다음과 같다.

① 조음장애

조음장애(articulation disorder)는 음운장애(phonological disorder)라고도 하며, 말할 때 말소리를 생략, 대치, 왜곡 또는 첨가하는 것을 말한다. 이 조음장애는 기질적 원인과 기능적 원인으로 구분되며, 기질적 원인으로는 구순, 치열, 혀 등의 기형이나 손상 및 신경마비 등을 들 수 있다.

② 음성장애(voice disorder)

음성장애(voice disorder)는 음성을 만들어내는 후두 및 성대의 구조나 기능 그리고 신경지배의 이상 때문에 목소리(음성)에 문제가 생기는 것이다. 음성장애의 원인에는 크게 기질적 장애와 기능적 장애가 있다. 음성장애의 가장 흔한 원인은 음성의 오남용이다.

음성장애가 후두 내의 기능장애와 관련이 있으면 발성(Phonation)장애, 구강 및 비강 통로의 기능장애와 관련이 있으면 공명(resonance)장애라고 한다.

③ 유창성장애(리듬장애)

말의 흐름에는 유창성, 속도, 리듬 등 세 가지 요소가 포함된다. 이 세 가지 요소 중 일부 또는 전부에 이상이 있으면 말의 흐름에 장애가 있다고 한다. 이를 '리듬장애' 또는 '유창성장애(fluency disorder)'라고 하는 데, 유창성장애는 조음이나 발성기관의 기질적인 이상이 없고, 주로 생리적·언어학적·심리적·환경적 요인 등으로 구어의 흐름에 어려움을 나타내는 구어장애(speech disorder)의 하위유형이다. 여기에는 말더듬과 속화증(성급하게 말하기)이 있다. 말더듬(stuttering)은 말소리, 음절 또는 조음운동을 비정상적으로 반복 또는 연장하는 것이고, 속화증(cluttering)은 말더듬과 유사하나 말더듬과는 반대로, 화자가 자기의 말에 주의를 기울이면 개선되고, 이완되어 있을 경우에는 두드러지게 나타난다.

④ 기타

뇌성마비, 지적장애, 청각장애에 따른 단순언어장애, 언어발달지체, 실어증 등이 있다.

단순언어장애 : 언어발달지체 또는 언어발달 이상과 구별하여 단순언어장애(Specific language impairment)라 지칭할 때는 언어 이외의 다른 영역, 즉 사회성이나 인지 등이 전혀 문제가 되지 않지만, 언어의 규칙을 이해하고 언어상징을 이해하는 데는 어려움을 보이는 경우를 지칭한다. 단순언어장애를 진단하기 위해서는 아동의 생활연령, 정신연령, 비구어적 지능으로 예상되는 언어능력과동의 실제 수행 사이에 차이가 있고, 그러한 문제는 청력손실, 정신지체, 정서장애 등에 의한 것이 아니어야 한다.

언어발달지체 : 많은 언어 임상가들은 언어발달지체(language developmental delay)와 언어발달이상(language deviant)을 나누어 설명한다. 언어발달지체를 가진 아동은 자기 나이보다 어린 아동의 상징체계를 보인다. 즉, 생활연령이 같은 아동에 비하여 덜 발달된 또는 늦은 언어 양상을 보이는 것이다. 이에 속하는 대표적인 그룹은 정신지체아동이라고 할 수 있다. 반면에, 언어발달이상인 아동은 다른 사람에게 자신의 의도를 전달하는 데, 다른 아동에게서는 별로 나타나지 않는 특이한 규칙을 사용하는 경우가 많다. 많은 자폐아동이 이 그룹에 속하게 되는데, 한 낱말 단계의 사용을 보이지 않다가 어느 날 갑자기 문장과 비슷한 조합을 보인다든지 반향어 사용이 오래 가고 듣는 사람과 말하는 사람의 입장의 구별이 거의 안 된다든가 하는 것이 그 예이다.

실어증 : 한 번 언어를 익힌 사람이 뇌졸중이나 사고에 의하여 언어와 관련된 뇌중추를 손상당하는 경우, 이에 의한 언어장애를 보일 수 있다. 이를 모두 실어증(aphasia)이라고 하며, 어느 부위를 손상당했는가에 따라 베르니케 실어증(Wernicke's aphasia), 전도성 실어증(conduction aphasia), 브로카 실어증(Broca's aphasia), 전반적 실어증(global aphasia) 등으로 나눈다.

(6) 안면장애

안면장애는 사회가 고도로 발달하고 산업화되면서 발생하는 산업재해나 각종 사고, 의학의 발달로 인한 유전적 질환을 가진 환자들의 생존율 증가 및 환경오염으로 인한 유전적 질환의 증가 등과 더불어 지속적인 증가 추세에 있다. 안면장애는 안면기형이라고 할 수 있는데, 현대 의학이 많이 발달하였다고는 하지만, 안면기형은 일단 발생하고 나면 원상회복이 거의 불가능하여 질병이나 상해의 단계에서 장애로 이행하게 된다.

안면장애인들은 원인이 되는 질환 자체로 겪는 어려움과 동시에, 경우에 따라 미용수술로 분류되어 보험혜택을 받을 수 없는 비싼 수술비로 인한 경제적 부담이라는 이중고를 겪고 있다. 더욱 심각한 것은, 사회적 적응의 문제와 경제활동 기회의 제한 때문에 환자뿐만 아니라, 가족 모두 큰 고통과 어려움을 겪고 있다. 또한 선천적 원인이나, 어릴 때 입은 화상이나 손상 등으로 인한 안면기형 환자인 경우에는 심리적 장애까지도 유발하며 평생을 고통 속에서 살아가고 있다.

이러한 안면장애에는 면상반흔, 색소침착, 모발결손, 조직의 비후나 함몰, 결손이 포함되며, 가장 흔한 경우가 화상이다. 화상은 열·전기·화학물질 등으로 인한 외상으로, 일반외상과는 달리 치료과정 중에 엄청난 고통을 동반할 뿐만 아니라, 치료 후에는 영구적인 화상 흉터가 남게 되는 심각한 질병이다. 안면장애는 화상이든 다른 원인이든 안면부의 장애와 모발결손을 말한다. 안면부는 두부, 안면부, 경부, 이부와 같이 상지와 하지, 몸통 이외에 일상적으로 노출되는 부분을 의미하는 데, 모발결손은 탈모증에 의한 것은 제외하며, 반흔을 동반한 모발결손에 국한한다.

안면장애인의 특성을 안면장애인 중 가장 많은 비중을 차지하고 있는 화상장애인을 중심으로 하여 살펴보면, 화상장애인은 사고 직후 병원응급실로 이송되는데, 상처의 특성상 일반 병원에서는 치료의 어려움과 낮은 의료수가를 이유로 진료를 꺼리고 있으며, 중환자의 경우에는 국내의 극소수 화상전담 병원에서만 치료를 받고 있는 실정이다. 위급한 환자의 경우, 전담병원으로 이송되는 과정에서 목숨을 잃는 경우가 허다하다. 이렇게 어렵게 치료를 받게 되는 화상 환자들은 치료를 하는 과정에서 말로 형언할 수 없을 정도의 고통을 겪게 되는데, 목숨을 건진 화상 환자들이 치료과정 중의 고통으로 인하여 차라리 죽음이 나을 것이라는 표현을 할 정도로 화상치료의 고통은 엄청나다. 하지만 화상 환자의 고통이 여기에서 끝나는 것이 아니다. 화상장애인들은 치료과정의 엄청난 고통을 감내하며 살아남아서 1차적인 치료를 마쳐도 남겨진 흉측한 상처 앞에서 좌절하게 된다. 이것은 단순한 육체적인 고통에서 벗어나 정신적으로도 견디기 힘든 것이기 때문에 외모의 변형에서 오는 자아의 상실감은 물론이고, 가족이나 이웃으로부터 버림받거나 외면당하는 데서 오는 소외감으로 급기야 화상장애인들을 자살로 몰아가기도 한다. 이런 극단적인 상황 외에, 화상장애인들의 얼굴과 몸에 남은 화상 흉터가 징그럽다는 이유 하나만으로 화상장애인들은 일반인들로부터 따가운 시선을 받게 되고, 나아가 학교나 직장 등의 사회생활도 힘든 상태이다.

2) 정신적 장애

(1) 지적장애

지적장애(intellectual disability)는 지적 기능과 개념적, 사회적, 실제적, 적응기술로 표현되는 적응행동에 심각한 제한이 있는 상태를 말한다. 즉, 현재 지적기능에 있어서 실질적인 장애가 동반된 상태를 의미한다. 지적장애인은 정신발육이 항구적으로 지체되어 지적 능력의 발달이 불충분하거나 불완전하고 자신의 일을 처리하는 것과 사회생활에의 적응이 상당히 곤란한 사람을 의미한다. 지적장애를 가진 경우 언어 지연, 인지, 학습기능의 발달문제를 보인다.

이러한 발달문제로 인하여 사회적 판단이나 위험의 인식, 행동이나 감정의 조절, 대인관계, 학교나 직장에서의 동기 유발에 어려움을 겪을 수 있다. 지적장애를 가진 경우, 언어 지연, 인지, 학습기능의 발달문제를 보인다.

(2) 자폐성장애

자폐성장애(autism spectrum disorder, ASD)는 뇌손상 또는 뇌의 발달에 문제가 있어서, 인지, 대근육 운동, 소근육 운동, 지각, 언어 등의 모든 영역에서 정상적인 발달을 하지 못하는 광범위성 발달장애를 의미한다. 주요 장애특성으로는 대인관계의 관심이 결여되어 있고, 심각한 의사소통의 장애가 있으며, 자해를 하는 행동도 보이며, 한정된 활동과 흥미만을 보인다는 것이다. 발달장애인은 소아기 자폐증, 비전형적 자폐증에 의한 기능 및 능력장애로 인하여, 일상생활 또는 사회생활을 영위하기 위한 기능 수행에 제한을 받아 도움이 필요한 사람이다.

최근에는 지적장애와 자폐성장애를 묶어 발달장애로 통칭하는 추세다. 실제로 「발달장애인 권리보장 및 지원에 관한 법률」 제1장 제2조에 따르면, 발달장애는 지적장애와 자폐성장애로 규정하고 있다. 이 같은 입법의 배경에는 대다수의 발달장애인이 지적 능력과 판단력 부족으로 성인이 되어도 사회적응 능력이 부족하며, 의사소통의 어려움으로 자신과 관련된 권리를 주장하기 어렵고, 타인에게 의존적이거나 원만하지 못한 대인관계 특성을 갖기 때문이다.

3) 정신장애

정신장애(mental disorder)는 가장 광의의 개념인데. 이는 정신병과 정신질환의 개념을 포괄하는 용어이며, 생각, 느낌, 행동이 병리학적으로 특징되는 장애를 일컫는다(Bruno, 1989). 정신질환과 달리, 정신장애는 질병 자체의 활발한 진행 이외에도 질병으로 인한 사회적 기능의 붕괴까지를 포함하는 것으로, 질병의 증상이 없어진 후에도 질병 이전의 상태로 복귀하지 못하는 비가역적인 경우가 해당되는데, 만성정신장애(chronic mental disorder)가 여기에 속한다.

정신장애인은 정신병 · 인격장애 · 기타 비정신병적 정신장애를 가진 자로, 지속적인 조현병, 분열형 정동장애, 양극성 정동장애 및 반복성 우울장애에 의한 기능 및 능력장애로 인하여 일상생활이나 사회생활을 영위하기 위한 기능수행에 현저한 제한을 받아 도움이 필요한 사람이다. 정신장애는 일반적으로 생각, 느낌, 행동이 병리학적으로 특징지어지는 상태를 의미하며, 어떤 조건에 의하여 영구적이거나 반영구적인 정신적 장애를 갖게 되거나, 질병으로 인하여 이전의 정신적 기능으로 되돌아갈 수 없는 것을 말한다. 정신장애는 질병 자체의 활발한 진행 이외에 질병으로 인한 기타 사회적 기능까지 손상되어 증상이 사라진 후에도 질병 이전의 상태로 복귀하지 못하는 특징이 있다.

「정신건강복지법」 제3조 1항에 따르면, 정신장애인을 정신질환자라고 지칭하는데, "정신질환자란 망상, 환각, 사고나 기분의 장애 등으로 인하여 독립적으로 일상생활을 영위하는 데 중대한 제약이 있는 사람을 말한다."라고 규정하고 있다.

미국정신의학회(American Psychiatric Association, APA)의 '정신장애 진단 및 통계편람(DSM-5)'에 따른 정신장애의 범주는 <표 3-2>와 같다.

표 3-2 DSM-5에 따른 정신장애의 분류

대분류	중분류	소분류
1. 신경발달장애		
	지적장애	지적장애(지적발달장애), 전반적 발달지연, 명시되지 않는 지적장애(지적발달장애)
	의사소통장애	언어장애, 말소리장애, 아동기 발병 유창성장애(말더듬), 사회적(실용적) 의사소통장애, 명시되지 않는 의사소통장애
	자폐스펙트럼장애	자폐스펙트럼장애
	주의력결핍 과잉행동장애	주의력결핍 과잉행동장애, 달리 명시된 주의력결핍 과잉행동장애, 명시되지 않는 주의력결핍 과잉행동장애
	특정학습장애	특정학습장애
	운동장애	발달성 협응장애, 상동증적 운동장애
	틱장애	틱장애, 달리 명시된 틱장애, 명시 되지 않는 틱장애
	기타 신경발달장애	달리 명시된 신경발달장애, 명시되지 않는 신경발달장애
2. 조현병 스펙트럼과 기타 정신증적 장애		망상장애, 단기 정신병적장애, 조현양상장애, 조현병, 조현병동장애, 물질/약물치료로 유발된 정신병적 장애, 다른 의학적 상태로 인한 정신병적 장애

긴장증	다른 정신장애와 연관된 긴장증(긴장증 명시자), 다른 의학적 상태로 인한 긴장성장애, 명시되지 않는 긴장증, 달리 명시된 조현병 스펙트럼 및 기타 정신병적 장애, 명시되지 않는 조현병 스펙트럼 및 기타 정신병적 장애
3. 양극성과 관련 장애	제Ⅰ형 양극성장애, 제Ⅱ형 양극성장애, 순환성장애, 물질/약물치료로 유발된 양극성 및 관련 장애, 다른 의학적 상태로 인한 양극성 및 관련 장애, 달리 명시된 양극성 관련 장애, 명시되지 않는 양극성 관련 장애
4. 우울장애	파괴적 기분조절부전장애, 주요우울장애, 지속성 우울장애(기분저하증), 월경전불쾌감장애, 물질/약물치료로 유발된 우울장애, 다른 의학적 상태로 인한 우울장애, 달리 명시된 우울장애, 명시되지 않는 우울장애
5. 불안장애	분리불안장애, 선택적 함구증, 특정공포증, 사회불안장애(사회공포증), 공황장애, 광장공포증, 범불안장애, 물질/약물치료로 유발된 불안장애, 다른 의학적 상태로 인한 불안장애, 달리 명시된 불안장애, 명시되지 않는 불안장애
6. 강박 및 관련 장애	강박장애, 신체이형장애, 수집광(저장장애), 발모광(털뽑기장애), 피부뜯기(벗기기)장애, 물질/약물로 유발된 강박 및 관련 장애, 다른 의학적 상태로 인한 강박 및 관련 장애, 달리 명시된 강박 및 관련 장애, 명시되지 않는 강박 및 관련 장애
7. 외상 및 스트레스 관련 장애	반응성 애착장애, 탈억제성 사회적 유대감 장애, 외상후 스트레스장애, 급성 스트레스장애, 적응장애, 달리 명시된 외상 및 스트레스 관련 장애, 명시되지 않는 외상 및 스트레스 관련 장애
8. 해리장애	해리성 정체성장애, 해리성 기억상실, 이인증/비현실감 장애, 달리 명시된 해리장애, 명시되지 않는 해리장애
9. 신체증상 및 관련 장애	신체증상장애, 질병불안장애, 전환장애(기능성 신경학적 증상장애), 기타 의학적 상태에 영향을 주는 심리적 요인, 인위성장애, 달리 명시된 신체증상 및 관련 장애, 명시되지 않는 신체증상 및 관련 장애
10. 급식과 섭식장애	이식증, 되새김장애, 회피적/제한적 음식섭취장애, 신경성 식욕부진증, 신경성 폭식증, 폭식장애, 달리 명시된 급식 또는 섭식 장애, 명시되지 않는 급식 또는 섭식 장애
11. 배설장애	유뇨증, 유분증, 달리 명시된 배설장애, 달리 명시되지 않는 배설장애

12. 수면-각성 장애		불면장애, 과다수면장애, 기면증
	호흡 관련 장애	폐쇄성 수면 무호흡 저호흡, 중추성 수면 무호흡성, 수면 관련 환기저하, 일주기리듬 수면-각성 장애,
	사견수면	비급속안구운동수면 각성 장애, 악몽장애, 급속안구운동수면 행동장애, 하지불안 증후군, 물질/치료약물로 유발된 수면장애, 달리 명시된 불면장애, 명시되지 않는 불면장애, 달리 명시된 수면-각성장애, 명시되지 않는 수면-각성장애
13. 성기능부전		사정지연, 발기장애, 여성극치감장애, 여성 성적 관심/흥분장애, 성기-골반통증/삽입장애, 남성 성욕감퇴 장애, 조기사정, 물질/약물치료로 유발된 성기능부전, 달리 명시된 성기능부전, 명시되지 않는 성기능부전
14. 성별 불쾌감		성별 불쾌감, 달리 명시된 성별 불쾌감, 명시되지 않는 불쾌감
15. 파괴적, 충동-조절, 품행 장애		적대적 반항장애, 간헐적 폭발장애, 품행장애, 반사회성 성격장애, 병적 방화, 병적도벽, 달리 명시된 파괴적, 충동조절 및 품행 장애, 명시죄 않는 파괴적, 충동조절 및 품행 장애
16. 물질 관련과 중독 장애		
물질관련장애	알코올관련장애	알코올사용장애, 알코올 중독, 알코올 금단, 기타 알코올로 유발된 장애, 명시되지 않는 알코올관련장애
	카페인관련장애	카페인 중독, 카페인 금단, 기타 카페인으로 유발된 장애, 명시되지 않는 카페인관련장애
	대마관련장애	대마사용장애, 대마 중독, 대마 금단, 기타 대마로 유발된 장애, 명시되지 않는 대마관련장애
	환각제관련장애	펜시클리딘사용장애, 기타 환각제 사용장애, 펜시클리딘 중독, 기타 환각제 중독, 환각제 지속성 지각장애, 기타 펜시디클리딘으로 유발된 장애, 기타 환각제로 유발된 장애, 명시되지 않는 펜시클리딘관련장애, 명지되시 않는 환각제관련장애
	흡입제관련장애	흡입제사용장애, 흡입제 중독, 기타 흡입제로 유발된 장애, 명시되지 않는 흡입제관련장애
	아편계관련장애	사편계사용장애, 아편계 중독, 아편계 금단, 기타 아편계로 유발된 장애, 명시되지 않는 아편계관련장애
	진정제, 수면제 또는 항불안제관련장애	진정제, 수면제 또는 항불안제사용장애, 진정제, 수면제 또는 항불안제 중독, 진정제, 수면제 또는 항불안제 금단, 기

분류	하위 장애
	타 진정제, 수면제 또는 항불안제로 유발된 장애, 명시되지 않는 진정제, 수면제 또는 항불안제관련장애
자극제관련장애	자극제사용장애, 자극제 중독, 자극제 금단, 기타 자극제로 유발된 장애, 명시되지 않는 자극제관련장애
담배관련장애	담배사용장애, 담배 금단, 기타 담배로 유발된 장애, 명시되지 않는 담배관련장애
기타(또는 미상의) 물질관련장애	기타(또는 미상의) 물질관련장애, 기타(또는 미상의) 물질 중독, 기타(또는 미상의) 물질 금단, 기타(또는 미상의) 물질로 유발된 장애, 명시되지 않는 기타(또는 미상의) 물질관련장애
비물질관련장애	도박장애
17. 신경인지장애	섬망, 달리 명시된 섬망, 명시되지 않은 섬망
주요신경인지장애	주요신경인지장애, 경도신경인지장애, 알츠하이머병으로 인한 주요 또는 경도 인지싱경장애, 전두측두엽 주요 또는 경도 신경인지장애, 루이소체 주요 또는 경도 신경인지장애, 혈관성 주요 또는 경도 신경인지장애, 외상성 뇌손상으로 인한 주요 또는 경도 신경인지장애, 물질/약물치료로 유발된 주요 또는 경도 신경인지장애, HIV 감염으로 인한 주요 또는 경도 신경인지장애, 프라이온병으로 인한 주요 또는 경도 신경인지장애, 파킨슨병으로 인한 주요 또는 경도 신경인지장애, 헌팅턴병으로 인한 주요 또는 경도 신경인지장애, 다른 의학적 상태로 인한 주요 또는 경도 신경인지장애, 다중 병인으로 인한 주요 또는 경도 신경인지장애, 명시되지 않는 주요 또는 경도 신경인지장애
18. 성격장애	일반적 성격장애
A군 성격장애	편집성 성격장애, 조현성 성격장애, 조현형 성격장애
B군 성격장애	반사회성 성격장애, 경계성 성격장애, 연극성 성격장애, 자기애성 성격장애
C군 성격장애	회피성 성격장애, 의존성 성격장애, 강박성 성격장애
기타 성격장애	다른 의학적 상채로 인한 성격 변화, 달리 명시된 성격장애, 명시되지 않는 성격장애
19. 변태성욕장애	관음장애, 노출장애, 마찰도착장애, 성적피학장애, 성적가학장애, 소아성장애, 물품음란장애, 복장도착장애, 달리 명시된 변태성욕장애, 명시되지 않는 변태성욕장애

20. 기타 정신장애	다른 의학적 상태로 인한 달리 명시된 정신장애, 다른 의학적 상태로 인한 달리 명시되지 않는 정신장애, 달리 명시된 정신장애, 명시되지 않는 정신장애

자료: DSM−5(ASA, 2018).

4) 내부 장애

(1) 신장장애

신장은 신체의 노폐물을 제거하고 수분량을 조절하고 건강한 뼈를 조절하고 혈압과 적혈구 생성을 조절하는 역할을 한다. 신장장애는 통칭 만성신부전을 뜻하는 말로 정상적인 신장은 인체의 불순물을 제거하고 체내의 수분을 균형 있게 유지시켜 주지만, 만일 만성 신장질환으로 인해 신장에 이상이 발생하게 되면 신장은 더 이상 정상적인 기능을 할 수 없게 된다. 따라서, 신장장애가 생기면 혈액 정화를 목적으로 혈액투석기계를 사용하며, 혈액투석을 하거나, 인체의 복막을 이용한 복막투석을 하게 된다. 진료일수가 길고 병원에서 소비하는 시간이 많아 취업 등 사회적 활동의 제약이 있으며, 의료비 부담이 커서 경제적인 고통을 받고 있다.

신장장애의 원인으로는 당뇨병, 만성 신장염, 고혈압, 다낭신, 기타 약제, 만성 신우염 등이 있다. 신장장애인의 수는 당뇨병이 계속 증가 추세에 있고, 만성 신장염이 뚜렷한 치료가 없을 뿐만 아니라, 말기 신부전증 환자들의 생존율이 증가하면서 전체적으로 크게 늘어나고 있다. 신장장애의 치료는 첫 번째로 식이요법이 있는데 이는 단백질, 수분, 염분 섭취를 제한하는 것이고, 두 번째는 투약치료로 항고혈압제, 빈혈치료제 등을 투약하는 것이고, 세 번째는 신대치 치료법으로 혈액투석, 복막투석, 신장이식 등이 있다.

신장장애는 정상적인 타인의 신장을 말기 신부전 환자에게 이식함으로써 정상적인 기능을 유지할 수 있지만, 경제적인 문제와 공여자 수의 제한으로 신장장애인들은 혈액정화를 위한 투석요법을 시행 받고 있다. 투석요법은 신장 기능의 일부를 대신해 주는 치료법으로 대개 신장 기능이 90% 이상 소실되었을 때 필요하다.

이 투석요법은 진료일수가 길고 병원에서 소비하는 시간이 많아 취업 등 사회적 활동의 제약이 크고, 의료비 부담(월 60~80만 원) 등 경제적인 고통이 큰 어려움이 있다. 일부 혈액투석환자는 의료비 부담을 줄이고자 의료보호 1종을 지정받기 위해 가족과 따로 떨어져 사는 가족해체라는 극단적인 상황을 감수하기도 한다. 신장장애인의 경우 식사, 수분 섭취, 사회활동에도 제한이 있으므로 환자의 급속한 증가와 함께 신장이식을 추진시키는 노력이 추진되고 있다.

신장장애의 판정은 신장의 기능장애가 앞으로 회복할 가능성이 극히 적고 일상생활 활동이 현저히 제한되는 경우를 말하며, 현재 혈액투석이나 복막투석을 받고 있는 사람을 대상으로 하며, 신장이식자의 경우 이식 후에는 유예기간을 1년으로 하여 그 후에는 장애인 지정을 취소할 수 있도록 하고 있다.

(2) 심장장애

심장장애인은 심장의 기능 부전으로 인하여 일상생활 정도의 활동에도 호흡곤란 등의 장애가 있어 일상생활 활동에 현저한 제한을 받는 사람으로 규정되어 있다. 이러한 심장장애(cardiopathy)는 심장수축력 정도와 운동능력 정도에 따라 판정하는 데, 심장수축력은 심초음파의 박출계수(Ejection fraction, EF)로, 운동능력은 활차를 이용하여 측정하게 되며, 다른 장애유형에 비해 비교적 중증인 경우에만 장애로 인정하고 있다.

심장장애인은 일상적인 생활뿐만 아니라, 사회생활에서 큰 어려움을 겪게 되며, 특히 직업생활이 어려운 경우가 많아서 경제적 어려움 또한 가중되고 있다. 따라서, 정기적인 진단이나 약 복용 등으로 무리한 작업에는 부적합하여 선진국에서는 이들의 직업재활을 위한 재택근무, 시간제 근무 등의 직무 재배치가 시도되고 있다.

심장장애는 심장의 기능부전으로 인하여 일상생활 정도의 활동에도 호흡곤란 등의 장애가 있어 일상생활 활동에 현저한 제한을 받는 장애이다. 원인으로는 심장판막결손, 심장근육질환 등 심장의 손상이나 동맥폐쇄질환, 혈전후증후군 같은 현관의 손상, 고혈압과 같은 혈압의 장애 등으로 구분될 수 있다. 심장은 혈액순환의 원동력이 되는 기관으로 수축과 확장을 반복하여 혈액을 신체의 구석구석까지 보내는 펌프 역할을 한다. 심부전은 심장의 펌프기능이 장애를 일으켜 정맥압을 상승시키고, 충분한 양의 산소를 말초조직에 공급할 수 없는 상태를 말하며, '심기능부전(cardiac failure)'이라고도 하며, 심부전은 모든 기질적인 심장질환에 기인하여 생긴다.

심장장애의 증상에 따라 좌심부전의 경우에는 호흡곤란이 수반되고, 심부전이 가벼울 경우에는 운동할 때 증상이 나타나지만, 병세가 진행되면 가만히 있을 때에도 호흡이 곤란하게 된다. 우심부전의 특징은 신체 말초조직에서 심장으로 혈액을 운반하는 정맥의 확장과 수분 및 전해질의 저류이며, 이들에 의해 경정맥 부족 등의 장애가 발생된다.

심장장애의 판정은 1년간 동일 심장질환에 대하여 지속적으로 치료하였다는 것을 증명하는 치료력 또는 의사{순환기분과) 소견서를 확인하고 최근 2개월간의 환자 상태와 임상 및 검사소견으로 장애등급을 판정한다. 판정시기는 1년 이상의 성실하고 지속적인 치료 후에 호전의 기미가 거의 없을 정도로 장애가 고착되었을 때에 장애를 진단한다. 심장장애는 의료적 여건 및 치료 등에 의하여 장애상태가 변화가능성이 있으므로 매 2년마다 등급판정을 다시 받아야 한다. 다만, 2회의 재판정(최초판정을 포함하여 3회)에서 동급판정을 받은 경우에는 이후의 의무적 재판정에서 제외할 수 있다. 심장장애에 있어 질환 정도와 질환으로 인한 능력장애 정도는 운동부하 검사, 심초음파, 수술병력, 입원병력, 치료병력 등을 기준으로 판정한다. 심장장애는 의료적 여건 및 치료 등에 의한 장애 상태에 변화의 가능성이 있으므로 매 2년마다 등급판정을 다시 받도록 하고 있으며, 6개월 이내에 1회의 입원경력이 있는 경우에 입원치료로 인하여 검사결과가 다르게(장애등급이 낮게) 나타날 수 있으므로 퇴원 후 2개월이 지난 후에 진단하도록 한다.

(3) 호흡기장애

호흡기장애란 폐나 기관지 등 호흡기관의 만성적 기능부전으로 인한 호흡기능의 장애로 인하여 일상생활을 하는 데 있어 상당한 제한을 받고 있으며, 동시에 진행 중인 장애를 의미한다. 호흡기장애의 원인으로서 가장 큰 문제가 되고 있는 것이 장기간의 흡연이며, 다음으로는 대기오염, 그 가운데에서도 질소나

유황의 산화물질이 심각하며 만성 감염증(특히, 우리나라의 경우, 폐결핵에 의한 대상성 폐기종), 알러지성 자극 및 유전적 소인 등이 있다.

유형으로는 만성 천식, 만성 폐색성폐질환, 기관지 확장증, 결핵성 파괴폐, 진폐증, 폐 섬유화증, 원발성 폐고혈압 등이 있다.

중요하고 흔한 증상은 호흡곤란이며, 이로 인하여 삶의 질이 매우 불량하다. 특히, 폐렴 등 호흡기에 감염이 발생하면 평소 안정상태에서는 큰 불편을 느끼지 못했던 증상이 갑자기 악화되어 호흡곤란을 더욱 심하게 호소하게 된다. 그리고 평상시 호흡운동에는 많이 사용하지 않는 호흡보조근육이 동원될 정도로 호흡이 힘들어지고 호흡의 깊이가 얕아지며 호흡수도 빨라지는데, 이때 호흡은 더욱 길어지면서 강해진다. 청색증(cyanosis)이 나타나기도 하며, 심할 경우에는 며칠씩 잠을 이루지 못해서 거의 탈진 상태에 이르게 되고 더욱 심해지면 의식이 혼미해져 혼수상태에 빠지기도 한다. 기도가 폐쇄되면 청진상 천명음(쌕쌕거림, whezzing)이 들리며, 심한 경우에는 호흡음이 들리지 않을 수도 있다. 기타 다양한 호흡기 증상이 나타날 수 있으며, 그 결과로 불안과 우울증이 발생한다.

호흡기장애의 판정은 충분한 내과적 치료에도 불구하고, 최초 진단 이후 1년 이상 지속적으로 유지되는 만성 호흡기 질환임을 확인해야 하며, 최소 2개월 이상의 반복적인 검사결과 중 낮은 등급으로 판정한다. 향후 장애 정도의 변화가 예상되는 경우에는 반드시 재판정을 받도록 하여야 한다. 이 경우, 재판정의 시기는 최초 진단일로부터 2년 이상 경과한 후로 한다. 2년 이내에 장애 상태의 변화가 예상될 때에는 장애의 진단을 유보하여야 한다.

(4) 간장애

간장애(hepatopathy)는 간 기능의 손상이나 이상으로 일상생활 활동이 어려워지는 질병이다. 간장애인은 간의 만성적 기능부전과 그에 따른 합병증 등으로 인한 간 기능의 장애로 인하여 일상생활을 하는 데 있어 상당한 제한을 받는 사람 중, 소관 전문의의 최초 진단 이후 1 년 이상이 경과하고, 2개월 이상의 적극적인 치료에도 불구하고, 호전의 기미가 거의 없는 만성 간 질환자를 말한다.

간은 체외에서 유입되거나 체내에서 생성된 각종 물질을 가공 처리하고 중요한 물질들을 합성하여 공급하고, 혈액을 저장하는 역할, 면역기관의 역할 등을 하며, 간은 이렇게 체내의 중요한 기능들을 수행하기 때문에 간 기능이 심하게 저하되면 여러 가지 문제가 발생한다. 간의 손상 원인은 소아의 담도 폐쇄증에서부터 성인의 바이러스성 간염 또는 알코올성 간염, 윌슨씨 병 등으로 구분된다.

간장애 판정은 대상자의 질병 상태 등에 대한 소관 전문의의 최초 진단 이후 1년 이상이 경과하고, 2개월 이상의 적극적인 치료에도 불구하고, 호전의 기미가 거의 없는 만성 간 질환의 경우를 대상으로 한다. 충분한 내과적 치료에도 불구하고, 장애가 지속적으로 유지되는 간경변증, 간세포암종 등 만성 간 질환임을 확인해야 하며 최소 2개월 이상의 반복적인 검사 결과 중 낮은 등급으로 판정한다. 향후 장애 정도의 변화가 예상되는 경우에는 반드시 재판정을 받도록 하여야 한다. 이 경우, 재판정의 시기는 최초의 판정으로부터 2년 이상 경과한 후로 한다. 2년 이내에 장애 상태의 변화가 예상될 때에는 장애의 판정을 유보하여야 한다. 판정기준은 잔여 간 기능과 합병증의 평가를 토대로 한다. 합병증은 복수, 자발성 세균성 복막염, 간성뇌증, 만성뇌증으로 판단한다.

(5) 장루장애

장루장애(stoma disorder)는 각종 사고나 질병 등으로 정상적 배변 기능을 상실 당함에 따라 복벽에 외과적인 방법을 통하여 인위적으로 설치해 준 대장 또는 소장의 돌출 누공을 말한다. 바로 이곳을 통하여 소변 또는 대변이 보유자의 의사와는 상관없이 연속적으로 분출되는 것이다. 장루 가진 장애인은 구조적인 변화와 더불어 기능적인 변화를 수반하는 시술로 신체상 변화와 관리에 따르는 부담을 갖고 살게 된다. 장루장애인은 배설물에 대한 관념과 배설방법이 변화되고, 신체구조도 변하기 때문에 매우 당황하게 되며, 배설 조절의 상실에 따라 관리가 제대로 안 되었을 때 자아존중감 상실, 부끄러움, 타인과의 접촉 기피, 자기 거부와 절망의 감정을 갖게 된다.

(6) 뇌전증장애

뇌전증(epilepsy)은 반복적인 발작을 주 증상으로 하는 질병이다. 뇌에서 발생한 비정상적인 전기자극으로 운동, 행동, 의식 등에 장애가 발생하여 돌발적인 의식상실, 경직, 강직 등의 다양한 신경증상이 나타난다. 연구 결과에 따르면, 인구의 약 0.5~1% 정도에서 뇌전증장애가 발생하는 것으로 알려져 있으며, 뇌성마비 아동의 약 25%에서 50%가 뇌전증 발작을 수반하는 것으로 추정된다. 뇌전증은 연속적인 발작을 동반한 질병으로 구별하기도 하지만, 발작이라는 용어가 다른 용어와 함께 사용되어 뇌전증의 의미로 사용되기도 한다. 예를 들어, 뇌파 검사상 뇌 전체에 이상이 나타나면 전신발작(generalized seizures)이라고 하며, 일부의 뇌에서 이상이 나타나면 부분발작(partial seizures)이라고 하지만 이는 모두 뇌전증을 뜻한다

뇌전증장애는 과거 간질이라고 불렸는데, 대뇌에서 비정상적인 전기적 방전이 발생하여 자신의 의지와는 상관없이 갑작스럽게 폭발적으로 다양한 현상이 반복하여 일어나는 현상을 일컫는 말로 전간, 경기 또는 간기 또는 경풍의 한의학적 개념에 유래하며, 서양의학에서도 오늘날의 뇌전증(epilepsy)이란 용어가 발작이란 의미를 포함하고 있는 그리스말 'epilepsia'에서 유래되었다. 현대의학에서는 뇌전증이란 용어는 대뇌에서 발생하는 질병 상태에 국한되어 사용되고 있으며, 오늘날 경련성질환(간질, convulsive diseas)이란 용어는 뇌전증과 같은 의미로 사용되고 있다. 발작이 일어난다는 것은 뇌의 작용, 특히 대뇌기능에 갑작스런 장애가 일어났음을 의미하는 것이다. 따라서, 뇌전증이란 만성적으로 경련발작이나 이와 관련되는 증상들이 반복되어 일어나는 상태를 말하는 것으로 한 가지 질병이 아니기 때문에 정확한 진단에 의한 적절한 치료가 무엇보다도 중요하다.

최근 뇌전증 치료는 진단기술과 치료법의 개발로 인하여 비약적인 발전을 이루었다. 과거에는 경련발작을 조절한다는 개념의 치료법이었으나, 요즈음은 경련발작을 완전히 없도록 하는 완치의 개념으로까지 진전을 이루었다. 뇌전증 발병 초기에 적극적으로 치료한다면, 대부분의 뇌전증은 평생 약을 먹으면서 지니고 갈 장애가 아니라, 일시적인 기간 동안 적극적인 치료를 통하여 완치될 수 있는 질환이 된 것이다. 하지만 이와 같은 현격한 의학적 발달에도 불구하고, 여전히 많은 뇌전증장애인들은 완치되지 못한 채 어려움을 겪고 있다.

Chapter 4

장애인복지의 발전과정

✓ **학습목표**

1. 일반 역사와 비교하여 학습
2. 성경 속의 장애에 대한 토의
3. 장애와 일반 인식 차이 토의

✓ **학습내용**

1. 서구 장애인복지의 발전과정
2. 한국 장애인복지의 발전과정

✓ **개요**

고대사회에서의 장애인에 대한 관점은 원시적이고 부정적이었다. 신석기시대에는 장애인에 대해 그 영이 악하기 때문에 분노한 신에 의해 장애인이 되었다고 보았고, 장애인의 대다수는 죽임을 당하거나 노예가 되거나 신체적 학대와 유기, 방지의 대상이 되었다. 이렇듯 장애인에 대한 관점은 시대에 따라 다르다. 이 장에서는 장애인복지의 발전과정을 살펴보고자 한다.

장애인복지의 발전과정

1 서구 장애인복지의 발전과정

서구사회 장애인복지의 발전과정은 다음과 같다(임종호 외, 2021: 70－77 ; 이선우 외, 2021: 83－96 ; 이승기 외, 2016: 34－41).

1) 고대

고대사회에서의 장애인에 대한 관점은 원시적이고 부정적이었다. 신석기시대에는 장애인에 대해 그 영이 악하기 때문에 분노한 신에 의해 장애인이 되었다고 보았고, 장애인의 대다수는 죽임을 당하거나 노예가 되거나 신체적 학대와 유기, 방치의 대상이 되었다. 고대사회에서는 절대적인 가부장제로 인하여 아버지가 아이의 생사문제를 결정할 수 있는 절대권을 가졌다. 신체와 정신이 건강한 남자아이의 출생은 매우 높이 평가된 반면, 딸이나 장애를 가진 아이의 출생은 그 가족에게 치욕이 되었다. 그 시대에는 동물이나 강자로부터 자기 생명과 종족을 보존하고 노동력을 제공하기 위해 건강한 신체는 필수불가결한 조건이었기 때문이다.

『장애』
(2007년 출판)

역사적으로 그리스·로마 시대에도 신체적 장애인을 유기하거나, 장애인을 추한 인간의 표본으로 생각하였다. 심한 경우, 장애인을 활쏘기연습의 표적으로 사용하거나, 출생 시 장애가 있는 이는 살아남지 못 하는 경우도 많았다. 대체로 이 시기는 장애인을 무능력한 존재로 간주하거나, 미신에 자주 등장하는 부정적 존재로서 편견, 유기, 학대 등의 대상으로 여겨졌다.

맥켈프랑과 살스기버(Romel Mackelprang and Richard Salsgiver)는 그들의 저서 『장애: 인간 서비스의 다양성 모델 접근방식(*Disability: A diversity Model Approach in human service*, 2021)에서, 인간의 윤리규범에 지대한 영향을 미친 플라톤은 장애인을 완벽한 사회로 가는 길을 가로막는 장애물로 여겨 “장애인의 자식이나 불구자는 발견되지 않는 아무도 모르는 곳으로 당연히 보내야 한다.”라고 주장하였다.

당시의 장애인에 대한 처우는 성경을 통해서도 알 수 있는데, 구약성경에서는 장애인을 저주의 대상, 장애인은 육체적 결함으로 인해 사회적으로 부적합한 존재이므로 이들을 보호할 필요성을 강조하고 있다. 또한 장애인에 대한 치유와 해방 그리고 장애인이라고 하더라도, 인격체임을 강조하는 언급이 자주 등장하고 있다. 기독교 사상에서는 장애인을 인간으로서의 존엄성을 강조하고, 장애인을 포함한 약자에 대한 보호의 필요성을 강조하고 있다.

그러나 고대사회에도 주목할 만한 예외가 있었다. 고대 이집트인들은 유아 살해를 범죄로 보았고, 고대 중국에서는 정신병이 있는 사람의 처지에 관심이 있었고, 음악가나 철학자와 같이 독특한 재능을 가진 맹인을 존경했다는 기록이 있다. 고대 그리스시대의 장애인들의 경우, 신체적 장애를 갖게 된 상황과 장애인이 누구인지에 따라 지위가 다양하게 나뉘기도 하였다. 전쟁터에서 부상을 당한 그리스인에게는 공공지원을 제공하였고, 보장구를 사용하기도 하였다. 「유스티니아누스(Justinianus I, 483-565)법」은 장애인의 권리를 구체적으로 분류하였고, 장애유형과 정도에 따라 권리를 기술하였다.

그러므로 고대사회에서 장애인에 대한 인식은 대부분 부정적이었지만, 장애인을 동정이나 보호의 대상으로 보려는 인식과 장애인의 상황에 따라 다르게 취급하는 등 예외적인 경우도 발견할 수 있음을 알 수 있다.

2) 중세사회

중세 서구에서는 기독교의 전통으로 장애의 상태를 사악한 영혼이나 악마의 마법, 신의 저주에 의해 생긴 결과로 보거나, 반대로 고통 받는 예수를 나타내는 것 또는 천사에게 축복을 받는 인간 이상의 존재로 여기기도 하였다. 악마적 원인에 의해 귀신 들린 것이라고 생각했던 시절에는 마녀사냥이 절정에 달하였다. 특히, 정신장애인은 마녀광풍의 최대 피해자였던 것으로 보인다.

한편, 중세시대는 약자의 보호와 구제, 애타정신을 강조한 기독교의 박애사상을 기초로 하여 종교적으로 구제보호가 시작된 시기였다. 그러나 구제사상은 단순히 종교적 차원에서 자선의 시혜를 베풀어 주는 것이어서 장애인에 대한 차별과 학대는 여전히 일반적인 현상이었다. 중세 초기에 종교적 자선사업이 시작되면서 장애인이나 빈민을 구제하기 위한 시설을 설립하기 시작하였으며, 중세 봉건사회가 산업화에 따른 도시의 발달과 더불어 붕괴의 길을 걷게 되면서 구빈대책도 도시를 중심으로 이루어졌다. 농촌으로부터의 많은 빈민이 유입되자 과거와 같은 종교적 자선으로는 빈민문제를 해결할 수 없게 되었다. 영국에서는 1601년 「구빈법(the Elizabethan Poor Law)」을 제정하게 되었는데, 노동능력이 있는 빈민에게는 강제노동이 부과되었고, 장애인과 같이 노동능력이 없는 빈민은 주로 시설에 수용되었다.

이 시기의 장애인 보호사상은 종교적 측면에서 이루어진 자선의 형태였기 때문에 장애인을 비장애인과 평등하게 보는 근대적인 의미의 복지사상과는 거리가 멀었다.

3) 근대사회

근대에는 르네상스(Renaissance, 14~16세기에 서유럽 문명사에 나타난 문화운동), 의학의 발전, 종교개혁의 영향으로 장애인에 대한 인식이 크게 변화되는 계기가 마련되었고, 장애인의 본질을 합리적으로 이해하려는 노력은 장애아동에 대한 교육의 가능성을 제시해 주면서 장애인교육이 시작되었다. 또한 현대까지 영향을 미쳤던 우생학(eugenics)이론의 영향으로 장애인시설이 발달하였다.

(1) 장애인관에 영향을 준 근대사상

장애인에 대한 운명론적인 사상을 버리고 근대적인 장애인관에 입각하여 교육의 가능성을 모색하게 한 근대적 사상은 다음과 같이 전개되었다.

첫째, 르네상스운동은 장애인관에 영향을 주었다. 르네상스는 신 중심에서 인간 중심, 인간존중주의로 환원하려는 특징을 갖는다. 르네상스에 영향을 받은 인문주의자들은 중세의 종교적 편견과 미신에서 탈피하여 장애인의 본성과 본질을 현실적 근거에서 합리적으로 이해하도록 하였으며, 장애인에 대한 교육의 가능성을 탐색하도록 자극을 주었다.

둘째, 종교개혁은 장애인관에 영향을 주었다. 대표적인 종교개혁자인 마틴 루터(Martin Luther)는 인간의 자율적이고 주체적이며 체험적인 신앙이 신과 인간을 합치시킨다고 보았으며, 청각장애인 또는 시각장애인, 지적장애인이라고 할지라도, 그리스도인이 될 수 있다고 주장하였다. 루터의 장애인관은 지금까지 편견과 미신으로 차별 받아 온 장애인에 대한 처우를 혁신하는 중요한 계기를 마련하였다. 특히, 루터는 교육이 빈부나 능력에 관계없이 모든 국민을 대상으로 한 보통교육이어야 하며, 학교의 설립 및 유지는 교회의 의무가 아니라, 정부의 책임이라고 주장하였다. 보통교육에 입각한 국민교육제도의 실시를 강조한 그의 교육사상은 장애아동의 학교교육 실현을 위한 중요한 사상적 기반이 되었다.

셋째, 의학이 발달함에 따라 장애인의 생리와 병리를 과학적으로 해명함으로써 과학적 이해에 크게 공헌하였다. 과학적 이해는 종래의 미신적 편견에 의한 인간의 장애에 대한 운명론을 극복하게 하였으며, 합리적이고 과학적인 기초에서 인간의 장애를 이해하게 하였다.

(2) 장애인교육 실시

근대 초기(16세기)에 접어들면서 수용보호에만 그쳤던 장애인의 교육이 이루어지기 시작하였다. 17세기에 영국의 경험론자인 프랜시스 베이컨(Francis Bacon, 1214?-1294)은 인간이해에 대한 선입견을 타파할 것을 주장하면서 당시까지 내려오던 장애인에 대한 편견을 타파하고 전통적인 장애인관을 시정하는 사상적 기반을 마련하였다.

베이컨에 의해서 주도된 경험철학은 교육에 있어 실학주의 교육에 영향을 주었는데, 사실과 경험, 실천을 중시하며 인간을 철저하게 이해하고자 했던 실학주의 교육사상은 장애아동의 교육에 새로운 가능성을 열어 주게 되었다. 18세기에 들어서 일반 서민의 자녀교육에 대한 대책이 마련되면서 특수아동에 대해서도 관심을 갖게 되었고, 19세기 후반부터는 생리학, 의학, 심리학, 사회학 등의 발전으로 인해 아동의 장애 원인을 규명하면서 특수교육이 크게 발전하였으며, 1882년 프랑스에서는 장애아동에 대한 의무교육을 실시하게 되었다.

(3) 장애인 수용시설의 발달

로드먼(David J. Rothman)은 1971년 그의 저서 『망명의 발견: 신공화국의 사회질서와 무질서(*The discovery of the asylum: Social order and disorder in the new republic*)』에서 다음과 같이 주장한다.

『망명의 발견』
(2017년 출판)

근대에는 르네상스, 의학의 발전, 종교개혁의 영향으로 장애인에 대한 인식이 크게 변화되고 장애인교육도 시작되는 등 인간에 대한 낙관주의가 대두된 반면, 장애인을 사회적으로 제거의 대상으로 보는 사회진화론과 우생학이론이 널리 퍼지게 되었다. 사회진화론과 우생학이론은 장애인을 위험하고 유전적으로 열악한 인자를 보유해서 사회의 제거 대상으로 설명하는 근거가 되었고, 장애인을 따로 시설에 수용해 보호하도록 하는 이론적 근거가 되었다.

우생학이론이 유행했던 나라에서는 사회적으로 유용한 유전질의 번식을 장려하고, 사회적으로 비생산적이고 바람직하지 못한 유전질의 번식은 제한하는 품질위주의 인구정책을 중시하여 열악한 유전인자를 보유한 자들에 대한 출산억제 정책을 펼치는 데 우생학이론을 과학적 근거로 삼았다. 장애인에게 생식기능을 빼앗는 불임수술 법안을 마련해 지적장애나 정신장애를 지닌 장애인에 대한 불임수술이 행해지기도 하였다.

19세기 후반에 발달한 우생학이론은 20세기에도 많은 영향을 미쳐서 20세기 초의 우생운동으로 발전하였고, 20세기 초에 대규모 수용시설이 발달한 것에도 지대한 영향을 미쳤다.

4) 현대

장애인복지의 일대 전환점이 된 시기는 두 차례에 걸친 세계대전 이후다 전쟁을 겪으며 많은 전상장애인이 발달하였는데, 이들은 국가유공자이기 때문에 국가가 지원대책을 마련할 필요가 있었다. 장애를 개인의 문제가 아닌 국가의 책임으로 인정하면서부터 현대적 의미의 장애인복지가 시작되었다.

(1) 1910~1950년대

이 시기에는 전쟁으로 장애인이 된 퇴역상이군인을 위한 직업재활, 의료재활을 중심으로 장애인복지제도가 마련되기 시작하였다. 영국에서는 1919년 퇴역상이군인을 일정 비율 이상 자주적으로 고용하고 있는 고용주의 방명록제도를 설치하였고, 이는 「신체장애인고용법」의 근간이 되었다. 이탈리아에서는 1921년 전상장애인의 고용의무를 정한 법률이 제정되었다. 1923년 제네바에서 퇴역상이군인을 중심으로 신체장애인의 고용촉진 방법을 연구하기 위해 모인 전문가회의에서도 법률에 의한 고용의무라는 수단이 필요함을 지적하게 되었다.

제2차 세계대전 후에는 세계 각국에서 장애인의 고용에 관한 법률을 적극적으로 제정하게 되었다. 영국에서는 1944년 「신체장애인고용법」이 제정되었고, 이탈리아에서는 1947년 「산재장애인 의무고용법」 제정 이후 「국가봉사신체장애인 의무고용법」, 「맹인 의무고용법」, 「농아자 의무고용법」 등을 계속 제정하였다. 프랑스는 1955년에 「할당고용법」, 1957년에 「재활기준법」을 제정하였고, 독일은 1953년에 「신체장애인고용법」을 제정하였다.

1955년에 열린 국제노동기구(ILO) 총회에서는 신체장애인의 직업재활에 관한 국제적 기준을 권고하게 되었다.

첫째, 신체장애인에게 차별 없이 근로자의 해고를 하지 않겠다는 약속하에 일정 비율의 신체장애인을 사용자가 고용할 것

둘째, 신체장애인을 위해 지정 직종을 유보할 것

셋째, 중증인 신체장애인에게 적당하다고 인정되는 직종에는 고용의 기회나 우선권을 주는 조치를 취할 것

(2) 1960~1970년대

1960년대에 들어 장애인의 시설보호를 반대하며 시작된 정상화운동이 전개되었다. 북유럽에서 시작된 정상화원리는 장애인도 비장애인과 같은 권리와 의무를 가져야 하며, 장애인에게 정상적인(normal) 생활조건, 즉 최대한 능력을 개발할 수 있도록 장애인 개개인의 욕구에 적절한 처우나 교육 또는 훈련을 포함하여 다른 모든 시민에게 주어지는 것과 동일한 조건을 제공하는 것을 의미한다.

이러한 흐름은 장애에 관한 기존 정책의 대안으로서 자리를 잡게 되었고, 세계 각국으로 파급되어 1971년에 UN에서 '정신지체인 권리선언'을 결의하는 이념적 배경이 되었다 1975년에는 '장애인 권리선언'을 채택하여 장애인도 다른 사람과 마찬가지로 모든 사회활동에 참여할 권리가 있고, UN은 장애인의 이 같은 권리를 보호하고 이를 보장하는 적극적 시책을 펴줄 것을 촉구하였다.

(3) 1980년대

1980년대에 들어서는 국제적 협력체계가 수립되어 UN에서 1981년을 '세계 장애인의 해'로 정하고, 회원국들에게 장애정책의 지속적 추진을 촉구하기 위해 1983~1992년을 'UN 장애인 10년'으로 선포하였으며, 이를 실천하기 위한 구체적 지침으로서 '장애인에 관한 세계 행동계획'을 발표하였다. 이와 함께 UN에서는 나라마다 다르게 사용하고 있는 장애의 개념을 분류할 수 있는 국제장애분류(International Classification of Impairment, Disabilities, and Handicaps, ICIDH)를 발표하고 이 분류기준을 적용할 것을 권장하였다.

1981년 미국에는 전미자립생활협의회가 설립되어 장애운동을 활발히 펼치기 시작하였다. 자립생활운동은 미국 버클리대학교에서 대학생들이 전문가의 도움 없이 장애인들이 자립적으로 생활할 수 있도록 지원하는 프로그램이 확산되어 자립생활센터로 탄생되면서 확산된 운동으로, 1980년대에 미국 전역은 물론 전 세계적으로 확산되었다.

(4) 1990년 이후

1990년 미국에서는 「미국장애인법(Americans with Disabled Act, ADA)」을 제정하였다. 이 법은 장애라는 이유로 차별을 받지 않도록 하기 위해 장애인 고용 시 차별금지 규정, 교통정책과 관련된 규정, 건축물에 관한 규정, 통신 관련 규정 등 사회적·물리적 환경에 대한 내용을 포괄적으로 다루고 있다. 이어서 호주에서는 1992년에 「장애인차별금지법」을 제정하였고, 영국도 1995년 「장애인차별금지법」을 제정하였다.

한편, 1992년 'UN 장애인 10년'이 끝나면서 장애인의 권리증진을 위한 각국의 실천 노력을 평가한 결과, 국제 수준의 다양한 활동에도 불구하고, 아시아·태평양지역은 장애인복지의 불균형 상태가 개선되지 못했다는 평가를 받았다. 이에 UN 아시아·태평양 경제각료이사회(ESCAP)에서는 1993~2002년까지를 '아시아·태평양 장애인 10년'으로 선포하였다.

UN은 장애인의 인권과 관련해서 '장애인 권리선언' 등 많은 선언을 채택하였지만, 이 선언들은 선언적 수준에 머무르기 때문에 법적 구속력을 가지지 못했다. 이에 UN에서는 보다 강력한 규정인 '국제장애인권리협약'을 2006년 UN총회에서 채택하였다. 회원국은 각국의 입법기관에서 정식 비준절차를 밟고 협약의 내용을 준수하도록 되어 있다. '국제장애인권리협약'의 목적은 모든 장애인이 인권과 기본적 자유를 완전하고 동등하게 향유하도록 보장하고 보호하고 장려하여 고유의 존엄성을 존중하도록 함을 목적으로 한다. 협약의 주요 내용을 보면 다음과 같다.

첫째, 기존의 장애인 인권 규정에 비해 상당한 수준의 내용적 구체성과 강제성을 가지고 있다. 제33조에서는 협약의 국내 이행과 모니터링을 위해 당사국은 조직체계에 따라 정부 내에 하나 또는 그 이상의 전담부서를 지명하고, 정부 내에 조정기구를 설립 또는 지명하는 것을 고려해야 한다고 규정하고 있다. 또한 제34조에서는 이 기능을 수행하기 위해 장애인 권리위원회를 설치해야 하고, 제35조에서는 협약의 의무에 영향을 미치는 조치 및 과정에 대한 종합보고서를 2년 이내에 제출해야 한다고 규정하고 있다.

둘째, 기존의 국제 규정에 비해 근본적이며 중요한 기본적 원칙을 제시하고 있다. 그 원칙은 ① 개인의 천부적인 존엄성, ② 선택의 자유를 포함한 자율, ③ 자가지고 있다. 제33조에서는 협약의 국내 이행과 모니터링을 위해 당사국은 조직체계에 따라 정부 내에 하나 또는 그 이상의 전담부서를 지명하고, 정부 내에 조정기구를 설립 또는 지명하는 것을 고려해야 한다고 규정하고 있다. 또한 제34조에서는 이 기능을 수행하기 위해 장애인 권리위원회를 설치해야 하고, 제35조에서는 협약의 의무에 영향을 미치는 조치 및 과정에 대한 종합보고서를 2년 이내에 제출해야 한다고 규정하고 있다.

둘째, 기존의 국제 규정에 비해 근본적이며 중요한 기본적 원칙을 제시하고 있다. 그 원칙은 ① 개인의 천부적인 존엄성, 선택의 자유를 포함한 자율, 자립에 대한 존중, ② 차별금지, ③ 완전하고 효과적인 사회참여 및 통합, ④ 인간의 다양성과 인간성의 일부분으로서의 장애인에 대한 차이의 존중과 수용, ⑤ 기회의 균등, ⑥ 접근성, ⑦ 남성과 여성의 평등, ⑧ 장애아동의 점진적인 역량 존중 및 정체성 유지에 대한 권리의 존중 등이다.

셋째, 모든 권리의 내용에 있어 현대사회의 실생활과 관련된 구체적이며 실질적인 권리보장이 이루어질 수 있도록 세세한 내용을 규정하고 있다.

넷째, 장애에 대한 인식개선을 위해서 각국에서 실질적이고 적절한 대책을 강구하도록 규정하고 있다.

2 한국 장애인복지의 발전과정

우리나라 장애인복지의 발전과정은 다음과 같다(서동명 외, 2022: 51－68 ; 김한식 외, 2020: 19－24 ; 이승기, 2016: 42－57).

1) 정부수립 이전

(1) 삼국시대

과거 우리나라에서는 장애인을 병에 걸린 사람, 즉 병신 또는 병자, 폐질자,

독질자라고도 하였다. 장애인은 가족부양을 원칙으로 삼아 해당 가족으로 하여금 장애인을 책임지도록 하였다. 그러나 기근이나 홍수 같은 자연재해로 인해 그 가족에 문제가 발생하면 이웃과 친척 등 마을공동체에서 지원해 주도록 하였다. 마을사람들은 대개 장애인을 불행한 사람으로 여겨 도와주었고, 항상 더불어 살려는 공동체 의식을 가지고 있었다. 또한 마을공동체에서 해결이 어려운 경우에는 정부에서 직접 구제도 실시하여 구휼의 제도를 활용하여 장애인을 도왔다.

이렇듯 삼국시대에는 장애인을 별도의 구제대상으로 삼은 역사적 기록은 찾아볼 수 없는 시기이며, 다만, 장애인에 대한 보호는 일반 구제에 포함해서 실시하였다. 고구려 고국천왕 16년에 진대법을 제정하여 관곡을 대여하고, 질병이나 장애로 노동능력이 결핍된 자를 구휼한 기록이 있다.

삼국유사에 따르면, 의하면 신라 3대 유리왕 5년에도 노인, 병든 자에 대한 구제를 실시하였으며, 백제 비루왕 9년에는 백성의 환고를 조사하며 질환자, 노인과 장애인 등에 대해 곡식을 주어 구제한 기록이 있다. 통일삼국시대에도 구휼제도가 지속되어 기근과 병든 자들에 대해 곡식을 차등을 두어 구휼하였다.

이와 같이 삼국시대에는 장애인을 병자나 빈민과 특별히 구별하지 않고 구휼하였고 임시적이었으며 제도화된 것은 아니었다. 삼국시대의 구제사업은 대체로 무의무탁한 빈민에 대한 구제, 재해로 인한 피해주민에 대해 조세를 감면해 주는 사업들이 실시되었다. 결국 이 시대의 장애인복지는 가족이 주로 담당하거나, 가족에게 문제가 발생하면 친척과 이웃 등 지역공동체에서 원조하는 것에 그치고 말았다.

(2) 고려시대

고려시대에는 불교의 영향을 받아서 창제, 이재민에 대한 조세와 부역면제 등 각종 구휼제도가 실시되었다. 성종 때 독질이 있는 자에게 곡포(穀布)를 주었다거나, 독·폐질자에게 약을 주었다는 기록이 고려사에 나와 있다.

원종때에는 독·폐질자에게 봉양할 사람을 한 명씩 주었으며, 충숙왕 때에는 사궁으로 병들고 자활할 수 없는 자에게 진휼하였다고 기록되어 있다. 또한 공민왕 때에는 왕명으로 사궁 및 독·폐질자를 보호하게 하였다. 그러나 자연재해·기근·질역이 있을 때마다 구휼하는 데에는 왕의 관심은 물론 국가의 재정 등 많은 문제점들이 발생하게 되었다. 따라서, 구제기관을 설치하여 그 기관이 항상 구휼사업에 대비할 필요가 있었다. 이에 따라, 동서대비원이 설립되었으며, 동서대비원은 환자를 치료하고, 무의무탁자를 수용하는 구제기관이었다. 예종 때에는 의약을 제공하고 질병을 치료하는 의료기관으로 혜민국을 설치하였다.

고려시대에는 독·폐질자가 죄를 지을 경우에는 감형되었다. 문종 때 맹인이 사람을 죽여 사형을 받게 되었지만 귀향을 보냈으며, 인종 때는 독·폐질자가 살인죄를 지어도 유배시키도록 하였다. 또한 신체에 장애가 있는 독·폐질자일 경우에는 요역(徭役, 무상 강제노동제도)을 면제해 주었다.

고려 초부터 국가에서 복업(卜業, 고려시대 천문의 운행을 관찰하는 천문학)을 과거제도에 포함시켜서 복인을 선발하였고, 일부 맹인들이 복업을 통해 자립생활을 영위할 수 있었다. 맹인들은 길흉화복을 점치고, 기우제를 지냈으며, 과거시험에 합격하여 벼슬을 갖기도 하였다. 따라서, 고려시대에는 복업이 맹인들의 생계수단으로 정착하였고, 국가 차원으로 맹승들을 모아 기우제를 지내게 할 정도로 맹인들의 사회참여가 확대되기도 하였다.

(3) 조선시대

조선시대에는 유교의 정치이념인 왕도정치를 기반으로 구휼제도를 체계화하였다. 기민(굶주린 백성) 및 장애인을 수용·보호하였으며, 진제장은 한성부에서 설치한 빈민을 위한 응급 구제기관이었으며, 동서활인원은 가난한 사람들의 의료와 의식을 맡았던 기관이다. 동서활인원에서는 장애인도 보호·수용하였는데, 세조실록에는 잔질(몸에 질병이 남아 있는 것)·독질(잘 낫지 않는 병)로서 의탁할 곳이 없는 자와 맹인을 위해서 동서활인원에서 후히 구휼하도록 하였다고 기록되었다. 이와 같이 자립하기 어려운 중증장애인은 잔질, 독질, 폐질로 불렸으며, 구휼, 진휼, 진제 등 국가로부터 직접 구제받았다.

조선시대에는 장애인을 별도로 구분하는 방법을 도입하였는데, 세조 30년에 장애인의 호패를 따로 정하여 ‘형모는 얼굴의 흉터, 애꾸눈, 귀의 쪼개짐, 언청이, 손발 절름발이 등과 같은 것이 표징이니, 겉에 흔적이 있는 것을 쓸 것'을 규정하였다.

그 외에도 장애인에게는 조사와 부역 및 잡역을 면제했으며, 노비층에게는 신공을 면제해 주도록 하였다. 또 장애인이 죄를 범하면 형벌을 가하지 않고 포로 대신 받았고, 정신장애인은 반역이나 살인죄를 범하여 사형에 해당하는 경우에도 정상을 참작하여 감형해 주었다. 장애인에게는 시정, 곧 부양자를 제공하였다.

중증장애인도 집안에서 가족들의 부양으로 결혼하여 자식을 낳고 새로운 가정을 꾸밀 수 있었다. 한 장애인은 지적장애와 중풍, 정신분열증 등 복합적인 장애를 안고 있었어도 어머니의 헌신적인 수발로 재혼까지 하여 1남 3녀의 자녀를 두었다. 시각장애인이나 지체장애인 등 경증장애인은 각종 직업을 가지고 자립적인 생활을 하였다. 시각장애인은 점복, 독경, 관현악 같은 다양한 직업을 가지고 생활하였다. 시각장애인은 점을 치는 학문인 명과학을 전담하였고, 조선 중기 이후 맹청을 설립하고 점복업을 발전시켰다. 지체장애인이나 다른 장애인도 개인의 능력에 따라 다양한 직업을 가지고 있었으며, 조선 후기 하반신장애인은 길거리에서 안경을 갈아 주며 생계를 꾸려 나갔고, 지적장애인이었지만 민가에 놋그릇을 닦으러 다니던 장애인도 있었다. 또 칼을 만드는 대장장이로 살았던 중복장애인도 있었다.

조선 후기에는 장애인 구휼제도의 사상이 더욱 발전하여 정약용은 목민심서에서 "폐질과 독질에 걸려 제 힘으로 먹고 살아갈 수 없는 자에게는 의지할 곳과 살아갈 길을 마련해 주어야 하고, 장님 · 절름발이 · 손발 병신 · 나병환자로 육친이 없어 떠도는 사람은 그 친척에게 타이르고 관에서 그들에게 맡겨 안착하게 해야 하나, 그들 중 전혀 의지할 데가 없는 경우에는 고을의 유덕한 자를 선택하여 맡기고 그의 잡역을 면제하고 그 경비를 관에서 부담하게 해야 한다."고 주장하였다.

그러나 주목할 것은 같은 장애인이라도 신분에 따라 차등이 있었다는 것이다. 신분이 높은 집단의 장애인은 학문에 정진할 수 있었지만, 그렇지 않고 가난한 장애인은 여느 하층민처럼 구걸로 연명할 수밖에 없었다. 시대적으로 볼 때, 조선 전기와 중기에는 신분이나 성별에 따른 차별이 심하지 않았으며, 비교적 개방적이고 열린 사회여서 장애인이 사회에서 역동적인 역할을 수행할 수 있었다. 그러나 조선 후기 주자학이 주도적인 경향이 되면서 장애인들의 역할은 축소되었다. 완고한 유학자들은 시각장애인의 점복행위를 믿어서는 안 될 잡술로 치부하고 폐지하도록 요구하였다. 따라서, 조선 후기로 갈수록 장애인의 사회적 지위가 하락하고, 심지어 민중들 사이에서조차 장애인을 비하하고 무시하였다.

(4) 일제강점기

일제강점기 장애인에 대한 구휼사업은 임시적이고 즉흥적으로 이루어졌다. 그러나 1944년 조선구호령을 제정하여 불구, 폐질, 상이, 질병 기타 정신이나 신체장애로 인해 노동을 못하는 자를 지원하였다. 조선구호령은 해방 후 「생활보호법」의 모체가 되었다.

조선총독부는 1913년 제생원을 설립하고 침구·안마교육을 실시했고, 1914년에 안마술, 침술, 구술, 영업취체규칙을 제정하여, 그 졸업생들에게 침구·안마사 면허를 주기 시작하면서 침구·안마업이 맹인의 직업으로 발달하게 되었다.

해방 이후 1948년 대한민국 정부가 수립되기까지 미군정은 일제강점기의 조선구호령을 거의 그대로 사회복지제도로서 유지시켰다.

2) 정부수립 이후

(1) 장애인복지 태동기(1980년까지)

대한민국 정부수립 이후 1970년대까지는 현대적 의미의 장애인복지가 태동한 시기이다. 먼저, 현대적 의미의 장애인복지는 1950년대 이후 상이군경을 대상으로 한 국가보훈사업이 최초라고 할 수 있는데, 1950년 4월에 제정된 「군사원호법」과 1951년 4월에 제정된 「경찰원호법」이 그 시초이다. 즉, 한국전쟁의 영향으로 군인이나 경찰의 특수집단을 위한 제도의 필요성이 요구되고 있었다. 이는 제2차 세계대전 이후 전쟁 부상자들에 대한 대책으로 다른 나라의 장애인복지가 시작된 것과 맥을 같이하는 것이다.

1960년 이전까지 일반적인 장애인에 대해서는 법제나 국가의 개입은 없었으며, 장애인 문제는 독립적으로 인식되지 못하고, 빈곤문제의 일부로 다루어졌다. 그나마 빈곤문제도 정부가 적극적으로 개입을 하지 못하고, 민간사회사업이나 외원단체, 종교단체의 역할에 맡겨졌다. 정부가 소위 '일반장애인' 문제에 본격적으로 개입을 시작한 것은 1961년 I2월 「생활보호법」이 제정된 다음부터이다. 이 법의 보호대상에 65세 이상의 노쇠자, 18세 미만의 아동, 임산부와 함께 '불구, 폐질, 상이 기타 정신 또는 신체의 장애로 인하여 근로능력이 없는 자'가 포함되어, 빈곤장애인에 대한 국가의 보호가 시작되었다. 한편, 1963년 11월 제정된 「산업재해보상보험법」에 의해 산업재해 장애인에 대한 지원이 시작되었다. 또 이 시기는 장애인에 대한 우생학적 접근이 이루어지기도 하였다. 유전학적 이유가 있다거나, 특수 전염병 질환자가 임신한 경우에 대해서는 임신중절을 허용하도록 하는 법 규정을 만들었다.

1970년대까지 일반교육현장에서 장애인 차별은 매우 심한 상황이었다. 1950~60년대 출생 소아마비 장애인들은 고등교육 및 취업에 대한 욕구가 강하였다. 그러나 체능검사, 면접 등에서의 불이익 때문에 입시에서 우수한 성적에도 불구하고, 불합격하는 사례들이 늘어나게 되었다.

1970년대는 해외 장애인복지 역사에서 살펴본 것처럼 국제적으로 장애인의 권리에 대한 관심이 증폭되었는데, 이 시기에 제정된 장애인권리선언 등은 이후 우리나라 장애인 관련 제도나 법령에 영향을 미치게 되었다. 더구나 1976년 UN이 1981년을 '세계 장애인의 해' 로 정한 이후, 전 세계적으로 장애인에 대한 관심이 증대하였고, 우리나라 역시 그 이전에는 전쟁으로 인한 장애아동들에 대한 수용구호 중심으로 정책이 추진됐으나, 1980년대부터 본격적으로 장애인복지에 대한 연구 및 정책을 수립·추진하게 되었다. 이 시기 장애인복지의 주요한 사건을 살펴보면 다음과 같다.

① 특수교육진흥법 제정

1970년대에는 장애아동 중 극히 일부만이 학교에 다니고, 대부분은 방치된 상태에서 이들에 대한 교육대책이 요구되었다. 이에 1977년 12월 「특수교육진흥법」이 제정되었다. 이 법은 '시각장애자, 청각장애자, 지체부자유자, 정서장애자, 언어장애자, 기타 심신장애자'를 특수교육 대상자로 하고, 국가 및 지방자치단체에게 특수교육진흥을 위한 시책을 강구하도록 하고 있다. 특히, 입시차별의 영향으로 이 법은 각급학교의 장에게 특수교육 대상자가 당해 학교에 입학하고자 할 경우에 특수교육 대상자임을 이유로 입학 거부 등의 불이익을 당하지 않도록 하고 있다. 이는 장애인에게 교육기회를 부여하는 데 차별을 금지하는 획기적인 입법조치였으며, 장애인정책에서 차별금지 법리를 도입한 최초의 것이라고 할 수 있다. 그러나 이 법이 시행됨에도 불구하고, 이후 대학입시에서 장애를 이유로 탈락하는 사례들은 매년 반복되었다.

② 심신장애자종합보호대책

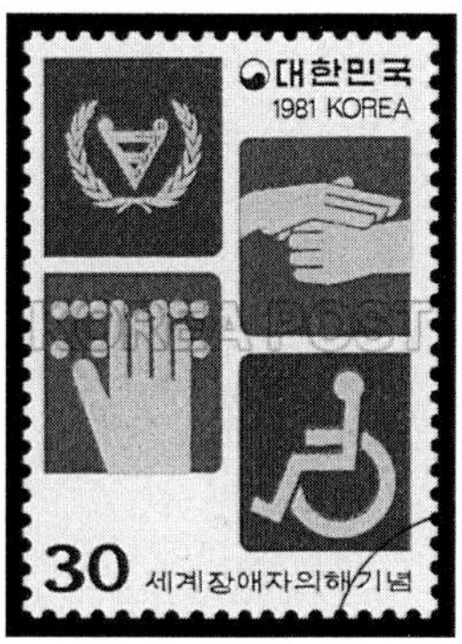

세계 장애인의 해 기념 발행우표(1981.4.20. 발행)

1978년 6월 17일 보건사회부는 '심신장애자종합보호대책'을 발표하였다. 주요 내용으로는 49개 보호시설에 수용 중인 장애어린이에게 장애정도와 적성에 따라 직업훈련을 실시하고, 보호시설에 물리치료실, 작업치료실, 언어치료실, 직업훈련시설을 설치, 시설에 있는 장애아동의 영양급식을 위해 지급물자의 양과 종류를 개선하고, 목발과 보청기 등 보장구를 지급하고, 보건사회부 안에 장애자보호제도 수립을 위한 전담기구를 설치하는 등의 방안을 모색하였다. 이는 '세계 장애인의 해(1981)'를 앞두고 정부차원에서 장애인문제를 인식하기 시작했음을 의미한다.

(2) 장애인복지 전환기(1981-1987년)

1980년대는 우리나라 장애인복지제도의 전환기라고 할 수 있다. 1981년은 UN이 정한 '세계 장애인의 해'이며, 1983년부터 1992년까지 '세계 장애인 10년'이 선포되었다. 또 1982년 12월 3일 UN은 '세계 장애인의 해 행동계획'을 채택하였다. 이러한 국제적인 흐름에 맞추어 우리나라에서도 1978년 '심신장애자종합보호대책'을 발표하였으며, 이어 1981년 「심신장애자복지법」을 제정하였다. 이 법에서는 심신장애자의 기준, 재활상담 및 의료기관 또는 심신장애자 복지시설에의 입소·통원 조치, 보장구의 교부, 고용촉진, 시설우선 이용, 공공건물·교통·통신 등의 편의시설, 장애자 부양수당, 심신장애자복지시설의 종류와 설치·

운영, 보장구 제조·수리업의 허가 등에 관하여 규정하였다. 비록 법률의 내용의 대부분이 선언적이었음에도 불구하고, 이 법률 제정 이후 수용·보호 중심의 장애인시설에서 한걸음 나아가 장애인복지관 등의 재활시설(이용시설), 심신장애자 근로시설(직업재활시설), 점자출판시설 등이 생기게 되었다.

한편, 장애인의 직업재활에 관한 정부의 개입으로는 1982년부터 한국장애자재활협회를 통한 장애인 취업알선이 있었다. 또한 1986년에 노동부가 「직업훈련법」을 개정하여 장애인이 비장애인을 위한 직업훈련시설에서 직업훈련을 받을 수 있도록 하였다. 그해 보건사회부는 중증장애인을 위한 보호작업장 운영계획을 수립하고, 자립작업장을 시범운영하였다. 이는 장애인에게 직업훈련을 통해 재활을 도모하고자 한 조치였다. 또 이 시기는 '서울올림픽' 유치에 따라 열리게 된 '서울장애자올림픽'을 앞두고, 국제적인 흐름을 의식하여 장애인복지시설을 현대화하고, 직업재활에 대한 인식이 시작된 시기이다. 이처럼 장애인에 대한 교육, 치료, 직업재활이 이 시기에 비로소 시작되었다고 할 수 있다. 그러나 당시 정부는 '선성장 후복지'라는 정책기조에 입각해 사회정책을 추진하였기 때문에 극소수의 시설장애인과 저소득장애인에 대한 재활정책을 제공하는 데 그치는 수준이었다.

1988년 하계 패럴림픽 엠블럼

(3) 장애인복지 발전기(1988-1997년)

1987년 민주화 투쟁 이후 각계각층에서 분출된 민주화 요구와 더불어 진행된 저소득층의 복지요구는 장애계에도 많은 영향을 미쳤다. 이전까지는 자신들의 목소리를 내지 못했던 장애인 및 장애인단체들은 1988년 '서울장애자올림픽' 개최를 계기로 운동이라는 틀을 통해 장애인문제를 해결하고자 하였다. 서울장애자올림픽대회를 앞두고 기존의 장애인운동 주체들과 젊은 장애인들이 주축이 되어 여러 장애인단체를 설립하고, 1988년 장애자올림픽 개최 반대운동을 비롯한 장애인운동을 펼쳐나가기 시작하였다. 이 단체들은 장애인문제가 사회적·환경적 문제임을 인식하고, 제도변혁을 위한 노력을 시도하였다. 이 당시 장애계가 표출한 문제는 장애인의 생계문제, 고용문제 등이었다. 이러한 장애인들의 요구와 당시의 여소야대라는 국내 정치 상황에 의해 「심신장애자복지지법」을 전면 개정하는 방법으로 「장애인복지법」이 1989년에 제정되었으며, 1990년 「장애인 고용촉진 등에 관한 법률」이 제정되었다. 또 1994년 1월 「특수교육진흥법」이 개정되어 '통합교육'이라는 용어가 처음으로 법률에 등장하게 되었다. 당시 장애인복지의 주요한 사건을 살펴보면 다음과 같다

① 장애인복지법 개정

1981년 제정된 「심신장애자복지법」이 1989년에 「장애인복지법」으로 전면 개정되었다. 개정된 법률의 주요 내용을 살펴보면 다음과 같다.

첫째, '심신장애자'라는 용어를 '장애인'으로 변경하였고, '지체부자유자'를 '지체장애인'으로, '정신박약'을 '정신지체'로 변경하였으며, 장애인등록제를 실시하였다.

둘째, 국가 및 지방자치단체의 책무로 장애발생의 예방, 재활의료, 중증장애인의 보호, 보호자에 대한 배려, 장애인의 교육, 장애인의 직업지도, 장애인용 주택의 보급, 문화환경의 정비, 경제적 부담의 경감 등을 법으로 규정하였다.

셋째, 기타 각종 복지조치를 규정하였으며, 저소득 장애인에 대한 의료비와 자녀교육비 지급, 보장구 교부, 자금대여, 생업지원, 자립훈련비 지급, 생계보조수당 지급 등 주로 저소득장애인에 대한 경제적 지원 등 장애인에 대한 복지서비스가 확대되었다.

넷째, 장애인의 날과 장애인주간을 설정하였으며, 장애인체육진흥을 위하여 한국장애인복지체육회를 설립하였다.

이러한 「장애인복지법」 개정 이후 일반 장애인에 대한 경제적 지원도 조금씩 확대되었다. 즉, 전화요금감면(1989), 장애인 승용 자동차 LPG 연료 사용 허용(1990), 국·공립박물관, 고궁 및 능원의 장애인무료입장(1990), 철도 및 지하철 요금 50% 할인(1991), 국내선 항공료 50% 할인(1991), 지하철 무임승차(1993) 등 각종 이용요금 할인이 시작되었다.

그러나 저소득장애인에 대한 국가지원은 생존권을 보장하기에는 미흡한 수준이었고, 일반 장애인에 대한 지원은 직접적인 소득지원이 아니라, 각종 비용을 감면해 주는 간접적인 지원방식으로 중산층 이상의 장애인이 저소득 장애인보다 더 많은 혜택을 받는 역진성이 나타나기도 하였다.

② 장애인고용촉진 등에 관한 법률 제정

1990년 「장애인고용촉진 등에 관한 법률」이 제정되었다. 이 법률의 주요 내용을 살펴보면 다음과 같다.

첫째, 국영기업체와 300인 이상의 민간기업체에서 이 근로자의 100분의 2 이상 장애인을 고용할 것으로 의무화하였다. 그리고 이를 지키지 못할 경우, 고용부담금을 납부하도록 하고, 기준 이상을 고용하는 사업주에게는 고용지원금을 지급하도록 규정하였다. 둘째, 장애인의 고용촉진업무를 효율적으로 추진하기 위해 장애인고용촉진공단을 설립하고, 공단운영과 부담금 및 지원금의 관리 등을 위하여 장애인고용촉진기금을 만드는 등 장애인고용에 관한 재원 및 행정체계를 갖추게 되었다. 이 법률은 직업재활 및 고용기회 확대를 통해 자활여건을 조성하고 복지를 향상시키는 것을 목표로 하는 것으로 장애인의 경제문제를 고용을 통해 해결하고자 한 것이었다.

③ 특수교육진흥법 개정

한편, 정부는 1992년 4월에 '특수교육발전계획'을 확정 발표하고 「특수교육진흥법」을 1994년 1월에 개정하여 장애인에 대한 교육에 있어 통합교육이 원칙임을 천명하고, 초등학교와 중학교 과정은 의무교육과정으로, 유치원과 고등학교 과정은 무상으로 한다고 규정하였다. 또 일반학교의 장이 통합교육의 여건을 조성하며, 각급학교의 장이 개별화 교육방안을 강구하도록 규정하고 있다. 또한 특수교육이 개별화 교육원칙, 순회교육제도 파견 교육제도, 치료교육제도, 보호자교육제도를 신설하고, 직업교육을 병행하며, 수업 연한 1년 이상의 전공과를 둘 수 있도록 하였다. 이어서 같은 해 특수교육요원의 교육을 위해 국립특수교육원이 설치되었다. 장애학생들의 고등교육 확대를 위해 1994년부터는 전국대학의 입학시험에서는 장애학생을 정원 외로 선발하는 특례입학제도가 실시되었다.

④ 기타 주요 변화내용

이 시기 장애인의 주거생활보호를 위해 1993년에 영구임대주택 입주 신청 시 가산점 적용을 확대하였으며, 1995년에는 '주택공급에 관한 규칙'을 개정하여 국민주택의 특별공급대상에 장애인을 포함시키는 등 장애인의 주거권 확보를 위한 입법조치도 시행되기 시작하였다. 장애인 운동가들의 노력으로 인해, 장애인문제가 사회문제로 인식되기 시작하였으며, 시설에서의 보호뿐만 아니라, 재가 장애인에 대한 복지급부가 시작되었다.

(4) 장애인복지발전 1차 도약기(1998-2006년)

1998년 이후 현재까지는 우리나라 장애인복지가 비교적 큰 폭으로 발전한 시기이다. 특히, 'UN장애인권리협약'의 국회비준과 「장애인차별금지 및 권리구제 등에 관한 법률」이 제정된 2007년을 기준을 1차와 2차로 나눌 수 있다. 1차 도약기의 주요 사건을 살펴보면 다음과 같다.

① 장애인 · 노인 · 임산부 등의 편의증진보장에 관한 법률 제정

1997년 4월 「장애인 · 노인 · 임산부 등의 편의증진 보장에 관한 법률」이 제정되어, 1998년 4월부터 시행되었다. 이 법률은 장애인 · 노인 · 임산부 등이 일상에서 안전하고 편리하게 시설 및 설비를 이용하고 정보에 용이하게 접근하도록 함으로써 이들의 사회활동 참여와 복지증진을 도모하려는 것을 목적으로 제정되었다. 이 법의 제정을 통해 편의시설 개선의 급속한 진전은 없었으나, 공공기관에 경사로 설치, 장애인 전용주차장 설치 등은 어느 정도 효과를 거두었다고 할 수 있다.

② 제1차 장애인복지발전 5개년 계획 수립 시행

1996년 12월 국무총리를 위원장으로 하는 '장애인복지대책위원회' 제1차 회의에서 '장애인복지발전 5개년계획'을 수립하도록 결정함에 따라 '노인 · 장애인복지 종합대책(96.3)' 등 그동안 발표된 장애인복지시책 등을 기본으로 복지 · 교육 · 노동 부문 등을 연계시킨 중 · 장기 종합계획을 수립하여 1998년부터 2002년까지 5년간의 장애인복지증진을 위한 계획을 수립하였다. 제1차 계획은 '장애인의 완전한 사회참여와 평등 보장'을 목표로 3대 분야 71개 세부 과제로 구성하였다. 주요 내용으로는 다음과 같다.

첫째, 장애발생의 예방, 장애인의 생활안정지원 강화, 사회참여 확대 및 편의시설 확충, 장애범주의 확대 등 복지확대

둘째, 장애아 교육기회 확대, 특수교육의 내실화, 특수교육 지원체제의 효율화

등 특수교육 강화

셋째, 장애인 직업능력 개발 증진, 중증장애인 고용환경개선, 사업체의 장애인 고용촉진 지원 등의 고용촉진 사업을 연차적으로 시행하는 것 등

③ 한국장애인인권헌장 제정 및 장애인복지법 전면 개정

1998년 12월 정부는 국무회의 의결을 거쳐 '한국장애인인권헌장'을 제정 선포하였다. 이는 장애인의 인간존엄과 가치를 확인하고 건전한 사회구성원으로 장애인의 자립노력과 인권보호, 사회참여와 평등을 보장하는 기본 원리와 장애인의 기본적 권리를 명시하고 있다. 그러나 이 헌장은 선언적 규정일 뿐, 강제력을 가지지 못했기 때문에 현실적 영향은 미미하였다. 이후 1999년 2월 「장애인복지법」이 전면 개정되어 2000년 1월부터 시행되었다. 개정된 「장애인복지법」에서는 장애인의 정의를 일반적 정의로 변경하여 대상을 확대하였다. 그리고 장애인의 정보접근권 보장을 위하여 수화통역, TV자막, 점자 및 음성도서 등의 제공을 명시하였다. 또 장애유형별 재활서비스 제공, 장애인 생산품의 구매, 재활보조기구의 개발·보급 등의 시책이 포함되었다. 또한 장애인 사용 자동차에 대한 지원, 장애인 보조견의 훈련 및 보급 지원, 장애아동 부양수당 및 보호수당 지급에 대한 규정이 마련되었다. 특히, 이 법의 개정으로 2000년 1월에는 장애범위가 신장, 심장, 정신장애, 발달장애(자폐성장애)로까지 확대되었으며, 지체장애에서 뇌병변장애가 분리되어 기존의 5개 범주에서 10개 범주로 확대되있다. 2003년 7월 호흡기장애, 간장애, 안면장애, 장루·요루 장애, 간질장애(뇌전증장애) 등이 새롭게 포함되어 15개 범주로 확대되었다.

④ 제2차 장애인복지발전 5개년 계획 수립 시행

UN 아시아·태평양 경제사회위원회(Economic and Social Commission for Asia and the Pacific, ESCAP)에서는 아·태 장애인 10년 행동계획(1993-2002)을 결산하고 새로운 10년 계획(2003-2012)을 발표하면서 국가별 구체적 실천계획(5개년 계획) 수립을 권장하였다. 이러한 이유로 우리나라에서도 제1차 장애인복지발전 5개년 계획(1998-2002)의 평가를 토대로 제2차 장애인복지발전 5개년 계획을 제정하였다. 제2차 장애인복지발전 5개년 계획은 다음과 같다.

첫째, 생애주기별로 특화된 복지서비스 개발·제공

둘째, 일반교육과 특수교육의 책무성 공유를 통한 통합교육 확대

셋째, 복지와 성장의 조화를 통한 안정적인 장애인 고용의 실현

넷째, 신체적 여건에 구애됨이 없이 정보화의 혜택을 누리는 디지털 복지사회 구현

다섯째, 장애인에게 편리하고 안전한 이동편의체계 구축 등을 통해 장애인이 대등한 시민으로 참여하는 통합적 사회실현 등

⑤ 장애인 고용촉진 및 직업재활법 개정

1990년 「장애인고용촉진 등에 관한 법률」이 제정된 이후 10년 동안 시행되었으나, 장애인 고용 문제는 크게 개선되지 않았다. 또 고용되는 장애인도 경증장애인에 한정되고, 전문적인 직업훈련 및 재활의 기회를 상실한 중증 장애인의 취업은 극히 제한되고 있다는 비판도 제기되었다. 이에 중증장애인의 일자리를 창출하고 직업재활을 강화하기 위해 2000년 1월 「장애인고용촉진 및 직업재활법」으로 전면 개정하여 같은 해 7월부터 시행하게 되었다. 이 법에서는 상대적으로 소외되었던 중증장애인의 고용촉진과 직업재활을 강조하였다. 특히, 지원고용, 보호고용, 자영업 장애인 지원 등의 항목을 신설함으로써 장애인의 직업재활을 위한 좀 더 다양한 조치와 방안이 제시될 수 있는 법적 근거를 마련하였다. 또 직업재활과정을 직업지도, 직업적응훈련, 직업능력개발훈련, 취업알선, 취업, 취업 후 적응지도의 과정으로 세분하였다.

⑥ 기타 주요 변화내용

이 시기에는 장애인에 대한 사회적 지원이 시작되었으며, 경제적 지원도 다소 강화되었다. 1997년부터 기존에 저소득 장애인에게만 교부되던 보장구를 일반 장애인들이 의료보험을 통하여 구입할 수 있도록 하였으며, 급여 대상 보장구의 범위도 확대되었다. 1996년부터는 이동전화 가입비 면제 및 사용료 30% 할인이 시행되었고, 1997년에는 시청각장애인 가정에 대한 TV수신료 면제, 전화요금 할인율 50%로 확대, 장애인 차량 고속도로 통행료 50% 할인, 1998년 장애인 자동차 특별소비세 면제 확대, 면허세 면제, 2001년 장애인용 LPG 차량에 대한 세금인상분 지원 등이 시행되었다.

한편, 투표권과 관련하여 장애인의 요구가 본격화된 것은 1995년 6월 27일

지방선거부터이다. 장애인단체에서는 장애인들의 선거권 보장을 위해 투표소를 1층으로 할 것, 청각장애인 및 시각장애인의 정보 접근을 보장할 것 그리고 시설에서의 대리투표를 방지할 것 등을 요구하였고, 이런 내용들이 「공직선거 및 부정선거방지법」에 일부 반영되기도 하였다. 또 이 시기 장애인시설은 대규모 시설 중심에서 지역사회 내 소규모 시설로의 변화가 일어나기 시작했는데, 이에 1996년에는 주간보호시설, 1997년에는 공동생활가정에 대한 국고지원이 시작되었다. 1999년부터는 시각장애인과 청각장애인의 지역사회생활을 지원하기 위해 시각장애인심부름센터 및 수화통역센터에 대한 국고보조가 시행되었다. 결국 이 시기는 장애인에 대한 복지 급부 중 경제적 지원이 다소 확대되고, '장애인 먼저 운동'이 1996년부터 실시되는 등 사회인식의 개선 및 편의시설 설치 등 사회환경의 변화를 위한 조치들이 시행된 시기이다.

(5) 장애인복지발전 2차 도약기(2007년 이후)

「UN장애인권리협약」의 국회비준과 「장애인차별금지 및 권리구제 등에 관한 법률」이 제정된 2007을 기점으로 나눈 2차 도약기의 주요한 사건을 살펴보면 다음과 같다.

① UN장애인권리협약 국회 비준

2006년 9월 UN은 장애인의 모든 인권과 기본적인 자유를 완전하고 동등하게 향유하도록 촉진하는 것을 목적으로 50개 조항으로 이루어진 「UN장애인권리협약」을 채택하였으며, 우리나라는 2007년 3월 서명하고 12월 국회에서 비준하였다.

② 장애인차별금지 및 권리구제 등에 관한 법률 제정

장애인단체 및 활동가, 학자, 법률가 등의 노력의 결과, 2007년 4월 「장애인차별금지 및 권리구제 등에 관한 법률(이하 「장애인차별금지법」)」이 제정되었고, 2008년 4월부터 시행되었다. 이 법은 모든 생활영역에서 장애를 이유로 한 차별을 금지하고, 장애를 이유로 차별받은 사람의 권익을 효과적으로 구제함으로써 장애인의 완전한 사회참여와 평등권 실현을 통해 인간으로서의 존엄과 가치를 구현하려는 것을 목적으로 한다. 「장애인차별금지법」에서는 고용, 교육, 재화와 용역의 제공 및 이용, 사법 · 행정절차 및 서비스와 참정권, 모 · 부성권과 성, 가족 · 가정 · 복지시설과 건강권 등 여섯 가지 영역에서의 차별행위를 금지하도록 규정하고 있다. 이 법의 제정으로 장애가 더 이상 장애인의 개별적인 책임에 의한 것이 아니라, 사회 공동의 노력 부재로 인한 것임을 인정한 획기적인 전환점이 되었다.

③ 장애아동 재활치료 등 사회서비스 바우처 제도 시행

사회서비스 전자바우처제도

지난 2007년 사회서비스 전자바우처제도(e-voucher system)의 일환으로 장애아동 재활치료 지원사업, 시각장애인 안마서비스가 시행되었으며, 장애인일자리 지원사업으로 학교급식도우미, 홀몸어르신 안부지킴이 콜서비스, 자치단체 관공서 등에 배치되는 행정도우미 등에 대한 지원이 이루어졌다. 특히, 장애아동 재활치료와 시각장애인 안마서비스는 기존의 공급자 중심의 재정지원방식에서 장애인의 선택을 강조하는 전자바우처를 사용하여 이용자에게 직접 지원해 주는 방식을 사용하고 있다. 이는 장애인이 복지의 일방적인 대상자가 아니라, 시장에서 선택할 수 있는 소비자라는 의식에서 나온 방식으로 기존의 전달체계에 비해 장애인의 자기결정권이 조금 더 신장되는 것을 의미한다.

④ 제3차 장애인복지발전 5개년계획 수립 시행

정부는 2008년 6월 제3차 장애인복지발전 5개년 계획(2008-2012)을 발표하였다. 이 계획은 지난 10년에 비해 범정부적인 차원에서 통합적인 접근을 통해 장애인의 권익증진과 사회참여를 확대하기 위해 '장애인의 권리에 기반을 둔 참여확대와 통합사회 구현'이라는 비전을 세우고, 이를 달성하기 위하여 장애인복지서비스의 선진화 구현, 장애인 생애주기별 교육지원체계 구축 및 문화활동 확대, 장애인이 일할 수 있는 사회 실현, 장애통합적 접근으로서 사회참여 확대와 장애인 권익 증진 등 4개 분야별 58개 세부과제로 구성하였다.

⑤ 장애인연금법 제정

자립생활 및 생계안정을 위해 기존의 장애수당 수준을 뛰어넘는 무기여 장애인연금 도입에 대한 주장이 2000년대 들어 본격화되었다. 기존의 사회적 배제로 인해 교육도 못 받고, 일도 못하고, 결과적으로 국민연금에도 가입이 안 되어 평생에 걸쳐 경제적 어려움을 겪어야 하는 중증장애인들이 사회에서 통합적으로 살기 위해서는 일정 수준의 생계지원이 필요하다는 인식하에 중증장애인을 중심으로 한 '장애인연금법제정 공동대책위원회'가 결성되었고, 「장애인연금법」의 제정을 강력히 주장하였다. 정부는 장애수당의 범위를 확대하고 수준을 높이는 방향으로 개선해 가고자 법안의 제정을 계속 미루었으나, 계속되는 장애계의 요구에 따라 2010년 4월 입법되어 2010년 7월부터 시행되었다.

⑥ 장애인활동지원에 관한 법률 제정

2000년대에 들어서면서 중증지체장애인을 중심으로 한 자립생활운동이 본격화되었다. 자립생활을 달성하기 위해서는 무엇보다도 사회적 환경의 조성과 지원이 중요하며, 이를 위해 장애인들은 활동보조서비스 시행을 강력히 요구하였다. 이에 보건복지부는 2005년 4월 전국 10개의 장애인자립생활센터를 통해 시범사업으로 활동보조서비스를 시행하였고, 이에 대한 검토를 바탕으로 2007년 4월 「장애인복지법」을 개정하여 자립생활에 대한 장을 신설하고 활동보조서비스에 대한 지원 근거를 마련하여 장애등급 1급 및 이에 준하는 최중증장애인을 대상으로 장애인활동보조사업을 실시하였다. 또한 2007년 4월 「노인장기요양보험법」이 통과되면서 국회에서는 64세 이하의 장애인에 대하여도 장기요양서비스 대책을 마련하도록 부대결의하였다. 이에 따라, 제도의 도입방향과 서비스 지원대책을 마련하기 위한 1, 2차 시범사업 실시 결과와 장애인계의 의견을 바탕으로 장애인에게는 장기요양 욕구보다는 사회활동에 대한 욕구가 강하다는 점을 고려하여 당시 시행되고 있던 활동보조사업에 방문목욕, 방문간호서비스를 추가하여 2011년 4월 「장애인활동지원에 관한 법률」을 제정하여 2011년 10월부터 장애인활동지원제도를 도입하였다. 이로써 장애인 당사자의 권리와 참여가 예전에 비해 대폭적으로 확대되었다.

⑦ 장애인복지법 개정

2011년 3월 생활시설 또는 거주시설의 변화를 위한 개혁적인 시설운영자들과 전문가들의 지속적인 노력 그리고 탈시설을 주장하는 장애운동의 영향으로 시설운영 개선과 관련된 내용을 중심으로 「장애인복지법」이 개정되어 2012년 3월부터 시행되고 있다.

개정된 법률의 주요 내용을 보면, 장애인생활시설을 포함한 장애인복지시설의 개념과 기능을 재정립하여 장애인생활시설의 거주기능을 별도로 분리하고, 장애인거주시설의 정원은 30명을 초과할 수 없도록 하였다. 또한 장애인거주시설에 대한 이용 절차 및 시설이 제공하는 서비스의 최저기준을 도입하였다. 이를 통해 장애인복지시설 이용자 중심의 서비스체계를 구축함으로써 장애인의 복지 증진에 이바지하려는 것을 목적으로 하고 있다. 또 지난 2012년에는 장애인학대 정의 등을 「장애인복지법」에 규정하고, 장애인복지시설의 운영자 및 종사자로 하여금 직무상 장애인학대를 알게 된 경우, 수사기관에 신고를 의무화하는 등 장애인학대와 관련된 규정을 신설하였다.

⑧ 제4차 장애인정책종합계획수립 시행

2012년 「장애인복지법」의 개정으로 보건복지부장관은 5년마다 장애인정책종합계획을 수립·시행하도록 하였다. 이에 2012년 12월 제4차 장애인정책종합계획(2013–2017)을 발표하였다. 이 계획은 '장애인과 비장애인이 더불어 행복한 사회'라는 비전을 세우고, 이를 달성하기 위하여 장애인복지·건강 서비스 확대, 장애인 생애주기별 교육 강화 및 문화 체육 향유 확대, 장애인 경제자립기반 강화, 장애인의 사회참여 및 권익증진 등 4개 분야, 19대 중점과제, 71개 세부과제로 구성하였다. 이를 통해 정부는 장애인지적 관점에서 장애인정책에 새로운 개념을 도입하고, 장애인 삶에서의 권익증진 및 자립생활 기반을 구축함으로써 실질적인 사회통합과 권리 실현의 전기를 마련한다는 추진방향을 제시하였으며, 이에 맞추어서 정책을 추진하였다.

⑨ 제5차 장애인정책종합계획 수립 시행 및 장애인복지법 개정

2018년 3월 정부는 지난 4차 계획의 성과와 한계를 분석하고, 장애인 및 고용 관련단체, 학계 등의 의견을 수립하여 제5차 장애인정책종합계획(2018–2022)을 발표하였다. 이 계획은 복지·건강 지원체계 개편, 교육·문화·체육 기회보장, 경제적 자립기반 강화, 권익 및 안전 강화, 사회참여 활성화 등 5대 분야, 22대 중점과제, 70개 세부과제로 구성하였다. 이 5차 계획의 추진을 통해 장애인과 비장애인의 삶의 격차를 최소화하고, 나아가 '장애인의 자립생활이 이루어지는

포용사회(Inclusive Society)'라는 비전을 달성하는 것을 기본 방향으로 수립하였다. 제5차 장애인정책 종합계획에서 가장 중요한 부분은 '장애등급제 폐지 및 맞춤형 종합지원체계 구축'이다. 즉, 장애인이 지역사회에서 자립하여 생활하는 데 필요한 서비스를 원활하게 이용할 수 있는 맞춤형 서비스 지원체계 구축을 위해, 기존의 획일적 장애등급을 폐지하고 종합판정도구를 단계적으로 도입하는 것이다. 이러한 계획의 실행을 위해 2017년 12월 19일 「장애인복지법」이 개정되었다.

이번 「장애인복지법」 개정 핵심은 2019년 7월 1일 시행된 장애등급제 폐지와 맞춤형 서비스 제공에 따른 '서비스 지원 종합조사' 도입과 관련된 사항으로, 주요 내용은 다음과 같다.

첫째, 장애등급제 관련하여 제32조(장애인등록)에 기존의 '장애등급'을 '장애정도'로 변경하였다. 즉, 장애인등록은 하지만, 장애진단을 통해 장애등급이 아닌 장애정도를 사정 받도록 하였다.

둘째, 맞춤형 서비스 제공을 위하여 제32조의4(서비스 지원 종합조사)를 신설하였으며, 이를 통해 장애인에게 개별맞춤형으로 서비스를 제공할 수 있는 법적 근거를 마련하였다. 이번에 도입된 '서비스 지원종합조사'는 장애인 개인의 욕구와 그를 둘러싼 환경 등을 종합적으로 조사해서 필요하다고 판단되는 복지서비스를 장애등급과 관계없이 제공하는 것을 그 목적으로 하고 있다.

이에 정부는 장애등급을 폐지하는 것과 함께 장애인 개인의 욕구와 환경 등을 종합적으로 고려하여 장애인이 필요로 하는 서비스를 지원·연계할 수 있는 '종합적 욕구조사'를 단계적으로 확대해 나갈 계획이라고 밝히고 있다. 구체적으로 2019년 7월 장애등급제가 폐지되는 시기에 장애인활동지원, 보조기기 지급, 거주시설 입소자격 부여 등의 일상생활지원서비스를 중심으로 종합판정표를 우선 도입한 후, 2020년에는 이동지원 그리고 2022년에는 소득·고용지원 분야로 확대한다고 로드맵을 발표하였다.

이러한 계획에 따라 지난 2019년 7월 1일 활동지원급여, 장애인 보조기기, 장애인거주시설, 응급안전서비스 등 '일상생활지원서비스'에 장애인 서비스 지원 종합조사가 도입·적용되었으며, 2020년 10월 30일 장애인전용주차구역 주차표지 발급, 특별교통수단 등 '이동지원서비스'까지 확대하는 개편 2단계가 시행되었다. 한편, 2022년 장애인연금 등 '소득 · 고용지원서비스' 분야까지 확대를 계획하고 있다.

제5차 장애인정책종합계획(2018-2022년)

1. 추진 배경

1) 장애인정책종합계획의 법적 근거

「장애인복지법」 제10조의2(장애인정책종합계획)

제10조의2(장애인정책종합계획) ① 보건복지부장관은 장애인의 권익과 복지증진을 위하여 관계 중앙행정기관의 장과 협의하여 5년마다 장애인정책종합계획(이하 "종합계획"이라 한다)을 수립·시행하여야 한다.

2) 범정부 차원의 장애인정책종합계획 수립 지속 추진

(1) 1996년 국무총리를 위원장으로 하는 '장애인복지대책위원회'에서 장애인정책종합계획 수립 · 추진 결정(1996.12)

(2) 1998년부터 5년마다 장애인 및 고용 관련 단체, 학계 등의 의견을 수렴하여 정부 각 부처가 협력하여 장애인정책종합계획 수립

표 4-1 장애인정책종합계획 일정표

구분	1차('98-'03)	2차('03-'07)	3차('08-'12)	4차('13-'17)	5차('18-'22)
목표	장애인의 완전한 사회참여와 평등보장	'장애인이 대등한 시민으로 통합적 사회' 실현	'장애인의 권리에 기반한 참여확대와 통합사회' 실현	'장애인과 비장애인이 더불어 행복한 사회' 실현	'모두가 누리는 포용적 복지국가' 실현
세부과제	3대 분야 71개 세부과제	7대 분야 103개 세부과제	4대 분야 58개 세부과제	4대 분야 71개 세부과제	4대 분야 71개 세부과제

주요 정책	장애범주 확대, 장애인 고용지원	장애수당 확대, 장애아 무상보육, 문화바우처 도입	장애인연금 도입, 장애인활동지원 서비스 도입	장애등급제 개편 및 맞춤형서비스 지원 체계 시범사업	장애인 권리보장 및 종합지원체계 구축
참여 부처	3개 부처	5개 부처	12개 부처	12개 부처	12개 부처

그림 4-1 제5차 장애인정책계획 비전도

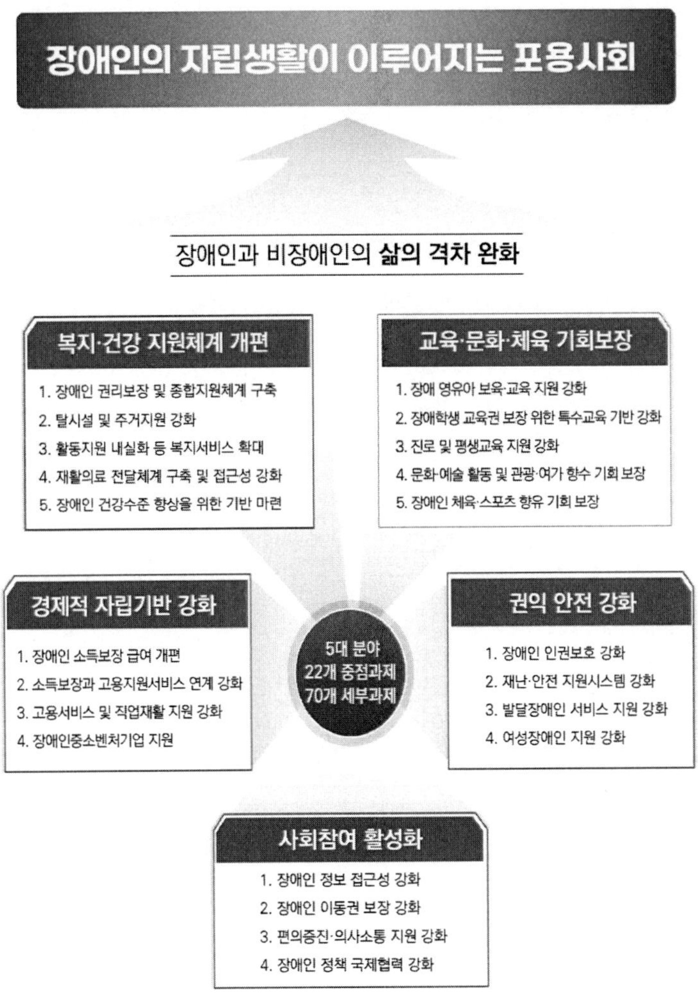

자료: 보건복지부(2019: 15).

Chapter 5

장애인복지의 사상

✓ **학습목표**

1. 복지에 대한 기본적인 이념 이해
2. 장애인복지의 이념과 철학이 타 복지와 차이점
3. 주변에서 발생하는 문제점들 토의

✓ **학습내용**

1. 장애인복지의 이념
2. 장애인복지의 태도
3. 장애인 소비자운동

✓ **개요**

장애인복지의 이념은 인간으로서의 가치실현이다. 즉, 그들이 속한 사회에서 차별을 받지 않고 인간의 존엄성과 가치를 누리며, 사회구성원이 받는 권리와 기회를 평등하게 받는 것을 의미하는 것이다. 따라서, 장애인복지의 이념과 철학은 인간의 보편적 가치를 지향한다. 이 장에서는 장애인복지의 사상을 살펴보고자 한다.

장애인복지의 사상

1 장애인복지의 이념

장애인복지의 이념은 인간으로서의 가치실현이다. 즉, 그들이 속한 사회에서 차별을 받지 않고 인간의 존엄성과 가치를 누리며, 사회구성원이 받는 권리와 기회를 평등하게 받는 것을 의미하는 것이다. 이는 UN의 1971년 정신지체인 권리선언, 1975년 장애인의 권리선언 등과 1979년에 채택된 세계 장애인의 해의 행동계획 및 1981년 세계 장애인의 해의 주제인 '완전참여와 평등'에도 나타나고 있는 이념이다. 이와 같은 다양한 선언에서 나타나는 장애인복지의 원칙을 종합해볼 때, 그 내용은 다음과 같다(양승일, 2019: 210).

1) 인권존중

모든 인간은 태어나면서부터 인간으로서 존엄성을 가지며, 자유와 평등의 권리와 의무를 지니고 있다. 이것은 세계인권선언에서도 장애인은 자유와 존엄과 권리에서 평등하다고 규정되어 있다. 따라서, 장애인은 이에 상응하는 처우를 보장받아 인간다운 삶을 향유할 수 있도록 제도적 · 정책적 서비스를 받을 수 있어야 한다는 것을 뜻한다.

「장애인복지법」 제3조에서는 "장애인복지의 기본 이념은 장애인의 완전한 사회 참여와 평등을 통하여 사회통합을 이루는 데에 있다."라고 명시되어 있다. 더 나아가 동법 제4조는 장애인의 권리로, "① 장애인은 인간으로서 존엄과 가치를 존중받으며, 그에 걸맞은 대우를 받는다. ② 장애인은 국가 · 사회의 구성원으로서 정치 · 경제 · 사회 · 문화, 그 밖의 모든 분야의 활동에 참여할 권리를 가진다.

③ 장애인은 장애인 관련 정책결정과정에 우선적으로 참여할 권리가 있다.”라고 규정되어 있다.

이러한 인권존중의 사상은 1950년대 이후 국제사회에 조명되기 시작하였다. 특히, 세계인권선언(1948), 정신지체인 권리선언(1971), 장애인 권리선언(1975) 등에서 장애인의 인권과 존엄성을 규정하고 있다. 구체적으로, 세계인권선언 제1조는 “모든 인간은 태어나면서부터 자유로우며 존엄과 권리에 있어서 평등하다.”라고 규정하여 인간의 자유권과 평등권에 대해 논의하고 있다. 즉, 장애인도 정당한 사회구성원으로서 권리와 주장을 할 수 있는 사람이라는 것이다.

장애인권리선언(1975)에서 “장애인은 인간으로서의 존엄이 존중되는 천부의 권리를 가지고 있다. 장애인은 장애의 원인, 특징, 정도에 관계없이 같은 연령의 시민과 동등과 기본적 권리를 가진다.”라고 규정함으로써 지적장애인, 정신장애인, 신체장애인을 포함한 포괄적 장애인의 권리에 관하여 결의하였다.

인권의 존중은 궁극적으로 인간의 생존권과 생명권을 보장하는 것을 의미하며, 장애인 본인의 의사를 존중할 뿐만 아니라, 장애인에게 차별적으로 시행되어 온 생존과 생명의 위협을 거부하고, 인간답게 살 권리를 보장하는 것을 의미한다.

세계 장애인의 해의 주제를 완전참여와 평등으로 한 것은, 인류의 가장 고귀한 양심선언임과 동시에, 사회가 지향해야 할 이념과 인류의 새로운 미래를 시사해 주는 것이라고 할 수 있다. 현대 민주사회는 개체 인간에게 자기실현의 기회를 보장해 주는 것을 기본 임무로 한다. 독특한 존재인 개인의 자기실현을 위한 최적의 조건보장은 인권보장의 기본 방향이다. 그런 의미에서 장애인직업재활은 인간존엄, 사회연대, 완전한 참가 등 권리로서의 복지와 평등의식에서의 권리보장이 실현되는 인권의 존중이 기반이 된다는 것이다.

장애인의 재활대책은 인간생명존중에의 자각으로부터 시작되어야 하며, 어떤 상태에 처한 사람이라도 다른 어떤 것과도 대치가 허용되지 않는 존재로서 존귀한 가치가 있으며, 삶의 권리에 있어서도 경중이 있을 수 없다는 인식이 있을 때만이 그러한 대책들이 정당한 가치를 부여받게 된다. 현대에 와서는 개인차가 있는 모든 사람이 행복한 상태로 사람다운 생활을 할 수 있는 사회로 만들 것인가 하는 기본 명제를 가진 사회가 장애인재활에서 대책의 정당성이 인정될 것이다. 독일 바이마르헌법 제151조에 따르면, 경제생활의 질서는 모든 사람에게 사람다움에 상응하는 생활을 보장하는 것을 목적으로 하여야 함을 규정하고 있는데, 이는 인간의 생존권과 복지이념을 최초로 실정법으로 명확하게 명시하고 있다. 이를 통해 모든 국민에게 건강하고 문화적인 생활을 영위할 수 있는 권리를 기본적으로 설정하게 되었다. 따라서, 생존권은 최저생활보장을 요구하는 긴급성을 띤 생존권보다 인간다운 생활수준의 유지와 향상을 위한 국가적 노력을 요구하는 생활권으로 확대되었다(김한식 외, 2020: 31-32).

우리 사회는 지금까지 장애인이 가지고 있는 장애에 초점을 맞추어서 장애를 기준으로 장애인과 비장애인을 구별하였으며, 장애인을 부정적이고 열등하며 사회에서 소외된 집단으로 취급해 왔을 뿐 아니라, 이러한 상황에서 장애인에 대한 바람직하지 못한 인식과 견해를 조장해 왔으며, 차별과 편견으로 인간으로서의 가치와 효용성을 결정하였다. 결과적으로 장애에만 주목함으로 인하여 한 인간으로서 전체적이며 본질적인 면을 인식하고 파악하는 데 실패하게 되었다. 장애에 관한 문제를 해결하고 장애인복지를 실현하기 위해서는 먼저 장애라는 것은 개인이 지닌 신체의 일부이며, 건전한 사람의 한 부분에 더해진 하나의 특징이라는 인식의 전환이 전제되어야 한다(배경희, 2021: 18).

그러므로 장애인은 장애라는 결손기능이나 잔존 기능만을 소유한 사람이 아니라, 장애라는 특징을 포함하는 개인으로 인식하는 전체적 관점과 더불어 모든 인간을 존중하는 이념이 확립되어야만 한다.

2) 정상화

정상화(normalization)는 1981년 '세계 장애인의 해'를 기점으로 확산된 장애인복지의 이념 중 하나로, 1959년 덴마크의 정신지체인부모회에서 처음으로 사용하게 된 용어이다. 즉, 정신지체인을 대상으로 "정신지체인을 가능한 한 최대로 정상적 생활조건에 가깝게 생존하도록 하는 것"이라고 정의한 「정신지체인법」에서 출발하였으며, 장애인의 시설보호에 대하여 반대하며, 장애인의 생활 방식과 내용도 비장애인의 생활과 같은 정상적 생활을 하도록 강조하는 개념이다.

스칸디나비아반도에서 시작된 정상화의 이념은 북미에 유행하여 1970년대와 1980년대 초반을 거치면서 장애인 재활, 교육 그리고 복지 측면 등에서 중요성이 더욱 강조되었다.

정상화는 기존의 지배적 서비스 이데올로기에 반대하고, 정상적이고 일상적인 생활의 리듬을 존중할 것을 강조한다. 이 사상의 제창자인 믹켈슨(B. Mikkelsen)은 정성화의 구현을 위해서 인간생활의 조건을 ① 주거조건, ② 일과, ③ 여가의 세 가지로 나누어서 그 각각의 국면이 어떠해야 하는지를 제시하고 있다. 즉, 주거조건에 있어서 장애아, 정신지체아동의 생활을 정상화하기 위해서는 시설이 아닌 부모의 집에서 가족과 함께 살도록 하는 것이며, 성인장애인의 경우는 다른 성인과 함께 생활하도록 하고, 가능한 한 자립할 수 있는 여건을 조성하는 것이다. 일과에 대해서는 장애아동의 경우, 교육을 받을 권리가 다른 아동과 동등하게 존중되어야 하며, 성인의 경우 능력에 맞는 노동을 할 수 있는 여건이 마련되어야 한다. 또한 여가에 있어서는 다름 사람과 똑같이 여가시설을 이용할 수 있는 기회와 권리가 확보될 필요가 있다(양정하 외, 2020: 415).

그러므로 정상화는 장애인도 사회의 다른 구성원과 함께 같은 교육을 받아야 하고, 비장애인과 동일한 작업환경 내에서 일할 수 있어야 하며, 사회구성원의 일반적 활동에 속하는 종교, 여가, 체육활동 등에 적극적으로 참여할 수 있어야 한다.

정상화의 기본 원칙은 다음과 같다(배경희, 2021: 20－21).

첫째, 장애인의 생활 상황을 가능하면 비장애인의 생활 상황과 비슷하게 하고, 일상생활의 형태를 사회 주류에 근접하게 한다. 여기서 주류는 중산층 국민이 영위하는 평균적인 생활양식을 말한다.

둘째, 장애인복지시설 등에 거주하는 사람에게 비장애인과 같은 생활리듬을 찾아 준다. 대규모시설에서 많은 사람들과 공동생활을 하는 장애인들은 지역사회에서 비장애인들이 평범하고도 자유롭게 살아가는 생활리듬을 갖지 못하는 경우가 많다. 일과 시간에 맞추어 정해진 시간에 기상하여 정해진 시간에 똑같은 메뉴로 식사하고 정해진 시간에 노동하고 정해진 시간에 취침을 해야 하는 경우가 많다. 늘 똑같은 생활리듬으로 장기간 생활해야 하는 것이다. 따라서, 시설에 거주하는 장애인이라 할지라도, 획일적이지 않고 비장애인들처럼 평범하고 자율적인 생활리듬을 찾아 준다.

셋째, 장애인도 연령에 맞는 생활경험을 할 수 있게 한다. 비장애인들은 연령과 발달상황, 특성에 맞는 사회생활을 경험한다. 그러나 시설에서는 연령과 특성에 맞는 경험을 하기가 어렵다. 따라서, 시설 내의 장애인이 자신의 연령과 특성에 맞는 경험을 할 수 있게 한다.

넷째, 장애인에게 선택의 자유를 제공한다. 대규모 장애인시설은 개인의 욕구나 선택을 제한한다. 즉, 획일화된 시설 방침에 맞추어 행동하도록 요구하고 개별적이거나, 자율적인 행동을 하면 제제를 가하기도 한다. 따라서, 생활시설 거주 장애인에게도 비장애인들과 마찬가지로 선택의 자유, 자주성 및 자율성을 개발하고 향상시키도록 하자는 것이다. 이처럼 정상화 이론은 개인의 선택에 의한 자유와 자기결정권을 강조하는 것으로 지역사회의 다양성을 존중하고 지역사회 생활의 주류에 동참할 수 있도록 한다.

3) 자기결정

자기결정(self－determination)은 개인에 따른 상대적인 개념이다. 개인의 자기결정에 어떠한 표준이나 절대적인 척도가 존재하는 것은 아니다. 일반적으로 자기결정은 자기 스스로 결정하는 능력이나 가능성을 의미하며, 자율(Autonomie), 자유(Freiheit) 그리고 비의존(Unabhaengigketi) 등과 동의어로 사용된다. 그러나 자율은 의존에 대한 상대적인 개념인 비의존으로 이해되며, 자기실현 측면에서는 자신의 법칙에 따른 삶을 영위하는 조건이기도 하다. 하지만 자기결정의 개념은 한 개인이 타인의 도움을 완전히 배제하는 것이 아니라, 타인의 도움에 대한 형태와 내용에 대해서 개인이 자기결정을 한다는 의미를 담고 있다. 즉, 자기결정은 한 개인이 일상생활에서 타인에게 의존하는 삶을 최소화하면서, 자신에게 주어진 선택 가능성에 기초하여 자신의 삶을 스스로 통제하는 것을 의미한다(최윤영, 2015: 64).

헌법 제10조에서는 인간으로서의 존엄과 가치 및 행복추구권을 규정하여 자기결정권을 헌법적 가치로 제시하고 있다. 헌법에서는 자기결정권을 개인의 일정한 중요 사적 사건 및 영역에 관하여 공권력으로부터 간섭을 받지 않고 스스로 결정할 수 있는 권리라고 명명하고 있다. 따라서, 자기결정권은 민주사회에서 장애인과 비장애인 모두에게 부여되는 당연한 권리이다. 개인의 자기결정권은 한 사회에서 행해지는 자율과 사회통합 사이에서 긴장관계를 가지고 있다고 볼 수 있다. 즉, 개인의 자율을 지나치게 강조하게 될 경우, 전체적인 사회구성원의 사회통합에서 갈등관계를 형성할 수도 있다. 따라서, 각 개인의 자기결정권의 행사는 사회책임이 동반되어야 하며, 사회통합의 범위 안에서 보장받아야 한다.

4) 사회정의

장애인복지서비스는 한 개인의 소득수준이나 사회적인 지위에 기초하여 제공되는 것이 아니라, 누구에게나 공평한 부담이 이루어져야 하고 개인의 필요와 욕구에 기반을 두어 제공되어야 한다. 이러한 정의 원칙에 의한 장애인 당사자의 개별 권리를 부여받기 위해서는 차별, 배제 및 타인의 간섭으로부터 자유로워야 한다(최윤영 외, 2015: 65-66).

그러므로 사회정의는 국가나 사회가 모든 개인에게 인간다운 생활을 유지할 수 있는 기본적인 여건들을 법에 근거하여 평등하게 보장하는 것을 그 기본으로 한다.

5) 사회통합

장애인복지의 기본 원칙은 완전한 사회참여와 평등한 기회를 통한 장애인의 사회통합(social integration)이다. 장애인의 사회통합은 더불어 사는 사회이며, 장애를 갖고 있는 사람이 차별 없이 모든 사회활동에 참여하는 복지사회 구현을 의미한다. 사회통합이 더욱 기본적인 가치이념으로 간주되는 이유는 첫째, 장애를 가진 사람은 누구나 인간이라는 기본적 사실과, 둘째, 어느 누구도 장애로부터 자유롭지 않다는 철학에 근거하고 있기 때문이다. 따라서, 장애인의 사회통합은 우리 사회가 추구해야 하는 사회가치의 정당성을 갖는 이외에도 장애인과 비장애인을 포함한 우리 사회의 모든 구성원이 공감하는 목표이기도 하다(김보기 외, 2022a: 442).

이렇게 장애인복지의 이념에 있어서의 사회통합이란 장애를 가진 사람이 가치 있는 방법에 의해 정상적 지역사회 안에서 인격적 개인으로서 성공적으로 참여하게 하는 것을 의미한다. 즉, 통합화의 과정은 장애인과 비장애인이 모든 기회에 서로 공동협력해갈 가능성을 위한 조건추구를 지향하는 과정을 말한다.

이처럼 사회통합의 의미는 개인과 사회적 환경 사이의 여러 관계를 나타내는 것이라고 할 수 있다.

사회통합의 전제조건은 다음과 같다(배경희, 2021: 22).

첫째, 장애인이 사회적 역할을 수행할 수 있도록 하기 위해 다양한 능력이 개발되어야 한다. 장애인은 신체적 능력이 부분적으로 상실되었다고는 하나, 잔존능력이나 잠재능력이 있음을 고려하여 이러한 능력을 개발할 수 있도록 지원해야 한다.

둘째, 사회환경이 비장애인을 기준으로 형성되었기 때문에 장애인에게는 접근할 수 없는 사회적 장애가 되는 경우가 많다. 따라서, 사회의 접근권을 보장할 수 있도록 물리적·사회적 환경을 개선해야 한다.

셋째, 사회통합의 주 대상인 장애인 스스로가 사회적 무능력자로 인식되지 않도록 사회적 편견과 차별의식을 개선해야 한다.

넷째, 위의 모든 것을 위해 사회 각 영역의 서비스제도가 체계화될 필요가 있다. 교육, 의료, 직업, 심리, 재활, 사회환경 등 포괄적인 입법체계와 정책, 행정제도가 정부의 주도적인 계획 아래 실시되어야 할 것이다.

6) 자립생활

장애인 자립생활은 다음과 같다(임종호 외, 2021: 106-111).

(1) 자립생활의 정의와 특성

자립은 한자로 '스스로 일어선다'는 의미이며, 또한 자립(independence)은 영어로 의존(dependence)의 반의어로서 타인에 대한 의존 또는 종속에서 벗어나는 것을 의미한다.

자립생활(independent living)은 우리 삶의 목표를 취하기 위한 간단한 방법으로서, 실천적으로 상식적 방법이다. 자립적인 사람은 자신들의 생활전반을 조정하고 관리하는 것이며, 자신들의 모든 과업을 수행하는 것은 아니다. 자립이란 장애인의 신체적인 것이나 지능적인 능력과 연관되는 것이 아니다. 자립이란 장애인 자신을 스스로 보호하고 관리하기 위하여 아무런 지원 없이 이룰 수 있는 것이 아니다. 장애인이 스스로 필요한 원조와 지원을 다양한 지원체계를 통해 제공받음으로써 장애인의 자립생활이 이루어져 결국 이로 인해 자립이 가능하게 되는 것이다(김보기 외, 2022a: 443).

이렇게 장애인에게 있어서 자립적 생활은 장애인이 자신의 삶을 스스로 선택하고 조정하고 자신의 삶의 전부를 관리하는 일로서, 장애인이 언제 어디서나 자신이 영위할 수 있는 자유를 누릴 수 있음을 의미한다. 또한 장애인의 자립생활이란 장애인이 스스로 자신의 삶을 선택하고 관리할 수 있도록 필요한 기술과 원조를 제공하는 일이 필수적으로 요구되는 것이다. 다시 말해서 장애인의 자립은 장애인 자신이 가지고 있는 능력을 최대한 활용하여 직업적·경제적으로 자립적 생활을 영위하는 것을 의미한다.

자립생활은 장애인이 자신의 삶을 스스로 선택·조정하고, 자신의 삶의 전부를 관리하는 것으로, 장애인이 언제 어디서나 자신이 영위할 수 있는 자유를 누릴 수 있음을 뜻한다. 또한 장애인의 자립생활이란 장애인이 스스로 자신의 삶을 선택하고 관리할 수 있도록 필요한 기술과 원조를 제공하는 일이 필수적으로 요구된다. 즉, 장애인의 자립이란 장애인 자신이 가지고 있는 능력을 최대한 활용하여 직업적, 경제적으로 자립적인 생활을 영위하는 것을 의미한다.

장애인의 자립생활에 관한 개념적 정의를 위해서는 자립생활의 신념과 원리, 가치를 확인하는 일부터 이루어져야 한다. 자립생활의 이념을 정확히 이해하고 발전시키기 위해서는 자립적(independent)인 것에 대한 개념 정의를 명확히 하는 것이 중요하다. 서구 산업사회에 있어서 자립적인 것은 스스로 지원 가능한 것, 자조(self-supporting)와 스스로 신뢰할 수 있는 것, 자신감(self-confidence)의 개념으로서 자신의 능력과 관련되어 중요하게 정의하고 있다.

영국의 장애운동가인 브리센든(Brisenden, 1989)은 장애인이 필요한 원조와 다양한 지원체계를 제공받음으로써 장애인의 자립생활을 달성하고, 결국 이를 통해 자립이 가능하게 된다고 정의하면서, 자립을 위한 개인적인 지원은 개인 스스로 자신을 조정하는 일을 가능하게 하는 것으로, 일상생활이 자립적인 생활이 될 수 있도록 지원하는 것을 의미함을 강조하고 있다.

존스(Jones, 1993)는 장애인 자신의 건강관리, 식사조절, 취침시간과 같은 모든 일상의 활동뿐만 아니라, 보호자의 결정, 금전관리, 거주지 결정까지 모두 스스로의 선택과 판단에 의해 의사결정 과정에 참여하는 일을 자립생활이라고 정의하고 있다. 다시 말해서 장애인의 자립생활은 의사결정을 하거나, 일상적인 활동을 수행함에 있어서 여러 가지 가능한 대안 중에서 다른 사람의 의존을 최소화할 수 있는 선택을 하도록 자신을 통제하는 것이다.

그러므로 자립생활이란 장애인들에 대한 시설보호를 통해 자립생활을 유지하도록 하는 지역사회 보호 그리고 장애인 자신의 자립적인 생활에 대한 지원 등 각기 다른 접근의 차이가 있지만, 중요한 관점은 장애인 스스로 삶을 조정하고 선택하는 주체에 초점을 모으는 것이다. 즉, 개인의 자립적인 자아와 권리를 가진 자립 주체로서 의사결정 과정에 참여하는 활동이 곧 자립생활이며, 이러한 의사결정에의 전적인 참여는 궁극적으로는 자신을 스스로 조정 가능하도록 만드는 것을 의미한다.

(2) 자립생활의 기본 철학

자립생활의 원리는 다음의 네 가지를 기초로 실천가정을 형성한다.

첫째, 모든 인간의 삶은 가치가 있다.

둘째, 어떠한 손상을 입은 사람이든지 누구나 스스로 원하는 것을 선택할 수 있는 능력이 있다.

셋째, 장애인은 신체적인 반응, 사회적·물리적 반응, 지능적인 반응, 감각의 손상, 정서적인 불안 등 다양한 형태의 기능상의 장애를 가지고 있을지라도, 자신의 생활 전반을 관리하고 조정할 수 있는 권리가 있다.

넷째, 장애인은 사회생활 전반에 참여할 권리가 있다. 이처럼 자립생활은 인간의 존엄성과 시민권의 총체적인 내용을 포함하기 때문에 장애인의 권리는 부모, 자녀로서 가족의 권리, 교육, 훈련, 고용과 휴가활동, 지역사회생활에 평등하게 참여할 수 있는 권리 등을 포함한다.

드종(Gerben DeJong)의 저서 『자립생활운동: 장애연구의 기원, 이념, 시사점(*The movement for independent living: Origins, ideology and implications for disability research*, 1979)』에 따르면, 자립생활의 기본 철학은 소비자 주권, 독립, 정치적·경제적 권리 등에 기초한다. 이러한 철학은 의사결정가로서의 전문가의 권위를 거부하고, 장애를 단순히 의학적 상태 혹은 신체적·정신적 손상으로 보기보다는 사회와 환경과의 상호작용의 결과로 본다(Dejong, 1979).

(3) 자립생활서비스의 내용

자립생활서비스는 자립생활센터(center for independent living)라는 소비자에 의해 운영되는 지역사회 중심의 비영리기관을 통해 제공된다(Nosek, 1988). 자립생활센터는 지역사회 접근을 위한 권익옹호활동과 결합되어 장애인에 의해 장애인에게 전달되는 자립생활서비스의 실천으로서, 1971년 세계 최초로 설립된 버클리장애인자립생활센터를 그 원형으로 한다. 버클리 모델은 의뢰를 통한 간접적인 조정 역할을 하면서 중증장애인들이 자기결정권을 인정하고 타인에 대한 불필요한 의존성을 최소화하기 위한 서비스를 제공한다. 자립생활센터(Center for Independent Living, CIL)의 주요 사명은 장애 영역에 관계없이 모든 장애인이 자립적으로 살아갈 수 있고, 자신의 생활에 대해 주도적일 수 있도록 지원해 주고, 이를 위한 서비스를 제공하는 데 있다. 구체적인 운영원칙은,

첫째, 센터의 운영방향과 정책 수립, 의사결정, 서비스의 실천과 경영에 있어서 소비자에 의한 관리

둘째, 자조와 권익옹호

셋째, 동료관계 및 동료 간 역할모델의 발전

넷째, 모든 서비스와 프로그램, 활동, 자원, 설비에 대한 중증장애인의 평등한 접근 등이다.

여기서 소비자에 의한 운영원칙은 자립생활센터가 다른 기관과 차별화되는 중심적인 원칙이며, 구체적으로 운영위원회의 과반수는 장애인일 것 등이 자립생활센터 조직 구성의 기준이 된다. 또한 지역사회에 개방된 서비스를 제공하여

지역 내 장애인이 사용하는 서비스 선택의 폭을 높이는 데 서비스의 방향을 둔다. 여기에 속하는 서비스로는 지역사회 욕구 사정, 기관 간 연계, 지역사회 내에서 필요한 변화를 위한 체계 마련(요구되는 서비스 자원 개발 등), 기술지원, 정보 공유 및 교육, 보급 등이 있다. 전 장애 영역을 포괄하여 집단범주에 관계없이 모든 장애인에게 서비스를 제공하고, 권익을 옹호하는 것을 서비스의 기본 방침으로 한다. 물론 자립생활센터는 생활의 중심인 지역사회를 기반으로 하고 있기 때문에 시설생활을 지양한다. 자립생활센터는 자립생활의 각종 실천활동의 중심에서 다양한 서비스를 제공하고, 서비스와 각종 정보를 장애인에게 연결시켜 주며, 장애인 간 조정과 연계의 장으로서 자립생활을 전파·발전시켜 나가는 자립생활의 핵심 조직이자 비시설·비영리 기관으로서 장애인이 주체가 되어 운영해 가는 자립생활실천의 장인 것이다.

이러한 자립생활센터를 기반으로 하는 자립생활에 있어 주요 서비스는 다음과 같다.

(1) 동료상담

동료상담(peer counseling)의 핵심적 기능은 경험의 결과를 공유하는 것이다. 상담을 통하여 장애인들은 자립생활에 필요한 실천 기량을 얻게 된다. 자신과 동일시할 수 있는 상황에 처해 있는 장애인과의 경험은 최고 재활전문가의 조언보다도 더 강력하게 조정하는 힘을 가진다. 동료상담은 적절한 역할 모델을 제공할 수 있고, 자립심을 갖는 데 도움이 될 뿐 아니라, 자신의 생활에 대한 책임감을 불러일으킬 수 있다. 이 서비스를 통하여 장애인이 더 이상 다른 사람들에게 자선대상이 되지 않도록 하여 장애유형과 정도에 관계없이 자신에 대하여 책임지도록 할 수 있다.

(2) 활동보조서비스

활동보조서비스(Personal Assistance Service, PAS)는 개인이 일상생활 속에서 적절한 활동을 수행하기 위한 인적보조서비스로, 그 목적은 자신이 할 수 없는 일들을 타인에게 위임함으로써 자신이 성취할 수 있는 일들에 시간과 에너지와 잠재력을 활용할 수 있게 한다. 활동보조서비스는 자원봉사서비스와는 달리 장애인이 선택권과 결정권을 가지고 서비스를 구매하는 소비자의 입장에서 서비스 시간, 용도 등을 결정한다. 즉, 자신이 직접서비스를 조정한다는 점에서 기존의 자원봉사와는 차이를 보인다. 또한 서비스 제공자와 대상자 간의 일종의 계약관계로, 서비스 제공 시간에 비례하는 일정한 급여를 장애인 당사자가 지급함으로써 서비스를 받는 장애인과 서비스를 제공하는 활동보조인 간에 실질적 수평관계를 형성한다는 점에서 기존 자원봉사와 차가 있다. 활동보조서비스는 중증장애인에게 실질적으로 자신이 혼자서 할 수 없었던 대부분의 활동을 가능하게 함으로써 자립생활을 하게 하는 가장 현실적이고 실질적인 자립생활서비스다. 최근에는 활동보조서비스제도 그 자체가 중증장애인의 기본권을 보장하는 수단으로 국가 차원에서 제도화하고 지원하고 있다.

(3) 교통편의 제공

교통(transportation)편의 제공은 장애인들의 이동에 관해 편의시설이 미치지 못하는 영역에 있어서 각종 이동서비스를 제공하거나 교통기관 및 편의시설 이용에 관한 정보 등을 제공하는 서비스를 말한다. 교통편의 제공은 자립생활을 달성할 수 있는 구체적이고 핵심적인 일종의 이동서비스다.

장애인 이동권 보장 시위
(조선비즈 2022.4.1.)

(4) 정보 제공과 의뢰

정보 제공과 의뢰(information/referral)는 장애인들에게 직접서비스 외에도 각종 결정, 자원활용, 자립생활에 영향을 미칠 수 있는 각종 제도와 정책이 필요하다. 의뢰 지원은 자립생활을 달성하기 위하여 대리인이나 기관의 참여가 필요하기 때문에 핵심적인 서비스이다. 정보 제공과 의뢰는 다른 서비스 기관과 지역사회에도 제공되어 장애에 대한 사회인식을 제고시키고, 장애인에게 지역사회나 다른 서비스 기관으로부터 제공받을 수 있는 서비스나 자원을 알려 주는 중요한 기능을 한다.

(5) 권리옹호

권리옹호(advocacy)서비스는 장애인들에게 이전의 지역사회 중심의 프로그램과는 확연히 다른 자립생활서비스로 인식된다. 장애인이 자신의 생활을 주도하고 선택권을 행사한다는 것은, 장애인이 자신의 신념에 따라 행동하고, 이제까지의 전통적이고 의존적인 규범을 탈피하여 스스로 소비자로서 권리와 능력을 인정하고 행사함을 의미한다.

(6) 주택서비스

주택서비스(assistance in obtaining/modifying accessible housing)는 장애인의 주거공간과 관련하여 장애인의 특성에 맞는 구조나 편의시설 등의 설치 및 주택의 개조, 주택과 관련된 각종 정보 제공, 주택 관련 권익 옹호, 기술적 지원 등의 서비스를 말한다. 주택서비스는 장애인이 가족과 떨어져 독립된 주거 공간에서 자립생활을 가능하게 하는 중심적인 서비스이다.

(7) 보장구 임대 및 수리

보장구 임대 및 수리(equipment maintenance, repair and loan)는 장애인이 일상생활을 하기 위해 사용하는 각종 보장구나 재활기구의 유지와 관리, 이에 대한 정보 제공 등의 서비스를 말하는 것으로, 장애인이 자립생활을 하는 데 있어 활동보조서비스와 함께 필수적인 서비스다.

2 장애인복지의 태도

장애인에 대한 비장애인의 태도를 장애인복지의 측면에서 설명하면 다음과 같다(서동명 외, 2022: 77－87 ; 2021: 윤상용 외, 73－83).

1) 태도 구성 요소

(1) 인지적 요소

태도의 인지적 요소(Cognitive Component)는 대상에 대한 개인의 관념적인 지각과 관련된 것으로 '인식'이라고 불린다. 사회적 인식을 이야기할 때 가장 많이 사용되는 개념은 인지도식(schemata), 즉 타인에 대한 일반적 기대감과 예상이라고 볼 수 있다. 인지도식으로 인해, 우리는 타인들에 대해서 모종의 기대감을 갖고 그들의 행동이 그러한 기대와 일치한다는 생각을 더욱 갖게 된다. 우리는 인지도식에 맞추어 해석하며, 그러한 것들을 더 잘 기억하는 경향이 있다. 인지도식은 이러한 기억내용뿐만 아니라, 기억방식에도 영향을 미친다. 만일 특정인에 대해서 갖고 있는 어떤 일반적 지식을 토대로 어떤 인상을 형성하였다면, 우리는 흔히 실제 이상으로 그의 행동을 그 인상에 맞아떨어지는 것으로 기억하게 된다. 이것은 장애인에 대해서도 마찬가지이다. 만약 장애인에 대한 일반적인 인지도식이 부정적인 것이라면, 장애인의 부정적인 면에 대해서 더 많은 기억을 하게 되는 것이다.

(2) 감정적 요소와 행동적 요소

태도의 감정적 요소(Affective Component & Behavioral Component)는 대상에 대한 개인들의 좋고 나쁜 느낌이나 감정에 관한 측면을 말한다. 한편, 태도의 행동적 요소는 대상에 대한 개인들의 전반적인 행동적 경향을 말한다. 다시 말해서 주어진 대상에 대하여 어떠한 행동을 하고자 하는 경향을 말한다. 이것은 행동 그 자체는 아니고. 어디까지나 그러한 행동을 하려는 경향으로서의 한 태도적 측면을 지칭하는 것이다.

이와 같은 3가지 요소를 통해서 태도를 설명할 수 있다. 즉, 장애인에 대한 인식과 감정 그리고 행동 또는 행동하고자 하는 경향이 어떠한가 하는 것을 함께 볼 때, 장애인에 대한 태도를 온전히 파악할 수 있다.

2) 비장애인의 태도

장애인은 예로부터 멸시를 받으며 무능력자로 취급되어 왔으며, 장애를 가지고 있는 것이 동일한 특성을 소유하고 있는 것과 마찬가지로 보아 왔다. 예를 들어, 휠체어를 탄 중증뇌병변장애인이 있다면, 이 장애인에 대해 비장애인들은 일반적으로 불쌍한 사람, 반드시 도와주어야 하는 사람으로 '인식'을 하고, 불쌍하다는 '감정'을 가지게 되며, 나아가 소위 자선을 베푸는 등의 '행동'적인 측면을 보여 주게 된다. 결국 장애인을 불쌍한 존재로 전락시키고 있는데, 일반적으로 장애의 종류에 상관없이 장애인이라는 이름을 붙이는 순간, 어떠한 고정관념(stereotype)을 형성하게 되는 것이다. 이러한 부정적인 태도는 아동들에게도 비슷하게 나타난다. 일반적으로 비장애아동은 장애아동을 호의적으로 받아들이지 못하고, 학교 등 통합된 환경에서 자주 거부하며, 학습이나 사회적 기준에 못 미치는 장애아동에게 언어적 학대를 가하는 경향을 볼 수 있다. 이러한 비장애인의 장애인에 대한 부정적인 태도는 여전히 진행형이라고 할 수 있다. 어머니가 아이를 데리고 길거리를 지나가다가 장애인을 한 명 보게 되었을 때, 어머니는 아이에게 "말 안 들으면 저렇게 돼. 말 안 들으면 저 아저씨가 때린다." 등의 말을 지금도 하는 것이 우리 사회의 안타까운 현실이다. 장애인은 무능하고, 문제가 있으며, 심지어 가까이 하여서는 안 되는 사람으로 인식되어 있는 것이다. 이는 비장애인의 태도가 '장애인에 대하여 방향되어 있지 않은(not the disabled-oriented)'으로 정리할 수 있다.

3) 비장애인의 부정적인 태도 형성 배경

(1) 장애인과 비장애인 간의 의사소통 장벽

흔히 "장애가 과연 어떤 것인지를 왜 비장애인들은 이해하지 못할까."라는 말은 장애를 가진 사람들이 그것을 비장애인들에게 이해시키려고 할 때의 어려움을 표현하는 것과 같다. 왜 비장애인들은 장애인을 이해하지 못할까? 이러한 의문에 대해 오토(Arthur E. CRC Dell Orto)와 그 동료들이 편집한 『질병 및 장애의 심리적 · 사회적 영향(*The Psychological and Social Impact of Illness and Disability*)』에서, 졸라(Irving Kenneth Zola)는 다음과 같은 의견을 제시하고 있다.

『질병 및 장애의 심리적 · 사회적 영향』 (2007년 출판)

> 나는 지팡이를 짚고 긴 다리 버팀목과 등보조대를 대고서 뻣뻣하게 걷는 장애인이다. 대체로, 나는 나의 외모가 상당히 남과 다르다고 생각하고 그래서 쉽게 알아 볼 수 있을 것이라고 생각한다. 그러나 몇 년 동안 나는 다른 사람으로 오해되곤 하였다. 대개 낯선 장소에서 모르는 사람들은 나를 톰, 덕, 또는 해리라고 부르며 인사하였다. 내가 그 사람이 아니라고 설명하면, 그제서야 그들은 미안하다고 하면서 "마치 그 사람 같군요."라고 하였다. 운명일지 몰라도 나는 우연히 톰, 덕, 또는 해리라 불리는 사람을 만났는데, 그는 키가 나보다 몇 인치 크거나 또는 작았으며, 몸무게는 40파운드가 더 나가든지 덜 나가는 사람이었다. 또한 양다리 절단으로 목발이나 휠체어를 사용하는 하반신장애인들이었다. 나는 그 후로도 계속 다른 사람으로 착각되어 성가심을 당했는데, 어떻게 '단 나뿐인 나라는 존재'가 '그'로 착각되는지 궁금하기조차 하였다. 결국 내가 알게 된 것은 많은 사람들에게 있어서 나는 장애인일 뿐이라는 사실이었다. 비장애인들의 눈에는 나와 다른 장애인들이 모두 비슷하게 보이는 것이다.

우리는 우리와 외모가 다른 외국 사람을 볼 때, 쉽게 구분하지 못하는 경우가 있다. 즉, 겉모습이 전혀 비슷하지 않지만, 단지 외국인이라는 이유로 비슷하게 인식하는 경우를 주위에서 많이 볼 수 있다. 비장애인이 장애인을 보는 것이 이것과 같은 것은 아닐까? 비장애인의 눈에는 자신과 다른 장애인들이 모두 비슷하게 보이는 경향이 있다.

① 말하는 어려움에 관하여(on the difficulty in telling)

장애라는 것을 어떻게 하면 장애인들이 비장애인들에게 설명할 수 있을까? 장애인이 자신의 장애를 비장애인에게 설명하고, 이해시키는 것은 매우 어려운 작업이다. 이에 대해서 어빙 고프만(Erving Goffnan)은 장애인, 여성, 흑인 등 소위 '소수'집단 대변자들은 성공적인 적응자(adapter)이기 때문에 유리한 지위를 차지하며, 그 결과 여러 의미에서 장애인 집단보다 비장애인, 남성, 백인 등 소위 '다수'집단에 가깝다는 사실에 주목하였다. 즉, 그 집단에서는 덜 대표적인 인물인 경우가 많다. 이른바 장애를 '극복'한 사람이 많은 것이다. 이와 같이 성공하고, 유명한 장애인들이 제공하는 메시지는 다음과 같다.

첫째, 긍정적 메시지가 있다. 즉, 소아마비와 같은 병에 걸리거나, 시각장애, 청각장애, 지체장애 등이 있다고 해서 그들의 삶이 끝나는 것도 아니라는 것이다. 여전히 배울 수 있고, 행복할 수 있으며, 사랑할 수 있고, 결혼하여 부모가 될 수 있으며, 위대한 업적을 세울 수도 있다 이것은 장애인에 대한 긍정적인 시각을 형성할 수 있다.

둘째, 부정적 메시지가 있다. 루즈벨트 대통령, 스티븐 호킹 박사 등이 그들의 장애를 극복할 수 있었던 것처럼, 모든 장애인들이 그러할 수 있고 또 그래야만 한다는 것이다. 그리고 극복에 실패한다면, 그것은 장애인 개인의 문제이고 그의 성격적인 문제이자, 동시에 부족함 때문이다. 이 메시지에서 개인주의적으로 장애를 설명하는 것은 매우 심각한 문제이다. 만일 장애인이 자신의 장애를 극복하고, 비장애인 중심의 사회에서 성공을 하면 이는 스스로가 잘했기 때문이다. 하지만 만일 실패한다면, 이것도 장애인 자신과 성격의 문제이자, 동시에 그의 부족함 때문이라고 하는 셈이 된다.

② 이야기를 듣는 것에 관하여(on the story to be told)

앞서 제시한 위대한 성취자 이야기는 비장애인뿐만 아니라, 성공한 장애인 당사자, 즉 성취자들 자신에게도 자신이 장애인이라는 생각을 하지 못하게 만드는 경향이 있다. "당신도 알겠지만. 나는 당신을 결코 장애인으로 생각하지 않는다."고 말할 때, 장애인들은 그것을 즐겁게 받아들인다. "그렇게 큰 어려움을 어떻게 이겨냈는가?"라는 질문을 받고 장애인들은 그 질문에 대답한다. 그러나 이 말을 받아들이고, 이 질문에 대답할 때, 장애인들은 점점 더 자신의 장애문제에서 멀어지게 된다. 즉, 성공한 장애인들이 장애문제에서 멀어지게 되는 것이다. 이는 비장애인들 주로 만나게 되는 장애인으로부터 '장애인의 이야기를 듣는 경험'이 사라지게 되는 결과를 낳는다. 즉, 장애인들이 현재의 '비장애인 중심 사회'에 성공적으로 적응을 하는 과정은 장애를 갖고 있다는 생각을 벗어 던지는 것이고, 동시에 장애인으로 살아가는 데 생활의 불편함을 부인하는 것이기 때문이다.

(2) 가족 안에서의 장애인 특성

장애인은 흑인 등 다른 소수집단과 또 다른 특성을 갖고 있다. 즉, 다른 소수집단은 자신들이 중심이 된 어떤 하위문화 속에서 성장하여 일련의 규범과 기대를 형성해 나가는 반면, 장애인들은 이와 유사하게 준비되어 있지 못하다. 예를 들어, 흑인아동은 흑인들로 구성된 가족에서 태어나 그 세계 속에서 사회화된다. 그러나 장애아동들은 대부분 비장애인, 소위 정상인들로 구성된 가족에서 태어나 그 세계 속에서 사회화된다. 이는 장애인들이 자신들은 질병을 가지고 있으며, 비정상적이며, 병약하다는 이야기를 계속 듣고, 이 과정을 되돌려 놓을 기적, 즉 정상의 세계로 복귀시켜 줄 새로운 약이나 수술을 간절히 원하게 되는 경향이 있는 것이다. 예를 들어, "검은 것이 아름답다.", "자매애는 강하다."는 말은 통할 수 있다. 그러나 "시각장애여, 영원하라!", "나는 소아마비인 것이 기쁘다."라고 외칠 수 있을까? 이러한 긍정적이고도 공통된 정체성의 근거는 아직 마련되지 못하였다.

이러한 이유들로 인해 장애인이 살아가는 세계는 그 구조와 내용이 단편적이다. 따라서, 그 세계를 다른 사람들에게 전달해 주는 것은 물론, 자신의 경험 안에 통합시키기가 매우 어렵다. 이와 같이 장애와 관련된 여러 가지 경험의 이야기는 말하기도, 듣기도 어렵다. 따라서, 서로 이해하지 못하고 남아있는 것은 아닐까?

4) 사회적 수용과 참여

(1) 수용(acceptance)과 참여(participation)

사회적 수용을 이야기하기 위해서는 먼저 수용과 참여를 구분하여야 한다. 수용과 참여는 '비수용'과 '비참여'를 가지고 설명하는 것이 쉬울 것이다. 비참여는 '장애인이라는 현실로 인해 제한이 있는 사회적 활동에 대한 분별 있는 자제'라고 정의를 내릴 수 있다. 비수용은 '비장애인의 부정적인 태도이고 일종의 추방'이라고 할 수 있다 즉, '참여'의 주체는 장애인 당사자이고, '수용'의 주체는 비장애인이 되고 장애인은 대상이 되는 것이다. 이것은 매우 중요한 문제이다. 예를 들어, 장애인과 비장애인 모두 한쪽 다리가 없는 장애인이 프로야구선수로 활약하기를 기대하지는 않는다. 물론 본인이 그러한 활약을 하고 싶을 수는 있지만, 현실적으로 참여하는 것은 불가능하며, 구단에서 받지 않을 것이다. 그러나 구단에서 이 장애인을 받지 않는다고 해서 이를 '비수용'이라고 아무도 생각하지 않는다. 이는 단지 '비참여'의 문제일 뿐이다. 이러한 주체의 차이는 비참여와 비수용의 문제를 바라보는 시각을 다르게 변화시킬 수 있다. 즉, 비참여와 관련해서는 아무런 문제도 되지 않는다.

진정으로 중요한 문제는 '비수용'이다. 이러한 '비수용'을 어떻게 해결할 수 있을까? 이에 대해서 다음과 같은 예문을 먼저 살펴보자(Dell Orto, 2007).

> 모든 사람이 춤추러 갔다. 그들은 데이트를 즐겼지만, 나는 집에 머물렀다. 다른 친구들은 내가 춤을 출 수 없다고 생각했으며, 누구도 나에게 춤을 추러 가자고 말하지 않았다.

위와 같은 것은 무엇이 잘못된 것일까? 비장애인들은 종종 장애인들의 참여가 불가능하다고 생각하는 경우에는 그것을 제안한 것 자체가 좋지 않은 행동이라고 생각하는 경향이 있다. 그러나 참여를 권하는 경우가 장애인들의 감정을 상하게 할 위험이 적다. 즉, 위와 같이 참여 자체를 권하지 않는 것이 더욱더 문제가 될 수 있을 가능성이 높다. 이에 대한 해결책은 할 수 있느냐 없느냐에 대한 판단을 장애인이 하도록 하는 것이다. 이는 '비수용'을 '비참여'로 전환시키는 중요한 변화이다. 다음과 같은 예문을 앞서 살펴본 예문과 비교해서 보면 무엇이 다른지 쉽게 알 수 있을 것이다(Dell Orto, 2007).

> 나는 낚시를 하지 못하는 것에 관해 기분 나빠하지 않는다. 나는 그들을 따라가 지켜보는 것만으로도 즐겁다.

(2) 장애인 참여활동 시 고려사항

비장애인이 장애인을 활동에 참여시키고자 할 때는 비장애인이 참아야 할 불편함의 정도를 명료하게 하는 것이 좋을 것이다. 만일 불편함이 사소한 정도라면 젊은이가 노인과 동행할 때 걸음을 천천히 걷는 것과 같이 비장애인들은 그 불편함을 당연한 것으로 받아들일 것이다. 또 장애인의 참여를 보다 쉽고 덜 어색하게 하기 위해 계획을 약간 변경하는 것도 필요하다. 예를 들어, 한쪽 팔만 있는 장애인이 참여한다면, 식사에서 스테이크는 제외하고, 비교적 한 손으로 먹을 수 있는 것으로 준비한다. 또 다리가 불편한 사람들이 함께하는 레크리에이션 활동이 있다면 비교적 움직임이 크지 않은 프로그램을 진행하는 것 등이 예가 될 것이다.

5) 장애인에 대한 태도 개선 방안

장애인에 대한 비장애인의 태도를 개선시키는 방법으로 개인의 태도를 변화시키기 위해 주로 많이 실시하는 '역할연습(role play)'과 장애인에 대한 사회적인 태도를 변화시키는 방법에 대해서 살펴보고자 한다.

(1) 개인의 태도 변화시키기

"환경의 변화에 초점을 맞출 것인가, 장애인 당사자의 변화에 초점을 맞출 것인가?"

장애인에 대한 비장애인의 태도를 개선하기 위하여 많은 곳에서 실시하고 있는 것이 역할연습(role-play), 즉 '장애체험'이다. 현재 많은 기관에서 휠체어를 타보거나, 시각장애 체험을 하는 등의 체험활동을 많이 하고 있다. 이러한 장애체험은 장애에 대한 이해를 높이는 데 도움이 되지만, 이와 함께 장애인에 대하여 동정심을 유발하고, 장애인의 능력을 평가절하 한다는 의견도 제시되고 있다. 예를 들어, 휠체어를 타보는 것은 '나약하고 좋지 못하며, 불안하고, 동정적이라는 느낌'을 가지게 된다. 청각장애의 경험은 '스스로가 위축되는 경향이 있으며, 우울한 느낌'을 가지게 되며, 시각장애는 '외로움, 공포, 무기력한 느낌'을 갖게 된다. 또한 지체장애는 '타인에 대한 의존, 당황감 등을 경험'할 수 있다고 알려져 있다. 이러한 감정은 자칫하면 비장애인이 경험하여 느끼게 된 감정을 그 장애를 갖고 있는 모든 장애인의 전체적인 삶에 투사하는 것이 될 수도 있다. 즉, 장애인에 대해서 동정심을 갖게 하는 경험이 될 수 있다.

긍정적인 방향의 역할연습으로는 '역할 바꾸어 보기'라고 할 수 있다. 예를 들어, 팔에 장애가 있는 사람의 역할을 통해서 다른 사람의 도움을 받아 식사를 하였다면, 그 후 역할을 바꾸어서 식사를 도와주는 역할을 반드시 하도록 하는 것이다. 휠체어 이용 장애인 체험에서는 휠체어를 타보는 것과 휠체어를 밀어주는 역할을 번갈아 하는 것이다. 또 시각장애인 체험에서도 시각장애인과 그의 안내자의 역을 번갈아 맡는 것을 예로 들 수 있다.

이러한 활동을 통해서 참석자가 장애인과 비장애인, 내부자와 외부자의 입장을 모두 경험할 수 있고, 이를 통해 얻은 양자에 대한 직접적인 지식을 원조 관계에 이용할 수 있다는 것을 보다 현실적으로 인식하게 한다는 점에서 보통의 장애체험 절차와는 다르다고 할 수 있다. 또 이러한 형태의 역할연습은 '문제의 개선'에 초점을 둔다는 점에서 '장애를 느끼는 것'에 초점을 두는 기존의 역할연습과 다르다고 할 수 있다.

(2) 사회의 태도 변화시키기

장애인에 대한 비장애인들의 태도 개선방안에는 장애인과의 접촉강화, 장애에 대한 정보제공 그리고 접촉과 정보의 결합 등이 있다.

첫째, 장애인과의 접촉강화는 장애인과 여러 가지 상황에서 만나는 것이다.

이에 대한 다양한 연구 결과, 접촉만으로는 본질적으로 장애인에 대한 비장애인의 태도를 의미 있게 변화시키지 않는 것으로 나타났다.

둘째, 장애인에 대한 정보제공이 있다. 이는 여러 가지 형태를 통해 장애인에 대한 정확한 정보를 제공하는 방법이다. 예를 들어, 책을 통해 이러한 정보를 제공할 수도 있고, 강의나 토론, 영화감상이나 기관견학의 형태 등이 있다. 그러나 이러한 정보제공만으로는 의미 있는 긍정적인 태도변화가 나타나지 않았다. 예를 들어, 장애영화관람이나 기관견학은 기관이나 기관종사들에 대한 그들의 평가는 긍정적인 방향으로 변했지만, 지적장애아동 등 장애인 당사자에 대한 태도는 결코 긍정적인 변화를 보이지 않았다는 연구 결과가 있다. 이는 장애인에 대한 지식은 늘어났지만, 긍정적인 변화는 발생하지 않은 것이다.

셋째, 접촉과 정보제공을 모두 제공하는 것으로 앞서 제시한 2가지 방법을 함께 실시하는 것이다. 강의나 토론, 영상시청, 책을 통해 정확한 정보를 제공하고, 비장애인들에게 장애인과 함께 할 수 있는 다양한 접촉경험을 함께 제공하는 것이다.

이와 같은 두 가지 활동을 함께 수행하게 되면, 장애인에 대한 인식과 태도가 긍정적으로 변화할 수 있는 것으로 조사되었다. 결국 지식 없는 접촉은 제한적으로 효과가 있거나, 또는 기존의 부정적 태도를 더욱 견고하게 만든다. 한편, 접촉이 없는 정보제공은 지식을 증가시키지만, 태도에는 어떠한 영향도 미치지 못한다.

장애인에 대한 비장애인의 부정적인 태도를 개선하도록 노력하는 것은 장애인들이 비장애인 중심의 사회에서 살아가는 데 매우 중요한 요소이다. 장애인에 대한 부정적인 태도를 감소시키기 위해서는, 장애인이 비장애인과 마찬가지로 서로 다른 관심, 개성과 성격을 갖고 있을 뿐 비장애인과 같은 일상적인 생활을 한다는 것을 비장애인에게 인식시켜야 한다. 장애인에 대한 비장애인의 잘못된 태도가 형성된 가장 큰 이유는, 비장애인 중심인 이 사회에서 장애인들이 잘 안 보이기 때문이다. 우리의 현실을 보면 장애인들이 밖으로 나올 수 없고, 나오면 쳐다보고, 나와도 갈 곳이 없다. 비장애인들에게는 매우 익숙한 거리, 학교, 식당은 물론이고, 영화관, 놀이공원 등에서 장애인을 볼 수가 없는 것이다. 잘 보이지 않게 되고, 안 보게 되니까 관심도 없고, 때로는 잘못된 인식을 하고, 어색하게 느끼게 되는 것이다. 나아가 이러한 낯선 사람과 함께하지 않으려 하는 것이다.

이러한 문제를 어떻게 해결할 수 있는 방법은 다음과 같다. 즉, 비장애인 중심의 사회에서 장애인들이 자주 보여야 한다. 특히, 아이들에게 장애인에 대한 정확한 정보를 제공하고, 적절한 교육을 실시하며, 장애인과 자주 만나서 꾸준한 접촉을 하게 하는 것이 중요하다. 사실 제대로 된 장애인에 대한 태도 개선 정책이란 장애인을 낯설게 여기지 않도록 하는 것이 본질이라고 할 수 있다. 학교에서 자연스럽게 옆에서 볼 수 있고, 또 교과서에서 쉽게 배울 수 있도록 하여야 한다. 직장이나 교회 · 성당 · 절 등 종교시설, TV 등 대중매체에서도 쉽게 접할 수 있어야 한다. 극장을 가거나 놀이공원을 가도 쉽게 만날 수 있어야 한다. 이러한 접촉은 대상으로서의 접촉이 아니라, 친밀한 이웃으로서의 접촉이 고안되어야 한다.

3 장애인 소비자운동

장애인의 태도에서 소비자주의와 당사자주의로 구분하여 설명하면 다음과 같다(임종호 외, 2021: 112－114).

1) 장애인 당사자주의

장애인 당사자주의는 장애에 관련한 문제를 해결함에 있어 장애인이 전문가임을 주장하는 이념이다. 따라서, 장애인의 욕구를 정확하게 파악하여 더 이상 장애인들이 이 사회의 객체가 아닌 주체로서 역할을 확보하는 것과 역량을 강화하는 것을 목적으로 한다. 장애인 당사자주의는 진일보된 장애운동의 이념으로, 전문가주의와 대치되는 개념이기도하다.

그러나 당사자주의를 둘러싸고 이를 실현하고 경계를 긋는 일은 혼란스럽고 논의되어야 할 여러 가지 문제가 있다. 예를 들어, 누가 장애인 당사자인가? 장애인의 가족도 당사자인가? 당사자주의를 주장하는 내부 그룹 안에서 또 다른 소외 그룹이 나오지 않는지 등의 문제들이다. 장애운동 내에서도 어느 단체는 장애인 당사자 단체이고, 어느 단체는 장애인 지원단체라는 말을 하기도 한다. 장애인 당사자들이 다수로 구성된 단체라면 장애인 당사자 단체이고, 그렇지 않다면 지원단체라는 말인지 이 문제에 대해서도 명확한 개념 정의는 찾아보기가 어렵다.

장애인 당사자가 아니지만, 만약 생물학적이고 의료적인 차원에서 장애인에 속하는 사람들만이 장애인 당사자라는 주장이 득세한다면, 장애의 문제에 대해 함께 고민하고 활동하는 많은 비장애인을 잃게 되는 우를 범하게 될 것이라는 주장도 있다. 따라서, 장애인 당사자주의는 장애인 당사자의 선택에 따라 생활 방식과 형태를 결정할 수 있게 함으로써 삶의 질을 향상시키기 위한 개념이지, 장애를 소유한 사람들만이 가질 수 있는 절대 성역이 아니라고 주장한다.

반면에, 장애인복지는 공급자 중심의 패러다임이 주류이기 때문에 장애인 당사자주의가 반드시 필요하다는 주장도 있다. 만약 공급자가 제공하는 서비스가 늘어나면서 수요자도 만족한다면 당사자주의가 필요 없겠지만, 장애인은 항상 서비스의 주체가 아니라 대상자로서 대상화되고, 공급자가 장애인 당사자의 권한을 대행해서 이행해 왔기 때문에 장애인의 눈으로, 장애인의 목소리로 장애인에 대한 정책이나 서비스가 결정되어야 한다고 주장한다. 따라서, 장애인 당사자주의는 복지소비자주의와 다르며, 소비자주의는 생산자가 따로 있다는 전제하에 소비자의 입장에서 권리를 주장하는 것이지만, 장애인 당사자주의는 생산자와 소비자를 따로 두지 않고 스스로 생산한다는 의미를 지니고 있다고 주장한다.

현재 우리나라에서 장애인 당사자주의를 이론적으로 뒷받침할 수 있는 근거가 미약하고, 장애인 당사자주의에 대해서 명확한 개념이나 경계 등을 규정하는 작업이 진행되지 못해 왔기 때문에 이념이나 철학으로 받아들이기에는 부족한 면이 많다. 그러나 그동안 장애인 당사자가 아닌 전문가나 서비스 공급자 중심의 정책 결정 및 실행을 당연한 것으로 간주해 왔던 패러다임에 대한 도전이자 새로운 인식전환의 틀이 될 것은 분명하다. 이러한 움직임이 단순한 비장애인 배척이나 장애인과 비장애인 줄긋기의 집단이기주의 결과를 낳지 않아야 하며,

총체적으로는 장애인이나 비장애인 모두가 장애인 차별철폐와 평등한 삶을 구현하는 공동의 목적을 이루는 데 하나의 효율적인 수단이 될 수 있어야 한다.

2) 장애인 소비자주의

장애인 소비자주의의 탄생은 장애인의 자립생활운동과 그 맥을 같이한다. 자립생활운동이 자기결정과 자기선택의 이념을 담고 있는 것과 같이 장애인 정책이나 프로그램을 수립하고 수행할 때, 그 모든 권리는 의사나 재활전문가, 복지전문가에게 있는 것이 아니라, 장애인 당사자에게 있으므로 장애인 정책과 프로그램의 기획이나 결정, 집행이나 평가 등의 전 과정에 장애인의 참여와 결정을 보장하라고 주장하는 것이 장애인 소비자주의의 핵심이다.

이러한 장애인 소비자주의는 그동안 전문가들의 일방적인 결정이나 권력에 반기를 든 것이고, 장애인 당사자의 문제임에도 장애인 당사자가 전혀 권한을 갖지 못했던 패러다임을 바꾸고자 하는 시도이다. 특히, 최근 복지수혜자들의 이용자 권리를 강조하는 이용자운동이 성장하고 발전하게 된 것도 이와 같은 맥락이라고 볼 수 있다. 소비자주의는 이용자운동과 유사한 개념이고, 장애운동이나 복지운동에서는 소비자라는 단어와 이용자라는 단어를 혼용하여 쓰기도 한다. 용어가 어떠하든지 간에 가장 중요한 점은 이제 복지소비자, 이용자가 더 이상 수동적인 수급자가 아닌 사회복지 정책 과정과 평가에 있어 능동적이고 적극적인 참여자로 권리를 행사해야 한다는 공감대가 형성되기 시작하였다는 점이다.

장애인 소비자주의가 실현되기 위해서는 전제조건과 한계를 가지고 있다. 소비자에게는 시장경제의 원리에서 적용되는 서비스나 상품에 대한 구매력이 핵심이다. 장애인 정책과 서비스를 상품이라고 할 때, 장애인은 이를 구매할 수 있는 능력이 있어야 한다. 그러나 장애인의 소득수준이나 경제력이 일반적으로 낮고 빈곤율이 높음을 감안할 때, 진정한 의미에서의 소비자주의는 구현되기가 어렵다. 따라서, 장애인이 필요로 하는 상품을 구매할 수 있기 위해서는 정부가 장애인 기초연금이나 추가 비용, 서비스 구입비용 지원 등을 통해 장애인에게 필요한 서비스나 프로그램을 구매할 수 있게 지원해야 한다. 이러한 기본 전제가 해결되지 않는 이상 소비자주의는 아무런 실효성을 가지지 못할 것이기 때문이다.

또한 단순한 정부지원을 떠나 장애인 당사자가 노동을 통해 구매력을 갖출 수 있도록 장애인의 노동권을 보장하고, 노동을 통해 소득을 보장할 수 있는 시스템이 갖추어져야 한다. 신자유주의의 입장에서 볼 때, 구매력이 있는 사람만이 소비자가 될 수 있다는 논리는 너무나도 당연한 것처럼 여겨질 수 있으나, 장애인이 필요로 하는 복지서비스는 공익과 사회정의 차원에서 논의되어야 할 또 다른 차원이라는 것을 간과해서는 안 된다.

우리나라에서 장애인은 소비자 주체가 아닌 서비스 수혜자로 받아들여지는 측면이 크다. 장애인 소비자주의는 소비자 관점에서의 장애인의 역량강화를 주장하고 있으므로 장애인 당사자주의 개념보다는 좀 더 주체적인 개념이며, 장애인 자립생활운동과 맥을 같이 한다. 미국 등 외국은 인권운동 차원으로 장애인 소비자주의, 자기결정 등의 개념이 촉발돼 장애인 보조공학기기 활용으로 범위를 넓혀 자리 잡고 있는데 비해, 우리나라의 경우 장애인소비자단체가 한국장애인소비자연합 1개 밖에 없는 등 큰 차이를 보이고 있다. 우리나라에서도 장애인 소비자들의 욕구를 충족시키기 위한 소비자 운동의 필요성이 자연스럽게 대두될 것이며, 두를 위한 소비재를 요구하는 목소리가 커질 것으로 보인다.

우리나라의 장애인 소비자운동의 예상되는 방향은 다음과 같다.

① 모두를 위한 디자인 적용

② 장애인의 편의와 안전 문제 확보

③ 소비 정보에 대한 창구 마련

④ 거래 관련 피해문제해결을 지원하는 장애인소비자단체 결성

⑤ 장애인소비자를 위한 교육 제공 등

PART II

장애인복지정책

Chapter 6

장애인소득 보장정책

✓ **학습목표**

1. 소득보전급여와 추가비용급여의 차이
2. 급여별 내용 숙지
3. 사례연구를 통한 토의

✓ **학습내용**

1. 장애인소득보장정책의 개념
2. 장애인소득보장제도
3. 장애인소득보장정책의 문제점과 개선방안

✓ **개요**

소득보장제도는 주로 단기 또는 장기 실업과 관련된 위험을 완화시키는 사회불안을 사전에 예방하며, 소득재분배를 통하여 공평한 사회로 가기 위한 제도라고 정의하고 있다. 즉, 각종 사회적 위험에 의하여 소득원이 상실되었을 때, 상실된 소득의 일부 또는 전부를 보상하여 주는 것이다. 이 장에서는 장애인소득보장정책을 살펴보고자 한다.

장애인소득보장정책

1 장애인소득보장정책의 개념

1) 장애인 빈곤과 소득보장

'장애인실태조사'에서 장애인이 국가에 요구하는 사항 중 가장 큰 것이 소득보장이라는 결과가 지속적으로 나타나고 있을 만큼 소득보장은 장애인에게 우선적으로 필요한 정책이다. 소득보장은 사회보장의 하위개념으로, 국민의 소득을 일정선 이상의 수준으로 유지시켜 주는 제도를 의미한다. 소득보장제도는 주로 단기 또는 장기 실업과 관련된 위험을 완화시키는 사회불안을 사전에 예방하며, 소득재분배를 통하여 공평한 사회로 가기 위한 제도라고 정의하고 있다. 즉, 각종 사회적 위험에 의하여 소득원이 상실되었을 때, 상실된 소득의 일부 또는 전부를 보상하여 주는 것이다. 소득상실의 위험은 노령, 장애, 사망 등으로 인한 근로능력의 영구적 상실, 질병이나 사고에 의한 근로능력 일시적 상실로 구분된다. 소득보장제도는 사회적 위험이 유발하는 개인의 경제적 불안정성에 대처하기 위한 사회적 수단이다. 즉, 장애인 소득보장체계는 실업, 빈곤, 노령, 질병 등 일반적인 소득상실 위험군에 대응하는 보편적 소득보장체계의 일부로서, 장애라는 독립적인 소득상실 위험요인에 직면해 있는 장애인을 대상으로 한 특수한 소득보장체계라고 할 수 있다.

그렇다면 장애인가구는 왜 비장애인가구보다 빈곤하거나 또는 경제적으로 열악할 확률이 높을까? 장애인가구가 비장애인가구에 비해 빈곤율이 높고 소득이 낮다는 것은, 유수한 국내외 선행연구를 통해 실증적으로 입증되어 왔다.

장애인가구가 비장애인가구에 비해 상대적으로 빈곤할 수밖에 없는 이유는, 두 가지 요인이 복합적으로 작용하기 때문이다(서동명 외, 2022: 223–224). 첫째, 장애인가구가 비장애인가구에 비해 생활비가 더 많이 든다는 점이다. 둘째, 장애인가구의 소득이 비장애인가구의 그것에 비해 낮다는 점이다. 즉, 비장애인가구에 비해 지출은 많고 소득은 적기 때문에 상대적으로 빈곤할 수밖에 없는 것이다. 또한 장애인가구의 소득 수준이 낮은 것은 가구원의 개인소득이 낮기 때문이다. 장애를 가진 가구원의 경우, 장애에서 비롯된 낮은 교육수준, 직업능력의 부족으로 상징되는 인적자본의 취약성과 함께, 사회 전반의 장애에 대한 부정적인 인식에서 발생하는 장애인에 대한 차별로 인해 취업의 기회를 얻지 못하거나, 취업 중에 있더라도 주로 저임금직종에 종사하는 관계로 소득이 낮을 수밖에 없다. 그리고 비장애가구원의 경우에는 장애인에 대한 보호 수발로 인해 취업을 하기 어렵거나, 취업 중에 있더라도 임시직 등 질 낮은 일자리에 종사하는 비율이 높아 역시 소득이 낮을 수밖에 없다.

한편, 장애인의 생활비가 비장애인에 비해 더 많이 드는 것은, 장애인의 경우에 의료비, 교육비, 보조기구 구입비, 교통비 등의 영역에서 장애로 인한 추가지출비용이 발생하기 때문이다.

그러므로 장애는 추가비용이라는 새로운 지출요인을 발생시킬 뿐만 아니라, 소득감소까지 유발시켜 마침내 장애를 가진 개인을 빈곤상태에 이르게 한다는 점에서 흔히 '장애는 빈곤의 절친한 친구(disability as a close companion of poverty)'라는 논리가 성립된다.

2 장애인소득보장제도

우리나라의 장애인소득보장체계는 소득보전급여와 추가비용급여가 있다. 소득보전급여는 근로능력 손상으로 인한 소득단절에 대응하는 급여를 말하며, 추가비용급여는 전통적인 소득보장 전략인 사회수당의 하나이다. 사회수당은 특정 인구학적 범주(노인, 아동, 장애인 등)에 속한 계층이면 누구나 가지게 되는 특별한 욕구, 즉 추가적인 지출에 대응하기 위한 제도로서, 본래적 의미의 사회수당은 소득계층에 관계없이 정부재정으로 급여가 지급되나 예산의 사정에 따라 소득 및 재산조사를 부분적으로 실시하여 지급대상을 제한하는 경우도 있다.

이 체계는 소득보전급여와 추가비용급여가 역할분담을 하는 체계로 구성되어 있다. 먼저, 소득보전급여체계는 주된 급여와 사각지대를 해소하는 보완적 급여의 관계를 의미하는 위계적 구조로서의 특징을 지니고 있다. 1차 안전망에 해당하는 소득보전급여는 공공연금의 장애연금과 산재보험 장해급여, 2차 안전망에 해당하는 소득보전급여는 장애인연금(기초급여)과 기초연금, 3차 안전망에 해당하는 소득보전급여는 국민기초생활보장제도 생계급여가 있다. 추가비용 급여체계를 구성하는 각각의 급여는 위계적이 아닌 대등한 관계 속에서 각기 독립적으로 운영되고 있는 비위계적 구조의 특징을 지니고 있다. 성인장애인의 추가비용보전을 목적으로 하는 급여로서 장애인연금(부가급여)과 장애수당, 아동장애인의 추가비용 보전을 목적으로 하는 급여인 장애아동수당 등으로 구성되어 있으며, 모든 급여는 자산조사에 기반을 둔 사회부조방식으로 운영되고 있다.

장애인소득보장정책상의 급여체계는 <표 6−1>과 같다.

표 6-1 장애인소득보장정책상의 급여체계

유형		보장의 측면	급여종류	특성
소득보전 급여	기본급여	장애인 개인 소득보전	기초급여(정책급여) 소득비례급여	장애정도에 따라 차등
	부가급여	부양가족 지원	아동부양수당, 성인부양수당 등	부양가족·결혼상태에 따라 차등
추가비용급여		장애인의 추가비용보전	아동수당, 간병수당, 장애아동부양수당, 중증장애수당 등	장애인 개인의 특성에 따라 차등

자료: 서동명 외(2022: 225) 재인용.

1) 소득보전급여

(1) 국민기초생활보장제도

국민기초생활보장제도(national basic livelihood security act)는 빈곤층을 대상으로 국민의 최저생활을 보장해 주는 제도를 말한다. 이 제도는 기초보장제도라고도 하며, 소득이 적은 장애인의 생활안정에 가여하고 있다. 이 제도는 개별가구의 소득이 국가가 정한 일정 기준선에 미달하는 빈곤층을 대상으로 생계, 의료, 주거, 교육 등 기초적인 생활을 영위할 수 있도록 현금 또는 현물을 지원하는 복지제도를 지칭한다.

국민기초생활보장제도는 1997년 말 IMF 외환위기로 인해 실업과 빈곤문제가 심각했던 상황에서, 빈곤층의 인간다운 삶을 보장하기 위해 시민단체들의 청원과 여야 국회의원들의 공동발의로 1999년 9월 7일 제정되었고, 2000년 10월 1일 시행되었다. 이 제도는 빈곤층에 대한 소득보장을 '사회권'의 하나로 규정하였으며, 근로능력 유무와 무관하게 모든 빈곤층에게 소득보장을 하도록 규정하였으며, 자활사업을 통해 근로연계복지(workfare)를 실시하고 있다는 점에서 한국 사회보장제도에서 매우 상징적인 의미를 갖고 있다.

국민기초생활보장제도는 공공부조제도이며, 그것은 다음의 세 가지 특징을 갖고 있다(김보기 외, 2022b: 263).

첫째, 보험료 납부 등의 기여(contribution)를 전제하지 않고, 정부가 일반조세를 통해 그 비용을 부담하는 복지제도이다.

둘째, 자산조사(means-test)를 통해 지원대상을 엄격하게 선정하는 잔여적 복지제도이다.

셋째, 빈곤층의 모든 자구적 노력을 전제로 최종적으로 도움을 호소할 수 있는 복지제도이다. 이 점에서 국민기초생활보장제도는 빈곤층이 호소할 수 있는 '최후의 사회안전망'이라 불리기도 한다.

국민기초생활보장제도 급여의 종류는 다음과 같다.

① 생계급여(일반생계급여)

현금급여기준은 최저생계비에서 현물로 지급되는 의료비, 교육비 및 타법지원액을 감한 금액으로 소득이 없는 수급자가 받을 수 있는 최고액의 현금급여 수준을 말한다.

가구별 생계급여액 = 생계급여 선정기준액 - 가구의 소득인정액

생계급여액은 수급자의 생계를 유지하기 위해 일상생활에 기본적으로 필요한 의복비, 음식물비 및 연료비 등이 포함된 금액이다. 이는 생계급여 선정기준에서 가구의 소득인정액을 차감한 금액으로 기준 중위소득의 30%(2020년 기준)에 해당한다. 생계급여는 금전을 지급하는 것이 원칙이며, 매월 20일에 정기적으로 금융회사 등의 수급자 명의의 지정된 계좌에 입금된다.

보건복지부(2021: 4)에 따르면, 장애인 중 국민기초생활보장 생계급여 수급자 비율은 19.0%로 2017년의 15.0%에 비해 4.0%p 증가한 수준이며, 전체 인구의 수급율 3.6%(2019년 12월 기준)에 비해 약 5.3배 높다.

국민기초생활보장 급여 유형별 수급 내용은 <표 6-2>와 같다.

표 6-2 국민기초생활보장 급여 유형별 수급

(단위: %)

구분	2017년도	2020년도
생계급여	15.0	19.0
의료급여	16.2	25.8
주거급여	14.4	14.8
교육급여	1.4	1.8

자료: 보건복지부(2021: 4).

② 의료급여

의료급여는 수급자에게 질병, 부상, 출산 등의 상황에서 필요한 의료서비스 부담금 일부를 지원한다. 즉, 의료급여는 질병·부상·출산 등으로 도움이 필요한 기초생활보장 수급자에게 지급된다. 예컨대, 진찰·검사, 약제·치료재료의 지급, 처치·수술과 그 밖의 치료, 예방·재활, 입원, 간호, 이송과 그 밖의 의료목적 달성을 위한 조치 등이 이에 해당한다.

③ 주거급여

주거급여는 수급자에게 주거안정에 필요한 임차료, 유지수선비 등을 지급하는 것으로 기준임대료를 상한으로 수급자의 실제 임차료를 지원한다. 즉, 주거급여는 주거안정이 필요한 기초생활보장 수급자에게 지급된다. 주거급여의 최저보장수준은 임차급여의 경우 기준임대료로 하고, 수선유지급여의 경우 경보수, 중보수, 대보수 등 보수범위별 수선비용을 기준금액으로 한다.

④ 교육급여

교육급여는 고등학생의 경우, 교과서대, 수업료·입학금(학교장이 고지한 금액 전부), 초·중학생의 경우 부교재비(66천 원/인·105천 원/인), 중·고등학생 학용품비(57천 원/인)을 지원한다. 즉, 교육급여는 학교나 시설에 입학해 입학금, 수업료, 학용품비, 그 밖의 수급품 등이 필요한 기초생활보장 수급자에게 지급된다. 이는 초등학교·공민학교, 중학교·고등공민학교, 고등학교·고등기술학교, 특수학교, 각종 학교(초등학교·공민학교·중학교·고등공민학교·고등학교·고등기술학교와 비슷한 학교), 학교 형태의 평생교육시설(고등학교 졸업 이하의 학력이 인정되는 시설로 지정한 시설만 해당) 중 어느 하나에 해당하는 학교 또는 시설에 입학 또는 재학하는 사람에게 지급된다.

⑤ 해산급여

해산급여는 출산 영아 1인당 60만 원을 지급한다. 단, 생계급여, 의료급여, 주거급여 수급자에게만 지원한다. 즉, 해산급여는 생계급여, 주거급여 및 의료급여 중 하나 이상의 급여를 받는 수급자 중 조산을 했거나 분만하기 전후로 조치와 보호가 필요한 기초생활보장 수급자에게 지급된다. 해산에 필요한 금품을 지급받으려는 사람은 해산급여지급신청서(전자문서로 된 신청서 포함)를 거주지를 관할하는 특별자치시장 · 특별자치도지사 · 시장 · 군수 · 구청장에게 제출하면 된다.

⑥ 장제급여

장제급여는 사망자 1구당 75만 원을 지급한다. 단, 생계급여, 의료급여, 주거급여 수급자에게만 지원한다. 즉, 장제급여는 생계급여, 주거급여 및 의료급여 중 하나 이상의 급여를 받는 수급자가 사망해 사체의 검안 · 운반 · 화장 또는 매장, 그 밖의 장제조치가 필요한 경우에 지급된다. 특별자치시장 · 특별자치도지사 · 시장 · 군수 · 구청장은 단독가구주의 사망 등 불가피한 경우, 장제를 실시할 수 있는 사람을 지정해 장제급여를 지급할 수 있다.

⑦ 자활급여

수급권자의 자활을 돕기 위해 자활에 필요한 금품의 지급 또는 대여, 자활에 필요한 근로능력의 향상 및 기능습득의 지원, 취업알선 등 정보의 제공, 자활을 위한 근로기회의 제공, 자활에 필요한 시설 및 장비의 대여, 창업교육, 기능훈련 및 기술 · 경영 지도 등 창업지원, 자활에 필요한 자산형성 지원, 그 밖에 자활을 위한 각종 지원 등과 같은 명목으로 지급된다.

2020년도 가구규모별 · 급여종류별 수급자 선정기준은 <표 6-3>과 같다.

표 6-3 급여종류별 수급자 선정기준(2022)

(단위: 원)

종류	1인가구	2인가구	3인가구	4인가구	5인가구	6인가구	7인가구
생계급여 수급자	583,444	978,026	1,258,410	1,536,324	1,807,355	2,072,101	2,334,178
의료급여 수급자	777,925	1,304,034	1,677,880	2,048,432	2,409,806	2,762,802	3,112,237
주거급여 수급자	894,614	1,499,639	1,929,562	2,355,697	2,771,277	3,177,222	3,579,072
교육급여 수급자	972,406	1,630,043	2,097,351	2,560,540	3,012,258	3,453,502	3,890,296

자료: 금융감독원 홈페이지(https://www.fss.or.kr, 2022).

(2) 산업재해보상보험

산업재해보상보험(industrial accident compensation insurance)은 산업사회의 고유한 문제인 업무상 부상과 질병, 장해 또는 사망으로 인한 소득상실을 보전함과 동시에, 요양서비스와 재활서비스를 충분히 제공하여 성공적인 직업복귀를 도모하는 제도이다. 산업재해보상보험(약칭 산재보험)은 대부분의 국가에서 의료보장제도와 함께 가장 오래된 사회보장제도로 우리나라에서도 사회보험 중에서 가장 먼저 도입된 제도이다. 「산재보험법」 제1조에 의하면, “이 법은 산재보험 사업을 시행하여 근로자의 업무상의 재해를 신속하고 공정하게 보상하며, 재해근로자의 재활 및 사회 복귀를 촉진하기 위하여 이에 필요한 보험시설을 설치·운영하고, 재해 예방과 그 밖에 근로자의 복지증진을 위한 사업을 시행하여 근로자 보호에 이바지하는 것을 목적으로 한다.”고 규정되어 있다.

산업재해보상보험제도는 사업장 단위로 적용되는 정부 주도의 강제보험으로, 보험제도를 통해 근로자 및 그 유족을 보호하고, 사업주 간의 위험을 분산하는 기능을 가진다. 또한 국민연금, 국민건강보험 등 근로자와 사업주가 보험료를 각각 절반씩 부담하는 다른 사회보험과 달리, 사업주가 보험료를 전액 부담함으로써 보험료의 납부자와 수혜자가 다르다는 특징을 가진다. 따라서, 산재보험의 보험자는 정부(근로복지공단)가 되고, 가입자는 사업주, 수급자는 업무상의 재해근로자가 된다(박진규, 2020: 189-190).

산업재해보상보험제도의 특성은 다음과 같다(박주현, 2021: 363).

첫째, 근로자의 업무상 재해에 대하여 사용자에게는 고의·과실의 유무를 불문하는 무과실책임주의이다.

둘째, 보험사업에 소요되는 재원인 보험료는 원칙적으로 사업주가 전액 부담한다.

셋째, 산재보험급여는 재해발생에 따른 손해 전체를 보상하는 것이 아니라, 평균임금을 기초로 하는 정률보상방식으로 행한다.

넷째, 자진신고 및 자진납부를 원칙으로 하고 있다.

다섯째, 재해보상과 관련되는 이의신청을 신속히 하기 위하여 심사 및 재심사 청구제도를 운영한다.

여섯째, 다른 사회보험과는 달리 산재보험은 사업장 중심의 관리가 이루어진다.

산재보험급여의 종류는 다음과 같다(김보기 외, 2022b: 245).

산재보험에서 업무상의 재해를 입은 근로자에게 제공하는 급여는 적용사업장에 종사하는 경우에 한하여 요양급여, 휴업급여, 장해급여, 간병급여, 유족급여, 상병보상연금, 장의비, 직업재활급여가 있다(「산업재해보상보험법」 제36조).

요양급여는 근로자가 업무상의 사유로 부상을 당하거나 질병에 걸린 경우에 그 근로자에게 지급한다.

휴업급여는 업무상 사유로 부상을 당하거나 질병에 걸린 근로자에게 요양으로 취업하지 못한 기간에 대하여 지급하되, 1일당 지급액은 평균임금의 100분의 70에 상당하는 금액으로 한다. 다만, 취업하지 못한 기간이 3일 이내이면 지급하지 아니한다.

장해급여는 근로자가 업무상의 사유로 부상을 당하거나 질병에 걸려 치유된 후 신체 등에 장해가 있는 경우에 그 근로자에게 지급한다.

간병급여는 요양급여를 받은 자 중 치유 후 의학적으로 상시 또는 수시로 간병이 필요하여 실제로 간병을 받는 자에게 지급한다.

유족급여는 근로자가 업무상의 사유로 사망한 경우에 유족에게 지급한다.

(3) 국민연금의 장애연금

장애연금은 국민연금 가입자가 가입 중에 발생한 질병이나 부상으로 완치 후에도 신체 또는 정신상의 장애가 남았을 때 장애의 정도에 따라 지급된다. 장애연금은 장애로 인한 소득 감소부분을 보전함으로써 자신과 가족의 안정된 생활을 보장하기 위한 급여로서, 급여수준은 가입기간에 좌우되는 것이 아니라, 평균소득과 장애등급에 따라 차이가 난다. 이때 장애등급은 「장애인복지법」상의 장애등급이 아니라, 「국민연금법」상의 장애등급으로 질병이나 부상의 완치일을 기준으로 신체의 손상 정도에 따라 1~4급으로 분류된다. 그러나 이러한 장애연금에는 한계점이 존재한다. 장애연금 수급자격은 근로활동을 하면서 보험료를 납입한 국민에게만 적용되며, 최초 장애판정을 국민연금 가입 이후에 받아야 수급자격이 생긴다. 따라서, 소득활동이 시작되는 연령 이전부터 장애를 가지게 된 장애인은 연금에 가입할 수 있는 기회조차 제대로 주어지지 않고, 연금에 가입을 했어도 국민연금 가입 이전에 장애판정을 받았다면, 장애연금의 적용대상이 되지 않는 문제가 생기는 것이다. 따라서, 장애연금의 수급대상자를 확대하는 논의가 필요하다.

(4) 장애인연금

장애인연금은 중증장애인의 생활안정을 지원하고 복지증진을 도모하고자 생활이 어려운 중증장애인에게 매월 일정액의 연금을 지급하는 사회보장제도로, 2010년 「장애인연금법」 제정으로 시행되었다. 「장애인연금법」에 따르면, 장애인연금의 수급권자는 만 18세 이상의 중증장애인으로서, 소득인정액이 그 중증장애인의 소득·재산·생활수준과 물가상승률 등을 고려하여 보건복지부장관이 정하여 고시하는 금액 이하인 사람이다. 다시 말해서 만 18세 이상의 등록한 장애인연금법 상 중증장애인(종전 1급, 2급, 3급중복) 중 본인과 배우자의 월소득인정액(소득과 재산 합산액)이 선정기준액 이하이면 수급자가 된다.

장애인연금에는 기초급여와 부가급여가 있는데, 기초급여(만 18세 이상~만 64세 이하)는 근로능력의 상실 또는 감소로 인해 줄어드는 소득을 보전해 주기 위해서 지급하는 급여로, 2022년 기준 30만 7천 5백 원을 지급한다. 부가급여(만 18세 이상)는 장애로 인하여 추가로 드는 비용의 전부 또는 일부를 보전하여 주기 위하여 지급하는 급여로, 소득에 따라 차등 지급한다.

장애인연금 지급 대상 및 금액은 다음과 같다.

표 6-4 장애인연금 지급 대상 및 금액

(단위: 원)

구분	계		기초급여	부가급여	
	만 18-64세	만 65세이상	만 18-64세	만 18-64세	만 65세이상
생계 · 의료급여수급자	387,500	387,500	307,500	80,000	387,500
주거 · 교육급여수급자, 차상위계층	377,500	70,000	307,500	70,000	70,000
차상위초과자	327,500	40,000	307,500	20,000	40,000

자료: 보건복지부 홈페이지(2022).

장애인연금은 경제활동연령대에 포함되지 못하는 18세 이전에 장애를 얻거나 선천적인 장애로 인하여 직업과 소득이 없거나 저소득으로 보험료를 낼 수 없는 장애인의 소득보장을 위하여 도입된 무기여 기초장애연금제도이다. 국민기초생활보장제도와 관계에 있어서 장애인연금액(기초급여와 부가급여 포함)은 국민기초생활보장제도의 소득평가액 산정 시 제외된다.

그러나 「장애인 연금법」 제정과정에서 대상자를 중증장애인으로 한정하였으며, 소득인정액과 자산조사를 하여 지급범주 및 지급급여를 감소하였다는 문제점이 있다.

타 제도와 비교는 다음과 같다(보건복지부, 2022a: 35).

① 국민연금 장애연금

국민연금제도의 장애연금은 국민연금 가입자가 가입 중에 장애를 입은 경우에 받는 사회보험방식의 공공연금(기여식 연금)이지만, 장애인연금은 본인의 기여 없이 지원받는 일종의 무기여식 연금으로, 「장애인복지법」 제32조에 따라 등록한 중증장애인이 신청할 수 있으며, 중증장애인 본인과 배우자의 소득과 재산을 조사하여 계산한 소득인정액이 선정기준액 이하인 경우에 지원한다.

② 국민기초생활보장제도

국민기초생활보장제도는 개별 가구의 소득인정액이 최저생계비에 못 미치는 경우, 최저생계비에서 부족한 만큼을 지원하는 최후의 사회안전망 성격을 띤다. 장애인연금제도는 근로무능력계층의 특성을 감안하여 최저생계비에 미달하기 이전에 기본생활을 보장하는 사전적인 사회보장제도이다. 또한 장애인연금액(기초급여와 부가급여 포함)은 국민기초생활보장제도의 소득평가액 산정 시 제외된다.

(5) 기초연금

장애인연금제도의 기초급여와 기초연금은 소득보전이라는 성격이 동일하기 때문에 중복 지원은 하지 않는다. 다만, 장애인의 추가생활비용을 보전하는 부가급여는 65세 이상도 지급한다. 외국의 제도 사례도 64세 이하의 장애인은 장애인연금을, 65세 이상의 장애인은 기초연금을 지급하고 있다.

2) 추가비용급여

(1) 장애수당

장애수당은 국민기초생활보장 대상 경증장애인에게 수당을 지급하여 장애로 인한 추가적 비용보전이 필요한 저소득 장애인가구의 생활안정을 도모하는 것을 목적으로 하고 있다.

① 급여대상

지급대상은 만 18세 이상(신청월 현재) 등록장애인(신청일 현재)으로서, 「장애인연금법」상 중증장애인에 해당하지 않는 자(종전 3-6급)로 국민기초생활보장 수급자 및 차상위계층(중위소득 50% 이하)에 해당하는 자이다. 다만, 만 18~만 20세로서 「초·중등교육법」 제2조에 따른 학교에 재학(휴학 및 의무교육대상자 중 유예자도 포함됨) 중인 자는 제외한다.

② 소득인정액

- 소득인정액 산정방식은 국민기초생활보장제도 생계급여의 방식 적용
- 소득의 범위 : 고용노동부 구직촉진수당, 사적이전소득, 보장기관확인소득, 부양비는 소득범위 제외
- 수급자의 재산범위 특례 등 적용

③ 급여액

장애수당은 1인당 월 4만 원이나, 시설장애인은 1인당 월 2만 원을 지급한다(2022년 기준).

장애수당 유형별 비교는 <표 6-5>와 같다.

표 6-5 장애수당 유형별 비교

구분	장애수당 (생계, 의료)	장애수당 (시설)	장애수당 (주거,교육,차상위)
성격	의무지급(별도의 신청 불필요)		재량지출 (신청주의)
급여액	월 4만 원	월 2만 원	월 4만 원
관련 보장	장애인복지	장애인복지	차상위장애인

④ 지급신청 및 지급방법

주소지 관할 읍·면·동 행정복지센터에서 시청 가능하며, 신청일이 속한 달부터 매월 20일에 지급대상자의 계좌로 지급

(2) 장애아동수당

장애아동 보호자의 경제적 생활수준 및 장애아동의 장애 정도를 고려, 장애로 인한 추가적 비용을 보전해 드리기 위하여 매월 일정 금액을 수당으로 지급하는 사회보장제도이다.

① 지원대상

지원대상은 만 18세 미만의 등록한 장애인으로, 국민기초생활보장수급자 및 차상위계층 신청월 현재 만 18세 미만인 자이다. 다만, 만 18세~20세로 학교에 재학 중인 만 20세 이하의 장애인은 포함한다.

② 지원액

2022년도 중증 장애아동수당은 소득수준에 따라, 월 7~20만 원에서 9~22만 원으로, 경증 장애아동수당은 월 2~10만 원에서 3~11만 원으로 단가가 인상되었다. 2007년도 이후 15년 만에 처음으로 장애아동수당이 인상됨에 따라, 약 1만 6,000명 저소득 장애아동 가구가 장애로 인해 소요되는 추가 비용을 지원받을 수 있게 되었다.

장애아동수당 지원내용은 <표 6-6>과 같다.

표 6-6 장애아동수당 지원내용

구 분	생계 · 의료급여 수급자(재가)	생계 · 의료급여 수급자(시설)	주거 · 교육급여 수급자 및 차상위
중증장애아동	22만 원	9만 원	17만 원
경증장애아동	11만 원	3만 원	11만 원

자료: 보건복지부 홈페이지(2022).

선정기준, 지급신청 및 지급방법은 장애연금과 동일하다.

(3) 장애아동양육수당

장애아동수당은 2013년부터 시행한 제도로, 어린이집·유치원(특수학교 포함), 종일제아이돌봄서비스 등을 이용하지 않는 취학 전 가정양육 영유아를 말한다. 또한 보호자가 장애아동 양육수당 지원을 신청하고, 장애인으로 등록되어 시·군·구가 장애아동 양육수당을 지원하기로 결정한 영유아를 지급대상으로 한다.

지원내용을 보면, 월령별로 월 10~20만 원 정액지원취학년도 2월까지 지원) 하는 데, 0세~35개월은 20만 원, 36개월~86개월 미만은 10만 원을 지원한다.

신청은 읍·면·동 행정복지센터에 방문신청하거나, 복지로(https://www.bokjiro.go.kr/)에 온라인 신청한다.

(4) 장애아동 입양양육 지원

장애아동 입양양육보조금 지원이란 장애아동을 입양한 가정에 양육보조금을 지원하여 장애아동의 국내 입양 활성화를 도모하는 장애인복지서비스이다. 장애아동 입양양육보조금을 신청할 수 있는 대상자는 「입양특례법」상 허가를 받은 입양기관에 의해 법의 요건과 절차를 갖추어 장애아동을 국내 입양한 가정에 지원한다.

지원 후에 선정을 하는 기준을 살펴보면, 입양 당시 장애인등록을 한 아동인 경우에 장애아동 입양양육보조금을 받을 수 있다. 분만을 할 때, 조산, 체중미달, 분만 장애 또는 유전 등으로 인해 입양 당시에 질환을 앓고 있는 아동인 경우에 지급받을 수 있다. 이때 이 아동이 지원을 받는 도중 질환이 완치가 되었다면 양육보조금의 지원은 중단된다. 입양 후에 선천적인 요인으로 인한 장애가 발견되어 장애인등록을 하거나, 질환이 발생한 아동인 경우에도 지원받을 수 있다. 질환이 있는 아동의 지원대상 유무 판정기준은 진단별 특성에 적합한 대학병원급 전문의의 소견서를 첨부하여 담당 의사와 협의하에 결정하고, 만 18세까지 지원이 가능하다. 「초·중등교육법」 제2조에 따른 학교에 재학 중인 경우에는 졸업할 때까지 지원이 가능하다.

장애아동을 입양한 가정에 양육보조금 지원은 장애정도가 심한 장애인은 월 62

만 7천 원, 장애의 정도가 심하지 않은 장애인 등 그 외 지원대상은 월 55만 1천 원을 지급한다. 이는 읍·면·동 행정복지센터나 시·군·구청에 신청한다.

3 장애인소득보장정책의 문제점과 개선방안

우리나라의 장애인에 대한 소득보장정책은 소득보전급여와 추가비용급여로 나누어서 볼 수 있다. 이러한 두 가지 유형의 급여는 장애인이나 장애인 가구의 특성이 반영된 기준의 부재와 낮은 수준의 급여의 문제점을 가지고 있다. 그 내용은 다음과 같다(석말숙 외, 2022: 192-194 ; 서동명 외, 2022: 236-242).

1) 국민기초생활보장 대상 장애인의 소득공제 확대

현재 기초생활보장제도의 소득평가액을 산정 시 등록장애인의 근로 및 사업소득에 대해 20만 원을 공제하고 나머지 금액에 대해 30% 추가 공제 적용을 하고 있으나, 이는 실제로 장애인이 근로의욕을 고취시키는 데 많은 제약점이 있다. 이에 공제범위에 대해 확대가 필요하다.

2) 국민연금의 가입 유인제도 필요

국민연금의 가입을 통해 실질적 소득보장을 수행할 수 있음에도 불구하고, 장애인의 국민연금 가입은 낮게 나타나고 있다. 소규모 사업장에 종사하는 저소득 근로자의 사회보험 부담을 줄여 사회보험 미가입자의 가입을 촉진하여 사회보험 사각지대를 축소하고자 시행하고 있는 두루누리 사회보험료 지원사업을 중증장애인에게도 도입할 필요성이 있다. 현재 두루누리 사회보험료 지원사업은 소규모 사업을 운영하는 사업주와 소속 근로자의 사회보험료(고용보험·국민연금)의 일부를 국가에서 지원함으로써 사회보험 가입에 따른 부담을 덜어주고, 사회보험 사각지대를 해소하기 위한 사업이다. 지원대상은 근로자 수가 10명 미만인 사업에 고용된 근로자 중 월평균보수가 230만 원 미만인 신규가입 근로자와 그 사업주이다.

3) 고용서비스와의 연계 가능한 장애인소득보장체계로의 개편

장애인과 가족이 장애가 초래한 경제적 어려움에서 벗어나 안정적인 생활을 할 수 있도록 하기 위해서는 소득보장이라는 동일한 목적을 갖고 있는 장애인소득보장제도와 고용서비스가 긴밀히 연계되도록 할 필요가 있다. 이를 위한 구체적인 제도개선 방안은 다음과 같다.

첫째, 소득보전급여와 고용서비스와의 적극적 연계를 추진하기 위해서 소득활동능력평가에 따라 소득보전급여 및 고용서비스를 차별화한다.

둘째, 소득활동능력평가에 기반을 둔 소득보전급여로서의 속성을 공유하고 있는 장애연금과 장애인연금의 수급자격 기준으로서 소득활동능력평가 기준을 통일한다.

셋째, 장애연금과 장애인연금에서의 동일한 소득활동능력 평가결과에 따른 소득보전급여와 고용서비스의 연계는 다음과 같이 실시한다.

① 소득활동능력이 없거나, 심각한 제약을 경험하고 있는 장애인의 경우, 소득보전급여(장애연금과 장애인연금)의 지급액수준을 강화한다.

② 부분적 소득활동능력이 있는 장애인의 경우, 소득보전급여(낮은 수준의 장애연금과 장애인연금)를 일정 기간 지급하되, 그 기간 동안에 집중적인 맞춤형 고용서비스를 제공하여 취업을 유도한다.

③ 소득활동능력에 제약이 거의 없는 장애인의 경우, 소득보전급여 대상에서 배제하되, 보편적 고용서비스 강화를 통해 취업을 유도하고 저소득 근로자를 대상으로 하는 근로장려세제 등을 연계하여 자립을 유도한다.

장애인연금의 가장 큰 문제점은 급여내용이 소득보전급여의 수준으로는 현실적이지 못하다. 또한 그 지급대상에 있어서도 자산조사를 기초로 선정되는 한계를 가지고 있다. 이에 장애인 연금의 대상의 확대와 연금의 현실화가 필요하다.

4) 장애인보호수당 및 장애인 장려세제 도입

「장애인복지법」상 장애 관련 수당은 장애수당, 장애아동수당, 보호수당을 지급할 수 있도록 되어 있으나, 보호수당에 대하여는 시행하지 못하고 있다. 장애인과 생활을 같이하기 위해서는 추가비용이 발생되고 있으므로 법적으로는 급여를 지급하도록 되어 있으나, 그에 따른 시행령 및 시행규칙이 제정되지 못하여 실질적 급여는 지급되지 못하고 있다.

주요 복지 선진국에서는 시행하고 있으나, 우리나라에는 아직 도입되어 있지 않은 장애급여로서, 보호수당과 장애인장려세제의 도입이 필요하다. 이때 보호수당은 장애인을 보호함으로 인해 소득활동을 하지 못하는 보호자의 기회비용을 보전하기 위한 목적의 급여를 의미한다. 또한 장애인장려세제는 장애특성을 고려하여 장애인근로자가구의 생활안정을 제고하고, 근로 유인을 강화할 수 있는 근로유인형 장애급여를 의미한다.

우선적으로 근로장려금, 아동장려금 등 저소득 근로자 가구 대상의 근로장려세제가 최근 확대되고 있는 점을 고려하여 동일한 성격의 급여인 장애인장려세제를 도입하는 한편, 영국, 아일랜드, 덴마크 등 보호수당을 지급하고 있는 국가의 사례를 참조하여 저소득 가구를 중심으로 보호수당을 도입할 필요가 있다.

주요 복지 선진국의 보호수당은 <표 6-7>와 같다.

표 6-7 복지 선진국의 보호수당 내용

국가	제도명칭	연령	장애 및 기타 요건	지급액
아일랜드	보호자수당 (Carer's Allowance)	18세 이상	지속적 보호가 필요한 자가 있으며, 일정 소득 이하인 자	• 1인 보호자: 최고 월 853유로(*66세 이상인 경우 월 928유로) • 2인 이상 보호자: 최고 월 1,284유로(*66세 이 상인 경우 월 1,392유로, 2008년 기준)
영국	보호자수당 (Carer's Allowance)	16세 이상	AA 또는 DLA (Care component, 중간 및 최고수준수급자)	최고 월 213.8유로(2008년)

			수급자를 주 35시간 이상 보호하는 자로서 일정 소득 이하인 자	
덴마크	보호자수당 (Tabt arbejdsfortjeneste)		장애아동 보호로 인해 임금 손실을 겪고 있는 보호자	증명된 임금 손실 수준에 따라 급여 수준 결정(2012년 최초 수급자는 월 2,632유로)

자료: 서동명 외(2022: 242).

Chapter 7

장애인고용 보장정책

✓ **학습목표**

1. 일반고용서비스와 맞춤형 고용서비스의 차이
2. 고용정책의 실제적 조직에 대한 토의
3. 개선방향에 대한 현실적 문제점 토의

✓ **학습내용**

1. 장애인고용정책의 의의
2. 장애인고용정책의 유형
3. 우리나라 장애인고용정책의 실제
4. 장애인고용정책의 개선방안

✓ **개요**

우리나라를 비롯하여 대부분의 나라에서 장애인의 고용률은 비장애인의 고용률에 비해 낮은 것으로 나타나고 있다. 장애인의 낮은 고용률은 장애인의 전반적인 복지수준을 하락시키고, 국가 전체적으로 보았을 때에는 사회적 지출의 향상을 야기시키는 요인이 되어 왔다. 이 장에서는 장애인고용보장정책을 살펴보고자 한다.

장애인고용보장정책

1 장애인고용정책의 의의

현대사회에서 직업은 사회생활을 영위하는 데 기본적인 요건으로, 생계유지의 수단일 뿐만 아니라, 사회의 구성원으로 사회적·경제적 역할수행을 할 수 있게끔 하는 자아실현의 중요한 수단이다. 이것은 장애인에게 있어서도 마찬가지로 직업은 동기, 자기확신, 대인관계 등에 큰 변화를 이끌어 내고, 실제적인 성취경험을 통해 자아존중감을 향상시키며, 전반적인 삶의 만족도를 높이는 역할을 한다. 이에 따라, 노동 연령기에 이른 사람이 직업을 구하지 못하거나 직업생활의 유지에 장애가 있으면 소득보장뿐만 아니라, 그 사람의 사회적 지위까지 위협을 받게 된다. 그러나 장애인 고용은 아직도 많은 나라에서 해결하기 어려운 과제로 남아 있다(이선우 외, 2021: 183).

우리나라를 비롯하여 대부분의 나라에서 장애인의 고용률은 비장애인의 고용률에 비해 낮은 것으로 나타나고 있다. 장애인의 낮은 고용률은 장애인의 전반적인 복지수준을 하락시키고, 국가 전체적으로 보았을 때에는 사회적 지출의 향상을 야기시키는 요인이 되어 왔다. 현대사회에서 안정적인 물질적 토대를 구축하는 것이 인간의 생존과 생활에 있어서 매우 중요한 요소임을 감안할 때, 장애인 고용을 활성화시키는 것은 장애인복지에서 가장 중요한 고려사항 중에 하나가 되며, 장애인의 자립과 가족의 부담완화, 국가와 사회의 비용지출 경감에 있어서 여러 가지 긍정적 효과가 있을 수 있는 정책으로서 의의를 가지고 있다(정지웅, 2019: 172).

장애인의 경우, 비장애인에 비해 고용과 관련하여 많은 어려움을 갖고 있다.

장애인은 비장애인에 비해 실업률이 높고, 고용이 잘 안 되는 상황이다. 이러한 이유가 여러 가지가 있겠지만, 다음과 같이 설명할 수 있다(서동명 외, 2022: 245－246).

첫째, 접근기회의 상실이다.

비장애인에 비해 장애인은 정규교육에의 접근이 어렵고, 기술습득의 기회 역시 배제되어 있는 경우가 많다. 이 때문에 비장애인에 비해 장애인의 인적자본 수준이 낮으며, 이 때문에 고용의 기회를 많은 부분 놓치고 있다. 물리적 환경의 장벽 역시 취업에 접근할 수 있는 기회의 상실로 이어진다. 장애인은 일반적으로 지하철이나 버스 등의 대중교통 이용이 어려운 상황이다. 이 때문에 자가용 등의 다른 교통수단을 이용하게 되고, 이렇게 되면 비장애인에 비해 추가적인 교통비 부담이 발생한다. 또한 취업이 어려워 창업을 하려면, 일정 수준의 자금이 필요한데, 이러한 창업자금을 만들거나 대여하는 데 비장애인에 비해 어려움이 있다.

둘째, 장애인은 생산성이 비장애인에 비해 떨어진다는 생각(오해)이다.

이는 장애인을 고용하는 고용주뿐만 아니라, 장애인가족, 심지어 장애인 당사자들에게도 널리 퍼져있는 상황이다. 이로 인해 직장을 구하는 데도 어렵고, 구하였다고 하더라도 낮은 급여를 받는 상황이 많이 발생한다고 할 수 있다.

셋째, 장애인에 대한 차별이다.

장애인에 대한 오해는 필연적으로 장애인에 대한 차별을 가져오게 된다. 즉, 장애인에 대한 편견(낮은 생산성)과 반대로 접근성율 높이기 위한 편의시설 설치비 등 고용비용의 증가로 고용주가 의도적으로 장애인을 채용하려고 하지 않는다. 특히, 지적·자폐성 장애인 등 발달장애인에 대한 편견과 차별이 가장 크다고 할 수 있다. 이러한 다양한 이유로 장애인의 고용률이 비장애인에 비해 낮은 수준이다. 그러나 장애인에게 취업의 기회를 제공하는 것은 그들에게 소득보장의 기회를 제공하며, 동시에 자립생활을 위한 기회를 열어 준다.

2 장애인고용정책의 유형

주요 선진국들에서 시행하고 있는 장애인고용정책은 일반고용서비스(general employment service)와 중증장애인 대상의 맞춤형 고용서비스(tailored employment service)로 구분되는데, 이들 서비스의 특징과 주요 내용을 살펴보면 다음과 같다.

1) 일반고용서비스

일반고용서비스는 경쟁고용서비스라고도 하며, 장애인과 비장애인을 같은 상황에서 고용할 수 있도록 지원하는 방법으로, 주로 경증장애인을 대상으로 하는 지원서비스이다. 이는 비장애인과 동일하게 장애인에게 각종 지원서비스를 실시하는 것으로, 어떻게 보면 장애인을 대상으로 하는 별도의 지원서비스가 없다는 것을 의미한다. 일반고용서비스의 대표적인 유형에는 장애를 이유로 고용에서 차별을 할 때, 고용주를 처벌할 수 있도록 하는 입법적 조치로서 「장애인 차별금지법(Anti－discrimination law)」을 들 수 있다. 세계 최초의 장애인 「차별금지법」은 1990년대 초 미국에서 제정된 「장애인법(Americans with Disabilities Act)」이며, 이어서 호주, 영국 등에서 제정되었다. 우리나라는 2007년 제정되어 2008년부터 시행되고 있다. 이렇듯 개별법으로서 장애인 차별금지법을 제정하지 않은 국가들은 다양한 방식으로 관련 조항을 입법하였는데, 스웨덴(1999), 노르웨이(2001), 독일(2002) 등에서는 포괄적 차별금지법을 제정하였으며, 그 밖에 나라들은 차별금지조항을 헌법 또는 일반 법률에 포함시켰다.

「차별금지법」은 고용의 전 영역에서 또는 고용과정에서 장애인을 차별하는 것을 금지하는 것에 관한 내용을 명시하고 있다. 특히, 고용주들이 사업장에서 장애인을 고용할 때 비용과 불필요한 어려움이 발생하지 않는다면, 직장에서 요구되는 사항들이 장애인에 부합할 수 있도록 각종의 정당한 편의제공을 실시할 것을 권고하고 있다. 고용주가 장애인 근로자에게 정당한 편의를 제공하기 위해 추가적인 비용을 지출해야 한다면, 장애인의 고용가능성은 낮아질 수밖에 없다. 따라서, 주요 선진국들은 고용주들을 대상으로 하는 다양한 지원제도를 운영하고 있다. 대표적인 정책으로서 장애인 근로자에 대한 임금보조를 들 수 있으며, 또한 장애인을 고용한 기업에 세금감면 등과 같은 다양한 금융혜택을 제공하고 있다.

그리고 장애인을 고용하는 기업에 편의시설 설치 등에 대한 비용을 지원하고 상담서비스 등을 제공하고 있다. 그 밖에 채용과정에서 장애인에게 가산점 등을 부여하는 등의 적극적 우대조치(affirmative action)도 일고용서비스에 해당한다.

2) 맞춤형 고용서비스

맞춤형 장애인고용의 형태는 크게 세 가지로서 ① 할당고용, ② 보호고용, ③ 지원고용으로 나눌 수 있다.

할당고용은 할당제를 통한 의무고용을 활성화시키는 방법으로 주로 이루어지고 있으며, 창업자금 대여와 창업 컨설팅, 창업 이후 지도관리 등을 통해 권장되고 있다.

보호고용(sheltered employment)은 일반 직장의 작업조건하에서 일하기 어려운 장애인에게 특별한 작업환경을 마련해 주어 그 환경에서 근로의 기회를 제공하는 것이다.

지원고용(supported employment)은 중증장애인을 보호나 분리된 고용환경이 아닌 일반사업체에 먼저 배치한 후 작업현장에서 교사나 직무지도원이 지원하여, 궁극적으로는 할당고용으로 통합시키고자 하는 것이다.

우리나라에서 할당고용은 한국장애인고용공단이 중심이 되어 수행하고 있으며, 보호고용은 장애인직업재활시설이 중심이 되어 제공하고 있다. 한편, 지원고용은 그 중요성에 비해 아직까지 미미한 수준에서 이루어지고 있어서 향후 더 많은 연구와 실천이 필요한 분야라고 할 수 있다.

장애인고용정책의 유형은 다음과 같다(정지웅 외, 2019: 172－177).

(1) 할당고용(경쟁고용)

① 장애인의무고용제도의 개요

장애인의 할당고용(quota system)은 보통 장애인의무고용제도를 통하여 이루어지고 있다. 장애인의무고용제도는 고용인의 일정 비율을 장애인으로 고용하도록 의무화하는 제도다. 이 제도는 우리나라뿐 아니라, 외국에서도 많이 채택하고 있는데, OECD의 총 30개 회원국 중 14개국이 의무고용제를 실시하고 있으며, 이들 국가의 의무고용률은 그 나라 사정에 따라 1.8%부터 7%까지 다양하다.

장애인의무고용제도는 노동시장의 수요와 공급을 왜곡할 수도 있다는 비판이 있지만, 장애인의 노동권을 적극적으로 보장하며, 실제 장애인이 노동시장에서 차별을 받고 있는 것도 엄연한 현실임을 고려할 때, 정책적으로 순기능이 더 높다.

② 장애인의무고용률

각 사업체별로 장애인의무고용률을 살펴보면, 「장애인고용촉진 및 직업재활법」(장애인고용법) 제28조에 의거하여, 상시근로자 50인 이상을 고용하고 있는 사업주에게는 그 소속 근로자의 일정 비율의 장애인을 고용하도록 하고 있다. 하지만 특정한 장애인의 능력에 적합하다고 인정되는 직종에 대하여는 장애인을 고용하여야 할 비율을 대통령령으로 따로 정할 수 있으며, 이 경우 그 비율은 의무고용률로 보지 않는다. 한편, 의무고용률은 전체 인구 중 장애인의 비율, 전체 근로자 총수에 대한 장애인 근로자의 비율, 장애인 실업자 수 등을 고려하여 5년마다 정한다.

다음으로 국가 및 지자체의 장애인의무고용은 공무원을 채용할 경우와 공무원이 아닌 근로자를 채용할 경우로 나뉜다. 먼저, 공무원의 의무고용률의 경우, 「장애인고용법」 제27조에 따르면, 소속 공무원 정원의 100분의 3 이상을 장애인으로 의무적으로 고용하여야 하며, 의무고용률 달성을 위하여 장애인 구분 모집6%(3% 초과 시에는 구분 모집 3% 추진)를 시행하고 있다.

자유경쟁을 원칙으로 하는 자본주의 사회에서 심신의 장애로 인해 취업의 어려움이 있는 장애인의 고용 현장을 확보한다는 것은 어려운 일이다. 이에 따라, 장애인의무고용제도가 시행되고 있음에도 불구하고, 민간기업은 여러 가지 합리적·비합리적 이유로 의무고용률을 채우는 경우가 적은 것이 사실이다. 따라서, 정부는 장애인고용의 의무 정도를 현수준보다 강화하고, 장애인고용을 장려하는 정책 및 효과적인 직업교육과 직종개발을 통한 종합적인 고용대책을 확대할 필요가 있다.

(2) 보호고용

① 보호고용의 개요

보호고용은 일반고용이 어려운 장애인이 특별히 준비된 작업환경에서 직업훈련을 받거나, 직업생활을 영위할 수 있는 시설에서 수행되고 있다. 우리나라에서 보호고용의 주된 현장은 장애인직업재활시설이라고 할 수 있다. 직업재활시설 중 대부분은 보호작업시설로 현재 우리나라의 직업재활은 보호고용이 중심이 되어 수행되고 있다.

② 장애인보호작업시설

장애인 보호작업시설은 흔히 장애인 보호작업장으로도 불리는데, 이는 직업능력이 낮은 장애인에게 직업적응능력 및 직무기능 향상훈련 등 직업재활훈련 프로그램을 제공하고, 보호가 가능한 조건에서 근로의 기회를 제공하며, 이에 상응하는 노동의 대가로 임금을 지급하며, 장애인 근로사업장이나 그 밖의 경쟁적인 고용시장으로 옮겨갈 수 있도록 돕는 역할을 하는 시설을 말한다.

장애인보호작업장은 장애인의 고용형태 중 보호고용을 수행하고 있는 대표적인시설이다. 보호고용은 사회통합의 원칙에 위배되는 측면이 있는 접근방법일 수 있지만, 지원고용이 활성화되고 있는 오늘날에도 일반고용이나 지원고용이 적용되기 힘든 장애인들에 대한 현실적인 필요에 따라, 장애인복지시설 내의 자립작업장 설치·운영계획에 의하여 22개의 보호작업장이 설치된 이후 지금까지 지속적으로 늘고 있는 추세다.

장애인보호작업장의 이용 적격 대상은「장애인복지법」제2조에 따른 장애인으로서, 의료, 직업능력, 심리, 교육평가 등의 결과와 초기면접의 정보를 토대로 전문가가 참여한 위원회에서 적격 여부를 평가한 결과, 당장 경쟁적인 고용시장이나 장애인 근로사업장에서 생산능력을 발휘하기 어려운 장애인을 대상으로 한다.

장애인보호작업장의 근로인원 구성은 장애인이 70% 이상이어야 하며, 작업공정 등을 고려하여 중·경증장애인을 적재적소에 배치하되, 근로장애인 중 80% 이상을 중증장애인으로 고용하여야 한다. 또한 장애인 거주시설에서 생활하는 장애인 외의 이용장애인이 50% 이상 유지되도록 한다(공동생활가정 등을 통해 출퇴근하는 장애인은 재가장애인으로 본다.).

급여지급의 기준은 다음과 같다.

보호작업장에서는 근로장애인의 근로활동 유지를 위해 직업능력에 따른 적정 임금을 제공하기 위한 노력을 하여야 한다. 근로계약을 체결한 근로장애인에 대해서는 최저임금법에 따라 원칙적으로 최저임금 이상을 지급하여야 한다. 다만, 근로능력이 현저히 떨어지는 중증 근로장애인에 대해서는 최저임금법 제7조에 따라 고용노동부장관의 인가를 받아 최저임금 미만의 급여를 지급할 수 있다.

③ 장애인근로사업장

장애인근로사업장이란 직업능력은 있으나, 이동 및 접근성이나 사회적 제약 등으로 취업이 어려운 장애인에게 근로의 기회를 제공하고, 최저임금 이상의 임금을 지급하며, 경쟁적인 고용시장으로 옮겨갈 수 있도록 돕는 역할을 하는 시설을 의미한다.

장애인근로사업장 운영의 기본 방침을 살펴보면 다음과 같다.

첫째, 장애인근로사업장은 구직단계에서 일반사업장에의 취업이 어려운 장애인에게 일정한 기간 직업훈련과 고용기회를 제공하여 장애인의 직업능력을 향상시켜 안정적인 직업생활을 영위할 수 있도록 조력하는 역할을 담당하여야 한다.

둘째, 체계적인 직업재활서비스를 도모하며, 근로장애인의 고용 및 근로에 대해서는 「근로기준법」등 근로관계 법령을 준수하도록 노력하여야 한다. 즉, 장애인근로사업장은 장애인의 고용확대와 처우개선을 위해 매출 및 수익이 확대될 수 있도록 경영 및 마케팅 역량을 배양하여야 한다.

장애인근로사업장의 이용 적격 대상은 「장애인복지법」 제2조에 따른 장애인으로서, 의료, 직업능력, 심리, 교육평가 등의 결과와 초기면접의 정보를 토대로 전문가가 참여한 위원회에서 적격 여부를 평가한 결과, 교통·건축 환경의 접근성이나 적응문제로 경쟁적인 고용시장에서의 취업이 어려운 장애인을 대상으로 한다.

장애인근로사업장의 근로인원 구성은 장애인이 70% 이상이어야 하며, 작업공정 등을 고려하여 중·경증장애인을 적재적소에 배치하되, 근로장애인 중 60% 이상을 중증장애인으로 고용하여야 한다. 또한 장애인 거주시설에서 생활하는 장애인 외의 이용장애인이 50% 이상 유지되도록 한다(공동생활가정 등을 통해 출퇴근하는 장애인으로 본다.).

급여지급의 기준은 다음과 같다.

근로사업장에서는 근로장애인의 근로활동 유지를 위해 직업능력에 따른 적정 임금을 제공하기 위한 노력을 하여야 하며, 근로계약을 체결한 근로장애인에 대해서는 최저임금법에 따라 원칙적으로 최저임금 이상을 지급하여야 한다. 다만, 근로능력이 현저히 떨어지는 중증 근로장애인에 대해서는 「최저임금법」 제7조에 따라 고용노동부장관의 인가를 받아 최저임금 미만의 급여로 지급할 수 있다.

(3) 지원고용

① 지원고용의 개관

지원고용은 일반고용과 보호고용의 중간형태라고 할 수 있다. 즉, 일반고용 현장은 장애인을 위한 특별한 배려를 제공하지 않고 비장애인들과 함께 일을 하고, 보호고용은 장애인을 위한 특별한 환경에서 보호된 상황 속에서 일을 하는 것이라면, 지원고용은 장애인들이 비장애인과 통합된 환경에서 작업을 하되, 장애인의 직무를 도울 수 있는 직무지도원이나 지원고용전문가가 장애인과 함께 작업장에 투입이 되도록 하는 모형이 된다.

지원고용은 보호나 분리를 의미할 수 있는 보호고용의 제약을 극복하여 지역사회에 기초한 통합을 추구하는 것이며, 직업적 중증장애인을 결국에는 경쟁고용으로 통합시키고자 하는 목표를 갖고 있는 것으로, 방법적으로는 장애인의 능력과 적성에 맞는 직업에 선배치 후훈련함으로써 장애인들에게 직업선택의 기회를 확대시키고자 한다.

② 지원고용 실천 모형

지원고용의 실천 모형으로는 개별배치모델, 소집단모델, 이동작업대모델 등이 있다. 개별배치모델은 지원고용의 가장 보편적인 형태로서 장애인 1명을 단위로 직무지도원(job coach)을 배치하여 현장훈련 및 사후지도를 하는 방식이다. 소집단모델은 보통 3~8명의 장애인을 집단으로 지역사회 내에 있는 기업에 배치하는 것으로, 일반적으로 개별배치모델보다 심한 장애를 가지고 있거나, 직업 관심이 비슷한 사람들끼리 집단을 구성하여 실시한다. 이는 개별배치모델보다 직무지도원의 수가 적기 때문에 더 효율적이라고 할 수 있으나, 한 기업에 지나치게 많은 장애인이 배치되게 되면, 사회통합이라는 목표를 달성하는 데 어려움이 있을 수 있다. 다음으로 이동작업대모델은 소집단모델에서와 같이 작업조를 만드는 것은 동일하나, 작업을 고정된 장소에서 하는 것이 아니라, 지원고용전문가의 지도와 감독하에 지역사회를 이동해 다니면서 공공건물 청소대행, 빌딩관리, 도색작업 등 하청작업을 수행하는 것이다.

3 우리나라 장애인고용정책의 실제

1) 고용노동부

(1) 의무고용제도

우리나라는 1990년 1월 「장애인고용촉진 등에 관한 법률」을 제정하여 300인 이상의 사업장은 2% 이상의 장애인을 고용하도록 하는 할당고용제도인 '장애인의무고용제도'를 도입하였다. 제도 도입 이후 꾸준하게 장애인 고용률이 증가하였으나, 법정 의무고용률을 지키는 기업보다 지키지 않은 기업이 더 많은 상황이었다. 또한 경증장애인인 위주의 장애인고용이 확대됨에 따라 상대적으로 소외된 중증장애인의 고용이 문제점으로 부각되었다. 따라서, 중증장애인을 위한 직업재활서비스 제공 강화 등을 골자로 2000년에 「장애인고용촉진 및 직업재활법」(장애인고용법)으로 개정하면서 중증장애인의 고용보장을 위한 노력이 조금씩 이루어졌다. 또한 장애인 의무고용대상 사업체를 300인 이상에서 2004년부터는 상시근로자 50인 이상을 고용하고 있는 사업주에게도 소속 근로자의 일정 비율을 장애인으로 고용하도록 하고 있다.

또한 장애인을 고용하기 어렵다고 인정하는 직종의 근로자가 상당한 비율을 차지하는 업종에 대한 '장애인의무고용 적용제외 제도'가 2006년부터 폐지되어 민간부문은 업종에 관계없이 모든 분야에 장애인 고용의무를 적용하고 있으며, 공공부문은 의무고용 적용제외 직종으로 공안직군, 검사, 경찰·군인·소방·경호 공무원에 한정하여 일시적으로 적용해 오다가 이 또한 특정 직종에 장애인의 진입을 막는다는 비판으로 인하여 2012년에 완전히 폐지하였다. 민간기업의 의무고용률은 2010년 이후 2.3%, 2012년 이후 2.5%, 2014년 이후 2.7%로 상향조정되었으며, 2018년 기준 2.9%, 2019년부터는 3.1%로 상향조정되었다. 공공기관은 민간기업보다 높은 의무고용률을 적용하고 있으며, 2018년기준 3.2%, 2019년에는 3.4%가 적용되었다.

한편, 고용의무를 지키지 못하는 고용주에 대해서는 고용부담금이 부과된다. 우리나라에서는 고용의무는 50인 이상 사업체에 부과되어 있으나, 부담금은 월평균 상시 100명 이상의 근로자를 고용하는 사업주가 장애인 고용의무를 이행하지 않았을 경우, 고용부담금 신고·납부 대상 사업주가 되어 일정 금액의 고용부담금을 납부하고 있다. 정부부문과 민간부문을 모두 포함한 장애인고용률은 1991년 0.43%에서 2017년 2.76%로 6배 이상 증가하는 등 상당부분 고용효과가 계속되고 있다.

(2) 사업주 지원제도

장애인고용의무제도의 실효성 있는 운영을 위하여 고용노동부 산하 한국장애인고용공단에서는 사업주가 장애인을 고용하도록 지원하고 독려하는 다양한 지원정책을 운영하고 있다.

① 장애인 고용장려금

장애인 고용장려금제도는 장애인 의무고용률을 초과하여 장애인을 고용하고 있는 사업주에게 월별 초과고용 장애인 근로자 수에 지원단가를 곱한 금액을 지급하는 제도이다. 2020년 발생분 기준으로 지원단가는 경증장애남성 30만 원, 경증장애여성 45만 원, 중증장애남성 60만 원, 중증장애여성 60만 원이다(2022년 현재). 단, 고용장려금은 최저임금 이상을 받거나, 최저임금 적용제외 인가를 받은 경우에 한하여 지원하며, 최저임금 적용제외 인가자에게는 월 임금액의 60%와 지원단가 중 낮은 단가를 전용한다(한국장애인고용공단 홈페이지, 2022).

② 장애인 고용환경 개선

기업이 장애인을 고용할 수 있도록 환경을 개선하는 지원사업으로 그 내용은 다음과 같다.

첫째, 장애인 고용시설 설치비용 융자제도가 있다. 이 제도는 장애인을 고용하였거나 고용하려는 기업을 대상으로 사업주당 15억 원 이내(장애인 1인당 1억 원 이내) 금액을 3년 거치 5년 균등분할상환, 대출금리 연 1%의 조건으로 장애인을 위한 작업시설, 부대시설, 편의시설 등의 설치·구입·수리에 필요한 비용으로 지원한다(장애인근로자 2년 고용조건).

둘째, 장애인 고용시설장비 무상지원 제도이다. 장애인을 고용하였거나 고용하려는 기업을 대상으로 사업주당 3억 원 이내(장애인 1인당 1, 000만 원, 중증장애인 1인당 1,500만 원 이내) 금액을 편의시설의 설치·구입·수리, 통근용 승합자동차 구입, 재택근무에 필요한 작업장비의 설치·구입·수리 등에 필요한 비용으로 무상지원한다(장애인근로자 5년 고용조건).

셋째, 장애인 고용관리비용 지원제도이다. 중증장애인을 고용한 사업주의 고용관리비용에 대한 부담을 완화하기 위하여 1997년부터 장애인고용관리비용을 지원하고 있다. 근로지 원인제도가 도입되면서 수화통역사와 직업생활상담원 비용지원은 2013년 전후로 폐지하고, 현재는 작업지도원 비용만 지원하고 있다. 작업지도원 비용은 중증장애인 근로자 1인당 월 14만 원을 지원하는 데, 중증장애인을 새로이 고용한 기업이 중증장애인 근로자의 고용관리를 위한 작업지도원을 선임·배치할 경우 지원한다.

③ 통합고용지원서비스

통합고용지원서비스는 사업체의 장애인 고용환경을 체계적, 종합적으로 분석하여 장애인을 고용해 나갈 수 있도록 공단의 각종 사업을 연계하여 지속적으로 관리, 지원하는서비스로 2009년부터 시행하고 있다. 지원대상은 장애인 고용의무를 준수하지 않은 고용의무 사업체이며, 서비스의 구체적인 내용은 기업의 장애인 고용환경 분석 진단, 장애인 고용 가능직무 개발 및 적합인력 지원, 공단의 각종 기업지원서비스 맞춤지원 및 다양한 정부지원혜택 연계 등이다.

④ 장애인표준사업장 설립 지원

장애인표준사업장 설립지원제도는 장애인 다수 고용사업장 육성을 통한 중증장애인의 안정된 일자리 창출을 목적으로 2002년부터 시행하고 있는 제도이다. 장애인표준사업장은 장애인 근로자 수가 10인 이상이고 상시근로자 중 장애인을 30% 이상 고용하고, 장애인근로자 중 중증장애인을 일정비율(규모별 차등) 이상 고용하는 조건을 충족해야 한다 장애인표준사업장 인증 시 최대 10억 원이 지원되며, 「조세특례제한법」에 의한 세액감면 혜택 및 장애인표준사업장 생산품 우선구매제 적용을 받는다.

또한 자회사형 표준사업장은 장애인표준사업장 요건에 더하여 장애인 고용의무가 있는 사업주가 장애인표준사업장을 실질적으로 지배(발행주식 총수 또는 출자총액의 50%를 초과 소유, 2개 이상 공동출자 가능)하고 있는 경우를 말한다. 이 경우, 자회사의 장애인근로자를 모회사의 장애인고용 의무인원으로 산입하여 부담금을 감면하는 방식으로 운영된다.

⑤ 장애물 없는 생활환경 인증

장애물 없는 고용환경 조성을 위한 '편한 일터 컨설팅' 제공 및 'BF인증'사업은 2012년에 시작되었다. '장애물 없는 생활환경(barrier free, BF)'은 장애와 비장애, 일반인과 교통약자를 구분하지 않고 누구나 안전하고 편리하게 살아갈 수 있는 생활환경을 의미한다. 즉, 장애인, 노인, 임산부 등을 비롯한 모든 국민이 시설물 및 지역을 접근·이용·이동함에 있어서 불편을 느끼지 않도록 하는 생활환경을 말한다. 이를 위하여 국토교통부, 보건복지부에서 BF인증사업을 공동주관하고, 한국장애인개발원, 한국토지주택공사, 한국장애인고용공단이 인증업무를 수행하고 있다. '편한 일터 컨설팅' 대상은 장애인을 고용하였거나 고용하려는 사업주이고, 'BF 인증' 대상은 개별시설과 건축물이다.

(3) 장애인 지원제도

① 장애인 취업지원

장애인의 취업 전 준비부터 취업 후 적응까지 지원하는 과정으로 진행되는 취업지원사업은 장애인 취업성공패키지, 중증장애인 취업지원을 위한 중증장애인 지원고용과 중증장애인 인턴제, 그리고 장애학생 취업지원사업을 중심으로 운영되고 있다. 장애인 취업성공패키지란 장애인에게 성공적인 취업과 직업적응을 지원하기 위해 단계별 통합적인 서비스를 제공하는 전문적인 취업지원프로그램이다.

② 장애인 직업능력개발지원

취업을 희망하는 장애인에게 다양한 직업능력개발 및 직업재활서비스를 제공함으로써 장애인의 직업능력개발을 목적으로 이루어지고 있다.

③ 근로지원인 서비스 지원

근로지원인 서비스제도는 중증장애인 근로자가 담당업무를 수행하는 능력을 갖추었으나, 장애로 인하여 업무를 수행하는 데에 어려움을 겪는 경우, 근로지원인의 도움을 받아 업무를 수행할 수 있도록 지원하는 제도를 말한다. 즉, 중증장애인근로자의 안정적인 직업생활을 위하여 근로지원인을 지원하는 제도로, 2010년부터 시행하고 있다. 지원대상은 중증장애인이며, 1일 8시간, 주 40시간 이내로 근로지원인 서비스를 받을 수 있다.

그림 7-1 근로지원인 서비스 절차

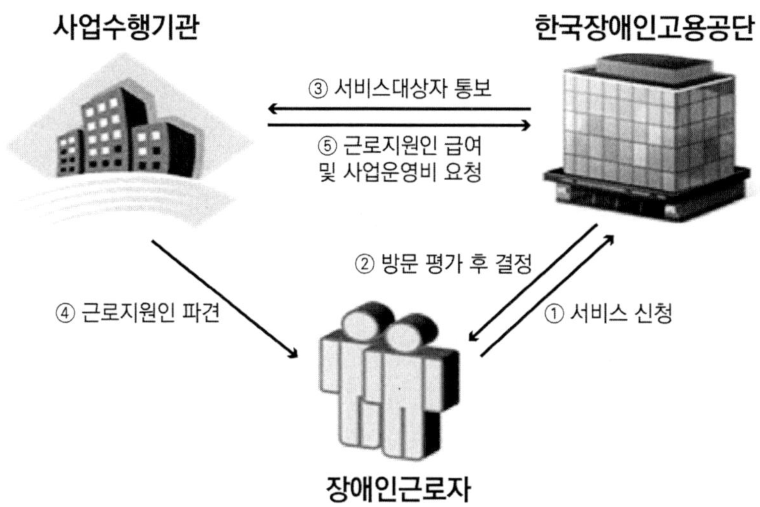

자료: 한국장애인고용공단 홈페이지(2022).

④ 보조공학기기 지원

장애인 보조공학기기 지원사업은 장애인의 고용촉진과 직업생활 안정을 도모하기 위하여 직업생활에 필요한 각종 보조공학기기를 고용유지조건이나 무상으로 지원하는 제도를 말한다. 즉, 장애인이 작업을 효율적으로 수행할 수 있도록 보조공학기기를 지원하여 장애인의 안정적 직업생활을 지원하기 위하여 2004년부터 시행해 오고 있다. 지원대상은 작업용 보조공학기기이며, 2014년부터 출퇴근을 위한 자동차 개조 및 차량용 보조공학기기도 지원하고 있다. 지원대상은 장애인을 고용했거나 고용하려는 사업주, 4인 이하의 근로자를 고용하고 있는 장애인사업주, 장애인근로자 등이다.

⑤ 직업영역개발사업

직업영역개발사업은 일반고용시장에서 상대적으로 취약계층인 중증·여성·장년 장애인을 위해 새로운 전략직무를 발굴하고 고용가능성을 향상시키는 모델을 개발하는 사업이다. 직업영역개발사업 추진체계를 보면, 직업영역개발사업은 산업동향 분석 및 전문가 자문회의 등을 통해 장애인 취업유망 분야를 선정하고, 사업체 또는 장애인 중심으로 적합한 직무를 개발한 후, 취업된 장애인의 적응지도와 사업주 고용관리 서비스를 제공하는 순서로 진행된다. 직업영역개발사업은 크게 두 가지 유형으로 추진된다.

[Type A] 장애인 중심의 직무개발
장애인의 직업적 능력과 특성에 기반 둔 적합 직무개발
예, 시각장애인 헬스키퍼, 청각장애인 네일아티스트 등

[TypeB] 사업체 중심의 직무개발
장애인 고용확대의 니즈가 있는 기업이나 장애인 고용이 저조한 기업을 중심으로 기업환경에 맞는 직무개발
예, 발달장애인 편의점 스태프, 장년 및 중증장애인 병원보조원 등

직업영역개발사업 추진 체계도는 <그림 7-2>와 같다.

그림 7-2 직업영역개발사업 추진 체계도

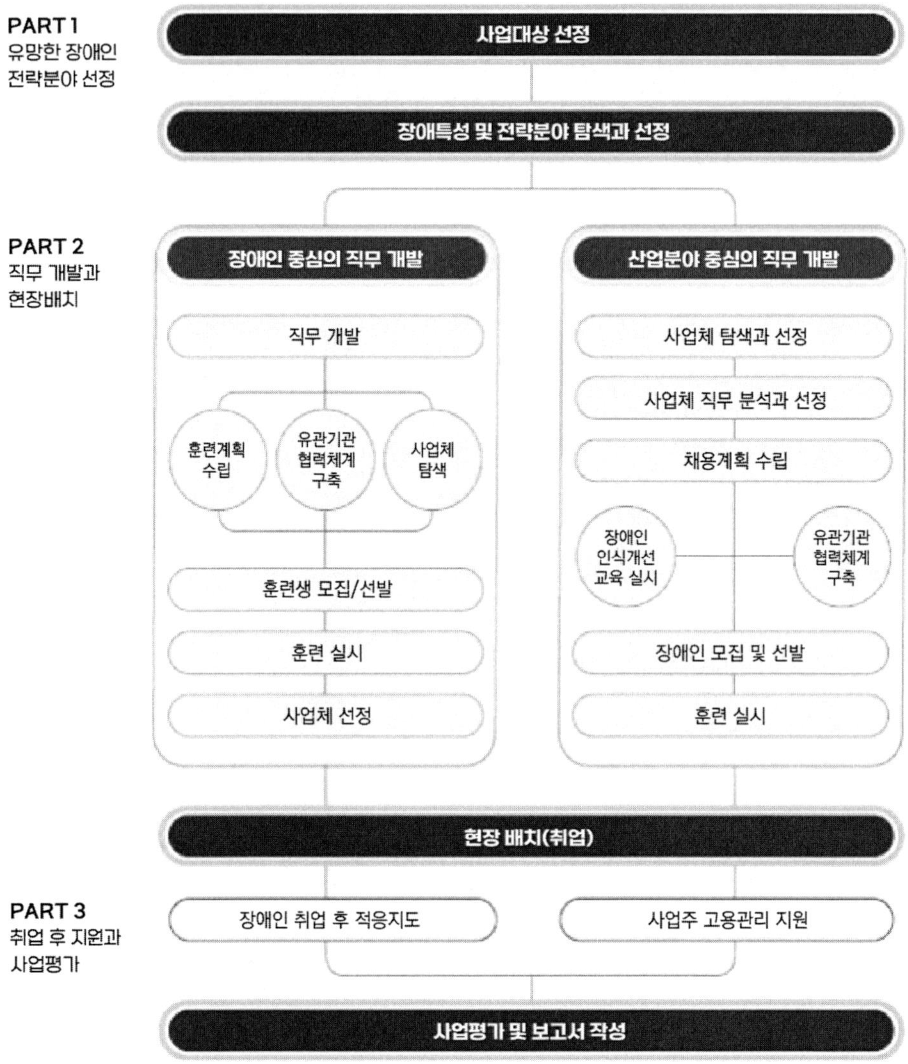

자료: 한국장애인고용공단 홈페이지(2022).

2) 보건복지부

장애인의 일자리는 주로 고용노동부 및 한국장애인고용공단을 통하여 지원서비스가 이루어지고 제도가 구축되어 있다. 보건복지부는 주로 일반노동시장에 진입이 어려운 중증장애인의 일자리를 위한 사업을 펼치고 있는데, 대표적으로 장애인보호작업장 등 장애인직업재활시설 운영, 장애인 일자리 사업 등이 있다.

(1) 장애인직업재활시설 운영

보건복지부는 주로 경쟁고용이 어려운 중증장애인들을 대상으로 직업재활시설을 통한 보호고용서비스를 제공하고 있다. 직업재활시설이라 함은 일반 작업환경에서는 일하기 어려운 장애인이 특별히 준비된 작업환경에서 직업훈련을 받거나, 직업생활을 할 수 있도록 하는 시설을 말한다. 장애인직업재활시설은 그동안 몇 차례 시설유형 개편작업을 통하여 현재 장애인 보호작업장, 장애인근로사업장, 장애인직업적응훈련시설 등으로 운영되고 있다.

(2) 장애인 일자리사업

장애인 일자리사업은 중증장애인의 소득보장과 사회참여 확대를 위하여 2006년 논의된 'Able 2010 프로젝트'로부터 시작되었다. 2010년까지 10만개의 일자리를 만든다는 목표로 시작된 'Able 2010 프로젝트'는 장애인의 사회참여 확대와 소득보장을 위하여 생산적이고 복지적인 일자리 제공을 목적으로 하는 국가정책사업이다. 장애인 일자리사업은 「장애인복지법」에 근거하여 2007년부터 시작되었으며, 2014년 이후 현재까지 일반형 일자리, 복지일자리 특화형 일자리의 세 가지 유형으로 사업을 구분하여 수행하고 있다.

4 장애인고용정책의 개선방안

우리나라 장애인 고용서비스 중에서 실제 장애인의 고용에 가장 큰 영향을 미치는 의무고용제도와 그 밖의 다른 고용서비스를 구분하여 바람직한 개선방안을 제시하고자 한다. 그 내용은 다음과 같다(서동명 외, 2022: 270−273).

1) 의무고용제도

의무고용제도에 있어서 개선할 점은 다음과 같다.

첫째, 의무고용정책의 기조를 고용확대에서 일자리의 질을 높이는 쪽으로 전환할 필요가 있다. 우리나라의 경우, 1991년 장애인 의무고용제도 도입 이후 2019년까지 지속적으로 의무고용률(쿼터)을 상향하여 왔으나, 자동화로 인한 노동력 수요가 감소하는 투기산업사회적 특성과 장애인구의 급속한 고령화라는 정책환경을 고려할 때, 이러한 정책 기조를 앞으로도 지속할 수 있을 지에 대한 중장기적 검토가 필요하다고 판단된다. 특히, 2019년 기준 65세 이상 장애인 비율이 48.3%에 달하고, 향후에는 이 비율이 더욱 증가할 것이라는 인구학적 전망은 향후 의무고용률을 상향하더라도, 실제 취업할 수 있는 장애인구는 제한되어 있다는 점에서 그 효과는 미미할 것으로 전망된다. 따라서, 향후 장애인의무고용정책의 기본 방향은 제도 도입 후 지금까지 이어져 온 의무고용률 상향을 통한 장애인 고용의 양적 확대 기조에서 현재 적용되고 있는 의무고용일자리 내에서 상대적으로 질이 좋은 일자리에 장애인 고용이 증가할 수 있도록 하는 장애인 고용의 질적 확대 기조로 전환할 필요가 있다. 일자리의 질을 반영한 의무고용제도라는 의미는 장애인과 비장애인을 포함한 전체 근로자의 일자리에서 질 좋은 일자리에 취업하고 있는 전체 근로자의 비율과 동일한 비율로 장애인 근로자도 그러한 질 좋은 일자리에 취업할 수 있어야 한다.

둘째, 의무고용 적용대상 사업장 기준을 확대할 필요가 있다. 일반적으로 기업규모가 클수록 장애인 의무고용률이 낮게 나타나고 있음을 고려하여, 상대적으로 일자리의 질이 좋은 대기업의 장애인 의무고용률을 제고하는 차별적 조치와 함께, 의무고용 적용 대상 사업장 기준을 완화하는 조치가 필요하다. 구체적으로 장애인의무고용제도를 시행하고 있는 OECD국가의 사례를 반영하여, 현재 50인 이상으로 되어 있는 의무고용대상 사업장 기준을 확대하여 단계적으로 30인 이상 사업장까지 낮추도록 하는 것이 바람직할 것으로 사료된다.

셋째, 합리적인 장애인의무고용제도 대상자 선정 기준을 마련할 필요가 있다. 의학적 기준의 엄격함으로 인해 한국의 장애출현율은 매우 낮을 뿐만 아니라, 장애인구의 급속한 고령화로 인해 등록장애인구를 장애인 고용서비스의 대상으로 설정하고 있는 현 체제하에서는 고용서비스의 효과성을 제고하기 어렵다는 점에서 등록장애인을 의무고용제도 등 고용서비스 대상으로 설정하는 제도적 관행에서 탈피하여, 등록장애기준과 별개로 고용서비스의 대상을 선별하는 직업적 장애판정기준을 수립하여 이를 토대로 고용서비스의 정책 대상을 확대하는 개혁적 조치가 필요하다. 이를 위해 단기적으로는 2002년 장애범주 확대 이후 추가적인 범주 확대가 없었음을 고려하여, 사회경제적 지원의 필요도를 고려하여 단계적으로 장애 범주를 확대함으로써 장애인 고용서비스 대상을 확대할 필요가 있으며, 장기적으로는 의무고용제도, 지원고용서비스, 보호고용서비스, 재정지원일자리 사업의 대상자를 선정하는 기준으로서 직업적 장애 판정기준을 수립할 필요가 있다.

2) 기타 고용서비스

첫째, 중증장애인 중심의 고용서비스 내실화가 필요하다. 이를 위해서는 먼저 지원고용의 확대 및 체제 개편이 필요하다. 지원고용사업 대상자 확대와 더불어 현재 3~7주간의 현지훈련은 개별특성을 고려해 미국 등의 경우처럼 8개월~1년까지 확대가 필요하다. 또한 지원고용 현장훈련 후 사업체 배치비율을 높이고, 필요한 적응지원을 장기간 제공하는 것은 물론, 직무지도원의 역량강화와 근로조건 개선 등의 활동이 필요하다. 다음으로, 보호고용 장애인의 최저임금 지급 범위 확대 및 임금보조 등이 시급하다. 다른 나라들처럼 정부가 직업재활시설에서 일하는 중증장애인의 생산성 보전을 위해 임금을 보조하는 것이 필요하다. 예를 들어, 보호작업장 근로장애인 2/3 이상에게 최저임금의 40% 이상 지급규정을 최저임금의 60% 정도를 보장하는 내용으로 개정하는 등의 개선이 필요하다.

둘째, 중증장애인 근로지원인 서비스 확대가 필요하다. 예산확충을 통해 서비스 대상자와 근로지원인 수를 확대하고, 관련 예산을 장애인고용촉진기금에서 고용보험기금(고용안정사업)으로 전환하는 것이 필요하다.

셋째, 장애인고용서비스 연계강화를 통해 개인별 사례관리체계를 제도화하는 것이 필요하다. 즉, 고용·교육·복지서비스 간 분절적으로 운영 전달되고 있는 서비스를 유기적 연계를 통해 수요자 중심의 통합적 고용서비스체계를 구축하는 것이 필요하다.

넷째, 장애인고용서비스 예산에서 정부의 일반회계 비중을 확대하는 것이 필요하다. 이를 통해 장애인고용공단 관리운영비는 일반회계에서 지원하고, 고용기금은 고용주와 장애인 지원에 활용하는 등의 방안이 필요하다.

Chapter 8

장애인교육 보장정책

✓ **학습목표**

1. 장애인교육의 필요성
2. 장애인교육의 원칙과 현실성 관계
3. 통합교육에 대한 의견

✓ **학습내용**

1. 장애인교육
2. 장애인교육의 원칙
3. 특수교육
4. 장애인 통합교육
5. 장애인교육정책
6. 장애인교육의 문제점과 개선방향

✓ **개요**

장애인교육은 각종 교육제도와 방법, 기술 등을 통해 장애인 개개인의 잠재력 개발과 최대한의 능력향상을 도모함으로써 사회생활 적응을 원조하는 교육적 서비스 과정이다. 이 장에서는 장애인교육보장정책을 살펴보고자 한다.

Chapter 8

장애인교육보장정책

1 장애인교육

1) 장애인교육의 개념

장애인교육은 각종 교육제도와 방법, 기술 등을 통해 장애인 개개인의 잠재력 개발과 최대한의 능력향상을 도모함으로써 사회생활 적응을 원조하는 교육적 서비스 과정이다(윤상용 외, 2019: 262).

교육은 일반적으로 개인의 인격을 높이고 자주적 생활능력과 민주시민으로서 필요한 자질을 갖추기 위하여 교양과 지식, 기술 등을 가르치는 것을 말하는 데, 학교에서의 교육뿐만 아니라, 가정이나 학원 등 학교 외에서의 교육을 모두 포함한다. 「교육기본법」 제3조에 따르면, 장애인을 포함한 모든 국민은 평생에 걸쳐 학습하고, 능력과 적성에 따라 교육 받을 권리를 가진다. 따라서, 장애인 역시 자신의 능력을 향상시키고 사회 속에 어우러져 살아가기 위하여 교육은 필수적 조건이며, 지식기반사회를 살아가는 데 있어서 전 생애에 걸친 장애인 평생교육의 필요성이 더욱 강조되고 있다.

장애인교육은 장애인 개개인이 가지고 있는 잠재능력을 최대한 향상시키고 사회생활에 적응해 가도록 도움을 주는 교육제도와 교육방법 및 기술 등 교육적 서비스 과정이다. 장애인교육을 일반적인 교육과 구분하여 파악하기보다는 전체 국가교육의 한 부분으로 보는 것이 바람직한 데, 장애인교육도 방법과 학습자의 특성만 달리할 뿐 단일한 교육목적을 실현하며, 모든 국민의 교육받을 권리의 평등한 보장이라는 점에서 일반교육과 분리할 별도의 이유가 없기 때문이다(김영애 외, 2021: 159).

장애인교육은 장애인 학습자의 특성에 맞추어 교육 내용과 방법이 고려되기 때문에 특수교육이 된다. 특수교육은 특수교육대상자의 교육적 욕구를 충족시키기 위하여 특성에 적합한 교육과정 및 특수교육 관련 서비스 제공을 통하여 이루어지는 교육을 말한다. 특수교육 관련 서비스는 특수교육대상자의 교육을 효율적으로 실시하기 위하여 필요한 인적·물적 자원을 제공하는 서비스로서, 상담지원, 가족지원, 치료지원, 보조인력지원, 보조공학기 기지원, 학습보조기기지원, 통학지원 및 정보접근지원 등을 말한다(「장애인 등에 대한 특수교육법」 제2조).

장애인 및 특별한 교육적 요구가 있는 개인은 비장애인과의 통합된 교육환경에서 생애주기에 따라 적합한 교육을 받고 사회구성원으로 어울려 살아가면서 자아실현과 사회통합을 추구할 수 있다. 이것이 장애인교육의 궁극적인 목적이다. 즉, 일반교육이 가지는 보편성 내에서 장애인 학습자의 특수성을 인정하고 고려함으로써 이들의 잠재성을 발굴하고 가능성을 최대한 향상시켜 자립적이고 인간다운 삶을 영위하기 위한 기초능력을 배양하는 것이다.

「장애인복지법」 제20조(교육)

① 국가와 지방자치단체는 사회통합의 이념에 따라 장애인이 연령·능력·장애의 종류 및 정도에 따라 충분히 교육받을 수 있도록 교육 내용과 방법을 개선하는 등 필요한 정책을 강구하여야 한다.
② 국가와 지방자치단체는 장애인의 교육에 관한 조사·연구를 촉진하여야 한다.
③ 국가와 지방자치단체는 장애인에게 전문 진로교육을 실시하는 제도를 강구하여야 한다.
④ 각급학교의 장은 교육을 필요로 하는 장애인이 그 학교에 입학하려는 경우 장애를 이유로 입학 지원을 거부하거나 입학시험 합격자의 입학을 거부하는 등의 불리한 조치를 하여서는 아니 된다.
⑤ 모든 교육기관은 교육 대상인 장애인의 입학과 수학(修學) 등에 편리하도록 장애의 종류와 정도에 맞추어 시설을 정비하거나 그 밖에 필요한 조치를 강구하여야 한다.

2) 장애인과 교육받을 권리

사람이면 누구나 다 사회환경에 적응하며 살아갈 수밖에 없으며, 교육은 환경적응에 필수적인 핵심과정이며, 교육을 통해서 효과적으로 달성될 수 있다. 교육은 인간이 그들의 환경에 적응함으로써 자신을 최상의 상태로 보전하게 하려는 일련의 과정인 것이다. 환경 속에서 인간은 교육을 통해서 인간으로서의 정체성을 실현하고 유지할 수 있다 따라서, 사회는 그들 구성원인 개인이 인간다움을 실현하고 유지해 갈 수 있도록 교육해야 할 절대적 책임이 있다. 또한 사회가 존재하는 한 교육은 개인에게 부여된 당연한 권리인 것이다. 현재 대부분의 국가가 구체적인 제도를 마련하여 국민에게 일정 기간 동안 의무교육을 받도록 하는 것도 같은 이유이다 나아가 오늘날 국가는 의무교육이 아니라도, 국민의 필요에 따라서는 언제든지 더 많은 교육을 받을 수 있도록 지원하려는 방향으로 정책을 추진하고 있다.

우리나라 장애인교육권은 헌법을 비롯한 각종 법률과 선언문에 명시되어 있다. 헌법 제31조 제1항은 "모든 국민은 능력에 따라 균등하게 교육을 받을 권리를 가진다."라고 규정되어 있다. 이는 헌법이 보장하는 기본권에 속한다. 교육을 받을 권리는 교육을 받을 수 있도록 국가의 적극적인 배려를 요구할 수 있는 권리이다. 즉, 교육에 필요한 재정, 시설, 제도 정비 등 외적 조건을 국가에 요구할 수 있는 권리이다. 넓은 뜻의 교육을 받을 권리는 개개인이 능력에 따라 균등하게 교육을 받을 수 있는 수학권뿐 아니라, 학부모가 그 자녀에게 적절한 교육의 기회를 제공하여 주도록 요구할 수 있는 교육기회제공청구권까지 아우른다. 부모의 자녀에 대한 교육권은 자녀의 교육받을 권리를 실질적으로 보장해 준다는 의미이다(허완중, 2020: 565).

「교육기본법」 제2조에서 "교육은 홍익인간의 이념 아래 모든 국민으로 하여금 인격을 도야하고 자주적 생활능력과 민주시민으로서 필요한 자질을 갖추게 함으로써 인간다운 삶을 영위"라고 교육목적을 규정하고 있으며, 제3조와 제4조에서 "능력과 적성에 따라 평생에 걸쳐 교육받을 권리와 성별, 종교, 신념, 사회적 신분, 경제적 지위 또는 신체적 조건 등을 이유로 차별 받지 않을 평등한 교육을 받을 수 있도록" 보장하고 있다

이와 함께 1998년에 선포된 '한국장애인인권헌장' 제1조에서 "장애인은 장애를 이유로 정치, 경제, 사회, 교육 및 문화생활의 모든 영역에서 차별을 받지 아

니한다."라고 규정되어 있으며, 제5조에서는 보다 구체적으로 "장애인은 자신의 능력을 계발하기 위하여 장애유형과 정도에 따라 필요한 교육을 받을 권리를 가진다."고 명시함으로써 기본권으로서의 장애인교육권을 명시하고 있다.

장애인교육권을 보다 구체적으로 상세하게 규정하고 있는 「특수교육진흥법」에서는 국가와 지방자치단체의 임무, 장애인의 의무교육과 조기교육, 개별화교육, 통합교육 특수교육위원회 등 장애인교육을 보장하는 각종의 세부내용을 담고 있다.

이와 같은 법률상의 규정이나 헌장 등에 나타나 있는 기본권인 교육권이 모든 장애인에게 향유되지 못하고 있는 바탕에는 사회적 인식이 주된 원인으로 작용하는 경우가 많으며, 교육영역에 있어 입학거부와 같은 차별적인 사례들도 빈번히 나타나고 있는 실정이다. 이외에도 장애인들이 적절한 교육을 받을 수 있는 제도적 여건이 충분히 마련되어 있지 못하여 많은 장애인이 교육을 받지 못한 채 방치되거나, 기본적인 교육받을 권리마저 포기해 버리는 경우가 발생되고 있다.

3) 장애인교육의 주요 내용

장애인교육의 주요 내용은 다음과 같다(김영애 외, 2021: 163-164).

첫째, 장애인교육, 즉 특수교육이 궁극적으로 추구하는 가치는 장애학생과 비장애학생이 함께 생활하면서 '우리(us)를 경험할 수 있는 물리적 · 정서적 통합교육'이다.

둘째, 장애인교육의 목적은 일반교육의 목적과 동일하다. 즉, 자아실현, 인간관계 개선, 경제능력 배양 등을 목적으로 한다.

셋째, 장애인교육의 방법은 일반교육과 다르다는 점을 인정하여야 한다. 즉, 장애에 따른 특수성과 그에 합당한 특별한 시설과 교육방법, 특별한 훈련을 받은 전문교사와 여러 가지 보조서비스가 필요하다는 것을 전제로 적절한 지원이 이루어져야 한다.

넷째, 여러 영역 간 전문가들의 종합적이고 유기적인 관계 속에서 장애학생의 욕구에 기반을 둔 서비스를 계획하고 실천할 수 있어야 한다.

다섯째, 획일적 · 일괄적 · 보편적 측면의 접근보다는 개별적이고 개성적인 욕구의 인정과 그에 상응한 개별화 교육프로그램을 조성하여야 한다.

여섯째, 장애학생의 교육은 학업상 필수적 교과지도 외에 다양한 방법과 수준에 의한 보조서비스가 필요하다.

2 장애인교육의 원칙

1975년에 제정된 미국의 「모든 장애아동교육법(The Education for All Handicapped Children Act)」은 미국을 비롯하여, 전 세계 특수교육계의 지각변동을 몰고 온 법이다. 이 법에서는 장애아동들이 비장애아동들과 함께 동등한 공교육의 기회와 혜택을 이웃한 학교에서 최대한 누리도록 하기 위하여 연방정부와 주정부, 기타 지방의 관련 산하기관들이 적절한 교육프로그램과 서비스를 마련하여 즉각적으로 시행에 옮길 것을 제시하고 있다. 이 법의 제정을 통해 모든 장애아동은 무상의 적절한 공교육을 받을 권리를 확립하였다(Turnbull et al., 2013). 이 법은 1990년 「장애인교육법(The Individuals with Disabilities Education Act, IDEA)」으로 명칭이 변경되었으며, 이후 몇 차례에 걸쳐서 수정되었다. 「모든 장애아교육법」부터 「장애인교육법」까지 변함없이 강조되고 있는 특수교육과 관련된 여섯 가지원칙들은 다음과 같다(Turnbull et al., 2015).

1) 배제금지의 원칙

배제금지(zero reject)의 원칙은 어떠한 학교도 3~21세의 장애학생을 거부할 수 없으며, 장애의 종류와 정도를 고려하여 교육해야 함을 의미한다. 이 연령대의 학생들은 어떤 유형의 장에나 어느 정도의 장애를 지녔던가에 상관없이 무료의 공교육 혜택을 받음에 있어서 단 한 명도 배제되어서는 안 된다는 원칙이다. 즉, 장애학생의 학업권을 보장해야 하며, 이것은 공교육에서의 통합을 지향하고 있다.

2) 비차별적인 평가의 원칙

비차별적 평가(nondiscriminatory evaluation)의 원칙은 모든 학생이 공평하고 편견이 배제된 평가를 통해서 장애 판명이 되어야 함을 의미한다. 특수교육을 필요로 하는 학생들은 어떠한 형태로든 평가로 인한 불이익을 받아서는 안 된다. 다양한 전문가들에 의한 객관적인 평가를 통해 특수교육의 대상이 아닌 것으로 판명되면, 그 학생은 더 이상의 평가나 특수교육 및 관련 서비스를 받지 않아도 된다. 그러나 장애를 가진 것으로 판명되면 계속적인 평가절차를 진행하는 가운데 어떠한 유형의 특수교육과 관련 서비스를 어느 정도로 받아야 하는가를 결정하여야 한다. 이러한 평가과정에서 있을 수 있는 오류를 최소화하기 위해 다양한 검사를 다양한 전문가들에게서 받아야 하며, 평가결과를 해석함에 있어서 대상 학생의 사회적·문화적·경제적·인종적 배경 등도 충분히 고려하여야 한다. 즉, 장애유무에 따라 적절한 특수교육적 서비스를 계획하고 평가에서 비롯되는 오류의 최소화를 위해 다양한 검사 및 언어나 습관 등 학생의 문화적 배경도 함께 충분히 고려되어야 함을 강조하고 있다.

3) 적절한 교육의 원칙

적절한 교육(appropriate education)의 원칙은 학생의 개별적 요구와 역량에 따른 맞춤식 교육을 통해 학생에게 혜택을 주는 것을 의미한다. 즉, 부모나 보호자에게 어떠한 경제적 부담도 주지 않는 가운데 일반학급, 특수학급, 가정, 병원, 시설 및 기타의 장소에서 특수교육요구학생의 교육적인 필요에 맞게 설계된 개별화 교육을 적용함을 의미한다. 미국의 「장애인교육법」은 이러한 개별화 교육계획을 이원화하여 3~21세까지의 특수교육 요구학생들을 위한 계획은 개별화교육프로그램(Individualized Education Program, IEP)으로, 출생에서 2~3세까지의 특수교육 요구아동 및 가족들을 위한 개별화 계획은 개별화 가족지원계획(Individualized Family Services Plan, IFSP)이라고 규정하고 있다. 즉, 장애학생들에게 개개인의 특성에 맞는 적절한 교육을 제공할 것을 제시하고 있다.

4) 최소제한환경의 원칙

최소제한환경(least restrictive environment)의 원칙은 개별 장애학생이 비장애학생과 함께 '최대한으로 적절한 범위(maximum extent appropriate)'에서 교육받아야 함을 의미한다. 이때 '적절한(appropriate)'의 의미는 「장애인교육법」상 "장애의 정도 또는 심각성으로 인해 보충적인 보조도구와 서비스의 사용에도 일반학급에서 만족스러운 성취가 이루어질 없을 때에만 특수학급, 특수학교, 기타 분리환경이 허용되는"이라는 문장에서 찾을 수 있다. 즉, 특수교육을 필요로 하는 학생들이 갖고 있는 장애의 종류나 정도에 관계없이 개별적인 필요나 희망에 따라 선정된 지역사회 내의 학교에서, 최대한의 보상적인 노력이나 지원서비스를 제공받는 가운데 일반학생들과 더불어 교육을 받을 수 있도록 배려하여야 한다. 이러한 최소제한환경의 원칙은 주류화(mainstreaming), 물리적인 통합(integration), 완전 통합(inclusion)의 원칙이라고도 하며, 교육에서 제한적인 환경을 최소화함으로써 원만한 교육환경적 요소를 지향하고 있다.

5) 적법한 절차의 원칙

적법한 절차(procedural due process)의 원칙은 적법한 절치에 의해서 문제해결하는 방식을 말한다. 즉, 특수교육을 필요로 하는 학생들의 교육받을 권리와 관련하여 분쟁이나 갈등이 생길 경우, 일차적으로 이해 당사자들 간의 중재(mediation)를 시도하며, 이후 문제해결이 되지 않으면 적법한 절차로서의 청문회(due process hearing)를 개최하며, 이를 통해서도 문제 해결이 되지 않으면 최종적으로 법원에 제소하는 절차를 밟는다. 이러한 절차를 통해 도출된 결과는 반드시 서면기록으로 남기고, 부모를 포함한 이해 당사자들에게 통지하여야 한다. 즉, 교육상의 불이익이나 차별이 발생할 경우, 이에 대한 합당한 권리의 보장을 요구하는 적법절차를 두고 있다.

6) 부모-학생의 참여권리(parent-student participation)

학부모-학생의 참여(parent-student participation)의 원칙은 특수교육을 필요로 하는 학생들과 관련된 지역정책이나 교육정책, 평가과정, 개별화 교육계획안 등을 마련하는 과정에서 부모와 학생들을 반드시 참여시켜야 한다는 것을 말한다. 즉, 당사자인 학생과 그들의 보호자가 권익옹호자 내지는 교육 관련 서비스 제공에서의 중요한 팀 구성원으로서의 부모와 학생의 참여 권리를 제시하고 있다. 이러한 주요한 원칙들은 장애인교육의 주요 내용들, 즉 특수교육의 추구가치나 목, 방법과 과정, 특수아동 집단에 대한 이해, 교육을 위해 필요한 보조서비스 등에 대한 핵심적 배경을 이룬다.

이러한 원칙을 토대로 한 특수교육의 주요 내용은 다음과 같다(서동명 외, 2022: 280-281).

첫째, 특수교육이 궁극적으로 추구하는 가치는 통합교육을 의미한다. 따라서, 될 수 있는 대로 일반학교 내 일반학급 내에서 교육을 할 것, 그리고 이와 함께 물리적 배치나 물리적 환경의 개선만으로 통합을 지향하는 것이 아닌 일반교사와 학생, 모든 부모에 대한 인식의 제고를 통해 장애아동의 특수성과 통합에 대한 이해를 도모하고, 개별학습의 중요성에 대한 인식도 함께 지향해야 함을 의미한다.

둘째, 특수교육 역시 자아실현, 인간관계 개선, 경제능력 배양 등 비장애아를 대상으로 하는 일반교육의 목적과 동일하게 설정하여야 한다.

셋째, 특수교육의 방법은 일반교육과 다르다는 점을 인정한다. 즉, 장애에 따른 특수성과 그에 합당한 특별한 시설과 교육방법, 특별한 훈련을 받은 전문교사와 여러 가지 보조서비스의 필요성을 인정하고, 그 안에 적절한 도모가 이루어져야 한다.

넷째, 특수교육은 장애아동의 발견과 효과적인 교육적 개입원조를 위해 여러 영역 간 전문가들의 종합적이고 유기적인 관계 속에서 장애아동의 욕구에 기반을 둔 서비스를 계획하고 실천할 수 있어야 한다.

다섯째, 특수아동은 서로 같은 장애영역이라고 할지라도, 그 수준과 정도 등에서 다양하고 복잡한 차이성을 보일 수 있다. 따라서, 획일적·일괄적·보편적 측면의 접근보다는 개별적·개성적 욕구의 인정과 그에 상응한 개별화 교육프로그램이 조성되어야 한다.

여섯째, 장애아동의 교육은 학문 학습상의 필수적 교과지도 외에도 다양한 방법과 수준에 의한 보조서비스가 요구된다. 즉, 치료적 교육서비스를 포함한 의료서비스, 사회생활적응 및 직업훈련, 전환교육 등 각종 훈련프로그램과 이 과정들에서의 적절한 효과를 가져올 수 있게 기여하는 특별한 시설이나 각종 기자재, 보장구 등의 필요성이 대두된다.

3 특수교육

1) 특수교육의 개념

특수교육(special education)은 정상에서 이탈되어 있는 아동에게 알맞게 학교 교육과정을 조정하거나 재구성하는 것이며, 교육의 목표, 내용, 방법, 평가를 정상에서 이탈되어 있는 개개 아동에게 알맞게 조정하거나 재구성하여 운영하는 것이다. 또한 특수교육은 모든 교육의 보편성 및 공통성 외에 무엇인가 교육적으로 특별히 고려하여 이루어지는 교육적 행위라고 보며, 특수교육은 일반교육의 보편적인 원리와 활동에 추가하며, 교육적 행위의 특수성을 한다고 보는 견해도 있다.

2004년 미국 「장애인교육촉진법(The Individuals with Disabilities Education Improvement Act)」에 따르면, 특수교육은 장애아동의 독특한 교육적 요구를 위해 교실, 가정, 병원, 시설, 기타 환경이나 체육 등에서 부모나 보호자에게 비용을 부담시키지 않고 특별히 계획하여 지도하는 것을 말한다. 따라서, 특수교육은 특수교육 담당교사가 장애아동의 독특한 교육적 요구에 적절한 교육내용을 특별한 방법·매체 등을 활용하여 실시하는 교육 및 관련 서비스를 말한다.

특수교육은 여러 관점에서 다양하게 정의되고 평가되는 교육의 한 분야이다. 특수교육은 필요성과 권리에 대한 사회의 반응으로 설명할 수 있다. 과거의 특수교육은 일반아동과 분리교육이 주를 이루고 있었으며, 이에 따라 장애아동에 대한 교육의 필요성이 외면적으로 드러나지 못하고 있었다. 유엔의 장애인 권리선언(1975), 「특수교육진흥법」의 제정(1977) 및 우리나라 한국장애인 인권헌장 선포(1998) 등을 통해 장애인에 대한 인권신장과 더불어 장애아동에 대한 교육의 필요성이 대두되기 시작하였다. 장애아동의 교육은 정상화 관점과 사회적 가치를 추구하는 점에서 호응을 얻었으며, 동등한 교육원을 보장하기 위한 사회적 노력도 뒤따랐다. 또한 특수교육에 대한 사회의 반응은 공평하지 못한 분리, 평등권 침해 그리고 동등한 인간으로서의 대우 등을 사회적으로 인정하고 노력하는 것을 의미한다.

2) 특수교육의 목적 및 필요성

특수교육은 특수교육 대상자의 장애와 일탈 정도에 맞게 교수 내용에 더 개별적으로 계획되어야 하고, 더 집중적이고 더 목표 지향적인 교수를 필요로 한다. 이러한 특수교육의 목적은 일반교육의 목적을 바탕으로 히는 보편성과 특수아동의 특수성에 맞게 구체적이며 특수한 특수교육의 목표를 설정해야 한다. 따라서, 특수교육은 특수아동의 보편성과 특수성을 모두 감안하여 아동이 요구하는 잠재성과 가능성을 최대한 신장시켜야 한다. 또한 심신을 건강하게 하여 행복하고 자발적인 사회생활의 기초를 마련하고 배양하는 교육활동이다.

특수교육의 필요성은 특수교육의 성과에 관한 것이기도 하다. 과거에는 특수학교의 성과에 대한 평가를 얼마나 많은 수의 장애아동이 특수교육을 받을 수 있게 되었는가를 기준으로 삼았으나, 현재는 이러한 기준보다는 특수교육을 받은 사람들이 얼마나 만족스러운 삶을 살고 있는가를 평가기준으로 삼고 있다. 이러한 특수교육의 성과를 평가하는 기준은 다음과 같다(이형석 외, 2020: 326).

① 독립된 삶을 살 수 있도록 한다.

장애를 가진 사람들도 자신의 생활을 선택하고 조절할 수 있어야 한다.

② 생산적 삶을 살 수 있도록 한다.

장애를 가진 사람이라 할지라도, 수입을 가져올 수 있는 생산적인 일을 할 수 있게 하여 그들의 가계생활이나 지역사회에 기여할 수 있도록 하여야 한다.

③ 통합된 생활을 할 수 있도록 한다.

장애를 가진 사람이라 할지라도, 지역사회의 일원으로서 지역사회 주민과 일상적인 접촉을 할 수 있도록 하여야 한다.

3) 특수교육의 대상자

우리나라의 법적 장애인은 장애인복지법에서 제시하고 있는 15개 장애 영역에 해당하는 등록장애인이 특수교육의 대상자로 볼 수 있다. 그러나 모든 등록

장애인이 특수교육의 대상자는 아니며, 모든 특수교육의 대상자가 등록장애인은 아니다. 예를 들어, 교통사고로 한쪽 다리를 잃게 되어 의족을 착용하고 다니지만, 일반학급에서 수업을 받아도 일반아동들과 동일하게 문제가 없어 특수교육의 대상자로 선정이 안 된 아동도 있다. 따라서, 특수교육의 대상이 되는 특수아동은 정신적 특징, 감각적 특징, 사회적 행동 및 신체적 특징 등에서 평균으로부터 차이가 있는 아동으로 볼 수 있다. 이러한 특수아동의 능력을 교육적인 관점에서 분류하면 다음과 같다.

① 지적 능력이 우수하거나 지체되는 경우 : 여기에는 정신지체, 학습장애, 영재 등이 포함
② 의사소통능력이 저하되는 경우 : 주로 언어장애가 포함
③ 감각능력의 차이를 지닌 경우 : 시각장애와 청각장애가 포함
④ 행동이상을 지닌 경우 : 정서장애, 자폐성장애 및 사회 부적응이 포함
⑤ 신체능력의 차이를 지닌 경우 : 운동장애가 포함
⑥ 장애정도가 심하거나 하나 이상의 장애를 지닌 경우 : 중도·중복장애 등

장애인교육의 대상은 주로 특수아동이라고 할 수 있는데, 이 특수아동(exceptional child)은 신체적·정신적·정서적 또는 사회적 특성에서 소위 정상적(average)이라고 간주되는 것으로부터 벗어나 있고, 이에 그들의 최대한의 능력을 개발하기 위하여 특별한 교육적 서비스를 필요로 하는 아동'이다(윤상용 외, 2019: 263).

「장애인 등에 대한 특수교육법」 제15조(특수교육대상자의 선정)에서 ① 시각장애, ② 청각장애, ③ 지적장애, ④ 지체장애, ⑤ 정서·행동장애, ⑥ 자폐성장애(이와 관련된 장애 포함), ⑦ 의사소통장애, ⑧ 학습장애, ⑨ 건강장애, ⑩ 발달지체 ⑪ 그 밖에 대통령령으로 정하는 장애 어느 하나에 해당하는 사람 중 특수교육을 필요로 하는 사람으로 진단·평가된 사람을 특수교육대상자로 선정하고 있다.

특수교육대상자 선정기준은 다음과 같다(장애인 등에 대한 특수교육법 시행령 제10조[별표]).

① 시각장애를 지닌 특수교육대상자

시각계의 손상이 심하여 시각기능을 전혀 이용하지 못하거나, 보조공학기기의

지원을 받아야 시각적 과제를 수행할 수 있는 사람으로서, 시각에 의한 학습이 곤란하여 특정의 광학기구·학습매체 등을 통하여 학습하거나, 촉각 또는 청각을 학습의 주요 수단으로 사용하는 사람

② 청각장애를 지닌 특수교육대상자

청력 손실이 심하여 보청기를 착용해도 청각을 통한 의사소통이 불가능 또는 곤란한 상태이거나, 청력이 남아 있어도 보청기를 착용해야 청각을 통한 의사소통이 가능하여 청각에 의한 교육적 성취가 어려운 사람

③ 지적장애를 지닌 특수교육대상자

지적 기능과 적응행동상의 어려움이 함께 존재하여 교육적 성취에 어려움이 있는 사람

④ 지체장애를 지닌 특수교육대상자

기능·형태상 장애를 가지고 있거나, 몸통을 지탱하거나, 팔다리의 움직임 등에 어려움을 겪는 신체적 조건이나 상태로 인해 교육적 성취에 어려움이 있는 사람

⑤ 정서·행동장애를 지닌 특수교육대상자

장기간에 걸쳐 다음 각 목의 어느 하나에 해당하여, 특별한 교육적 조치가 필요한 사람

가. 지적·감각적·건강상의 이유로 설명할 수 없는 학습상의 어려움을 지닌 사람
나. 또래나 교사와의 대인관계에 어려움이 있어 학습에 어려움을 겪는 사람
다. 일반적인 상황에서 부적절한 행동이나 감정을 나타내어 학습에 어려움이 있는 사람
라. 전반적인 불행감이나 우울증을 나타내어 학습에 어려움이 있는 사람
마. 학교나 개인 문제에 관련된 신체적인 통증이나 공포를 나타내어 학습에 어려움이 있는 사람

4) 특수학교와 특수학급

특수학교는 장애아동의 교육을 위하여 일반아동이 다니는 학교와 분리하여

별도로 설치된 교육시설을 말한다. 특수학교의 설치는 「교육기본법」에 의거하여 국가 및 지방자치단체가 설치·운영하도록 의무를 부여하고 있다. 특수학교는 장애아동의 정도와 수준에 따라 교육을 실시하도록 규정하고 있다. 설치·경영의 주체에 따라 공립과 사립으로 구분되어 있는데, 공립은 시·도교육청이 설치·경영하고, 사립은 사회복지법인 또는 학교법인이 설치·경영하고 있다. 특수교육은 의무교육이므로 공·사립의 구분 없이 국가에서 전액 부담을 하고, 장애아동을 둔 부모는 자녀에 대한 교육의 의무를 가지고 있다. 특수학교는 장애유형에 따라 지체장애, 청각장애, 시각장애, 지적장애 등 4개의 영역으로 구분하여 학교를 설치하고 있으며, 1개의 특수학교 내에 일반적으로 유·초·중·고·전공부 과정을 함께 두도록 하고 있다. 현재 특수학교에 재학 중인 장애학생의 경우는 중도·중복 장애를 가진 아동들로서 그 장애의 정도가 심화되고 있다.

특수학급은 장애아동의 특수교육을 위하여 일반학교 또는 특수학교에 설치된 단위학급을 말한다. 일반학교의 특수학급은 일반학급 외에 통상 1~2학급을 별도로 설치하고 있으며, 특수학교에는 전체 학급이 특수학급으로 구성되어 있다. 설치된 특수학급은 일반학교의 일반학급과는 다른 정원기준에 의해 운영되고 있다. 특수학급의 정원기준은 유치부 4명, 초등부 6명, 중학부 6명, 고등부 7명이다. 이와 같이 다른 정원기준 체계는 학습이 쉽지 않은 특수교육 대상 아동의 특수성과 개별적이고 집중적인 반복학습을 위한 것이다. 특수교육의 기본지향목표에 따라 일반학교에서는 정상화 관점에서 통합교육을 실시함을 원칙으로 하고 있다. 통합교육은 일반동과 장애아동이 같은 교실에서 같은 수업과정을 수행하며, 사회통합의 가치실현을 추구하는 것을 목적으로 하고 있다.

5) 특수(장애)아동

특수(장애)아동은 여러 가지 장애로 인하여 일반아동과는 구분되어, 특별한 교육과정과 그와 관련된 교육적 서비스를 필요로 하는 아동을 지칭한다. 특수아동 또는 장애아동을 통상 특수교육대상자로 지칭하며, 재능이 우수하거나 뛰어난 특별한 아동과는 구분하여 특수아동이라는 용어를 사용한다. 특수아동에 대하여 특수교육이 필요한 이유는 장애로 인해 사회생활에 지장을 받는 부분에 대해 교육을 통해 중재를 제공하고 있기 때문이다. 특수교육을 받기 위해서는 병원의 진단과 시·도교육청의 특수교육지원센터 및 특수학교의 진단평가위원회의 평가를 받아 입학하여야 한다. 특수아동에 대한 특수교육은 단지 지식의 학습뿐만 아니라, 사회생활에 적응할 수 있는 능력의 함양과 신체적 재활에 이르기까지 다양하게 이루어지고 있다.

6) 특수교사

특수교사란 신체적·정서적 장애를 가진 아동을 대상으로 장애를 극복하고 사회생활에 적응할 수 있도록 지식 및 기능을 교육 또는 훈련시키는 교사를 말한다. 특수교사의 자격은 대학 및 대학원에서 특수교육을 전공하고 관련 자격증을 취득하여야 한다 특수교사는 일반교사와는 달리, 장애에 대한 이해의 정도가 깊고 특수교육에 있어서 전문성을 가지고 있어야 한다. 과거에는 일반학교의 특수학급에 일반교사가 단기간의 연수 후 특수학급을 지도하는 경우도 있었지만, 특수교육의 필요성과 전문성의 요구에 따라 현재에는 특수교육 전공자만이 특수교육을 전담할 수 있다. 특수교사의 보수와 대우 등은 일반교사와 구별되지는 않으나, 현장에서의 역할은 일반교사의 교육활동의 범주에서 벗어나고 있는 것이 현실이다. 특수학교 현장에서는 중도·중복화 된 장애아동의 식사, 용변처리 등의 일상생활의 돌봄 역할은 물론, 일부 의료행위에 이르기까지 다양한 역할을 수행하고 있어 많은 스트레스를 경험하는 것으로 나타나고 있다. 특수교사의 역할은 다음과 같다(이형석 외, 2020: 329-333).

(1) 교과지도

학교에서 이루어지는 대부분의 교육활동은 교과를 중심으로 한 교사의 수업활동과 학습자의 학습활동으로 구분할 수 있다. 교과는 교육목적 달성에 필요한 지식과 기능이 논리적으로 체계화된 것으로 정의할 수 있으며, 학교교육은 이러한 교과를 가르치는 교과교육이 교육활동의 중심이 된다.

교과지도는 교육목표에서 요구되는 내용을 통계적으로 계획하여 학생의 학습활동을 수행하도록 도와주는 수업을 말한다. 교과지도에 있어서 교사의 역할을 구체화하면, 교과지도를 계획하는 일, 교과지도를 실행하는 일, 교과지도의 결과를 평가하는 일 등으로 구분된다. 교사들은 학생들을 어떤 내용으로 어떻게 지도할 것인가를 계획하고, 실행하고, 평가하기 위해 적절한 자료를 준비하며, 학생의 동기를 유발하고, 수업의 모형을 선정하며, 교재연구를 수행하고, 적절한 발문과 보상 방법, 적합한 과제의 선정과 제시 방법, 타당한 평가 방법 등을 선택하고 실행하는 역할을 수행한다.

특수교사의 역할은 다양하지만, 수행하는 역할 중 가장 중요한 역할은 교과지도이며, 특수교사의 교과지도는 교육의 질을 결정할 뿐만 아니라, 교사의 전문성을 나타낼 수 있는 것이다.

교과지도에 관한 교사의 경험

초등학교 교과교육 연구에 따르면, 장애정도가 다양한 학생의 혼합학급 편성과 학생의 장애정도에 따라 교육할 수 있는 교과서가 부족한 한계를 교들은 경험하게 된다. 중학교 특수학급 교과교육에 관한 실태분석에 따르면, 교과교육을 할 때 학생의 개인차로 인하여 교사들이 특수교육대상 학생에 대한 한계를 느낀다는 반응이 높았으며, 전문적인 지식이 부족해 학생들에게 늘 미안함을 느낀다. 이는 특수아동의 교과교육에 대한 교사교육이 시급함을 알 수 있으며, 교과지도보다는 생활중심교육이 더 필요하다고 생각한다는 반응도 높아 교과교육은 학생들이 실제로 생활해 나가는 데 도움을 줄 수 있는 내용으로 전환되어야 할 것이다.

초등학교의 수학교과 실태분석을 살펴보면, 장애정도가 다양한 학생들이 혼재되어 있어 장애학생을 지도하는 데 어려움이 있으며, 개인차에 맞는 수준별 자료제작 및 선정의 어려움이 있다. 수학교과의 특성상 수업의 난이도를 일괄적으로 적용하기 힘들며, 장애정도가 다른 학생들을 한 학급에 모아서 수업을 진행하는 것이 가장 어렵다. 지적장애 학생의 교과지도와 관련한 연구에서도 교사는 장애정도가 다양한 학생들이 학급에 혼재되어 있어 수업과 관련한 지도에 어려움을 호소하였으며, 다망한 자료를 만들고 수준별 교과서를 제작하여야 할 필요성을 인식하고는 있으나, 실행에 어려움을 경험하고 있다.

(2) 생활지도

생활지도란 학생들이 당면한 문제를 해결해 주는 방법이라기보다는 그들이 당면한 문제를 스스로 해결할 수 있는 기회와 경험을 가지도록 함으로써 문제해결을 위한 자기사고와 자기선택을 해보도록 하고, 이러한 과정을 통하여 자율적으로 자기자신을 통제하며, 자기자신의 문제를 해결할 수 있는 능력과 문제를 해결할 수 있다는 자신감을 길러 주고자 하는 교육적 지도나 원조를 말한다. 따라서, 교사의 역할은 미리 준비된 교과내용을 가르치는 학습지도만으로 소임을 다하였다고 볼 수 없으며, 학생의 학교생활 및 사회적응력의 신장을 위한 생활지도 역시 교사의 주요한 업무라고 볼 수 있다.

생활지도는 학생이 지니고 있는 발달의 능성을 찾아내어 이를 최대한으로 발달할 수 있도록 도와 개인으로서는 인생을 행복하게 개척하고 지도하는 활동을 말한다. 즉, 사회인으로서 성실하게 사회에 적응할 수 있도록 올바른 가치판단 능력과 자기지도가 가능한 인간으로 지도하는 활동이다.

생활지도는 장애인 자신의 안전감, 지혜, 역량, 지침 등을 마련할 수 있게 해 주며, 한 가지 사례에만 국한된 것이 아니라, 생활의 모든 면을 포함한다. 생활지도의 목표는 각 개인이 자신의 문제를 자기 스스로 해결할 수 있는 능력과 새로운 사태의 적응력을 길러주는 데 있다. 생활지도의 초점은 문제 자체가 아니라 개인이며, 개인의 자율적 성장을 촉진시키는 데 있다.

지적장애 학생의 생활지도 활동은 그 학생의 가능성을 최대한 실현시키기 위해 중요하며, 특수교사는 지적장애 학생의 요구와 특성을 교육에 반영한다면, 교과지도를 통한 지적학습보다는 일상생활능력을 기르는 생활지도가 더 중요시되어야 한다.

생활지도에 관한 교사의 경험

초등학교 특수아동 실태분석을 살펴보면, 생활지도와 관련하여 다루기 힘든 문제행동을 제시하였는데, 그중 고집, 도벽, 공격적 행동, 기본생활 습관, 괴성, 자폐적 행동, 의사소통 문제, 과잉행동, 정서적 문제, 의욕상실, 학습행동, 고립,

도망치는 행동 등의 순으로 조사되었다.

중등 특수학급 교사의 생활지도와 관련하여 실패한 경험의 원인으로서는, 학생의 이해부족, 특수학급 상황을 고려하지 못한 것, 주변의 비협조를 그 원인으로 보았다. 생활지도와 관련한 문제를 해결하기 위해서 교사는 실제 생활지도와 관련하여 평소에 대화하기, 학생들과의 관계형성을 통해 학생 스스로 깨닫게 하거나, 학생의 특성을 잘 이해하여 학생에게 맞는 방법을 통해 자연스럽게 문제를 해결하거나, 학생과의 깊이 있는 이해를 통해 문제행동을 예방하고자 한다.

특수학급 교사의 학급경영 실태분석에 따르면, 특별활동, 참여지도에 가장 큰 어려움을 나타내고 있으며, 학부모 상담, 교내 행사 참여지도, 특수학급 선호로 인한 어려움, 일반학급 학생 협조, 문제행동 예방, 상·벌에 대한 일관성의 어려움으로 나타났다.

최근 특수교사의 생활지도는 장애학생의 문제행동과 관련한 요구를 지원하고, 학생과의 대화와 관계성, 특성을 잘 이해하는 등과 관련한 양적 연구는 많이 진행하여 왔으나, 특수학급의 생활지도의 예는 부족한 실정이다. 다루기 힘든 문제행동과 관련하여 교사의 대처방법과 해결방법 등에 대한 구체적인 연구가 필요하다.

(3) 진로지도

진로지도는 직업과 직업세계를 이해하여 진로선택을 바르게 할 수 있도록 이끌어 줄 뿐만 아니라, 여가활동, 취미활동 등 광범위한 생애 전반에 걸쳐서 일어나는 문제를 적절히 해결할 수 있도록 지도하는 과정을 말한다. 진로지도는 진로교육의 하위개념으로서 학교교육이 학생들을 행복한 개인으로, 그리고 생산적인 사회구성원으로 육성하는 데 보다 밀접하게 관련되고 공헌된다는 생각에서 비롯되었다. 진로지도는 개인적 차원에서 볼 때, 적성과 능력에 따른 진로를 탐색하고 발전시켜 보다 새롭고 생산 가치를 지닌 인간으로 길러냄으로써 자아실현을 도모하는 데 목적을 두고 있다. 또한 사회적 차원에서 볼 때, 변화하는 일의 세계 속에서 개인의 삶의 유지, 발전시킬 수 있는 생활 기능을 길러줌으로써 일에 대한 적응력을 지니고 생산적인 사회구성원을 돕는 데 목적을 두고 있다.

교사의 진로지도는 학교교육이 학생들을 행복한 개인으로 육성하고 공헌하는데 필요한 것이며, 이를 통해 한 개인이 직업을 가짐으로써 기쁨과 보람을 찾을 수 있고, 사회구성원으로 살아갈 수 있도록 도와준다. 진로지도는 지적장애인들에게 정확한 직업정보를 제공하여 적재적소에 배치할 수 있도록 교사가 도와주는 것이다.

사회자립을 위한 진로지도와 교육은 장애청소년의 진로지도의 중요한 핵심이며 본질적 과제이다. 따라서, 지적장째인에게 진로지도는 한 개인의 소질과 적성을 개발하기 위해 꼭 필요하지만, 현실에서 여러 가지 어려움이 있다. 진로지도 교사는 지적장애인의 경제적·직업적 자립을 목표로 장래의 직업환경에 적응할 수 있는 습관, 태도, 기능, 사회성을 길러 사회로의 전환이 바람직하게 이루어지도록 노력하여야 한다. 또한 진로지도 교사는 일상생활 및 사회생활에 필요한 바람직한 생활기능 및 태도를 기르고, 직업에 대한 기본적인 기능과 태도를 길러 직업환경에 적응할 수 있도록 도와주어야 할 것이다.

진로지도와 관련한 교사의 경험

초등학교 지적장애 학생의 진로교육과 관련하여 겪는 경험으로서는 교사의 진로 및 직업교육에 대한 전문지식의 부족, 지도서·참고서 부족, 교육과정 운영 시 시간 부족, 필요성이나 중요성에 대한 인식 부족 순으로 나타났다.

고등학교 특수학급 진로교육 실태에서도 진로지도 전담지도자의 양성 및 확보가 가장 많았으며, 다음으로는 진로교육을 위한 제도 및 운영의 합리화, 진로교육프로그램 개발의 순으로 나타났으며, 전문교사의 부족, 현장과의 연계부족 등으로 나타났다.

대부분의 교사가 진로지도에 많은 어려움을 겪는 것으로 나타났으며, 진로지도에 필요한 것은 교사의 전문성 부족과 진로지도 자료부족 등을 들 수 있다.

4 장애인 통합교육

1) 통합교육의 개념

통합교육은 1960년대 중반 북유럽에서 시작된 '정상화의 원리(the principle of normalization)'에 근거한 탈시설화운동과 함께 추진된 또 다른 한 축의 운동이었다. 1975년 미국 「모든 장애아동교육법」에서 제시한 장애인 교육원리 중 장애학생의 분리교육을 제한하는 최소제한환경(LRE)의 원칙을 통하여 미국뿐만 아니라, 많은 나라에서 통합교육운동이 촉진되었다. 우리나라에서는 「특수교육진흥법」이 1994년 전면 개정되면서 통합교육에 대한 조항을 포함시켰고, 2007년 제정된 「특수교육법」 제2조에서는 통합교육을 특수교육대상자가 일반학교에서 장애유형·장애정도에 따라 차별을 받지 아니하고, 또래와 함께 개개인의 교육적 요구에 적합한 교육을 받는 것으로 정의하였다. 이러한 법적 정의는 물리적인 장소의 통합을 넘어서 사회적 의미의 통합을 지향하고 있다.

통합교육의 용어는 'mainstreaming', 'integration', 'inclusion', 'heterogeneous schools', 'inclusive education', 'inclusive schooling' 등 다양하게 표현하고 있다. 우리나라에서는 이를 모두 통합교육으로 번역하고 있지만, 미세한 차이는 있을 수 있다. 1980년대 말에서 1990년대로 들어서면서 통합교육을 'integration'에서 'inclusion'으로 변경하여 사용하고 있는데, 통합교육을 'integration'이란 용어로 표현하던 초창기에는 일반교육과 특수교육으로 이원화된 체계를 그대로 인정하는 가운데 장애학생을 일반교육환경에 맞추어 가는 의미에서의 통합이었다. 반면, 'inclusion'으로 표현된 통합교육은 이원화된 체계를 지양하고 일반학교 또는 교육제계 전반이 다양한 욕구를 지닌 모든 학습자의 욕구를 충족시켜 나가기 위하여 일원화된 체계로 변화해 가는 노력으로 볼 수 있다(김영애 외, 2021: 164).

통합교육에 대한 다양한 선행연구의 정의 중에서 공통적인 의미를 살펴보면, 통합은 아동, 가족, 교육자, 지역사회 구성원들이 수용, 소속감, 공동체 의식에 기초한 학교를 만들어 가는 철학이다. 따라서, 통합교육의 개념은 초기에는 장애학생에 초점을 두고 논의되어 왔으나, 최근에는 장애학생 개인의 욕구를 가장 적합하게 충족해 나갈 수 있는 교육체계로 변화하려는 노력으로 한다.

통합교육을 분류하면, 첫째, 장애학생이 일정 시간 동안 장애가 있는 또래와 동일한 교육환경에 배치하는 시간적 통합(Temporal integration), 둘째, 장애학생이 일반학급의 학업활동에 의미 있게 참여하는 교수활동적 통합(Instructional integration), 셋째, 통합되는 학급의 교사와 또래로부터 학급의 구성원으로 수용되는 사회적 통합(Social integration) 등이 있다(윤상용 외, 2019: 269).

2) 통합교육의 평가

통합교육은 법적으로 관련 조항이 포함되면서 정책적 지원이 늘어가고 있으나, 통합교육이 이루어지는 교육현장에서는 여전히 많은 장애학생들이 소외와 차별, 분리를 경험하고 있는 실정이다. 통합교육에 대한 인식개선은 많이 이루어졌으나, 아직까지 통합교육의 달성정도에서는 만족도가 낮게 나타나고 있다. 이에 통합교육의 장점과 단점을 장애학생과 비장애학생의 관점에서 살펴볼 수 있다.

(1) 통합교육의 장점

장애학생의 측면에서 장애학생이 비장애학생의 행동을 살펴보고 이들과 상호작용을 통하여 사회적으로 수용되는 다양한 행동을 배우고 바람직하지 못한 행동을 감소시키는 등 사회성 발달이 촉진된다. 또한 비장애아동과 생활하면서 장애아동의 숨겨진 잠재력을 발견하고, 이를 발휘할 수 있는 기회를 가질 수 있으며, 학업성취에 긍정적 성과를 나타낸다. 또래와 함께 공부한다는 자긍심을 가짐으로써 정서적으로도 자아존중감 발달에 긍정적인 영향을 미친다.

비장애학생의 측면에서는 통합교육을 통하여 장애에 대한 편견과 선입견을 줄이고, 사회적 책임감을 가질 수 있다. 즉, 장애학생과의 상호작용을 통하여 장애학생을 한 개인으로 수용하고 지역사회가 장애인을 포함한 다양한 사람을 받아들여야 한다는 책임감을 학습하게 된다. 또한 다른 사람을 도울 기회를 가지고 함께하는 방법을 배움으로써 이해심과 배려심을 가지게 된다.

(2) 통합교육의 단점

장애학생의 관점에서 교사와 비장애학생, 학부모의 생각과 태도가 개선되지 않으면, 장애학생이 오히려 상처를 받을 수 있다. 일반교사 및 비장애학생, 학부모의 입장에서는 통합교육의 필요성을 제대로 인식하지 못할 가능성이 높기 때문이다. 또한 편의시설과 교재 지원 등이 이루어지지 않으면 학교시설 이용 등에서 제한을 받을 수 있으므로 오히려 장애학생의 교육권을 침해할 수 있다. 즉, 지원체계가 제한된 상황에서의 통합교육은 분리된 교육보다 장애학생의 교육권을 침해한다.

비장애학생의 측면에서도 교육권이 침해당할 여지가 있다. 통합교육현장에서 특수교육대상자에게 관심이 쏠리거나, 장애학생의 비적응적 행동이 발생할 경우 비장애학생의 교육권 침해가능성도 배제하기 힘들다. 교육 관련 활동을 하는 데 있어 장애학생으로 인하여 비장애학생의 선택과 자유가 일정 부분 제한될 수 있다.

통합교육과 분리교육은 각각 다른 의미를 갖고 있으며, 아직도 많은 부분에서 논의가 진행되고 있다. 통합교육이 좋다는 주장과 분리교육이 좋다는 주장을 정리하면 다음과 같다.

표 8-1 '통합교육이 좋다'와 '분리교육이 좋다'의 비교

통합교육이 좋다	분리교육이 좋다
1. 분리교육은 민주주의 교육이념과 배치된다. 2. 분리교육은 터무니없이 많은 비용을 발생시키면서도 교육성과라는 측면에서는 오히려 통합교육을 통해 얻은 성과보다도 못하거나 대등하다. 3. 분리교육은 특수교육요구 아동들의 지역사회통합에 필요한 기능적인 상호작용 기술의 습득이나 일반화의 문제를 해결할 수 없다. 4. 통합교육환경에서 장애아동과 장기간 접촉하는 비장애아동일수록 장애인에 대한 친근감이 높고 편견도 덜하다. 따라서, 통	1. 특수교육요구아동들이 지니는 독특한 특성과 개인차로 인해서 일반교육환경보다도 시설이 좀 더 잘 갖춰지고, 계획된 환경에서의 독특한 교육 내용과 방법의 적용을 필요로 한다. 2. 특수교육요구아동들의 제반특성과 교육적인 필요를 제대로 충족시킬 수 있을 정도로 준비되지 않은 일반교사에게 일반아동들과 더불어 교육받게 하는 것은 결과적으로 계속적인 실패와 좌절. 그로 인한 학습된 무기력감의 팽배와 자신감 상실을 부추길 뿐이다.

합교육은 배려하고 포용하는 평등한 사회 도모에 아주 중요하다.

3. 특히, 청각장애아동과 지적장애아동의 경우에는 통합교육이 반드시 긍정적인 경험을 가져오지 않는다는 연구 결과들이 다수 보고되고 있다. 세계청각장애인협회는 청각장애아동을 위한 최적의 교육환경은 교사와 학생이 모두 수화로 모든 의사소통을 할 수 있는 학교이며, 동료 학생들 및 교사들과 의미있는 상호작용이 배제된 상태에서 단지 통합을 위해 청각장애아동을 일반학교에 배치하는 것은 청각장애학생을 교육과 사회로부터 배제시키는 것이라고 주장한다.

자료: 윤상용 외(2019: 270).

이와 같은 통합교육이 성공적으로 이루어지기 위해서는 갖추어야 할 몇 가지 전제조건들이 존재한다. 실제적으로 통합교육을 위해서는 장애아동의 준비 차원에서 조기통합교육을 통해 사회적 접촉의 가능성을 미리 수용할 것이 강조되며, 비장애아동의 태도 차원에서는 비장애아동을 대상으로 장애에 대한 적절한 오리엔테이션이 강조된다. 일반교사의 태도와 관련해서는 개방적 사고와 책임, 특수교사와의 협력적 문제해결, 장애학생의 학교와 학급에 대한 소속감 고취 등이 강조되며, 부모의 태도와 관련해서는 부모의 통합교육에 대한 인식 제고와 장애이해 및 장애와 비장애 부모 모임 등을 통한 상호이해의 도모가 중요하다.

3) 통합교육의 유형과 방법

특수교육대상자로 선정된 장애학생은 통합교육을 위한 일반학교의 일반학급 배치를 최우선으로 할 수 있다. 그러나 장애유형이나 정도, 일반학교의 환경 등을 고려할 때, 일반학교에 설치된 특수학급으로의 배치가 더 좋은 경우도 있다. 통합교육과 분리교육은 이분법적으로 구분할 수 있는 것은 아니다. 일반학급에서 장애학생과 비장애학생이 완벽하게 통합되어 교육을 받는 것부터 가정이나 병원에서 장애학생이 별도의 개별교육을 받는 것까지 교육의 형태를 다양하게 나눌 수 있다(김영애 외, 2021: 168).

통합교육-분리교육 형태 스펙트럼은 <표 8-2>와 같다.

표 8-2 통합교육-분리교육 형태 스펙트럼

단계	교육형태
1	일반학급에서 일반학생들과 동등하게 제공받는 일반교육
2	일반교사에게 특수교육상담이 지원되는 일반교육
3	특수교사가 시간제로 일반학급에서 제공하는 일반교육
4	특별지도교사나 순회교사에 의하여 시간제로 분리교육이 제공되는 일반교육
5	시간제로 특수학급에서 제공되는 교육
6	일반학생들과 사회통합의 기회가 제공되는 전일제 특수학급에서의 교육
7	전일제 특수학급에서의 교육
8	특수학교에서의 교육
9	기숙시설에서의 교육
10	가정이나 병원에서의 교육

자료: 김영애 외(2021: 168).

이러한 교육에서 가장 중요한 것은, 장애아동 개인에 맞춘 개별화 교육이다. 즉, 장애아동의 특별한 욕구와 함께 가족의 욕구, 환경적인 상황을 함께 고려하여 개인별 맞춤형 교육을 실시하는 것이다. 이러한 것은 장애아동 개인의 상황과 맥락에 따라 일반학급에서 일반아동들과 동등하게 제공받는 일반교육부터 가정이나 병원에서 일대일 교육을 받는 것까지 모두 포괄하는 것이라고 할 수 있다.

5 장애인교육정책

1) 장애인교육의 법적 근거

우리나라는 헌법 제31조 제1항 "모든 국민은 능력에 따라 균등하게 교육을 받을 권리를 가진다."는 규정에 근거를 두고, 「교육기본법」 제18조(특수교육)에 "국가와 지방자치단체는 신체적·정신적·지적장애 등으로 특별한 교육적 배려가 필요한 자를 위한 학교를 설립·경영하여야 하며, 이들의 교육을 지원하기 위하여 필요한 시책을 수립 · 실시하여야 한다."고 규정하고 있다. 이를 위해서 「초 · 중등교육법」 제7절 '특수학교 등'과 「장애인복지법」 제20조(교육)의 규정, 그리고 「장애인 등에 대한 특수교육법」을 통해 장애인교육에 대한 구체적인 사항을 규정하고 있다.

우리나라의 장애인 관련법 중 최초로 제정된 법률은 1977년 12월에 제정된 「특수교육진흥법」이다. 이 법률을 통해 당시 우리나라 장애인교육을 공공으로 보장하기 시작하였고, 전국 시 · 도에 공립 특수학교와 특수학급을 설치하는 등 특수교육 발전의 기틀 마련을 위한 법적 근거를 만들게 되었다. 이후 여러 차례의 개정을 통해 다양한 장애인교육 방안이 마련되었다. 그러나 이 법률은 초 · 중등교육 중심으로 규정되어 있어서 장애영 · 유아 및 장애성인을 위한 교육지원에 대한 규정이 미흡하며, 국가와 지방자치단체의 특수교육 지원에 대한 구체적인 역할의 제시가 부족하여 법률의 실효성을 담보하는 데 한계가 있다는 지적이 있었다. 이러한 현장의 요구와 사회변화 등을 반영하여 좀 더 내실 있는 특수교육정책을 정착시키기 위하여 「특수교육진흥법」을 전체적으로 개정하는 방안을 추진하게 되었다. 이를 통해 지난 2007년 5월 「장애인 등에 대한 특수교육법」이 제정되어 2008년 5월부터 시행되게 되었다.

2) 장애인교육의 내용

현재 우리나라 「장애인 등에 대한 특수교육법」에서 제시하고 있는 특수교육 내용은 다음과 같다(윤상용 외, 2019: 276).

(1) 시각장애 교육 : 듣기교육, 이동훈련, 사회적 기능(생활적응) 훈련, 시기능 훈련(잔존시력 활용 교육), 컴퓨터 사용 교육, 점자 읽기와 쓰기 교육, 큰 활자를 읽고 쓰는 교육, 직업교육 등

(2) 청각 · 언어장애 교육 : 청능훈련(잔존청력 적극 활용 훈련), 독화 및 수화지도, 발어지도 및 언어지도 등

(3) 발달장애 교육 : 감각훈련 강화, 사회생활 적응 훈련, 능력에 적합한 직업교육 등

(4) 지체장애 교육 : 일반교과 과정, 장애를 극복하는 데 필요한 재활훈련, 생

활훈련, 직업교육 등

(5) 정서장애 교육 : 정신분석학적 측면, 교육심리학적 측면, 생태학적 측면, 행동학적 측면으로 범주화하여 교육목적과 방법 선택, 일반교육 전에 문제해결을 위한 치료가 선행되어야 함.

3) 장애인교육 발전계획

「장애인 등에 대한 특수교육법」 제5조(국가 및 지방자치단체의 의무)에서는 '장애인에 대한 특수교육 종합계획'을 국가 및 지방자치단체가 수립하도록 하고 있다. 이에 따라, 교육부에서는 지난 1997년부터 5년 단위의 '특수교육종합계획'을

그림 8-1 제5차 특수교육발전 5개년(2018~2022) 계획

비전	꿈과 끼를 키우는 맞춤형 특수교육으로 장애학생의 능동적 사회참여 실현	
목표	▸ 특수교육의 발전 도모를 통한 교육격차 해소 ▸ 특수교육 전문성 강화로 교육의 질 향상 ▸ 국가 책무성 강화로 장애학생의 행복한 학교생활 추구	
추진 과제	**4대 분야**	**11개 중점 과제**
	❶ **특수교육 교육력 및 성과 제고**	① 장애영유아교육의 내실화 ② 특수교육 교육과정 운영 내실화 ③ 특수교육교원의 전문성 강화
	❷ **특수교육 지원 고도화**	④ 장애발견 진단 · 배치 체계 고도화 ⑤ 특수교육관련서비스 및 방과후학교 운영 내실화 ⑥ 특수교육기관확충 및 역할 강화
	❸ **장애학생 인권 친화적 분위기 조성**	⑦ 장애학생 인권보호 및 인성교육 강화 ⑧ 통합교육 환경에서의 장애학생 지원 강화
	❹ **장애학생 능동적 사회참여 역량 강화**	⑨ 장애학생 진로직업교육 강화를 통한 진로의 다양화 및 취업률 향상 ⑩ 장애학생 고등교육 접근성 및 교육인프라 강화 ⑪ 장애성인 평생교육 기회 확대 및 여건 개선

자료: 교육부(2017).

수립하여 추진하고 있으며, 이를 통해 장애인의 교육발전을 꾀하고 있다. 교육부는 '모든 아이는 우리 모두의 아이'라는 교육분야 국정기조를 담아 2017년 12월 생애단계별 맞춤형 교육으로 특수교육대상의 성공적인 사회통합 실현을 위한 '제5차 특수교육 발전 5개년계획('18~'22)'을 발표하였다. 제5차 특수교육발전 5개년 계획의 주요 내용을 살펴보면 [그림 8-1]과 같다.

6 장애인교육의 문제점과 개선방향

우리나라 장애인교육에 대한 문제점과 개선방향을 살펴보면 다음과 같다(서동명 외, 2022: 298-300 ; 김영애 외, 2021: 178-179 ; 윤상용 외, 2019: 285-287).

1) 장애인교육의 문제점

최근 특수교육 대상 학생 대비 통합교육을 받는 학생들의 수가 꾸준히 증가하고 있으며, 특수학교 특수교사 대비 학생의 비율이 낮아지고 있는 등 최근의 장애인교육에 있어서 긍정적으로 평가할 수 있는 부분이 있다. 우리나라 장애인교육의 문제점은 다음과 같다.

첫째, 특수학교 절반이 사립으로, 국·공립 특수학교의 설립이 필요하다. 또한 수도권에 많은 학교가 몰려 있으며, 대부분 지적·자폐성 장애학생들을 대상으로 하는 '정신지체학교'인 것으로 나타나 지역별·장애영역별 불균형 현상이 심한 것을 알 수 있다. 즉, 여전히 특수학교에 대한 수요는 존재하는 데 주위에 학교가 없어서 다닐 수가 없는 사례가 많은 실정이다. 2021년 4월 기준 사립학교는 전체 187개 교 중 48.1%인 90개 교로 나타났다.

둘째, 특수학급의 유·초·중등학교의 연계성이 부족하고, 특수학급의 학급당 인원 수가 여전히 과다한 것을 알 수 있다. 초등학교의 경우에는 비교적 특수학급의 수가 많으나, 중·고등학교에서는 그 수가 급격하게 감소하는 것을 알 수 있다. 이는 중·고등학교까지 통합교육이 지속적으로 연계되지 못한다는 것을 의미하는 것이다. 일반학교 특수학급의 경우, 2021년 4월 기준 12,042개 학급에 266명의 재학생이 있는 것으로 조사되었다. 이는 한 학급당 4.5명의 학생이 있는 것으로, 여전히 학급당 학생 수가 적지 않음을 알 수 있다. 한편, 특수학교는 5,114개의 학급에 27,027명의 재학생이 있는 것으로 조사되었다. 이는 학급당 5.3명의 학생이 있는 것으로 특수학교가 일반학교 특수학급보다 더 열악한 것을 알 수 있다.

셋째, 최근에도 여전히 장애학생들은 낮은 취학률을 보이고 있다. 또 장애인 교육에서 무엇보다 조기교육이 중요한데 여전히 유치원 이후 특수교육을 시작하는 경향을 많이 보이고 있어서 장애영아를 위한 조기 중재서비스 진단체제가 미비한 상황이다. 한편, 최근 고등학교 졸업 이후 대학에 진학하는 학생도 늘어나고 있는 추세이다. 그러나 장애학생을 위한 대학의 각종 편의시설이 여전히 부족하며, 장애학생에 맞는 적절한 교육과 관련 서비스가 부족한 상황이다.

2) 향후 개선방향

우리나라 특수교육의 향후 개선방향은 다음과 같다.

첫째, 모든 특수교육대상자의 학교교육 기회 확대를 위하여 지역별 균형과 수요를 반영한 특수학교 신설이 필요하다. 또한 장애영역별 특수학교의 불균형 해소를 위하여 특정 장애영역보다는 종합특수학교로 운영형태를 전환할 필요가 있다.

둘째, 지역별 특수교육 수요를 감안하고 특수교육대상자의 학교과정별 교육연계성 보장을 위한 균형적 특수학급 설치를 추진하여야 한다. 또한 중·고등학교 특수학교(급)의 급당 학생정원 감축을 위한 학급 신·증설이 필요하다.

셋째, 특수교육 대상 유아의 유치원과정 의무교육 홍보 및 배치, 일반 유치원 배치 희망 특수교육 대상 유아에 대한 지원 강화, 의무교육 전면 시행에 따른 특수학급 증설 등이 필요하다.

넷째, 특수교육지원센터별 유관기관과 연계체제 구축을 통한 장애영아 서비스 전달체계를 구축하여야 한다. 또한 장애영아 조기중재를 위한 특수학교 유치원과정 및 특수교육지원센터 내 영아학급의 편성·확대가 필요하다.

다섯째, 건강장애학생의 유급 방지 및 학습권 보장을 위하여 자원봉사교사제를 활용하고 병원학교와 학생 소속 학교와의 연계를 강화하여야 한다. 또한 병원학교 유관기관 및 관계자 간 협력체계를 활성화하여 건강장애학생 학교 복귀

프로그램을 지원하도록 한다.

여섯째, 통합교육 활성화를 위한 일반교사와 특수교사의 협력교수 연구회 지원을 확대하고, 일반교사의 장애학생 교육 책무성 확보를 위한 특수교육 관련 연수를 강화하여야 한다. 또한 통합교육의 질 제고를 위한 교육청별 통합교육 시범학교 지정·운영의 확대 및 지원을 강화하여야한다.

일곱째, 특수교육 교사 양성과정 무시험검정 합격기준 강화에 따른 교육과정 운영 내실화, 일반교육 교사를 대상으로 특수교육교사 자격증을 부여하는 교육대학원 특수교육 전공과정의 교육과정 강화 및 전공 교수 확보가 필요하다.

여덟째, 특수교육교원들의 전문성 제고 및 자질 함양을 위한 연수기회 확대와 연수 주기를 단축하고, 특수교육교사에 대한 통합교육의 지원역량강화를 위한 일반교과 연수를 추진한다. 또한 특수교육교원 연수과정의 질 제고 및 참여를 강화하기 위한 연수과정의 개선 및 다양화를 추진하고, 특수교육교원의 균형적인 자격연수 기회제공을 위하여 특수교육 희소과목 담당교사의 경우, 관련 교과자격 연수 참여를 인정하여야 한다.

아홉째, 발달장애인교육프로그램 개발을 비롯한 장애인 평생교육 지원사업을 확대 시행하여야 한다.

Chapter 9

장애인복지 관련법

✓ **학습목표**

1. 장애인복지 관련 법제도에 대한 기본적 이해
2. 각 장애인복지 관련 법률에 대한 내용 숙지
3. 장애인법률 상호 간의 비교 및 통합 내용 논의

✓ **학습내용**

1. 장애인복지법
2. 장애인차별금지 및 권리구제 등에 관한 법률(장애인차별금지법)
3. 장애인 등에 대한 특수교육법(특수교육법)
4. 장애인연금법
5. 장애인활동 지원에 관한 법률

✓ **개요**

장애인복지 관련 법률이란 장애인의 완전한 사회참여와 평등권 실현을 통하여 인간으로서의 존엄과 가치를 구현함을 목적으로 사회복지서비스 확충 및 자원의 형평적 배분에 영향을 주고자 마련된 사회적 약속이라고 할 수 있다. 이 장에서는 장애인복지의 기본적 내용을 담고 있는 「장애인복지법」을 비롯한 장애인복지 관련 법률에 관하여 살펴보고자 한다.

장애인복지 관련법

1 장애인복지법

[시행 2022. 2. 18.] [법률 제18417호]

제1조(목적)

이 법은 장애인의 인간다운 삶과 권리보장을 위한 국가와 지방자치단체 등의 책임을 명백히 하고, 장애발생 예방과 장애인의 의료 · 교육 · 직업재활 · 생활환경개선 등에 관한 사업을 정하여 장애인복지대책을 종합적으로 추진하며, 장애인의 자립생활 · 보호 및 수당지급 등에 관하여 필요한 사항을 정하여 장애인의 생활안정에 기여하는 등 장애인의 복지와 사회활동 참여증진을 통하여 사회통합에 이바지함을 목적으로 한다.

제2조(장애인의 정의)

① "장애인"이란 신체적 · 정신적 장애로 오랫동안 일상생활이나 사회생활에서 상당한 제약을 받는 자를 말한다.

② 이 법을 적용받는 장애인은 제1항에 따른 장애인 중 다음 각 호의 어느 하나에 해당하는 장애가 있는 자로서 대통령령으로 정하는 장애의 종류 및 기준에 해당하는 자를 말한다.

1. "신체적 장애"란 주요 외부 신체 기능의 장애, 내부기관의 장애 등을 말한다.
2. "정신적 장애"란 발달장애 또는 정신 질환으로 발생하는 장애를 말한다.

③ "장애인학대"란 장애인에 대하여 신체적 · 정신적 · 정서적 · 언어적 · 성적 폭력

이나 가혹행위, 경제적 착취, 유기 또는 방임을 하는 것을 말한다.

제3조(기본이념)

장애인복지의 기본이념은 장애인의 완전한 사회 참여와 평등을 통하여 사회통합을 이루는 데에 있다.

제4조(장애인의 권리)

① 장애인은 인간으로서 존엄과 가치를 존중받으며, 그에 걸맞은 대우를 받는다.
② 장애인은 국가·사회의 구성원으로서 정치·경제·사회·문화, 그 밖의 모든 분야의 활동에 참여할 권리를 가진다.
③ 장애인은 장애인 관련 정책결정과정에 우선적으로 참여할 권리가 있다.

제10조의2(장애인정책종합계획)

① 보건복지부장관은 장애인의 권익과 복지증진을 위하여 관계 중앙행정기관의 장과 협의하여 5년마다 장애인정책종합계획(이하 "종합계획"이라 한다)을 수립·시행하여야 한다.
② 종합계획에는 다음 각 호의 사항이 포함되어야 한다.
1. 장애인의 복지에 관한 사항
2. 장애인의 교육문화에 관한 사항
3. 장애인의 경제활동에 관한 사항
4. 장애인의 사회참여에 관한 사항
5. 장애인의 안전관리에 관한 사항
6. 그 밖에 장애인의 권익과 복지증진을 위하여 필요한 사항

제11조(장애인정책조정위원회)

① 장애인 종합정책을 수립하고 관계 부처 간의 의견을 조정하며 그 정책의 이행을 감독·평가하기 위하여 국무총리 소속하에 장애인정책조정위원회(이하 "위원회"라 한다)를 둔다.

② 위원회는 다음 각 호의 사항을 심의·조정한다.

1. 장애인복지정책의 기본방향에 관한 사항
2. 장애인복지 향상을 위한 제도개선과 예산지원에 관한 사항
3. 중요한 특수교육정책의 조정에 관한 사항
4. 장애인 고용촉진정책의 중요한 조정에 관한 사항
5. 장애인 이동보장 정책조정에 관한 사항
6. 장애인정책 추진과 관련한 재원조달에 관한 사항
7. 장애인복지에 관한 관련 부처의 협조에 관한 사항
8. 그 밖에 장애인복지와 관련하여 대통령령으로 정하는 사항

제14조(장애인의 날)

① 장애인에 대한 국민의 이해를 깊게 하고 장애인의 재활의욕을 높이기 위하여 매년 4월 20일을 장애인의 날로 하며, 장애인의 날부터 1주간을 장애인 주간으로 한다.

② 국가와 지방자치단체는 장애인의 날의 취지에 맞는 행사 등 사업을 하도록 노력하여야 한다.

제30조의2(장애인가족 지원)

① 국가와 지방자치단체는 장애인가족의 삶의 질 향상 및 안정적인 가정생활 영위를 위하여 다음 각 호의 필요한 시책을 수립·시행하여야 한다.

1. 장애인가족에 대한 인식개선 사업
2. 장애인가족 돌봄 지원
3. 장애인가족 휴식 지원
4. 장애인가족 사례관리 지원
5. 장애인가족 역량강화 지원
6. 장애인가족상담 지원
7. 그 밖에 보건복지부장관이 장애인가족을 위하여 필요하다고 인정하는 지원

제32조의6(복지서비스에 관한 장애인 지원사업)

① 국가와 지방자치단체는 제32조제1항에 따라 등록한 장애인에게 필요한 복지서비스가 적시에 제공될 수 있도록 다음 각 호의 장애인 지원사업을 실시한다.

1. 복지서비스에 관한 상담 및 정보 제공
2. 장애인학대 등 안전문제 또는 생계곤란 등 위기상황에 놓여 있을 가능성이 높은 장애인에 대한 방문 상담
3. 복지서비스 신청의 대행
4. 장애인 개인별로 필요한 욕구의 조사 및 복지서비스 제공 계획의 수립 지원
5. 장애인과 복지서비스 제공 기관·법인·단체·시설과의 연계
6. 복지서비스 등 복지자원의 발굴 및 데이터베이스 구축
7. 그 밖에 복지서비스의 제공에 필요한 사업

제42조(생업 지원)

① 국가와 지방자치단체, 그 밖의 공공단체는 소관 공공시설 안에 식료품·사무용품·신문 등 일상생활용품을 판매하는 매점이나 자동판매기의 설치를 허가하거나 위탁할 때에는 장애인이 신청하면 우선적으로 반영하도록 노력하여야 한다.
② 시장·군수 또는 구청장은 장애인이 「담배사업법」에 따라 담배소매인으로 지정받기 위하여 신청하면 그 장애인을 우선적으로 지정하도록 노력하여야 한다.
③ 장애인이 우편법령에 따라 국내 우표류 판매업 계약 신청을 하면 우편관서는 그 장애인이 우선적으로 계약할 수 있도록 노력하여야 한다.
④ 제1항부터 제3항까지의 규정에 따른 허가·위탁 또는 지정 등을 받은 자는 특별한 사유가 없으면 직접 그 사업을 하여야 한다.
⑤ 제1항에 따른 설치 허가권자는 매점·자동판매기 설치를 허가하기 위하여 설치 장소와 판매할 물건의 종류 등을 조사하고 그 결과를 장애인에게 알리는 조치를 강구하여야 한다.

제43조(자립훈련비 지급)

① 장애인복지실시기관은 제34조제1항제2호 또는 제3호에 따라 장애인복지시설에서 주거편의·상담·치료·훈련 등을 받도록 하거나 위탁한 장애인에 대하여 그 시설에서 훈련을 효과적으로 받는 데 필요하다고 인정되면 자립훈련비를 지급할 수 있으며, 특별한 사정이 있으면 훈련비 지급을 대신하여 물건을 지급할 수 있다.

제46조(고용 촉진)

국가와 지방자치단체는 직접 경영하는 사업에 능력과 적성이 맞는 장애인을 고용하도록 노력하여야 하며, 장애인에게 적합한 사업을 경영하는 자에게 장애인의 능력과 적성에 따라 장애인을 고용하도록 권유할 수 있다.

제49조(장애수당)

① 국가와 지방자치단체는 장애인의 장애 정도와 경제적 수준을 고려하여 장애로 인한 추가적 비용을 보전하게 하기 위하여 장애수당을 지급할 수 있다.

제50조(장애아동수당과 보호수당)

① 국가와 지방자치단체는 장애아동에게 보호자의 경제적 생활수준 및 장애아동의 장애 정도를 고려하여 장애로 인한 추가적 비용을 보전하게 하기 위하여 장애아동수당을 지급할 수 있다.
② 국가와 지방자치단체는 장애인을 보호하는 보호자에게 그의 경제적 수준과 장애인의 장애 정도를 고려하여 장애로 인한 추가적 비용을 보전하게 하기 위하여 보호수당을 지급할 수 있다.

제53조(자립생활지원)

국가와 지방자치단체는 장애인의 자기결정에 의한 자립생활을 위하여 활동지원사의 파견 등 활동보조서비스 또는 장애인보조기구의 제공, 그 밖의 각종 편의 및 정보제공 등 필요한 시책을 강구하여야 한다.

제54조(장애인자립생활지원센터)

① 국가와 지방자치단체는 장애인의 자립생활을 실현하기 위하여 장애인자립생활지원센터를 통하여 필요한 각종 지원서비스를 제공한다.

제55조(활동지원급여의 지원)

① 국가와 지방자치단체는 장애인이 일상생활 또는 사회생활을 원활히 할 수 있도록 활동지원급여를 지원할 수 있다.
② 국가 및 지방자치단체는 임신 등으로 인하여 이동이 불편한 여성장애인에게 임신 및 출산과 관련한 진료 등을 위하여 경제적 부담능력 등을 고려하여 활동지원사의 파견 등 활동보조서비스를 지원할 수 있다.

제58조(장애인복지시설)

① 장애인복지시설의 종류는 다음 각 호와 같다.

1. 장애인 거주시설 : 거주공간을 활용하여 일반가정에서 생활하기 어려운 장애인에게 일정 기간 동안 거주·요양·지원 등의 서비스를 제공하는 동시에, 지역사회생활을 지원하는 시설
2. 장애인 지역사회재활시설 : 장애인을 전문적으로 상담·치료·훈련하거나 장애인의 일상생활, 여가활동 및 사회참여활동 등을 지원하는 시설
3. 장애인직업재활시설 : 일반 작업환경에서는 일하기 어려운 장애인이 특별히 준비된 작업환경에서 직업훈련을 받거나 직업 생활을 할 수 있도록 하는 시설(직업훈련 및 직업 생활을 위하여 필요한 제조·가공 시설, 공장 및 영업장 등 부속용도의 시설로서 보건복지부령으로 정하는 시설을 포함한다)
4. 장애인 의료재활시설 : 장애인을 입원 또는 통원하게 하여 상담, 진단·판정, 치료 등 의료재활서비스를 제공하는 시설
5. 그 밖에 대통령령으로 정하는 시설

제59조의10(장애인학대의 예방과 방지 의무)

국가와 지방자치단체는 장애인학대의 예방과 방지를 위하여 다음 각 호의 조치를 취하여야 한다.

1. 장애인학대의 예방과 방지를 위한 각종 정책의 수립 및 시행
2. 장애인학대의 예방과 방지를 위한 연구·교육·홍보와 장애인학대 현황 조사
3. 장애인학대에 관한 신고체계의 구축·운영
4. 장애인학대로 인하여 피해를 입은 장애인(이하 "피해장애인"이라 한다)의 보호 및 치료와 피해장애인의 가정에 대한 지원
5. 장애인학대 예방 관계 기관·법인·단체·시설 등에 대한 지원
6. 그 밖에 대통령령으로 정하는 장애인학대의 예방과 방지를 위한 사항

제59조의13(피해장애인 쉼터 등)

① 특별시장·광역시장·특별자치시장·도지사·특별자치도지사는 피해장애인의 임시 보호 및 사회복귀 지원을 위하여 장애인 쉼터를 설치·운영할 수 있다.
② 특별시장·광역시장·특별자치시장·도지사·특별자치도지사는 장애인학대로 인하여 피해를 입은 장애아동(이하 "피해장애아동"이라 한다)의 임시 보호를 위하여 피해장애아동 쉼터를 설치·운영할 수 있다.

제65조(장애인보조기구)

① "장애인보조기구"란 장애인이 장애의 예방·보완과 기능 향상을 위하여 사용하는 의지·보조기 및 그 밖에 보건복지부장관이 정하는 보장구와 일상생활의 편의 증진을 위하여 사용하는 생활용품을 말한다.
② 보건복지부장관은 장애인의 일상생활의 편의증진 등을 위하여 다른 법률이 정하는 바에 따라 제1항에 따른 장애인보조기구의 지원 및 활용촉진 등에 관한 사업을 실시할 수 있다.

제71조(장애인복지 전문인력 양성 등)

① 국가와 지방자치단체 그 밖의 공공단체는 의지·보조기 기사, 언어재활사, 장애인재활상담사, 한국수어 통역사, 점역·교정사 등 장애인복지 전문인력, 그 밖에 장애인복지에 관한 업무에 종사하는 자를 양성·훈련하는 데에 노력해야 한다.

2 장애인차별금지 및 권리구제 등에 관한 법률(장애인차별금지법)

[시행 2021. 6. 30.] [법률 제17792호]

제1조(목적)

이 법은 모든 생활영역에서 장애를 이유로 한 차별을 금지하고 장애를 이유로 차별받은 사람의 권익을 효과적으로 구제함으로써 장애인의 완전한 사회참여와 평등권 실현을 통하여 인간으로서의 존엄과 가치를 구현함을 목적으로 한다.

제2조(장애와 장애인)

① 이 법에서 금지하는 차별행위의 사유가 되는 장애라 함은 신체적·정신적 손상 또는 기능상실이 장기간에 걸쳐 개인의 일상 또는 사회생활에 상당한 제약을 초래하는 상태를 말한다.

② 장애인이라 함은 제1항에 따른 장애가 있는 사람을 말한다.

제4조(차별행위)

① 이 법에서 금지하는 차별이라 함은 다음 각 호의 어느 하나에 해당하는 경우를 말한다.

1. 장애인을 장애를 사유로 정당한 사유 없이 제한·배제·분리·거부 등에 의하여 불리하게 대하는 경우
2. 장애인에 대하여 형식상으로는 제한·배제·분리·거부 등에 의하여 불리하게 대하지 아니하지만 정당한 사유 없이 장애를 고려하지 아니하는 기준을

적용함으로써 장애인에게 불리한 결과를 초래하는 경우
3. 정당한 사유 없이 장애인에 대하여 정당한 편의 제공을 거부하는 경우
4. 정당한 사유 없이 장애인에 대한 제한·배제·분리·거부 등 불리한 대우를 표시·조장하는 광고를 직접 행하거나 그러한 광고를 허용·조장하는 경우, 이 경우 광고는 통상적으로 불리한 대우를 조장하는 광고효과가 있는 것으로 인정되는 행위를 포함한다.
5. 장애인을 돕기 위한 목적에서 장애인을 대리·동행하는 자(장애아동의 보호자 또는 후견인 그 밖에 장애인을 돕기 위한 자임이 통상적으로 인정되는 자를 포함한다. 이하 "장애인 관련자"라 한다)에 대하여 제1호부터 제4호까지의 행위를 하는 경우. 이 경우 장애인 관련자의 장애인에 대한 행위 또한 이 법에서 금지하는 차별행위 여부의 판단대상이 된다.
6. 보조견 또는 장애인보조기구 등의 정당한 사용을 방해하거나 보조견 및 장애인보조기구 등을 대상으로 제4호에 따라 금지된 행위를 하는 경우

제6조(차별금지)

누구든지 장애 또는 과거의 장애경력 또는 장애가 있다고 추측됨을 이유로 차별을 하여서는 아니 된다.

제7조(자기결정권 및 선택권)

① 장애인은 자신의 생활 전반에 관하여 자신의 의사에 따라 스스로 선택하고 결정할 권리를 가진다.
② 장애인은 장애인 아닌 사람과 동등한 선택권을 보장받기 위하여 필요한 서비스와 정보를 제공 받을 권리를 가진다.

제8조(국가 및 지방자치단체의 의무)

① 국가 및 지방자치단체는 장애인 및 장애인 관련자에 대한 모든 차별을 방지하고 차별받은 장애인 등의 권리를 구제할 책임이 있으며, 장애인 차별을 실질적으로 해소하기 위하여 이 법에서 규정한 차별 시정에 대하여 적극적인 조치를

하여야 한다.

② 국가 및 지방자치단체는 장애인 등에게 정당한 편의가 제공될 수 있도록 필요한 기술적·행정적·재정적 지원을 하여야 한다.

제10조(차별금지)

① 사용자는 모집·채용, 임금 및 복리후생, 교육·배치·승진·전보, 정년·퇴직·해고에 있어 장애인을 차별하여서는 아니 된다.

제11조(정당한 편의제공 의무)

① 사용자는 장애인이 해당 직무를 수행함에 있어서 장애인 아닌 사람과 동등한 근로조건에서 일할 수 있도록 다음 각 호의 정당한 편의를 제공하여야 한다.

1. 시설·장비의 설치 또는 개조
2. 재활, 기능평가, 치료 등을 위한 근무시간의 변경 또는 조정
3. 훈련 제공 또는 훈련에 있어 편의 제공
4. 지도 매뉴얼 또는 참고자료의 변경
5. 시험 또는 평가과정의 개선
6. 화면낭독·확대 프로그램, 무지점자단말기, 확대 독서기, 인쇄물음성변환출력기 등 장애인보조기구의 설치·운영과 낭독자, 한국수어 통역자 등의 보조인 배치

제13조(차별금지)

① 교육책임자는 장애인의 입학 지원 및 입학을 거부할 수 없고, 전학을 강요할 수 없으며, 「영유아보육법」에 따른 어린이집, 「유아교육법」 및 「초·중등교육법」에 따른 각급학교는 장애인이 당해 교육기관으로 전학하는 것을 거절하여서는 아니 된다.

② 제1항에 따른 교육기관의 장은 「장애인 등에 대한 특수교육법」 제17조를 준수하여야 한다.

③ 교육책임자는 당해 교육기관에 재학 중인 장애인 및 그 보호자가 제14조제1

항 각 호의 편의 제공을 요청할 때 정당한 사유 없이 이를 거절하여서는 아니 된다.

④ 교육책임자는 특정 수업이나 실험·실습, 현장견학, 수학여행 등 학습을 포함한 모든 교내외 활동에서 장애를 이유로 장애인의 참여를 제한, 배제, 거부하여서는 아니 된다.

⑤ 교육책임자는 취업 및 진로교육, 정보제공에 있어서 장애인의 능력과 특성에 맞는 진로교육 및 정보를 제공하여야 한다.

⑥ 교육책임자 및 교직원은 교육기관에 재학 중인 장애인 및 장애인 관련자, 특수교육 교원, 특수교육보조원, 장애인 관련 업무 담당자를 모욕하거나 비하하여서는 아니 된다.

⑦ 교육책임자는 장애인의 입학 지원 시 장애인 아닌 지원자와 달리 추가 서류, 별도의 양식에 의한 지원 서류 등을 요구하거나, 장애인만을 대상으로 한 별도의 면접이나 신체검사, 추가시험 등(이하 "추가서류 등"이라 한다)을 요구하여서는 아니 된다. 다만, 추가서류 등의 요구가 장애인의 특성을 고려한 교육시행을 목적으로 함이 명백한 경우에는 그러하지 아니하다.

⑧ 국가 및 지방자치단체는 장애인에게 「장애인 등에 대한 특수교육법」 제3조 제1항에 따른 교육을 실시하는 경우, 정당한 사유 없이 해당 교육과정에 정한 학업시수를 위반하여서는 아니 된다.

제14조(정당한 편의제공 의무)

① 교육책임자는 당해 교육기관에 재학 중인 장애인의 교육활동에 불이익이 없도록 다음 각 호의 수단을 적극적으로 강구하고 제공하여야 한다.

1. 장애인의 통학 및 교육기관 내에서의 이동 및 접근에 불이익이 없도록 하기 위한 각종 이동용 보장구의 대여 및 수리
2. 장애인 및 장애인 관련자가 필요로 하는 경우 교육보조인력의 배치
3. 장애로 인한 학습 참여의 불이익을 해소하기 위한 확대 독서기, 보청기기, 높낮이 조절용 책상, 각종 보완·대체 의사소통 도구 등의 대여 및 보조견의 배치나 휠체어의 접근을 위한 여유 공간 확보

4. 시·청각 장애인의 교육에 필요한 한국수어 통역, 문자통역(속기), 점자자료 및 인쇄물 접근성바코드(음성변환용 코드 등 대통령령으로 정하는 전자적 표시를 말한다. 이하 같다)가 삽입된 자료, 자막, 큰 문자자료, 화면낭독·확대프로그램, 보청기기, 무지점자단말기, 인쇄물음성변환출력기를 포함한 각종 장애인보조기구 등 의사소통 수단
5. 교육과정을 적용함에 있어서 학습진단을 통한 적절한 교육 및 평가방법의 제공
6. 그 밖에 장애인의 교육활동에 불이익이 없도록 하는 데 필요한 사항으로서 대통령령으로 정하는 사항

제15조(재화·용역 등의 제공에 있어서의 차별금지)

① 재화·용역 등의 제공자는 장애인에 대하여 장애를 이유로 장애인 아닌 사람에게 제공하는 것과 실질적으로 동등하지 않은 수준의 편익을 가져다주는 물건, 서비스, 이익, 편의 등을 제공하여서는 아니 된다.
② 재화·용역 등의 제공자는 장애인이 해당 재화·용역 등을 이용함으로써 이익을 얻을 기회를 박탈하여서는 아니 된다.

제19조(이동 및 교통수단 등에서의 차별금지)

①「교통약자의 이동편의증진법」 제2조제5호 및 제6호에 따른 교통사업자(이하 "교통사업자"라 한다) 및 교통행정기관(이하 "교통행정기관"이라 한다)은 이동 및 교통수단 등을 접근·이용함에 있어서 장애인을 제한·배제·분리·거부하여서는 아니 된다.
② 교통사업자 및 교통행정기관은 이동 및 교통수단 등의 이용에 있어서 보조견 및 장애인보조기구 등의 동승 또는 반입 및 사용을 거부하여서는 아니 된다.
③ 교통사업자 및 교통행정기관은 이동 및 교통수단 등의 이용에 있어서 장애인 및 장애인 관련자에게 장애 또는 장애인이 동행·동반한 보조견 또는 장애인보조기구 등을 이유로 장애인 아닌 사람보다 불리한 요금 제도를 적용하여서는 아니 된다.

④ 교통사업자 및 교통행정기관은 장애인이 이동 및 교통수단 등을 장애인 아닌 사람과 동등하게 이용하여 안전하고 편리하게 보행 및 이동을 할 수 있도록 하는 데 필요한 정당한 편의를 제공하여야 한다.
⑤ 교통행정기관은 교통사업자가 장애인에 대하여 이 법에 정한 차별행위를 행하지 아니하도록 홍보, 교육, 지원, 감독하여야 한다.
⑥ 국가 및 지방자치단체는 운전면허시험의 신청, 응시, 합격의 모든 과정에서 정당한 사유 없이 장애인을 제한·배제·분리·거부하여서는 아니 된다.
⑦ 국가 및 지방자치단체는 장애인이 운전면허시험의 모든 과정을 장애인 아닌 사람과 동등하게 거칠 수 있도록 정당한 편의를 제공하여야 한다.
⑧ 제4항 및 제7항을 적용함에 있어서 그 적용대상의 단계적 범위 및 정당한 편의의 내용 등 필요한 사항은 대통령령으로 정한다.

제22조(개인정보보호)

① 장애인의 개인정보는 반드시 본인의 동의하에 수집되어야 하고, 당해 개인정보에 대한 무단접근이나 오·남용으로부터 안전하여야 한다.

제27조(참정권)

① 국가 및 지방자치단체와 공직선거후보자 및 정당은 장애인이 선거권, 피선거권, 청원권 등을 포함한 참정권을 행사함에 있어서 차별하여서는 아니 된다.
② 국가 및 지방자치단체는 장애인의 참정권을 보장하기 위하여 필요한 시설 및 설비, 참정권 행사에 관한 홍보 및 정보 전달, 장애의 유형 및 정도에 적합한 기표방법 등 선거용 보조기구의 개발 및 보급, 보조원의 배치 등 정당한 편의를 제공하여야 한다.
③ 공직선거후보자 및 정당은 장애인에게 후보자 및 정당에 관한 정보를 장애인 아닌 사람과 동등한 정도의 수준으로 전달하여야 한다.

제32조(괴롭힘 등의 금지)

① 장애인은 성별, 연령, 장애의 유형 및 정도, 특성 등에 상관없이 모든 폭력으

로부터 자유로울 권리를 가진다.

② 괴롭힘 등의 피해를 당한 장애인은 상담 및 치료, 법률구조, 그 밖에 적절한 조치를 받을 권리를 가지며, 괴롭힘 등의 피해를 신고하였다는 이유로 불이익한 처우를 받아서는 아니 된다.

③ 누구든지 장애를 이유로 학교, 시설, 직장, 지역사회 등에서 장애인 또는 장애인 관련자에게 집단따돌림을 가하거나 모욕감을 주거나 비하를 유발하는 언어적 표현이나 행동을 하여서는 아니 된다.

④ 누구든지 장애를 이유로 사적인 공간, 가정, 시설, 직장, 지역사회 등에서 장애인 또는 장애인 관련자에게 유기, 학대, 금전적 착취를 하여서는 아니 된다.

⑤ 누구든지 장애인의 성적 자기결정권을 침해하거나 수치심을 자극하는 언어표현, 희롱, 장애 상태를 이용한 추행 및 강간 등을 행하여서는 아니 된다.

⑥ 국가 및 지방자치단체는 장애인에 대한 괴롭힘 등을 근절하기 위한 인식개선 및 괴롭힘 등 방지 교육을 실시하고 적절한 시책을 강구하여야 한다.

제35조(장애아동에 대한 차별금지)

① 누구든지 장애를 가진 아동임을 이유로 모든 생활 영역에서 차별을 하여서는 아니 된다.

② 누구든지 장애아동에 대하여 교육, 훈련, 건강보호서비스, 재활서비스, 취업준비, 레크리에이션 등을 제공받을 기회를 박탈하여서는 아니 된다.

③ 누구든지 장애아동을 의무교육으로부터 배제하여서는 아니 된다.

④ 누구든지 장애를 이유로 장애아동에 대한 유기, 학대, 착취, 감금, 폭행 등의 부당한 대우를 하여서는 아니 되며, 장애아동의 인권을 무시하고 강제로 시설 수용 및 무리한 재활 치료 또는 훈련을 시켜서는 아니 된다.

3 장애인 등에 대한 특수교육법(특수교육법)

[시행 2021. 12. 28.] [법률 제18637호]

제1조(목적)

이 법은 「교육기본법」 제18조에 따라 국가 및 지방자치단체가 장애인 및 특별한 교육적 요구가 있는 사람에게 통합된 교육환경을 제공하고 생애주기에 따라 장애유형·장애정도의 특성을 고려한 교육을 실시하여 이들이 자아실현과 사회통합을 하는 데 기여함을 목적으로 한다.

제2조(정의)

이 법에서 사용하는 용어의 정의는 다음과 같다.

1. "특수교육"이란 특수교육대상자의 교육적 요구를 충족시키기 위하여 특성에 적합한 교육과정 및 제2호에 따른 특수교육 관련서비스 제공을 통하여 이루어지는 교육을 말한다.
2. "특수교육 관련서비스"란 특수교육대상자의 교육을 효율적으로 실시하기 위하여 필요한 인적·물적 자원을 제공하는 서비스로서 상담지원·가족지원·치료지원·보조인력지원·보조공학기기지원·학습보조기기지원·통학지원 및 정보접근지원 등을 말한다.
3. "특수교육대상자"란 제15조에 따라 특수교육이 필요한 사람으로 선정된 사람을 말한다.
4. "특수교육교원"이란 「초·중등교육법」 제2조제4호에 따른 특수학교 교원자격증을 가진 사람으로서 특수교육대상자의 교육을 담당하는 교원을 말한다.
5. "보호자"란 친권자·후견인, 그 밖의 사람으로서 특수교육대상자를 사실상 보호하는 사람을 말한다.
6. "통합교육"이란 특수교육대상자가 일반학교에서 장애유형·장애정도에 따라 차별을 받지 아니하고 또래와 함께 개개인의 교육적 요구에 적합한 교육을 받는 것을 말한다.

7. "개별화교육"이란 각급학교의 장이 특수교육대상자 개인의 능력을 계발하기 위하여 장애유형 및 장애특성에 적합한 교육목표 · 교육방법 · 교육내용 · 특수교육 관련서비스 등이 포함된 계획을 수립하여 실시하는 교육을 말한다.
8. "순회교육"이란 특수교육교원 및 특수교육 관련서비스 담당 인력이 각급학교나 의료기관, 가정 또는 복지시설(장애인복지시설, 아동복지시설 등을 말한다. 이하 같다) 등에 있는 특수교육대상자를 직접 방문하여 실시하는 교육을 말한다.
9. "진로 및 직업교육"이란 특수교육대상자의 학교에서 사회 등으로의 원활한 이동을 위하여 관련 기관의 협력을 통하여 직업재활훈련 · 자립생활훈련 등을 실시하는 것을 말한다.
10. "특수교육기관"이란 특수교육대상자에게 유치원 · 초등학교 · 중학교 또는 고등학교(전공과를 포함한다. 이하 같다)의 과정을 교육하는 특수학교 및 특수학급을 말한다.
11. "특수학급"이란 특수교육대상자의 통합교육을 실시하기 위하여 일반학교에 설치된 학급을 말한다.
12. "각급학교"란 「유아교육법」 제2조제2호에 따른 유치원 및 「초 · 중등교육법」 제2조에 따른 학교를 말한다.

제4조(차별의 금지)

① 각급학교의 장 또는 대학(「고등교육법」 제2조에 따른 학교를 말한다. 이하 같다)의 장은 특수교육대상자가 그 학교에 입학하고자 하는 경우에는 그가 지닌 장애를 이유로 입학의 지원을 거부하거나 입학전형 합격자의 입학을 거부하는 등 교육 기회의 부여에서 차별을 하여서는 아니 된다.

② 국가, 지방자치단체, 각급학교의 장 또는 대학의 장은 다음 각 호의 사항에 관하여 장애인의 특성을 고려한 교육시행을 목적으로 함이 명백한 경우 외에는 특수교육대상자 및 보호자를 차별하여서는 아니 된다.

1. 제28조에 따른 특수교육 관련서비스 제공에서의 차별
2. 수업, 학생자치활동, 그 밖의 교내외 활동에 대한 참여 배제

3. 개별화교육지원팀에의 참여 등 보호자 참여에서의 차별
4. 대학의 입학전형절차에서 장애로 인하여 필요한 수험편의의 내용을 조사·확인하기 위한 경우 외에 별도의 면접이나 신체검사를 요구하는 등 입학전형 과정에서의 차별
5. 입학·전학 및 기숙사 입소 과정에서 비장애학생에게 요구하지 아니하는 보증인 또는 서약서 제출을 요구
6. 학생 생활지도에서의 「장애인차별금지 및 권리구제 등에 관한 법률」 제4조의 차별

제5조(국가 및 지방자치단체의 임무)

① 국가 및 지방자치단체는 특수교육대상자에게 적절한 교육을 제공하기 위하여 다음 각 호의 업무를 수행하여야 한다.

1. 장애인에 대한 특수교육종합계획의 수립
2. 특수교육대상자의 조기발견
3. 특수교육대상자의 취학지도
4. 특수교육의 내용, 방법 및 지원체제의 연구·개선
5. 특수교육교원의 양성 및 연수
6. 특수교육기관 배치계획의 수립
7. 특수교육기관의 설치·운영 및 시설·설비의 확충·정비
8. 특수교육에 필요한 교재·교구의 연구·개발 및 보급
9. 특수교육대상자에 대한 진로 및 직업교육 방안의 강구
10. 장애인에 대한 고등교육 방안의 강구
11. 특수교육대상자에 대한 특수교육 관련서비스 지원방안의 강구
12. 그 밖에 특수교육의 발전을 위하여 필요하다고 인정하는 사항

제11조(특수교육지원센터의 설치·운영)

① 교육감은 특수교육대상자의 조기발견, 특수교육대상자의 진단·평가, 정보관리, 특수교육 연수, 교수·학습활동의 지원, 특수교육 관련서비스 지원, 순회교

육 등을 담당하는 특수교육지원센터를 시·도 교육청 및 모든 하급교육행정기관에 설치·운영하여야 한다.

② 제1항에 따른 특수교육지원센터는 시·도 교육청, 하급교육행정기관이나 특수학교, 특수학급이 설치된 일반 초·중·고등학교 또는 관할 지역의 관공서(장애인복지관을 포함한다) 등 특수교육대상자를 비롯한 지역주민의 접근이 편리한 곳에 설치하여야 한다.

③ 특수교육지원센터의 설치·운영 등에 필요한 사항은 대통령령으로 정한다.

제15조(특수교육대상자의 선정)

① 교육장 또는 교육감은 다음 각 호의 어느 하나에 해당하는 사람 중 특수교육이 필요한 사람으로 진단·평가된 사람을 특수교육대상자로 선정한다.

1. 시각장애
2. 청각장애
3. 지적장애
4. 지체장애
5. 정서·행동장애
6. 자폐성장애(이와 관련된 장애를 포함한다)
7. 의사소통장애
8. 학습장애
9. 건강장애
10. 발달지체
11. 그 밖에 대통령령으로 정하는 장애

제22조(개별화교육)

① 각급학교의 장은 특수교육대상자의 교육적 요구에 적합한 교육을 제공하기 위하여 보호자, 특수교육교원, 일반교육교원, 진로 및 직업교육 담당 교원, 특수교육 관련서비스 담당 인력 등으로 개별화교육지원팀을 구성한다.

② 개별화교육지원팀은 매 학기 마다 특수교육대상자에 대한 개별화교육계획을

작성하여야 한다.

③ 특수교육대상자가 다른 학교로 전학할 경우 또는 상급학교로 진학할 경우에는 전출학교는 전입학교에 개별화교육계획을 14일 이내에 송부하여야 한다.

④ 특수교육교원은 제1항부터 제3항까지의 규정에 따른 업무를 수행하기 위하여 각 업무를 지원하고 조정한다.

⑤ 제1항에 따른 개별화교육지원팀의 구성, 제2항에 따른 개별화교육계획의 수립·실시 등에 관하여 필요한 사항은 교육부령으로 정한다.

제30조(장애학생지원센터)

① 대학의 장은 장애학생의 교육 및 생활에 관한 지원을 총괄·담당하는 장애학생지원센터를 설치·운영하여야 한다. 다만, 장애학생이 재학하고 있지 아니하거나 대통령령으로 정하는 바에 따라 장애학생 수가 일정 인원 이하인 소규모 대학 등은 장애학생 지원부서 또는 전담직원을 둠으로써 이를 갈음할 수 있다.

② 장애학생지원센터(제1항에 따라 장애학생 지원부서 또는 전담직원으로 갈음하는 경우에는 이를 말한다)는 다음 각 호의 업무를 담당한다.

1. 장애학생을 위한 각종 지원에 관한 사항
2. 제31조에서 정하는 편의제공에 관한 사항
3. 교직원·보조인력 등에 대한 교육에 관한 사항
4. 장애학생 교육복지의 실태조사에 관한 사항
5. 그 밖에 대학의 장이 회의에 부치는 사항

4 장애인연금법

[시행 2022. 1. 1.] [법률 제18221호]

제1조(목적)

이 법은 장애로 인하여 생활이 어려운 중증장애인에게 장애인연금을 지급함으로써 중증장애인의 생활 안정 지원과 복지 증진 및 사회통합을 도모하는 데 이바지함을 목적으로 한다.

제2조(정의)

이 법에서 사용하는 용어의 뜻은 다음과 같다.

1. "중증장애인"이란 「장애인복지법」 제32조에 따라 등록한 장애인 중 근로능력이 상실되거나 현저하게 감소되는 등 장애 정도가 중증인 사람으로서 대통령령으로 정하는 사람을 말한다.
2. "수급권"이란 이 법에 따라 장애인연금을 받을 수 있는 자격을 말한다.
3. "수급권자"란 수급권을 가진 사람을 말한다.
4. "수급자"란 이 법에 따라 장애인연금을 받는 사람을 말한다.
5. "소득인정액"이란 수급권자와 그 배우자의 소득평가액과 재산의 소득환산액을 합산한 금액을 말한다.

제3조(국가 및 지방자치단체의 책무)

① 국가 및 지방자치단체는 장애인연금이 중증장애인의 생활 안정을 지원하고 복지를 증진하는 데 필요한 수준이 되도록 최대한 노력하여야 하며, 매년 필요한 재원을 조달하여야 한다.

② 국가 및 지방자치단체는 장애인연금의 지급에 따라 계층 간 소득 역전 현상이 발생하지 아니하고 근로 의욕 및 저축 유인이 저하되지 아니하도록 최대한 노력하여야 한다.

제4조(수급권자의 범위 등)

① 수급권자는 18세 이상의 중증장애인으로서 소득인정액이 그 중증장애인의 소득·재산·생활수준과 물가상승률 등을 고려하여 보건복지부장관이 정하여 고시하는 금액(이하 "선정기준액"이라 한다) 이하인 사람으로 한다.

② 보건복지부장관은 선정기준액을 정하는 경우에 18세 이상의 중증장애인 중 수급자가 100분의 70 수준이 되도록 한다.

③ 제1항에도 불구하고, 다음 각 호의 어느 하나에 해당하는 연금을 받을 자격

이 있는 사람과 그 배우자나 다음 각 호의 어느 하나에 해당하는 연금을 받은 사람 중 대통령령으로 정하는 사람과 그 배우자에게는 장애인연금을 지급하지 아니한다.

제5조(장애인연금의 종류 및 내용)

이 법에 따른 장애인연금의 종류 및 내용은 다음 각 호와 같다.

1. 기초급여 : 근로능력의 상실 또는 현저한 감소로 인하여 줄어드는 소득을 보전하여 주기 위하여 지급하는 급여
2. 부가급여 : 장애로 인하여 추가로 드는 비용의 전부 또는 일부를 보전하여 주기 위하여 지급하는 급여

제6조(기초급여액)

① 기초급여의 금액(이하 "기초급여액"이라 한다)은 보건복지부장관이 그 전년도 기초급여액에 대통령령으로 정하는 바에 따라 전국소비자물가변동률(「통계법」 제3조에 따라 통계청장이 매년 고시하는 전국소비자물가변동률을 말한다)을 반영하여 매년 고시한다.

제7조(부가급여액)

부가급여액은 월정액으로 하며, 수급권자와 그 배우자의 소득 수준 및 장애로 인한 추가비용 등을 고려하여 대통령령으로 정한다.

제13조(장애인연금의 지급기간 및 지급시기)

① 특별자치시장·특별자치도지사·시장·군수·구청장은 제10조에 따라 장애인연금의 지급이 결정되면 해당 수급권자에게 장애인연금을 신청한 날이 속하는 달부터 수급권이 소멸한 날이 속하는 달까지 매월 정기적으로 지급한다.
② 장애인연금은 그 지급을 정지하여야 할 사유가 발생한 경우에는 그 사유가 발생한 날이 속하는 달의 다음 달부터 그 사유가 소멸한 날이 속하는 달까지는 지급하지 아니한다. 다만, 정지 사유가 발생한 날과 그 사유가 소멸한 날이 같은

달에 속하는 경우에는 그 지급을 정지하지 아니한다.
③ 장애인연금 지급의 방법 및 절차에 필요한 사항은 대통령령으로 정한다.

제19조(압류금지 등)

① 수급자에게 장애인연금으로 지급된 금품이나 이를 받을 권리는 압류할 수 없다.
② 제13조의2제1항에 따른 장애인연금수급계좌의 예금에 관한 채권은 압류할 수 없다.
③ 수급자는 장애인연금을 받을 권리를 다른 사람에게 양도하거나 담보로 제공할 수 없다.

5 장애인활동 지원에 관한 법률(장애인활동법)

[시행 2022. 1. 1.] [법률 제18222호]

제1조(목적)

이 법은 신체적·정신적 장애 등의 사유로 혼자서 일상생활과 사회생활을 하기 어려운 장애인에게 제공하는 활동지원급여 등에 관한 사항을 규정하여 장애인의 자립생활을 지원하고 그 가족의 부담을 줄임으로써 장애인의 삶의 질을 높이는 것을 목적으로 한다.

제2조(정의)

이 법에서 사용하는 용어의 뜻은 다음과 같다.

1. "장애인"이란 「장애인복지법」 제2조에 따른 장애인을 말한다.
2. "활동지원급여"란 수급자에게 제공되는 제16조제1항에 따른 활동보조, 방문목욕, 방문간호 등의 서비스를 말한다.
3. "수급자"란 제9조제2항에 따라 수급자로 인정되어 활동지원급여를 받을 예정이거나 받고 있는 사람을 말한다.
4. "활동지원사업"이란 국가와 지방자치단체가 이 법에 따라 수행하는 활동지

원급여에 관한 사업을 말한다.

5. "부양의무자"란 수급자(제6조제1항에 따른 신청인을 포함한다. 이하 이 호에서 같다)를 부양할 책임이 있는 사람으로서 수급자의 1촌 이내 직계 혈족 또는 수급자의 배우자 및 그 밖에 수급자의 생계를 책임지는 대통령령으로 정하는 사람을 말한다.
6. "활동지원기관"이란 제20조에 따라 지정을 받은 기관으로서 수급자에게 활동지원급여를 제공하는 기관을 말한다.
7. "활동지원인력"이란 활동지원기관에 소속되어 수급자에 대한 활동지원급여를 수행하는 사람을 말한다.

제5조(활동지원급여의 신청자격)

활동지원급여를 신청할 수 있는 사람은 다음 각 호의 자격을 모두 갖추어야 한다.

1. 혼자서 일상생활과 사회생활을 하기 어려운 장애인
2. 「노인장기요양보험법」 제2조제1호에 따른 노인등이 아닌 사람으로서 대통령령으로 정하는 연령 이상인 사람. 다만, 이 법에 따른 수급자였다가 65세 이후에 혼자서 사회생활을 하기 어려운 사람으로서 보건복지부장관이 정하는 기준에 해당하는 사람은 신청자격을 갖는다.
3. 활동지원급여와 비슷한 다른 급여를 받고 있거나 「국민기초생활 보장법」 제32조에 따른 보장시설에 입소한 경우 등 대통령령으로 정하는 경우에 해당하지 아니하는 사람

제12조(수급자격의 유효기간)

① 제11조제1항에 따른 수급자격 결정의 유효기간은 최소 1년 이상으로서 대통령령으로 정한다.

② 제1항에도 불구하고, 수급자가 65세가 되는 경우에는 그 해당 월의 다음 월까지 수급자격을 인정한다. 다만, 수급자가 제5조제2호 단서에 해당하는 경우에는 제1항에 따른다.

제16조(활동지원급여의 종류 등)

① 이 법에 따른 활동지원급여의 종류는 다음 각 호와 같다.

1. 활동보조 : 활동지원인력인 제27조에 따른 활동지원사가 수급자의 가정 등을 방문하여 신체활동, 가사활동 및 이동보조 등을 지원하는 활동지원급여
2. 방문목욕 : 활동지원인력이 목욕설비를 갖춘 장비를 이용하여 수급자의 가정 등을 방문하여 목욕을 제공하는 활동지원급여
3. 방문간호 : 활동지원인력인 간호사 등이 의사, 한의사 또는 치과의사의 지시서(이하 "방문간호지시서"라 한다)에 따라 수급자의 가정 등을 방문하여 간호, 진료의 보조, 요양에 관한 상담 또는 구강위생 등을 제공하는 활동지원급여
4. 그 밖의 활동지원급여 : 야간보호 등 대통령령으로 정하는 활동지원급여

② 수급자가 활동지원급여를 받거나 활동지원기관이 활동지원급여를 제공할 때에 다음 각 호의 어느 하나에 해당하는 행위를 요구하거나 제공하여서는 아니된다.

1. 수급자가 아닌 그 가족을 위한 활동보조(신체활동 지원, 가사활동 지원, 사회활동 지원 등)·방문목욕·방문간호 등의 행위
2. 수급자 또는 그 가족의 직장 등에서 생업을 지원하는 활동보조 행위
3. 수급자의 자립생활에 지장이 없어 지원할 필요가 없다고 인정되는 행위

③ 그 밖에 활동지원급여의 제공 기준·절차·방법·범위 등에 필요한 사항은 보건복지부령으로 정한다.

제31조(활동지원급여비용의 청구 및 지급)

① 활동지원기관은 활동지원급여를 수급자에게 제공한 경우 특별자치시장·특별자치도지사·시장·군수·구청장에게 활동지원급여비용(이하 "급여비용"이라 한다)을 청구하고, 청구를 받은 특별자치시장·특별자치도지사·시장·군수·구청장은 이를 지급하여야 한다.

② 특별자치시장·특별자치도지사·시장·군수·구청장은 제25조제1항에 따른 활

동지원급여 평가결과에 따라 급여비용을 가산 또는 감액 조정하여 지급할 수 있다.

③ 특별자치시장 · 특별자치도지사 · 시장 · 군수 · 구청장은 제1항과 제2항에 따른 급여비용의 지급과 정산 등에 관한 업무를 대통령령으로 정하는 관련 전문기관이나 단체에 위탁할 수 있다.

④ 제1항부터 제3항까지의 규정에 따른 급여비용의 청구절차 및 지급방법, 급여비용의 가감지급 기준, 위탁 업무 등에 관하여 필요한 사항은 보건복지부령으로 정한다.

PART Ⅲ

장애인복지실천

Chapter 10

장애인복지실천 접근방법

✓ **학습목표**

1. 관점에 대한 이론적 접근
2. 접근방법의 내용 파악
3. 접근방법에 대한 상호관계

✓ **학습내용**

1. 임파워먼트
2. 강점 관점
3. 위기개입모델
4. 탄력성모델
5. 사례관리 접근

✓ **개요**

장애인복지는 실천현장에서의 경험에 바탕을 둔 검증된 이론적 관점 안에서 이루어져야 한다. 이것은 장애를 갖고 있는 서비스이용자와 사회에 대한 책임성을 의미하기도 한다. 사회가 부여한 책임성을 실현하기 위한 하나의 방법은 경험적으로 검증된 관점에 입각하여 구체적 형태의 변화를 일으키는 실천을 수행하는 것이다. 이 장에서는 장애인복지실천 접근방법을 살펴보고자 한다.

장애인복지실천 접근방법

1 임파워먼트

1) 임파워먼트의 개념

임파워먼트(empowerment)는 클라이언트를 문제 중심이 아니라, 강점 중심으로 봄으로써 클라이언트의 잠재력 및 자원을 인정하고 클라이언트가 건강한 삶을 결정할 수 있도록 권한 또는 힘을 부여하고자 하는 것이다. 따라서, 여기서 클라이언트와 사회복지사는 동반자 관계에서 문제해결과정에 함께 참여하는 협력자이다.

임파워먼트는 사회적·조직적 환경에 관한 클라이언트의 통제력을 증가시키고자 하는 사회복지실천의 개입 기술을 의미하며, 권한부여, 역량강화, 세력화 등으로 번역되어 사회복지실천 영역에서 매우 의미 있게 적용되고 있다. 여기서는 임파워먼트를 '권한부여'로 본다.

권한부여는 누군가에게 권한을 주는 것 또는 힘을 부여하는 것, 능력을 주는 것이다. 권한부여는 사람들이 개인적 이유이든 또는 사회 구조적인 이유이든 또는 개인과 사회환경 등의 복합적인 원인으로 그들의 권리, 기회, 자원을 박탈당하거나 상실한 경우에 이를 회복시켜 주는 노력이다.

임파워먼트는 강점이나 잠재력 등 개인에게 내재한 힘에 가까이 다가가는 과정으로 자신감, 가치감을 제공하고 스스로 갖추어야 할 환경에 대한 대처능력과 통제력에 대한 인식을 추가해 준다. 따라서, 사회복지사는 임파워먼트의 사회구조에 따른 체계, 즉 개인 또는 개인 간 그리고 다양한 사회구조 범주를 충분히 이해함으로써 이러한 구조를 잘 조정하고 역량을 분배할 수 있어야 한다.

임파워먼트는 개인, 가족, 지역사회 및 사회가 클라이언트의 상황을 개선하기 위하여 개인적·대인관계적·사회구조적으로 힘을 증대시키는 과정으로, 세 가지 차원을 가진다. 즉, ① 개인적 차원, ② 대인관계 차원, ③ 사회 구조적 차원이며, 이들은 서로 복잡하게 얽혀 있어서 한 영역에서 자원이 찾아지면 다른 영역의 자원개발에도 이바지한다.

세 가지 차원을 구체적으로 살펴보면 다음과 같다(김준환 외, 2017: 123).

첫째, 개인적 차원의 임파워먼트는 개인의 역량, 강점, 통제력, 변화능력 등의 주관적 감정에 대한 임파워먼트를 뜻한다. 이는 인성, 인지, 동기 등에서 자신의 삶에 대한 통제감을 말한다. 이러한 임파워먼트는 자신의 능력에 대한 자신감은 개인의 성취에 긍정적인 영향을 미치고, 다른 사람 및 주변 환경과의 원활한 상호작용을 가능하게 하여 다양한 자원을 받게 하는 주요한 역할을 한다. 따라서, 사회복지사는 클라이언트의 자신감, 통제력 등을 향상해 클라이언트가 자기자신을 긍정적으로 인식하고, 외부로부터의 자원동원 능력도 높일 수 있도록 해야 한다.

둘째, 대인관계 차원의 임파워먼트는 클라이언트가 다른 사람에게 영향을 미치는 능력으로, 대인관계에서 어느 일방에 의해 주거나 받기만 하는 것이 아니라, 상호 교환하는 평행관계를 형성하는 것을 뜻한다. 이는 성별, 교육수준 등의 사회적 지위, 새로운 기술 및 지위의 습득을 통해 결정된다. 교육 등을 통해 이루어지는 대인관계 차원의 임파워먼트는 클라이언트의 자신감, 통제력 등에도 긍정적인 영향을 미침으로써 개인적 차원의 임파워먼트도 가능하게 하며, 다른 사람들과 효율적인 상호작용을 할 수 있다.

셋째, 사회구조적 차원의 임파워먼트는 사회구조와 클라이언트 개인의 관계를 뜻한다. 자신을 변화시킴으로써 힘을 얻기도 하지만, 정치적·사회적 상황과 같은 사회구조를 바꿈으로써 더욱 힘을 얻고 새로운 기회를 창출할 수 있다 따라서, 사회복지사는 구조적 변화를 통해 클라이언트의 역량이 강화될 수 있도록 해야 한다.

2) 임파워먼트 실천 가정

사회복지사는 장애인 클라이언트의 강점 및 협력을 지향함으로써 목적을 가지고 임파워먼트하는 실천 현실을 구성한다. 이를 위해 사회복지사는 임파워먼트를 가능하게 하는 장애인 클라이언트 체계와 변화에 대한 가정을 토대로 실천한다.

(1) 장애인 클라이언트 체계에 대한 가정

① 모든 장애인은 수용과 존경을 받을 자격이 있다.
② 모든 장애인 클라이언트 체계의 행동에는 동기가 있다.
③ 모든 장애인 클라이언트 체계의 행동은 맥락 안에서 타당성을 지닌다.
④ 장애인 클라이언트는 자신의 상황을 가장 잘 안다.
⑤ 도전은 장애인 클라이언트 내부적인 원인으로 생기는 것이 아니라, 인간체계와 환경 간 교류에서 발생한다.
⑥ 강점은 다양하며, 자기가치감, 문화적 자부심, 지역사회 내에서의 성공적인 관계 그리고 상호 의존성을 포함한다.

(2) 변화에 대한 가정

① 변화는 가능한 것일 뿐만 아니라, 필연적인 것이다.
② 생태체계의 한 부분 변화는 연쇄적으로 유익한 변화를 촉발시킬 수 있다.
③ 지속적인 변화는 강점 위에 구축된다.
④ 해답을 찾기 위해서 반드시 문제를 풀 필요는 없다.
⑤ 도전은 여러 가지 방식으로 해결할 수 있다.
⑥ 강점과 성장 잠재력은 모든 장애인 클라이언트 체계가 가진 특징이다.
⑦ 협력관계는 파워감을 구축하고 행동으로 이끌어 준다.
⑧ 주어진 기회 속에서 장애인 클라이언트 체계는 역량을 키운다.
⑨ 문화적 차이는 더 큰 관점, 부차적 대안, 시너지를 가져오는 해결 가능성을 제공하는 자원이다.

3) 임파워먼트의 실천원칙

임파워먼트 대상은 무능력함과 무력감을 경험하는 장애인 클라이언트로 임파워먼트 실천은 이들의 개인 역량을 강화할 뿐 아니라, 더 나아가 사회체계에 영향을 미치는 과정이다. 이러한 과정에서 임파워먼트의 실천원칙은 사회복지사와 장애인 클라이언트 간의 관계 설정, 임파워먼트를 실현하는 과정에서 요구되는 비판적 사고, 의식 고양, 기술 등에 있어서 나침판 역할을 한다.

임파워먼트의 실천원칙은 다음과 같다.

① 원조관계는 협력, 신뢰, 분배된 힘에 기초하기
② 집합적인 행동 활용하기
③ 계층과 권력에 관한 이슈에 대하여 장애인 클라이언트의 의식 고양하기
④ 장애인 클라이언트의 문제에 대한 정의를 수용하기
⑤ 장애인 클라이언트가 자신의 언어(목소리)로 표현할 수 있도록 격려하기
⑥ 변화과정에 장애인 클라이언트를 몰두시키기
⑦ 구체적인 기술을 가르치기
⑧ 상호 지지와 자조 네트워크 또는 집단을 활용하기
⑨ 임파워먼트를 지향하는 관계 안에서 스스로의 힘을 느끼는 경험을 하기
⑩ 자원동원하기 또는 장애인 클라이언트를 위한 옹호하기
⑪ 사회변화의 초점을 유지하기

4) 임파워먼트의 실천과정

사례관리 과정에서 임파워먼트 실천단계를 세 단계, 즉 대화·발견·발전 단계로 나누는데, 과정과 활동내용은 다음과 같다.

(1) 대화단계

대화단계의 과정은 관계형성, 유기적 관계, 방향 정하기의 세 하위 과정으로 구성된다.

(2) 발견단계

발견단계의 과정은 강점 확인하기, 활용 가능한 자원 사정하기, 문제해결 구상하기의 세 하위과정으로 구성된다.

(3) 발전단계

발전단계는 자원 활성화하기, 협력관계 만들기, 기회 확대하기, 목표달성에 대한 인정, 성과 통합하기의 네 하위 과정으로 구성된다

5) 임파워먼트의 실천성과

임파워먼트 실천과정을 통해 장애인 클라이언트에게 나타나는 성과를 자기효능감 높이기, 자기 비난 줄이기, 변화에 대한 개인적인 책임감 느끼기, 집단의식과 비판적 의식발달이라고 한다. 즉, 임파워먼트가 된다는 것은 비판적 사고를 할 수 있게 된다는 것을 의미하며, 자신에 대하여 재인식하게 됨으로써 지식과 기술을 획득할 수 있게 되는 것이다. 더 나아가 자신과 자신이 속한 집단을 위하여 사회변화를 지향하는 행동을 할 수 있다.

임파워먼트 실천에서 하위 차원의 성과 측정은 ① 개인 내적 임파워먼트 수준에서는 장애인 클라이언트 자신의 인식과 능력 향상을, ② 대인적 임파워먼트 수준에서는 사회적으로 용인될 수 있는 범위 내에서 다른 사람에게 영향을 미칠 수 있는 능력을 획득하는가를, ③ 정치적·지역사회 임파워먼트 수준에서는 상호원조 집단이나 정치적 활동에의 참여 증가로 장애인 클라이언트의 지역사회 내 지위 향상을 평가할 수 있다.

표 10-1 임파워먼트의 실천성과

개인 내적	대인적	정치적 · 지역사회
• 자기효능감 • 자기 인식 • 자기 존중 • 권리감	• 지식기술 • 주장성 • 주는 것의 한계정하기 • 도움요청하기	• 정치적 행동·참여 • 기득권 반환 • 이바지하기 • 행동통제하기

• 비판적 사고	• 문제해결하기 • 새로운 기술 연습하기 • 자원에 접근하기

자료: 김준환 외(2017: 126).

2 강점 관점

1) 강점 관점의 개념

강점 관점은 장애인의 강점을 강화시키는 과정을 통해서 장애인의 역량을 향상시킬 수 있으며, 이것은 가장 신속하게 장애인에게 문제해결 능력과 권한을 부여할 수 있다는 전략적 인식이다. 이 관점에서는 문제의 발생원인에 관한 관심보다는 해결점을 발견하고 강점을 강화시키는 데 주요 초점이 있다.

강점 관점에 따르면, 모든 사람들은 원조과정에서 확인되어야만 하는 강점을 가지고 있기 때문에 사회복지사는 강점 관점에서 복지 소비자인 장애인의 장점, 능력, 재원, 자원과 열망 등에 대한 깊은 이해와 존중을 통해 우선적으로 강점을 이끌어 낼 수 있어야 한다. 이는 모든 장애인 개인과 집단이 능력, 에너지, 용기, 저항력, 통합능력 그리고 다른 많은 강점을 가지고 있다는 것을 간과하지 않아야 가능한 일이다. 강점은 좋지 않은 결과의 가능성을 줄이는 어떤 요소로 정의될 수 있고, 이런 강점들은 과거의 문제해결 또는 대처기제가 실현될 때 명확해진다. 따라서, 강점 관점은 문제에 대한 관심보다는 장애인이 해결점을 발견하고 강점 강화시키는 데 주요 초점이 있으므로 장애인을 독특한 존재로서 다양성을 인정하고 존중하면서 장애인의 결점보다는 강점에 초점을 두고 가능한 모든 자원을 활용하여 장애인의 역량을 실현해 나가도록 돕는 것이라고 할 수 있다 (Dunst et al., 1994).

장애인의 강점은 변화를 이끌어 내는 자원으로서 모든 사람은 강점을 가지고 있다는 철학에 기초한다. 사회복지사가 이러한 내재된 힘을 지지할 때, 장애인은 긍정적 성장의 가능성을 고양시킬 수 있다. 강점 관점은 장애인복지의 근본적 가치라고 할 수 있는 인간 중심의 실천 관점이다. 강점 관점에 따르면, 사회복지사와 장애인 간에는 협력적 동등한 관계가 형성되어야 한다. 장애인이 아무리 보잘 것 없고, 장애가 심하며, 실패하였다 할지라도, 그들의 내면에 숨어 있는 강점을 발견하여 인지하게 하는 것이 강점 관점인 것이다.

강점 관점은 장애인들의 과거 병력과 현재의 장애 그리고 그로 인한 다양한 문제가 걸림돌이 되지 않고, 오히려 발전과 성장을 위한 기반이 되도록 돕는 실천 관점이라고 할 수 있다.

2) 강점 관점 중심의 전제 조건

강점 지향적 사회복지사들은 모든 장애인 서비스이용자 체계의 강점은 변화 과정을 발생시키고, 에너지를 부여하고, 지속시키는 자원임을 믿는다. 사회복지사는 장애인서비스 이용자체계 내에서 그리고 환경적 맥락에서 보다 효과적으로 기능할 수 있도록 이용 가능한 자원을 끌어낸다(Dunst et al., 1994). 강점 관점의 실천을 위한 전제 조건은 다음과 같다(이준우, 2021: 130).

첫째, 장애인은 성장 및 변화를 위한 개별적·본래적 능력을 갖고 있다.

둘째, 장애인 서비스이용자 체계는 이미 유용한 자원과 활용 가능한 외부 체계와의 상호작용 능력을 갖고 있다.

셋째, 상호작용과 협력은 새로운 자원 구축을 위해 기존 자원을 증대시킨다.

넷째, 긍정적 변화는 희망과 미래의 가능성을 위해 구축된다.

다섯째, 장애인 서비스이용자 체계는 그들 자신이 자신에게 처해진 상황을 가장 잘 알며, 대안이 주어지면 가장 좋은 해결책을 스스로 결정할 수 있다.

여섯째, 무력감을 증대시키기보다 완수감과 능력을 증대시키는 과정이 문제해결에 훨씬 크게 도움이 된다.

일곱째, 체계의 결함을 단점으로 강조하기보다는 결함을 체계 간의 상호 교류 과정에서 해결해야 할 도전과 관심으로 인식한다.

3) 강점 관점의 세부 사항

강점 관점을 기초로 장애인복지를 실천하는 사회복지사는 세부 시각들을 실현해야 할 책임이 있다. 그 내용은 다음과 같다.

(1) 역량강화

역량강화는 개인, 집단, 가족 그리고 지역사회가 장애인의 내부와 장애인을 둘러싸고 있는 자원과 도구들을 발견할 뿐만 아니라, 확장시킬 수 있도록 돕는 일련의 과정이다. 강점 관점을 기초로 장애인복지를 실천하는 사회복지사는 보다 만족스런 삶을 창조하는 장애인 자신의 세계·문제·영감·강점 등을 정의하도록 격려함으로써 장애인의 역량을 강화하려고 노력한다(Fast & Chapin, 2002).

(2) 소속감 증진

장애인은 그들의 문화적·지리적 기반으로부터 떨어져 있어서 취약하고, 차별을 경험하거나 아니면 주류사회로부터 소외되기 쉽다. 그리하여 그들은 소속의 감정이 결핍된다. 부분적이라도 소외된 사람들은 소속의 개념이 결핍되기 때문에 그들의 강점과 가능성과도 접촉하지 않는다. 강점 관점은 장애인복지를 통해 원조하는 모든 장애인들이 소속감에서 오는 존엄과 존중 그리고 책임감을 부여받아야 한다는 인식에서 출발하는 것이다. 그러나 장애인복지서비스가 전달되는 대부분의 장애인들은 소속될 곳도 소속감도 가지고 있지 않을 경우가 많다. 구성원이나 시민이 되기 위해 그리고 참정권과 책임감, 안전의 혜택을 누리고자 하는 장애인의 욕구가 해결되는 것이 강점 관점의 첫 번째 단계이다.

(3) 적응력

적응력은 장애인 개인의 고난과 충격적 삶의 경험을 경시해 버리거나 생의 고통을 본질적으로 무시해 버리는 것이 아니라, 이러한 고통에도 불구하고, 굴하지 않는 능력이라고 할 수 있다. 손상은 이미 생겼고, 정서적·신체적 상처들이 그 증거가 된다. 적응력은 하나의 특징이나 통계적 현상이 아니라, 계속적 성장, 능력, 지식, 통찰력 그리고 한 개인의 삶에서 도전과 욕구를 충족시키는 가운데 생겨나는 미덕을 연결시키는 것이다. 적응력에 기초한 장애인복지는 이상적으로 위험요소를 감소시키고 보호요소를 증가시키는 두 가지 초점을 가진다(Oliver, 1996).

(4) 회복

회복은 장애, 질병 그리고 분열에 직면했을 때 저항하고 갱생하려는 신체와 정신기능이 복원되는 것을 의미한다. 또한 회복은 개인과 더 큰 사회 및 물리적 환경 사이의 유익한 관계를 요구한다. 회복은 스스로 복원하기 위해 사회복지사나 개인이 조직과 동맹을 이룰 때 생겨나는 것이기 때문에 항상 본질적 생명지원체계로 작용하고 장애인 대부분이 필요로 하는 것이다. 이는 장애인에게 무엇이 최선인지를 단지 장애인복지 전문가만이 알고, 치료, 복원 또는 변형이 오로지 외부의 원천에서만 온다는 질병모델의 가정과 반대되는 것이다.

(5) 대화와 협력

장애인은 타인과의 창조적이고 새롭게 발생하는 관계를 통해 존재를 확인한다. 그러한 교류가 없다면 장애인 개인의 힘의 발견과 시험, 지식, 자각의 증진 그리고 내부의 강점들은 있을 수 없다. 대화를 통해 타인의 중요성을 확인하고 자신과 타인 그리고 제도 사이의 불화를 회복하기 시작한다(Pilling, 1992).

대화는 감정이입을 통해 타인을 포함시키고 동일시해야 한다. 대화가 사랑, 겸손, 믿음에 기초할 때, 대화자 간의 상호 신뢰가 논리적 결과가 되는 수평적 관계가 되는 것이다. 장애인의 인식과 강점을 찾아낼 때, 사회복지사는 장애인의 개성을 계속적으로 존중하고 신뢰해야 한다. 장애인과 협력하는 것은 전문적 대답을 제공하는 것이 아니라, 장애인과 상의하고 협상하는 것이다.

(6) 객관성의 추구

장애인복지 현장에서 언어적 보고가 가장 기본적 정보의 원천이기는 하지만, 한편으론 언어적 보고는 그릇된 회상, 왜곡된 인식, 편견 그리고 장애인 편에서는 제한된 자기 인식의 가능성 때문에 실책을 범할 수 있는 취약점을 가지고 있다. 따라서, 장애인의 견해, 설명 그리고 보고 등을 진실과 관계된 확실한 주장으로 수용하는 경향을 피해야 한다고 하였다(Pilling, 1992). 또한 장애인에 의해서 표출된 느낌이 그릇된 인지에서 나올 수도 있고, 불합리한 것들이 조합된 것일 수도 있음을 인식해야만 한다. 객관성의 추구가 비록 단기적으로는 어려움이 있어도, 장기적으로는 사회복지사와 장애인 간의 역량강화 관계에서 협동이라는 큰 희망을 가져다 줄 것이다.

4) 주요 개념

강점 관점을 적용하기 위해 사회복지사들은 장애인복지에 대한 전문가로서의 지향, 장애인 서비스이용자 체계에 대한 전문가적 견해, 장애인 서비스이용자 문제에 대한 전문가적 해석을 재검토할 필요가 있다. 그 내용은 다음과 같다(이준우 외, 2021: 133-135).

(1) 문제가 아닌 도전

문제는 오랫동안 장애인복지 실천개입의 초점이었다. 전형적으로 장애인들은 그들 스스로 또는 다른 사람들이 문제라고 생각하는 어려움을 갖고 있기 때문에 사회적 서비스 전달체계로 들어온다. 그러나 문제를 상세히 말하는 것은 장애인 자신의 실패를 확인시키고, 불가능성으로 압도하여 무력감에 사로잡히게 하고, 문제 중심의 견해를 일반화시키며, 문제라는 낙인이 장애인 자신의 정체성을 사라지게 만든다. 문제를 과도하게 강조하는 접근을 이용하는 사회복지사는 장애인이 극복해야 하는 바로 그 어려움만을 강조하는 결과를 초래하기 쉽다. 사회복지사가 장애인의 문제를 도전, 전환점, 성장의 기회로 바라볼 때, 자신의 관점을 의미 있게 변화시킬 수 있다(Roessler & Rubin, 1998).

(2) 병리가 아닌 강점

강점에 초점을 두는 사회복지사들은 장애인이 가져오는 어려움을 무시하지 않는다. 병리적 관점은 장애인의 독특한 능력을 숨기게 되기 쉽다. 흔히 병리적으로 장애를 진단하는 것은 장애인 개인의 강점을 덮어 버리는 경우가 많다. 부정적 명칭은 협소한 정의를 낳고, 부정적 기대를 확립시킨다. 사회복지사가 장애인을 향한 지향점을 강점으로 돌릴 때, 장애인은 병리에 초점을 두는 함정을 피하게 된다(이준우, 2005).

(3) 과거가 아닌 미래

강점 지향적 사회복지사들은 미래의 성장을 위해 이용될 수 있는 자원을 발견하기 위해 현재를 탐색한다. 미래에 초점을 둔다면, 사회복지사와 장애인이 갖고 있는 것, 배운 것, 다가올 도전을 맞는 데 이용 가능한 추가적 자원들을 통합할 기회를 가질 수 있다(Roessler & Rubin, 1998).

5) 강점 관점의 원리

장애인복지에서 적용되어야 할 강점 관점의 원리는 다음과 같다(Saleebey, 2002).

첫째, 모든 개인 집단, 가족과 지역사회는 강점을 가지고 있다. 사회복지사가 실천을 할 때 간과하기 쉽지만, 장애인 개인이나 가족 그리고 그들을 둘러싼 지역사회는 사회복지사 자신도 몰랐던 자산, 자원, 지혜, 지식을 처음부터 가지고 있다. 그리고 강점 관점은 그러한 자원을 식별하고, 불운을 극복하고 질병에 직면하고 통증을 없애며, 목표에 도달하기 위해 장애인이 가진 잠재력을 존중하는 것이다. 장애인들은 사회복지사가 그들에게 정말 관심이 있는지, 영향력이 있는지, 그들의 이야기를 경청할 것인지, 과거 경력에 상관없이 그들을 존중할지 여부를 알고 싶어 하고) 사회복지사는 장애인의 내부 자원과 주변의 자원들로 무언가 가치 있는 것을 만들 수 있다고 믿고 싶어 한다. 그러나 무엇보다도 장애인은 그들이 역경을 이겨내고 변화와 성장을 향해 오를 수 있는가를 믿고 있는지 알고 싶어 한다.

둘째, 정신적 외상, 학대, 질병 그리고 투쟁의 경험은 해롭지만, 동시에 도전과 기회의 원천이 될 수 있다는 것이다. 장애인들은 그들의 강점이 지지될 때, 긍정적으로 변화하고 장애극복을 향해 더욱 동기화되며, 결과적으로 크게 성장한다. 그래서 그들과 그들 가족의 문제가 무엇인지 묻는 대신, 사회복지사는 그들이 가족에게 가져다줄 강점이 무엇이고 그들이 생각하는 다른 가족구성원의 강점이 무엇인지를 물을 수 있다. 이 과정을 통해 사회복지사는 장애인과 그들 가족의 능력을 발견하고, 그들 자신에 관해 생각하는 새로운 방법을 형성하도록 도울 수 있다.

셋째, 성장하고 변화할 가능성의 최고 한계선이 결정되지 않았다고 가정하고 장애인 개인, 집단 그리고 지역사회의 열망을 심각하게 받아들여야 한다는 것이다. 장애인들은 사회복지사가 그들의 약속과 가능성에 대해 개방적 계약을 맺을 때에 더 좋은 서비스를 받을 것이다. 이는 사회복지사가 장애인에 대해 높은 기대를 가지고 있어야 하고, 그들의 희망, 비전 그리고 가치를 소중히 다루어야만 함을 의미한다.

넷째, 장애인과 협력을 통해 가장 좋은 서비스를 제공할 수 있다는 것이다. 장애인복지 담당 사회복지사의 역할은 장애인의 강점과 유능한 자질을 평가하는 데 가장 유리한 입장을 제공할 수 없다. 장애인 당사자 자신이야말로 가장 분명한 자신의 강점을 확인할 수 있다. 이에 사회복지사는 장애인과 함께 장애인 서비스이용자의 모든 강점을 함께 창조하고 발견해 나가야 한다.

다섯째, 모든 환경은 자원으로 가득 차 있다는 것이다. 즉, 모든 환경이 복지자원화될 수 있는 재료라는 것이다.

3 위기개입모델

위기개입모델(crisis intervention model)은 일반적으로 병원이나 다른 긴급 환경에서 사용되는 실천모델이다. 이 모델은 새로이 장애판정을 받았거나, 장애상태나 인생의 상황이 변한 클라이언트 또는 비장애인처럼 인생에서 위기를 경험하고 있는 장애인 클라이언트를 지원하는 더 유용하다. 또한 부모가 신생아의 발달장애를 수용하도록 지원할 필요가 있을 때, 성인이 척수손상으로 인생의 중대한 변화에 부딪혀야 할 때, 위기개입모델은 적절하게 활용될 수 있다. 이 모델의 목표는 경험하고 있는 변화 한계 내에서 최적의 기능을 할 수 있도록 클라이언트를 안정화시키는 것이다.

위기개입은 직전에 발생한 사건의 결과로 심각하고 긴급한 어려움을 경험하고 있는 사람들에 대한 우려에서 발전한 사회복지실천모델이다. 위기개입모델은 새로 장애인이 된 클라이언트가 갑작스러운 변화로 인한 심한 스트레스에 대처하도록 지원할 수 있는 즉각적인 개입을 제공한다.

위기가 될 것으로 예상되는 사건을 세 가지로 나누어 볼 수 있다. 그 내용은 다음과 같다(이선우 외, 2021: 120).

첫째, 긴급상황 사건으로 심각한 질병 또는 장애가 시작하는 것이다. 중대한 교통사고, 사랑하는 사람의 사망, 지진·홍수·화재 또는 전쟁과 같은 재난, 흉악한 범죄의 피해 등은 당사자 및 그 가족에게 위기상태를 초래하는 경우가 많이 있다.

둘째, 생애발달의 전환으로, 은퇴, 요양시설 입소, 자녀 출산, 결혼 또는 이혼, 폐경기, 자녀의 독립 또는 사춘기의 시작과 같은 사건이 위기를 초래할 수 있다.

셋째, '존재의 위기'로, 인생의 목적, 책임, 독립, 자유 및 헌신과 같은 중요한 인간의 쟁점을 동반하는 내적 갈등과 걱정을 말한다.

위기에 빠진 사람이 도움을 받지 못하거나 도움을 찾지 않으면, 일반적으로 세 가지 유형 중 한 유형이 발생한다.

첫째, 스스로 위기에 대처하여 새로운 힘을 얻고 위기 경험으로 성장한다.

둘째, 모든 고통스러운 감정을 차단하여 위기에 살아남는다. 그 감정은 사라지지 않으며, 표면 밑에서 해결되지 않은 채 남아서 위기로 인한 변화에 긍정적으로 적응하지 못하게 막는다.

셋째, 완전히 효과적으로 대처할 수 없어서 심각한 좌절로 고생할 수 있다.

위기개입은 일반적으로 6~7주 동안의 단기간 형태의 치료이다. 위기개입의 목표는 위기에 처한 개인이 위기를 긍정적으로 해결하고 기능적으로 적응하도록 지원하는 것이다. 위기의 영향이 8주를 넘어갈 수도 있지만, 클라이언트는 문제를 제기하면서 통제감과 적절한 대처기술을 사용할 능력을 회복하게 된다.

일반적인 문제해결모델과의 공통점과 차이점을 살펴보면 <표 10-2>와 같다.

표 10-2 위기개입모델과 문제해결모델의 비교

	위기개입모델	문제해결모델
공통점	기본 가정이나 시각이 비슷－문제에 대한 관점, 스트레스, 대처능력의 향상(문제해결능력과 기능회복)이 목적, 통합적 접근 강조 등(위기개입모델을 문제해결모델의 특수한 경우에 포함시키기도 함.)	
차이점	위기적 상황 －평소의 문제해결방법으로는 해결하기 어려움 －일시적으로 적시에 개입, 단기간 치료	일상적인 상황

자료: 이선우 외(2021: 121).

『위기개입전략』
(2020년 출판)

제임스와 길랜드(Richard James & Burl Gilliland)의 『위기개입전략(*Crisis Intervention Strategies*, 2020)』에 따르면, 사회복지실천에서 많이 활용되는 위기개입모델은 6단계로 구성되어 있다. 그 내용은 다음과 같다.

첫째, 문제를 정의한다. 클라이언트가 이야기하는 것(몸짓도 포함)을 주의 깊게 듣는다. 클라이언트의 관점에서 문제를 정의한다. 장애가 클라이언트의 인생에서 유일한 위기의 근원은 아니다. 주의 깊게 듣고, 장애상태가 위기를 촉진하는 주된 요인이라고 가정하지 않는 것이 중요하다. 클라이언트가 경험하고 있는 위기에서 장애의 역할을 클라이언트 자신이 결정하도록 지원한다.

둘째, 클라이언트의 안전을 보장한다. 내부상황과 외부상황을 조사하여 클라이언트가 신체적 또는 정신적 피해를 받을 위험이 없는지 사정한다.

셋째, 지지를 제공한다. 클라이언트의 이야기에 관심을 기울이고 감정이입을 하여 듣는다. 클라이언트가 사회복지전문가를 실질적인 지지로 여기고 의존할 수 있도록 한다.

넷째, 대안을 조사한다. 클라이언트가 여러 선택을 검토하고 효과적인 대처체계를 발전시키도록 지원한다.

다섯째, 계획을 세운다. 클라이언트 자신이 달성할 수 있도록 하는 단계를 포함하는 단기계획을 발전시키도록 지원한다.

여섯째, 헌신하도록 한다. 클라이언트가 자신이 발전시킨 계획과 행동에 대해 헌신하도록 지원한다. 장애는 클라이언트의 독립적 기능 능력을 영구히 변화시킬 수 있으며, 사회복지실천 개입은 위기의 기간이 훨씬 지난 후에도 필요하게 될 것이다. 클라이언트와 함께 발전시킨 계획에는 사례관리를 시작하는 것이나, 자립생활 또는 직업재활로 연계하는 것도 포함할 수 있다.

4 탄력성모델

1) 탄력성의 개념

사전적 의미로는 탄력성(resilience)이란 “극도로 긴장하거나 압박을 받은 후 되돌아오거나, 회복되는 행동·힘·활기·좋은 기분을 회복하는 행위”를 말한다. 또한 다수의 연구자들은 탄력성을 역경을 통해 더 강해지고 더 많은 자원을 보유할 수 있는 능력이나, 위기·도전에 반응하여 이를 감당하고 스스로를 바로 세우며 성장하는 적극적 과정으로 이해하고 있다.

탄력성의 개념은 세 가지의 핵심요소가 있다. 그 내용은 다음과 같다(김용환 외, 2020: 96-97).

첫째, 높은 위험에 노출되어 있음에도 불구하고, 성공적인 상태를 유지하는 것이다.

둘째, 어려움 속에서 자기효능감을 유지하는 것, 즉 위험한 상황에 성공적으로 적응하는 것이다.

셋째, 정신적 외상으로부터 회복하는 것, 즉 부정적인 사건을 성공적으로 조절하는 것이다.

이상의 사실은 탄력성을 위험한 상황에서 성공적으로 기능하는 능력으로 이해하며, 성공적 경험을 통한 배움과 자원의 확보라는 요소가 더해지는 과정을 의미한다.

2) 탄력성모델의 내용

가족을 연구하는 학자들은 고위험 상황에서도 적응적인 가족을 발견하고, 이들 가족이 고위험 상황에서도 얼마든지 생존하는 개인 탄력성의 개념과 유사하다고 여겨서 가족탄력성이라고 명명하게 되었다. 가족탄력성은 가족 내의 개인에 초점을 두는 것이 아니라, 가족을 하나의 전체적인 기능단위로 본다. 특히, 강점 관점이 가족탄력성의 주요 관점으로 제기되면서 고위험 또는 스트레스 상황에서 잘 적응하는 가족의 자질 또는 가족의 적응적 능력이 무엇인지에 대한 관심이 높아지게 되었다. 탄력성을 정의하는 몇 가지 공통점을 살펴보면 다음과 같다(김용환 외, 2020: 97-98).

첫째, 탄력성은 곤경에 직면해서 표면화된다. 즉, 가족탄력성은 가족이 위기를 경험할 때, 가족의 평형상태를 유지하려는 자질이다. 이것은 '체계변화'의 개념과 유사하다.

둘째, 탄력성은 탄성(buoyancy)의 특성을 갖는다. 실패로부터 회복할 수 있는 능력 또는 이전의 기능상태로 되돌아가는 능력은 가족이 일시적 스트레스 상황에 있어도 기본 구조의 변화에 저항하면서 이전 기능과 유사한 상태로 되돌아가는 것을 의미한다. 즉, 탄력적 가족은 위기 이전 수준으로 되돌아가서 다시 시작할 수 있음을 의미한다.

셋째, 탄력성은 병리보다는 건강으로 보는 경향이 있다. 따라서, 탄력성에 근거한 접근은 가족이 왜 실패하는지가 아니라, 어떻게 성공하는지를 보려고 한다.

3) 장애인과 탄력성모델

장애는 탄력성 개념의 적용 가능성이 매우 큰 분야이다. 장애인은 선천적이든 후천적이든 장애인으로서의 정체성을 획득하고, 사회를 통합하는 과정에서 여러 가지 심각한 도전에 직면하게 된다. 이는 탄력성모델에서 논의하는 고위험 상황과 매우 유사한 상황이다.

탄력성모델에 기초한 연구들은 장애라는 고위험에 직면한 개인이 어떻게 생존하며, 고위험에도 불구하고, 어떻게 성공적으로 적응하는지를 탐색한다. 탄력성 접근은 장애인으로서 정체성을 확립해야 할 아동기 및 청소년기 중 갑작스러운 장애를 맞게 된 중도장애인들에게 적응을 지원하는 전략이 될 뿐 아니라, 발생 가능한 문제를 예방하는 데도 유효한 전략이 될 수 있다. 그리고 장애인가족의 경우, 장애유형과 장애에 따른 가족의 스트레스 및 경제적 부담으로 인해 탄력적인 가족으로 성장하기 어려운 점이 있다. 따라서, 원조전문가는 장애인과 그 가족의 탄력성 및 적응력 향상의 중요성을 인식하고, 장애인가족들에게 직접적이고 실천 가능한 가족지원 프로그램을 개발·보급함으로써 장애인 개인과 가족이 상황을 잘 대처할 수 있도록 가족지원 대책을 마련해야 한다.

5 사례관리 접근

사례관리(case management)는 복합적인 욕구를 가진 사람들의 기능화와 복지를 위해 공식적·비공식적 자원과 활동의 네트워크를 조직하고, 이를 조정 및 유지하는 활동을 말한다. 또한 사례관리는 클라이언트의 생활기술을 향상시키고, 사회적 네트워크와 관련된 대인복지서비스 제공자의 능력을 고양시킬 수 있다는 장점을 지닌다. 나아가 사례관리는 이용자에게 제공되는 서비스의 효율성과 효과성을 증진시키는 데 효과적이다(Moxley, 1989).

사례관리 접근은 장애인의 일상생활에 영향을 주는 다양한 환경과의 관계에 사례관리자가 개입하여, 적절한 자원을 연계하거나 제공하는 접근방법이다. 따라서, 사례관리 접근은 장애인뿐만 아니라, 다양한 사회적 욕구와 복잡한 문제를 안고 있는 이들에게 기존의 사회복지 전달체계가 갖고 있는 단편적 서비스 제공이 갖는 한계들을 극복할 수 있는 유용한 접근방법이 될 수 있다.

사례관리는 사회적 지원이 필요한 이들의 문제가 복합적이고 중복되기 때문에 지역사회에서 이들을 지원하기 위해서는 다양한 전문기관들의 협력이 필요하다는 인식에서 출발하고 있다. 이는 단일 기관에서 제공할 수 있는 서비스나 프로그램이 한정되어 있어서 다양한 사회적 욕구를 가진 이들을 지원하기 위해서는 다른 전문기관과의 협력과 조정이 뒤따라야 하기 때문이다.

사례관리가 등장하게 된 배경도 시설보호 중심의 서비스 접근에서 지역사회를 중심으로 하는 실천과 재가복지서비스 정책의 중요성이 대두된 것과 관련이 있다. 또한 복합적 욕구를 가진 인구가 지속적으로 증가하고 있고, 기존 서비스의 단편적인 제공, 사회적 지지체계와 지원망의 중요성에 대한 인식의 증가, 복지서비스 비용 절감에 대한 인식, 정부 주도에서 지방정부의 역할강화 등은 사례관리의 필요성을 강화시켰다.

이와 함께 국내 장애인복지 분야에서 사례관리는 장애인활동지원사업, 장애아동재활치료사업 등 장애인이 선택할 수 있는 사회서비스들이 지속적으로 증가한 것과, 장애인복지관, 공동생활가정, 주·단기 보호센터, 직업재활시설, 장애인자립생활센터, 장애인가족지원센터 등 지역사회 내 장애인이 이용할 수 있는 인프라가 확대되면서 급격히 확산되고 있다. 또한 공공부문에서도 '구' 단위 희망복지지원단, 읍·면·동 복지허브화 사업 등에서 사례관리는 민간영역과 공공부문의 협력을 강조함으로써 사회복지 전달체계로 자리를 잡는 데 영향을 미쳤다.

나아가 장애인 당사자주의와 소비자주의 확대, 장애인의 자기결정권과 선택권을 중시하는 사회적 분위기, 재활모델에서 자립생활모델로의 장애인복지 패러다임의 전환 등은 장애인의 다양하고 복잡한 욕구에 부합하는 서비스를 연계하거나, 조정·연결해 주는 사례관리에 대한 관심을 증폭시켰다. 특히, 장애인복지관을 중심으로 사례관리는 지속적으로 확대되고 있으며, 장애인생활시설의 사회화에 대한 관심은 시설과 지역사회의 연계를 강조하면서, 사례관리에 대한 관심이 확대되는데 기여하였다.

사례관리 접근과정은 클라이언트의 발굴을 통해 초기면담을 실시하고, 이를 통해 클라이언트의 사회적 욕구파악 및 사정하는 과정을 거치게 된다. 또한 이를 통해 개별서비스계획을 수립하고, 개입과 지속적인 점검 및 평가, 종결하는 과정으로 이어진다.

사례관리 접근이 기존 사회복지실천과의 차이점은 기존의 사회복지실천이 특정한 문제를 가진 당사자로 한정되었다면, 사례관리 접근은 만성적이거나, 특별한 보호가 필요한 아동, 노인, 장애인 등 개입대상을 광범위하게 접근할 수 있다는 특징을 가진다. 또한 사례관리 접근은 사회문제를 경험하고 있는 개인의 변화에 초점을 두기보다 장애인의 사회적 욕구와 사회지원을 연결하는 것을 중시한다는 점에서 차이를 보인다. 나아가 서비스의 지속성이 보장된다는 측면에서 지역사회 내에서 보호의 연속성을 확보할 수 있는 접근방법이다.

사례관리 접근은 장애인복지 전달체계에서 지역사회 내 장애인에게 개별화된 접근이 가능하도록 하며, 지역사회기관과 비공식적인 지원망을 통해 필요한 서비스들을 장애인에게 연결시키는 데 효과적이다. 또한 사례관리기관들 상호 간의 조정을 통하여 거시적인 측면과 미시적인 측면을 동시에 접근하는 기능을 수행할 수 있다. 그러나 사례관리의 필요성이 부각되고, 다양한 분야에서 사례관리가 확산되고 있음에 불구하고, 사례관리는 지역사회 환경에 적합하도록 보완될 필요성이 있다. 특히, 지역사회 내에서 서비스의 질과 연속성을 확보하기 위해서는 사례관리자가 서비스 전달과정에서 조정기능을 충분히 발휘할 수 있어야 하며, 사례관리 주체들이 다양해짐에 따라 역할과 책임을 명확히 설정하는 것이 뒤따라야 할 것이다. 나아가 국내 상황에 맞는 사례관리체계를 구축하기 위해 사례관리 전문가를 양성하고 보수교육체계를 개발하는 것이 요청된다.

Chapter 11

장애인복지 전달체계

✓ **학습목표**

1. 공공 및 민간 전달체계의 이해
2. 공공 및 민간 전달체계계의 상호 이해
3. 전달주체의 문제점과 해결방안 토의

✓ **학습내용**

1. 장애인복지 전달체계의 개념
2. 장애인복지 전달체계의 구성원칙
3. 장애인복지 전달체계의 실제
4. 장애인복지 전문인력
5. 전달체계의 문제점 및 개선방안

✓ **개요**

장애인의 완전한 자립생활과 사회통합이라는 장애인복지의 목표를 달성하기 위해서는 장애인의 욕구에 부응할 수 있는 서비스와 그러한 서비스를 공급할 수 있는 전달체계가 필요하다. 전달체계는 장애인에게 필요한 서비스를 적절하게 제공하기 위하여 효과성과 효율성을 극대화시키는 서비스체계이다. 이 장에서는 장애인복지 전달체계를 살펴보고자 한다.

장애인복지 전달체계

1 장애인복지 전달체계의 개념

1) 사회복지 전달체계의 개념

(1) 사회복지 전달체계의 정의

사회복지정책에 있어서 '누구에게'와 '무엇을'이라는 선택을 결정하게 되면 그 다음에는 결정된 사회복지급여를 수급자격을 가진 대상자에게 전달하기 위한 조치가 마련되어야 한다. 즉, '어떻게(how)'라는 질문에 관련된 것이다. 이러한 의미에서 사회복지 전달체계는 지역사회 내에 존재하는 사회복지서비스의 공급자와 수요자(클라이언트, 수급자, 소비자)의 상호 간을 연결시키기 위한 '조직적 장치'라고 말할 수 있다. 여기서 조직적 장치라는 것은 사회복지서비스 공급자와 수요자 사이를 연결시키는 조직과 인력의 구조를 의미한다(조추용 외, 2021: 172).

사회복지 전달체계는 사회복지정책에서 제공하는 급여 또는 서비스를 제공하는 조직적 장치를 말한다. 사회복지정책에 있어 전달체계가 중요한 이유는 사회복지정책에 규정되어 있는 사회복지급여와 서비스를 적절하고 효율적으로 대상자에게 전달하여 그들의 욕구를 효과적으로 충족시키는 데에 전달체계가 결정적인 역할을 수행하기 때문이다. 즉, 정책내용도 중요하지만, 정책의 구체적 대상자의 자격요건을 조사·심사하는 일, 자격조건의 설정, 전달구조와 조직의 선택과 실천, 사회복지서비스 신청·급여과정과 절차 등과 연관된 정책의 선택 등은 결국 전달체계상에서 수혜대상자와 밀접하게 접촉하면서 실천되는 일이므로 전달체계가 그만큼 중요하다(현외성, 2019: 239).

사회복지 전달체계의 특성은 사회복지 전달체계가 운영주체에서도 일반 전달체계와 차이를 보인다는 점이다. 주로 고정적인 일반 전달체계와 달리, 중앙정부, 지방정부 등의 공공 전달체계와 민간차원에서 이루어지는 민간 전달체계 두 영역 모두에서 활발히 적용되며 유동적이기 때문이다.

펄만(Helen Harris Perlman)은 1957년 그의 저서 『사회적 케이스워크(*Social Casework: A Problem-Solving Process-A Fresh, Unifying Approach to Casework Practice*)』에서, 모든 사회복지기관은 복지대상자를 돕기 위한 일련의 과업을 수행해야 하는 데에 따른 이상적인 기능으로써 네 가지 기능을 제시하고 있다. 그 내용은 다음과 같다.

『사회적 케이스워크』
(1957년 출판)

첫째, 초입기능(entry functions)으로, 복지대상자에게 이용 가능한 서비스, 기구의 홍보와 교육활동을 하며, 대상자의 문제해결을 위해 지역사회의 다른 기관들과 협력해야 하는 기능이다.

둘째, 책임기능(accountability functions)으로, 복지대상자의 문제를 사정하고 이용 가능한 자원을 물색, 필요하다면 타 기관에 위탁(refer)하며, 복지대상자가 활용할 수 있도록 조직하는 책임을 수행하는 기능이다.

셋째, 서비스 제공기능(provision of services)으로, 개별사회사업, 재활서비스, 법률구조사업, 재정부조 등의 기능이다.

넷째, 계획 및 통제기능(planning and control functions)으로, 복지대상자의 욕구를 파악하여 충족되지 않은 욕구충족을 위해 지역사회의 타 기관과 협력, 조정의 책임을 져야 하는 기능이다.

2) 사회복지사의 역할

사회복지사는 전달체계의 선택과정에 내포되어 있는 이러한 의미를 잘 이해하여 시민들의 사회복지증진에 기여할 수 있는 전달체계의 선택이 이루어질 수 있도록 힘써야 한다. 따라서, 사회복지사는 전달체계에 관한 이론과 실천적인 경험이 절실히 요청된다.

현재는 사회복지 전담공무원의 경우, 담당하는 가구가 매우 많고 부수적인 행정업무로 말미암아 매우 소진되어 있는 것으로 연구되고 있다. 그럼에도 불구하고, 사회복지 전담공무원의 역할에 대한 평가는 긍정적이며, 앞으로 확대해야 할 것으로 논의되고 있다. 또한 민간 사회복지 전달체계에서 근무하는 사회복지사 역시 단순한 실천적 역할에서 벗어나서 전달체계가 가지고 있는 한계를 극복하기 위하여 대안을 제시할 수 있도록 연구와 실천적 노력을 함께 병행해야 할 것이다(김보기 외, 2022a: 306).

이러한 변화 시기에 있어서 사회복지 전달체계에 근무하는 사회복지사의 역할은 그 어느 때보다도 중요하다. 새로운 전달체계의 구성과 구조 그리고 역할에 대한 의견제시와 함께 지역사회 주민들과 함께 할 수 있는 새로운 프로그램을 제시할 수 있어야 한다. 행정복지센터의 경우, 주민들의 욕구를 발견하고 문제를 해결하는 데 있어서 주민들과 최일선에서 일해야 하는 사회복지현장이자 전달체계이다. 이러한 측면에서 사회복지사는 행정복지센터에 관심을 가지고 지역의 행정복지센터가 제대로 기능하여 지역주민들의 복지증진에 기여할 수 있는 전달체계가 될 수 있도록 노력해야 한다.

3) 장애인복지 전달체계의 개념

『사회복지정책의 차원들』
(2012년 출판)

길버트와 테렐(Neil Gilbert and Paul Terrell)의 저서 『사회복지정책의 차원들(*Dimensions of Social Welfare Policy*, 2014)』에 따르면, 전달체계의 큰 맥락 속에서 장애인복지서비스 전달체계의 특성을 살펴보면 다음과 같다. 길버트와 테렐(Gilbert & Specht, 2014)은 사회복지대상자에게 어떤 내용의 서비스를 어떻게 제공하느냐 하는 것에 가장 중요한 영향을 미치는 것은 이른바 서비스 전달체계라고 기술하면서 사회복지에 관한 정책을 수립하고 서비스를 마련함에 있어 기본적으로 고려해야 할 요소로 사회적 할당(social allocation)을 비롯하여 사회적 급부(social provision)와 서비스 전달 그리고 재정을 들었다.

장애인복지 전달체계는 주로 서비스의 제공과 관련된 체계로서, 전달체계 내에서 활약하는 전문인력들은 서비스제공뿐만 아니라, 자원의 개발 및 동원 그리고 대상자의 욕구 발견 및 진단의 기능도 하기 때문에 장애인복지의 성패를 가늠하는 핵심요소가 전달체계이다. 욕구가 있을 때 그것을 해결하기 위한 서비스가 적절한 시기에 적절한 장소에서 제공될 수 있느냐의 문제는 서비스 전달체계의 질적 수준에 따라 좌우된다. 민간부문에서도 여러 가지 형태의 기관, 단체, 시설 등이 장애인복지서비스를 하고 있다. 기관, 단체, 시설은 각기 설립 목적에 따라 의료, 직업, 사회재활, 생활보호 등의 프로그램을 운영하거나, 자원 동원 및 조직 등의 지역사회사업을 실시하고 있다. 또한 장애인복지서비스는 장애인들의 욕구체계와 자원체계의 연결고리를 말하는 것으로, 서비스의 제공기능과 직접적으로 연관되는 체계다. 이러한 욕구와 자원 간의 상호작용이 발생되는 장을 전달하는 체계이기 때문에 장애인복지서비스라는 전체 체계가 원활한 기능을 발휘하기 위해서는 그 하위체계 가운데 어느 하나도 결함이 있어서는 안 된다.

그러므로 전달체계는 서비스의 제공방법에 관한 조직체계라고 할 수 있으며, 장애인복지정책과 서비스를 누구에게(장애인), 무엇을(서비스의 내용), 어느 정도로(서비스 수준과 비용), 어떻게 제공하느냐(전달체계)로 구성된다. 이러한 조직적 체계는 일반적으로 공공복지 전달체계와 민간복지 전달체계로 구분할 수 있다.

2 장애인복지 전달체계의 구성원칙

장애인의 완전한 자립생활과 사회통합이라는 장애인복지의 목표를 달성하기 위해서는 장애인의 욕구에 부응할 수 있는 서비스와 그러한 서비스를 공급할 수 있는 전달체계가 필요하다. 전달체계는 장애인에게 필요한 서비스를 적절하게 제공하기 위하여 효과성과 효율성을 극대화시키는 서비스체계이며, 효과성과 효율성을 극대화시키기 위한 원칙과 기준이 제시되어야 한다. 그런데 원칙과 기준은 학자에 따라서 다양하게 제시되기도 한다(정일교 외, 2022: 106).

이와 같은 전달체계에 대한 다양한 원칙을 제시하면 다음과 같다(석말숙 외, 2022: 270－272 ; 윤상용 외, 2019: 195).

1) 통합성의 원칙

장애인이 가지고 있는 욕구는 복합적이고 상호 연관성이 있기 때문에 이러한 욕구를 해결하기 위해서는 장애인복지 전달체계 및 서비스가 상호 연관되어 있어야 한다. 즉, 장애인의 욕구는 사회심리적·의료적·경제적·교육적·직업적 영역 등 다양하고 복합적으로 나타나고 있다. 이러한 복합적인 욕구를 해소하기 위해서는 다양한 서비스가 동시에 또는 연동되어 제공되어야 한다. 이를 위해 전달체계 또한 상호 간의 협조 및 조정을 통하여 원활하게 서비스가 전달될 수 있도록 해야 한다.

2) 전문성의 원칙

장애인복지서비스의 제공은 업무 특성에 따라 전문가가 수행해야 하는 일과 일반적인 사회복지 업무영역으로 나누어서 볼 수 있다. 전문가는 체계화된 지식기반과 이론의 정립, 전문적 이론과 모델의 발전, 전문직에 대한 사회적 승인, 윤리강령, 전문적 가치와 규범 등을 기반으로 교육·훈련된 사람을 의미한다. 이들은 자신의 업무에 대한 권위와 자율성 그리고 책임성을 지닌다. 장애인복지 분야에 있어서 전문가는 사회복지사, 장애인재활상담사, 재활의학 의사, 재활의학 간호사, 물리치료사, 작업치료사, 언어재활사 등이 있다.

3) 책임성의 원칙

장애인복지 관련 기관은 국가로부터 장애인복지서비스를 전달하도록 위임을 받은 조직으로 장애인복지서비스 전달에 대하여 책임성을 가져야 한다. 즉, 서비스가 장애인의 욕구에 적절히 대응하는 것인가, 서비스의 전달체계가 적합한가, 서비스가 효과적이고 효율적인가에 관한 것 등에 대하여 장애인복지 전달체계는 책임을 가져야 한다.

4) 적절성의 원칙

장애인복지서비스에 대한 양과 질 그리고 제공되는 기간 등이 충분해야 함에도 불구하고, 재정상 등 다양한 이유로 인하여 부족한 것이 현실이다. 즉, 장애인복지서비스 제공에 있어서 양과 질 그리고 서비스 제공기간이 장애인의 욕구충족과 서비스 목표달성에 얼마나 적절했는가를 의미한다.

5) 지속성의 원칙

장애인의 이미 표출된 욕구나 문제를 해결하는 과정 중에 처음에는 표출되지 않은 잠재된 욕구가 표출됨에 따라 필요한 서비스의 종류 및 질이 달라지는 경우가 발생된다. 또한 욕구의 해소 이후에도 또 다른 욕구가 표출되기도 한다. 이에 장애인복지서비스룰 제공하고 있는 전달체계는 이러한 변화된 또는 새롭게 표출된 욕구에 대응하기 위해 연속적이고 지속적으로 서비스를 제공할 수 있도록 전달체계 안의 조직과 서비스 간의 협력과 유기적 연계가 이루어져야 한다.

6) 접근 용이성의 원칙

장애인복지서비스를 필요로 하는 장애인들이 누구나 쉽게 받을 수 있도록 접근이 용이해야 한다. 이러한 접근성은 장애인의 거주지와 서비스 제공장소 간의 지리 접근성, 장애인복지서비스와 관련된 정보 취득에 대한 정보접근성, 장애인 차별 및 인권침해 등 심리적 접근성, 서비스 신청에 있어서 불편함 등 행정적 접근성 그리고 자원 접근성 등으로 나누어서 볼 수 있다.

7) 지역사회 참여 원칙

장애인의 욕구를 해소하기 위해서는 공식적인 전달체계의 서비스만으로는 그 양과 질이 부족하다. 이에 비공식적 전달체계인 지역사회 등의 참여가 필요하다. 또한 장애인복지의 궁극적 목표인 사회통합을 위해서는 지역사회가 장애인을 동등한 인격체로서 인식하여야 한다. 따라서, 지역사회를 비롯한 비공식적 전달체계의 자발적이고 능동적인 참여를 통해 장애인의 욕구를 해소하여야 한다.

3 장애인복지 전달체계의 실제

1) 공공 전달체계

장애인복지 업무를 담당하는 공공 전달체계는 보건복지부 장애인정책국과 그 하위조직인 장애인정책과, 장애인권익지원과, 장애인자립기반과 그리고 장애인서비스과가 있다. 이외에도 장애인 관련 중앙부처로는 국방부, 고용노동부, 교육부, 문화체육관광부, 국토교통부, 국가보훈처 등이 있다. 장애인복지 측면에서 중앙부처의 주요 기관은 다음과 같다(정일교 외, 2022: 108－118 ; 석말숙 외, 2022: 272－288 ; 고명석 외, 2020: 171－176).

(1) 보건복지부

장애인정책과 : 보건복지부 장애인정책과의 주요 업무는 장애인복지 관련 장애인종합계획의 수립 및 조정, 장애인복지 관련 정책의 수립 및 평가, 장애인복지 관련 법령에 관한 사항, 장애인등록 및 판정에 관한 사항, 장애인복지업무 평가에 관한 사항, 장애인단체에 관한 사항, 한국장애인개발원 운영지원, 장애예방과 발생에 관한 사항 총괄 및 조정, 외국인 장애인복지서비스에 관한 사항, 장애인 차량 LPG지원사업, 장애인복지 전문인력의 양성 및 지원, 그 밖에 국내 다른 과의 주관에 속하지 아니하는 사항 등이 있다.

장애인권익지원과 : 장애인권익지원과의 주요 업무는 장애인거주시설의 지원 및 육성, 장애인복지관 등 지역사회재활시설의 지원 및 육성, 장애인의료재활에 관한 사항, 장애유형별 재활프로그램의 개발 및 지원, 권역별 재활센터 지원 등 의료재활서비스에 관한 사항, 장애인 자립생활센터 및 관련 서비스의 지원·육성, 국립재활원의 운영 및 지원 장애인차별 관련 관리·운영 및 종합대책 수립, 장애인차별금지 관련 법령 및 제도개선에 관한 사항, 장애인의 권익증진 및 사회적 인식개선에 관한 사항, 「장애인의 권리에 관한 협약」등 국제협력에 관한 사항, 장애인의 사회참여 평가에 관한 사항, 장애인 편익증진에 관한 계획의 수립 및 평가, 장애인 편의증진 법령에 관한 사항, 장애인의 이동편의지원에 관한

사항 등이 있다.

장애인자립기반과 : 장애인자립기반과의 주요 업무는 장애인의 직업재활 및 소득보장에 관한 계획의 수립 및 조정, 장애인 소득보장 관련 법령에 관한 사항, 장애인의 일자리 창출 관련 사항, 장애인직업재활시설의 지원 및 육성, 장애인 직업재활프로그램의 실시 및 평가, 장애인 생산품의 판매촉진 및 우선구매제도에 관한 사항, 장애인의 창업지원 및 자립자금 대여사업 등 생활안정지원에 관한 사항, 장애인직업재활 전문인력제도의 운영 및 지원, 장애인 보조기구의 개발·보급 관련 서비스 전달체계의 지원·육성, 장애인보조기구의 표준화, 품질관리 및 산업화 지원, 장애인연금 관련 법령 및 제도에 관한 사항, 장애인연금 운영에 관한 사항, 장애인연금 국비·지방비 부담 기준 관리 등 재정운영에 관한 사항, 장애인연금 수급자의 선정 및 적정관리에 관한 사항, 장애수당 및 장애아동수당 운영에 관한 사항, 장애아동 특별보호연금에 관한 사항, 장애인 자산형성 및 경제적 지원대책에 관한 사항 등이 있다.

장애인서비스과 : 장애인서비스과의 주요 업무는 발달장애인 지원 기본 계획의 수립 및 평가에 관한 사항, 여성장애인 관련 정책의 개발 및 지원에 관한 사항, 장애아동 및 장애인가족 지원에 관한 사항, 장애인 후견제도 지원에 관한 사항, 장애아동 돌봄 및 발달재활서비스에 관한 사항, 장애인활동지원 관련 법령 및 제도에 관한 사항, 장애인활동지원 수급자의 관리 및 지원정책 수립·조정에 관한 사항, 장애인활동지원 급여의 기준 및 급여비용의 산정에 관한 사항, 장애인활동지원 관련 이용지원에 관한 사항, 장애인활동지원기관 운영 및 활동지원사 양성에 관한 사항, 장애인활동지원기관의 현지조사 및 관리·평가 등에 관한 사항, 장애인활동지원급여의 사후관리에 관한 사항, 장애인활동지원사업 관리기관의 관리·감독에 관한 사항, 장애인활동지원사업 국비·지방비 부담 기준 관리 등 재정운영에 관한 사항, 장애인활동지원사업에 관한 조사·연구·홍보 및 통계관리에 관한 사항 등이 있다.

장애인정책조정위원회 : 장애인복지 행정의 자문기구인 장애인정책조정위원회는 「장애인복지법」에 따라 장애인복지종합정책을 수립하고, 관계 부처 간의 의견을 조정하며, 그 정책의 이행을 감독하고 평가하는 국무총리 소속하의 조직이다.「장애인복지법」 제11조는 “장애인 종합 정책을 수립하고 관계 부처 간의 의견을 조정하며, 그 정책의 이행을 감독하고 평가하기 위하여”, 국무총리를 위원장으로 하고 보건복지부장관을 부위원장으로 하는 장애인정책조정위원회를 두도록 규정하고 있다. 위원은 30인 이내로 구성되며, 당연직과 위촉위원으로 구분된다. 당연직 위원은 기획재정부장관, 교육부장관, 행정자치부장관, 문화체육관광부장관, 산업통상부 장관, 고용노동부장관, 여성가족부장관, 국토교통부장관, 국무조정실장, 법제처장, 국가보훈처장 및 위원회의 심의사항과 관련되어 위원장이 지정하는 중앙행정기관의 장이 된다. 그리고 위촉위원은 장애인 관련 단체의 장이나 장애인문제에 관한 학식과 경험이 풍부한 자 중에서 위원장이 위촉한 이들로 구성되는데, 위촉위원의 1/2 이상은 장애인으로 구성하도록 되어 있다.

장애인정책조정위원회는 다음의 사항들을 심의·조정한다(「장애인복지법」 제11조제2항).

① 장애인복지정책의 기본 방향에 관한 사항
② 장애인복지 향상을 위한 제도개선과 예산지원에 관한 사항
③ 중요한 특수교육정책의 조정에 관한 사항
④ 장애인 고용촉진정책의 중요한 조정에 관한 사항
⑤ 장애인 이동보장 정책조정에 관한 사항
⑥ 장애인정책 추진과 관련한 재원조달에 관한 사항
⑦ 장애인복지에 관한 관련 부처의 협조 사항
⑧ 그 밖에 장애인복지와 관련하여 대통령이 정하는 사항

제42회 장애인의 날 기념식 (2022년 4월 20일)

한국장애인개발원 : 한국장애인개발원은 장애인복지의 종합적이고 체계적인 조사·연구·평가 및 정책개발, 복지진흥, 자립지원, 재활체육진흥 등을 수행함으로써 장애인복지발전에 기여함을 목적으로「장애인복지법」 제29조에 의거하여 1989년 12월 30일 보건복지부 산하기관으로 설립되었다. 한국장애인개발원의

조직은 본부, 지부, 산하기관으로 구성되어 있으며, 본부는 경영본부, 사업본부, 정책연구실로 구성되어 있다. 지부는 4개소(대구, 광주, 세종, 강원)로 구성되어 있다. 또한 산하기관으로 중앙장애아동발달장애인지원센터를 사업본부 안에 두고 있으며, 16개의 광역단체 발달장애인지원센터(인천광역시발달장애인지원센터의 경우, 광역자치단체에서 직영)를 위탁운영하고 있다.

한국장애인개발원의 주요 업무는 정책연구, 직업재활, 장애인 인식개선, 장애아동·발달장애인지원 사업 등을 하고 있다.

① 정책연구 : 한국형 장애인복지 정책개발을 위하여 각종 장애인복지 관련 제도개선 및 주요 정책과제 등의 연구를 수행하고 있으며, 국내·외 장애인복지와 관련된 동향과 선진국의 사례 등을 조사, 분석

② 중증장애인직업재활 : 진단·평가, 교육·훈련 및 자립지원정책 등의 종합적인 직업재활 서비스를 제공함으로써 중증장애인의 보호고용 또는 일반노동시장으로 취업을 지원하기 위하여 중증장애인직업재활지원사업을 수행

③ 장애인 일자리 개발 : 취업취약계층인 장애인에게 사회참여 확대 및 소득보장 지원을 위해 일자리를 제공하는 사업으로, 보건복지부로부터 한국장애인 개발원이 총괄수행기관으로 지정받아 사업을 수행

④ 중증장애인생산품 우선구매 사업 : 일반노동시장에 참여하기 어려운 중증장애인들을 고용하는 중증장애인생산품생산시설에서 만드는 제품, 용역·서비스에 대하여 공공기관이 연간 총 구매액의 1% 이상을 의무 구매하도록 하여 장애인의 일자리 창출과 소득보장을 지원하는 사업

⑤ 장애물 없는 생활환경인증사업 : 어린이·노인·장애인·임산부뿐만 아니라, 일시적 장애인 등이 개별 시설물·지역을 접근·이용·이동함에 있어서 불편을 느끼지 않도록 계획·설계·시공 여부를 공신력 있는 기관이 평가하여 인증하는 제도인 장애물 없는 생활환경인증제도(Barrier Free, BF)사업

⑥ 중앙장애아동·발달장애인 지원센터 : 전국 16개 발달장애인 지역센터 위탁운영을 통해 장애아가족 양육지원사업, 장애아동 발달장애인 권익옹호, 장애아동·발달장애인복지지원 정보 제공, 발달장애인 공공후견지원사업, 발달장애인 권리구제사업 등을 수행

(2) 고용노동부

고용노동부의 장애인직업재활서비스 전달체계는 인력수급정책국의 장애인고용과와 한국장애인고용공단을 통해 지도·감독이 이루어진다.

장애인고용과 : 장애인고용과 관련된 여러 가지 업무를 수행한다. 특히, 장애인고용촉진 및 직업재활기금, 장애인고용부담금, 장애인고용시설, 장애인근로자, 장애인 표준사업장, 장애인직업훈련, 장애인 취업알선 및 취업 후 사후 지도·지원, 고용 등의 업무를 수행하고 있다.

한국장애인고용공단 : 고용노동부는 담당 업무의 수행을 위해 「장애인고용촉진 및 직업재활법」에 따라 설립된 한국장애인고용공단을 산하에 두고 있다. 한국장애인고용공단은 장애인의 고용촉진 및 직업재활을 위해 직업상담, 직업적성검사, 직업능력평가, 직업적응훈련, 직업능력개발훈련, 취업알선, 취업 후 적응지도 등의 업무를 수행한다.

한국장애인고용공단은 직업생활을 통하여 자립할 수 있도록 지원하고, 장애인의 고용촉진 및 직업재활 업무를 효율적으로 수행하게 하기 위한 목적으로, 「장애인고용촉진법」 제12조에 의거하여 1990년 9월 1일 노동부 산하에 설립되었다. 공단의 조직은 본부, 산하기관, 지방사무소로 구성되어 있으며, 본부는 3임원 4국 2실 17부(실, 센터 포함)로, 산하기관은 1개 고용개발원, 5개 직업능력개발원(일산, 부산, 대전, 대구, 전남)으로, 6개 지역본부(서울, 부산, 대구, 광주, 대전, 경기), 그리고 14개 지사(서울남부, 서울동부, 인천, 울산, 경기북부, 경기동부, 강원, 충북, 충남, 전북, 전남, 경북, 경남, 제주)로 조직되어 운영되고 있다.

한국장애인고용공단의 업무를 보면, 장애인의 고용촉진 및 취업재활에 관한 정보수집, 분석, 제공 및 조사 연구, 장애인에 대한 직업지도 및 직업적응훈련, 직업능력개발훈련, 취업알선, 취업 후 적응 지도, 전문요원의 양성·연수, 장애인고용 사업주·고용주관련 자금 지원 및 장애인에 창업 자금등의 융자, 장애인의 직업적응훈련시설, 직업능력개발훈련시설 및 장애인 표준사업장운영, 장애인의 고용촉진을 위한 취업알선기관과 취업알선전산망 구축·관리·홍보·교육 및 장애인기능경기대회 등 관련 사업, 기타 장애인의 고용촉진 및 취업재활을 위하여 필요한 사업 및 고용노동부장관 또는 중앙행정기관의 장이 위탁하는 업무 등을 관장하고 있다.

(3) 교육부

특수교육정책과 : 교육부 학생지원국 특수교육정책과는 직업교육과 치료교육을 포함한 특수교육과 관련된 업무를 담당하고 있다. 구체적으로 특수교육진흥에 관한 기본 정책 수립, 특수학교 및 특수학급의 운영 지도, 특수교육기관의 시설 및 설비 지원, 특수학교의 직업교육 및 치료교육 사항, 특수교육기관의 설립 및 운영 등의 업무를 관장하고 있다.

국립특수교육원 : 국립특수교육원은 장애인 특수교육 연구, 관련 정책 개발, 교육과정 및 교과서 개발, 담당 교원의 연수, 특수교육 정보화 사업 등을 수행하는 것을 목적으로 1994년 7월 20일 교육부 소속기관으로 설립되었다. 국립특수교육원의 조직은 4과 4팀 1센터로 구성되어 있다. 주요 사업으로는 특수교육에 관한 실험·연구, 학습자료의 개발·보급, 특수교육담당 교원 등의 연수에 관한 사무, 장애인 평생교육 진흥에 관한 사무 등을 담당하고 있다.

① 연구사업 : 특수교육 실태조사 및 기초연구 수행을 통한 정책 수립의 기초자료 제공, 국내·외 세미나 및 정기간행물 발간 등의 학술·홍보활동 추진
② 교육과정·교과서 개발 사업 : 특수교육대상학생의 학습권 강화를 위한 특수교육 교육과정의 현장 안착 및 일반교육과정과의 연계성 강화, 특수교육 교과용 도서, 보조교과서 및 통합교육 교수·학습자료 개발
③ 연수사업 : 교원 및 관련 인력의 전문성 신장을 위한 연수 운영
④ 인권·고등교육 지원사업 : 장애학생 인권지원단과의 협력 및 지원, 인권 관련 연구 및 교육자료 개발을 통해 장애학생 인권침해 예방 및 장애공감 문화 정착, 장애학생 고등교육 관련 연구 및 사업 추진을 통한 장애인의 고등교육 기회 확대와 교육여건 개선 유도
⑤ 진로·직업교육사업 : 장애학생 진로·직업교육 지원사업
⑥ 정보지원사업 : 장애학생 교수·학습 지원 콘텐츠 개발·보급, 전국특수교육 정보화대회 운영 등을 통한 장애학생 학습권 보장 및 정보격차 해소 지원

⑦ 국가장애인평생교육진흥센터 사업 : 장애인의 평생학습 참여 기회 증진 및 접근성 향상을 위한 장애인 평생교육 운영 기반 조성·지원, 장애인 평생교육프로그램개발·보급 및 지원인력 양성, 발달장애성인의 지역사회 참여 확대를 위한 평생교육 지원 및 의사소통 지원체계 구축
⑧ 특수교육지원센터 : 교육부는 소속기관인 시·도 교육청과 시·군·구 교육지원청에 특수교육지원센터를 두고, 특수교육대상자의 조기발견, 특수교육대상자의 진단·평가, 정보관리, 특수교육 연수, 교수·학습활동의 지원, 특수교육 관련 서비스 지원, 순회교육, 장애학생인권지원단 운영 등을 담당하고 있다.

(4) 문화체육관광부

문화체육관광부는 체육국에 장애인체육과를 두어 장애인체육환경 조성의 업무를 담당하고 있다. 자세한 업무를 살펴보면, ① 장애인체육진흥을 위한 장·단기 발전계획의 수립, ② 장애인체육환경의 조성 및 지원체계 개선 등에 관한 사항, ③ 장애인체육활동 프로그램의 개발 및 장애인 스포츠클럽 육성·지원에 관한 사항, ④ 장애인스포츠지도사의 양성·배치 및 장애인체육 관련 전문인력의 양성, ⑤ 전국장애인체육대회·종목별 경기대회 등 장애인체육활동의 지원, ⑥ 국가대표 장애인선수의 육성·지원에 관한 사항, ⑦ 대한장애인올림픽위원회 및 대한장애인체육회에 관련된 업무 등을 수행하고 있다.

국립국어원 : 국립국어원은 국민의 원활한 의사소통 증대를 위하여 국어 사용 환경을 개선하고, 국어정책 추진을 위한 조사, 언어와 언어 규범 보완 및 정비를 위해 문화체육관광부의 소속기관으로 설립되었다. 특히, 국립국어원의 특수언어진흥과를 통하여 한국수어 및 점자에 대한 정책을 수행하고 있다.

(5) 국토교통부

국토교통부는 교통안전복지과에서 교통약자의 이동편의 시설기준 운영, 저상버스 및 특별교통수단 제도, BF인증제도 등의 업무를 담당하고 있으며, 주거복지정책과에서 장애인의 영구임대주택 지원, 주거약자 개량자금 지원, 농어촌장

애인주택개조사업 지원 등의 업무를 담당하고 있다.

(6) 지방정부

지방정부의 경우, 보건복지부 업무는 직접적인 하위 전달체계 없이 행정안전부의 일반지방행정조직인 지방자치단체의 시·도, 시·군·구, 읍·면·동을 통하여 장애인복지서비스를 제공하고 있다. 지방자치단체별 장애인복지를 담당하는 주무부서의 명칭은 다르지만, 일반적으로 서울시에서는 장애인복지정책과, 경기도와 기타 시·도에서는 장애인복지과에서 장애인복지를 담당하고 있다. 시·군·구에서는 생활복지국 산하 사회복지과(장애인복지과)에서 장애인복지를 담당하고 있으며, 읍·면·동에서는 사회복지직 공무원이 장애인복지를 담당하고 있다.

지방자치단체의 역할을 살펴보면 다음과 같다.

시·도

① 읍·면·동 복지허브화 운영지원, 읍·면·동 복지허브화 사업 운영실태파악 및 지원체계 구축
② 광역단위 맞춤형 복지 특화사업 기획
③ 복지사각지대 발굴 우수사례 전파
④ 맞춤형 복지 전문성 향상을 위한 교육 및 컨설팅 제공 등

시·군·구

① 복지사각지대 발굴·지원체계 구축 기획 및 홍보(유관기관과의 업무협약 포함)
② 시·군·구 통합사례관리 실시 및 읍·면·동 통합사례관리 지원
③ 읍·면·동 간 자원배분 및 조정 등 자원관리 총괄
④ 읍·면·동 민관협력 활성화 및 인적 안전망 구축지원(방문형서비스연계협력기획 포함)
⑤ 읍·면·동 맞춤형 복지 전문성 향상교육 및 워크숍 등 운영
⑥ 솔루션회의 운영

읍·면·동

찾아가는 복지상담, 복지사각지대 발굴·지원, 통합사례관리, 민관협력 및 인적안전망 구축·운영, 지역자원 발굴 및 연계 등 맞춤형 복지사업 수행

교육부의 업무는 17개의 시·도 교육청(주로 초등교육과), 지역 교육지원청(주로 초등교육과) 및 일선의 특수 초·중·고등학교를 통해서 특수교육서비스를 제공하고 있으며, 고용노동부는 장애인직업재활서비스와 관련된 전달체계를 가지고 있다. 고용노동부 산하 6개의 지방노동청, 40개 지청, 2개 출장소, 한국장애인고용공단 본부 및 20개 지방사무소(6개 개 지역본부, 14개 지사)를 통해서 장애인 관련 서비스를 제공한다.

2) 민간 전달체계

(1) 민간 전달체계의 개요

민간 전달체계는 대체로 구체적이고 직접적인 서비스를 제공하는 사회복지조직으로 구성되어 있으나, 직접적인 서비스의 전달을 통해서 장애인복지를 완성하기는 어렵다. 장애인에 대한 사회적 환경을 변화시키기 위한 노력도 전개되어야 보다 효과적으로 서비스를 전달할 수 있기 때문이다. 따라서, 민간 전달체계는 민간에 의해 운영되는 사회복지시설과 장애인의 권익보호 및 회원의 복지증진을 목적으로 설립된 장애인 단체가 중심이 되어 장애인들에게 서비스를 제공하고 있다(임종호 외, 2021: 199).

장애인복지시설은 장애인을 거주시키거나, 장애인이 시설로 통원하여 재활에 필요한 상담, 치료, 교육, 훈련 및 요양 등의 장애인복지서비스를 제공받을 수 있는 사회복지시설을 말한다. 이러한 구분은 서비스의 형태에 따른 것이며, 보건복지부에서는 이를 보다 구체적으로 장애인 생활시설, 장애인 지역사회재활시설, 장애인직업재활시설, 장애인 의료복지시설, 기타 시설로 구분하고 있다. 생활시설은 24시간 의식주를 제공하는 보호 중심의 시설이며, 지역사회재활시설, 의료재활시설, 직업재활시설, 그리고 기타 시설은 이용 시설로 분류할 수 있다.

장애인복지시설은 대부분 민간 법인이나 기관에서 운영하며, 이용시설인 장애인복지관은 대부분 정부에서 설립하여 그 운영을 민간기관에 위탁하고 있으며, 장애인복지사업을 수행하는 전국적 성격의 민간단체로는 사단법인 한국시각장애인연합회 등 32개의 단체가 설립되어 있다.

민간부문에서도 여러 가지 형태의 기관, 단체, 시설 등이 장애인복지서비스 사업을 하고 있다. 민간기관은 민간단체와 일선에서 시설보호서비스를 주로 하는 사회복지법인과 시설로 구분할 수 있는데, 이들 기관, 단체, 시설은 각기 설립 목적에 따라 프로그램을 운영하거나, 자원 동원 및 조직 등의 지역사회사업을 실시하고 있다. 민간활동단체는 사단법인, 사회단체, 사회복지법인, 재단법인 또는 임의단체로 구분되어 있으며, 대표적인 장애인복지단체로는 한국장애인재활협회, 한국지체장애인협회, 밀알복지재단 등을 들 수 있다.

민간 전달체계는 보건복지부로부터 광역 및 기초 단체를 통하여 시설운영자에게 전달되며, 장애인에게 직접적으로 서비스를 제공하고 있다. 민간 전달체계 내부적으로는 장애인재활협회, 사회복지협의회 등의 상위조직이 있지만 의사결정체계가 아닌 협의체계이기 때문에 민간 전달체계가 가시적으로 분명하게 구축되어 있는 것은 아니다.

각종 장애인복지서비스협회는 민간기구를 대표할 수 있는 유일한 조직은 아니고, 당해 지역의 사회복지법인과 장애인복지시설 등이 당연히 가입해야 할 조직도 아니기 때문에 대표성을 갖는 데 한계가 있다. 그리고 많은 사회복지법인과 장애인복지서비스와 관련된 비영리법인의 대표자가 이들 협의회에 가입하는 것을 기피하거나 가입하더라도, 형식적인 참여에 그치고 있다.

각종 장애인복지서비스의 협의회가 당해 지역에서 장애인복지에 관한 조사, 연구와 각종 복지사업을 조성하는 데 주도적인 역할을 담당하고 있는 것은 사실이지만, 시 · 도 협의회별로 소수 인원은 상근직원과 부족한 예산 실정으로 민간기구의 장애인복지서비스를 중추적으로 감당하기에는 어려움이 많다. 그리고 예산과 인력지원이 만족한 수준에 미치지 못하므로 시 · 도 협의회가 그 고유기능을 소홀히 하는 경향이 있다. 한편, 장애인운동 관련 단체는 장애인문제를 한 개인의 병리적 문제로 규정하는 것이 아니라, 사회구조적 문제와 모순으로 규정하는 인식의 전환으로 보고 있다. 또한 장애인문제를 인권적 차원에서 근본적으로 접근한다는 관점을 가지고 있으며, 운동의 대상이 정책 내용이므로 정책형성과정에 영향력을 행사하여 구체적 제도의 변화를 끌어내기 위한 것으로 보고 있다.

이와 같이 장애인복지서비스 전달체계에서 민간 전달체계는 대체로 구체적이고 직접적인 서비스를 제공하는 사회복지조직으로 구성되어 있다. 하지만 직접적인 서비스의 전달을 통해서 장애인복지를 완성하는 것은 어렵다. 왜냐하면 장애인에 대한 사회적 환경을 변화시키기 위한 노력도 전개되어야 서비스를 보다 효과적으로 전달할 수 있기 때문이다. 따라서, 장애인복지서비스의 민간전달체계는 사회복지시설과장애인 단체가중심이 되어 움직일 수밖에 없다.

(2) 장애인복지시설

① 장애인복지시설의 의미

장애인복지시설은 스스로의 자립생활이 어려운 장애인에게 사회적 공공성을 실현하면서 심신의 미발달, 미성숙, 노화 또는 장애로 인한 사회적 핸디캡을 극복할 수 있도록 지원하고 도와줌으로써 가정의 대리적 역할을 수행한다. 따라서, 장애인복지시설은 생활의 장이며 치료의 장이고, 교육의 장이며, 사회성 함양의 장으로서 장애인의 심리적 안정을 위한 정서적 지지와 격려, 일상생활의 영위를 위한 생활지원, 기능강화와 사회적응을 위한 재활서비스, 가치 있는 일에 종사하고 대인관계를 증진하는 사회적 서비스 등의 모든 서비스를 제공한다.

② 장애인복지시설의 유형

장애인복지시설은 장애인을 거주시키거나, 장애인이 시설로 통원하여 재활에 필요한 상담, 치료, 교육, 훈련 및 요양 등의 장애인복지서비스를 제공받을 수 있는 사회복지시설을 말한다. 이러한 개념을 중심으로 보면, 우리나라의 장애인복지시설은 스스로 자립생활이 어려운 장애인에게 일상생활지원, 치료, 교육, 재활서비스를 제공하여 그들의 생존권을 보장해 주는 거주시설과 재가장애인에게 치료, 교육, 훈련, 재활에 필요한 전문적 서비스를 제공하는 이용시설로 구분된다.

이러한 구분은 서비스 형태에 따른 것이며 보건복지부에서는 이를 보다 구체적으로 장애인거주시설, 장애인지역사회재활시설, 장애인직업재활시설, 장애인 의료재활시설, 장애인 생산품 판매시설로 구분하고 있다.

③ 장애인복지시설의 설치 및 운영

장애인복지시설의 설치·운영은 원칙적으로 국가와 지방자치단체의 권한이지만, 보건복지부장관이 정한 기준만 충족한다면, 개인도 시장, 군수, 구청장에게 신고함으로써 설치·운영이 가능하다. 입소 대상은 원칙적으로 「국민기초생활보장법」의 수급권자이어야 하지만, 시설 정원의 30% 이내에서 실비 입소를 받을 수 있다.

④ 장애인복지시설의 기능

장애인복지시설은 일상생활동작 훈련, 대인관계 및 의사소통 훈련, 생활기능 훈련, 생활적응훈련, 직업적응훈련 및 직장예절교육, 부적응행동지도, 자립생활 훈련 등의 기능이 요구되고 있다. 중요한 것은 정상화와 사회통합의 이념을 강조하는 지역사회 중심 재활이 부각되면서 장애인복지시설은 단순하게 의·식·주를 중심으로 서비스를 제공하는 수용보호가 아니라, 장애인의 욕구를 중심으로 장애인의 성장과 발달을 촉진할 수 있는 특수 서비스를 제공할 수 있는 전문적 프로그램이 제공될 수 있는 환경이 구비되어야 한다는 것이다.

장애인복지시설은 이러한 기능을 효과적으로 수행하기 위해서 전문화되어야 하고, 소규모화되고 개방적이어야 하며, 가정적 환경이 조성되어야 한다. 특히, 장애인의 사회성을 강화할 수 있는 다양한 프로그램이 실현되어야 하므로 전문가에 의한 적극적 개입이 요구되며, 국가와 지방자치단체의 충분한 지원이 필요하다.

⑤ 장애인복지시설의 한계

장애인복지시설의 한계로 지적되는 것은 대체로 정책 지원의 부재, 서비스 전달체계의 부재, 중복장애아동시설의 부재, 성인시설 및 장애인복지시설의 부족, 복합치료시설의 부재, 직업연계훈련시설의 낙후, 시설 운영의 비전문성과 폐쇄성, 프로그램 예산의 부족, 시설 근무자의 열악한 처우 등을 지적할 수 있다.

(3) 장애인복지 관련 단체

① 장애인 관련 단체의 의미

장애인복지 관련 단체는 사단법인, 사회단체, 사회복지법인, 재단법인 또는 임의단체로 구분되어 있으며, 장애인의 권익을 옹호하기 위하여 활동하고 있다. 「장애인복지법」 제63조에서는 국가와 지방자치단체는 장애인의 복지를 향상하고 자립을 돕기 위하여 장애인복지단체를 보호·육성하도록 노력하여야 하며(제1항), 예산의 범위 안에서 제1항에 따른 단체의 사업 또는 활동이나 그 시설에 필요한 경비의 일부 또는 전부를 보조할 수 있다고 규정하고 있다.

대표적인 장애인복지 단체로는 한국장애인재활협회, 한국맹인복지연합회, 한국장애인부모회, 한국지적장애인복지협회, 한국농아복지회, 한국뇌성마비복지회, 한국장애인복지체육회, 한국지체장애인협회, 자행회, 한국약시 재활협회, 한국실명예방재단, 국제키비탄한국본부, 한국교통장애인협회, 전국장애인한가족협회, 한국재활재단 등을 들 수 있다.

장애인복지 관련 단체의 장애인권익운동은 장애인들이 주체성을 가지고 적극적으로 자신들의 문제를 해결하겠다는 의지를 가지고 있는 당사자주의와 맞닿아 있다. 장애인 본인이 기존의 사회체제 속에서 자신의 위치를 확인하게 됨으로써 장애인권익운동에 참여하기 때문이다. 장애인문제가 개인적 특성과는 무관하게 사회적으로 규정된 관계 속에서 생기는 사회적 환경의 장벽이므로 변화되어야 하는 대상은 개개인의 장애인(손상)이 아니라, 장애인을 무능력하게 인지하고 차별하는 사회환경적 모순이다. 따라서, 장애인권익운동은 사회로부터 받는 온갖 차별과 소외에서 해방되어 인간으로서의 존엄성을 회복하는 장애해방운동이다. 즉, 장애인문제는 장애인 당사자가 주도적으로 해결하여야 하며, 더불어 장애인을 배제하고서는 어떠한 논의와 노력도 선행되어서는 안 된다는 것이다.

장애인권익운동은 다음과 같은 의미를 지닌다.

장애인문제를 한 개인의 병리적 문제가 아니라, 사회구조적 문제와 모순으로 규정하는 인식의 전환이며, 장애인의 문제를 인권적 차원에서 근본적으로 접근하고 있다는 관점의 등장이며, 권익운동의 대상이 정책 내용이므로 정책형성 과정에 영향력을 행사하여 구체적 제도의 변화를 끌어내기 위한 것이다.

② 장애인복지 관련 단체 현황

장애인복지 관련 단체의 현황은 대체로 서울 중심의 권익운동이 활발하게 전개되고 있으며, 전국적·지역적 운동으로 확대되고 있다 활동과 운동 내용에 있어서 다소의 차별성은 있으나, 부산·대구·서울의 장애인단체협의회 등 전국의 모든 지역에 장애인운동단체가 생겨났다. 각 계층, 부분별 장애운동도 활성화되어 가고 있다. 장애인단체총연합회, 장애우권익문제연구소, 장애인법인단체연합회, 전국자원활동연합회, 전국대학생 수화동아리연합회, 키비탄대학생 연합회, 한국맹인복지연합회, 장애인부모회의 새로운 움직임 등 장애 관련 단체들이 분화·발전하여 그 모습을 현실화시키고 있다

국제활동은 국제교류에서 출발한다. 민간 차원에서의 국제교류는 주로 장애 관련 국제기구의 회의 참가로 이루어지고 있는데, 이는 장애 관련 양대 국제기구인 세계재활협회(Rehabilitation International, RI)와 국제장애인연맹(Disabled Peoples' International, DPI)을 중심으로 지속적·구체적으로 진행되어 많은 성과를 남기고 있으며, 이들 기구를 통한 국제교류는 점차 확대되는 추세에 있다.

4 장애인복지 전문인력

1) 재활의학전문의

재활의학전문의는 장애인의 과거병력과 현재병력을 통해 장애정도를 파악하고 신체의 병적 증상을 알아보는 의학적 검사와 각종 검사를 통해 장애인의 상태를 포괄적으로 파악한 후 재활치료팀에 속해 있는 각 전문분야 요원들의 역할을 각 장애인의 상태에 맞게 배정하고 조화시킴으로써 재활치료 효과를 최대한으로 극대화시키는 중요한 역할을 담당한다. 재활의학전문의는 장애인이 의료재활을 받은 후에 달성되리라 예측되는 목표를 설정하여 주고, 그 목표를 달성하기 위한 의료재활의 방향을 설정하여 준다.

2) 물리치료사

물리치료사는 장애인의 거동을 훈련시켜 주고 관리해 주며 치료해 주는 역할을 담당하고 있다. 통증이나 마비된 부분 등을 치료하기 위해서 여러 가지 물리적인 요법을 시행하거나, 관절이 굳어지는 관절 구축을 방지하기 위한 관절운동, 사지의 힘을 늘리는 근육강화운동, 허리의 통증 등을 재활치료하고 예방하는 역할을 한다.

3) 작업치료사

작업치료사는 신체적·정신적 장애인을 대상으로 적절한 작업활동을 선택하며 제공하고 훈련함으로써 한 개인이 최대한 독립된 생활로 복귀할 수 있도록 하며, 장애인을 독립생활로 복귀하도록 하기 위해서는 일상생활동작 훈련을 집중적으로 지도한다. 일상생활동작(ADL)은 밥 먹는 동작, 목욕하는 동작, 몸치장하는 동작, 옷 입고 벗는 동작, 대소변을 조절하는 능력 및 처리하는 동작, 의자 및 침대로 이동하는 동작, 휠체어 이동 또는 보행하는 동작, 계단을 오르내리는 동작 등의 10개의 항목으로 구성되어 있다. 이러한 일상생활동작 수행을 장애인이 원활히 하도록 돕기 위한 도구로서는 보조기, 부목, 자조도구(기능적 생활상의 독립을 위하여 환자의 개별적 장애 및 신체 기능 정도에 맞게 제작된 일상생활동작 보조기구 및 도구) 등이 있으며, 작업치료사는 이러한 도구들을 각 환자에게 맞도록 제공하고 도구에 적응되도록 훈련하는 역할을 담당한다.

4) 언어치료사

언어치료사는 언어장애의 원인과 증상을 진단·사정하고, 이에 대한 치료계획을 수립하여 환자를 치료하는 업무를 담당한다. 환자와 상담하여 가족력, 임신력, 태생력, 언어발달력 등을 조사·기록한다. 환자의 발음, 지능 및 어휘력 측정을 위한 각종 지각 및 영상 의학적 검사를 실시하여 조음장애, 언어지체, 실어증, 음성장애, 말더듬이, 난청, 구개파열, 뇌성마비 등 언어장애의 원인, 유형 및 정도를 판별·진단하고, 단어·글자·그림카드·보청기, 녹음기, 퍼즐, 거울 등을 이용하여 치료한다. 사회관계 형성·유지에 필요한 언어사용 능력을 증진시키기 위해서 집단적 치료활동을 수행한다. 언어장애 환자와 환자가족 및 담당교사를 상대로 상담 또는 지도활동을 한다.

5) 사회복지사

사회복지사는 의료재활팀의 일원으로서 장애인의 가족상황이나 주거환경 등을 비롯하며, 집안의 재정형편, 보험대상 여부, 직장문제, 대인관계 등을 파악하여 의료재활팀의 각 구성요원들이 그 환자에게 가장 알맞은 재활프로그램을 만들어, 보다 성공적인 재활효과를 성취할 수 있도록 그 정보를 의료재활팀에게 제공해 주는 역할을 한다. 또한 장애인이 사회적으로 재활을 할 수 있도록 지역사회의 자원을 연결해 주는 등의 역할도 한다.

사회복지사는 경제적, 심리적, 주변 환경에서의 문제를 가지고 있거나 문제가 있을 것으로 예상되는 장애인들에 대하여 이들이 겪고 있는 문제들을 파악하고 문제해결을 위한 여러 가지 방법들을 장애인에게 알려주어 문제해결하도록 도움을 제공하는 일을 하는 사회재활 영역에 있어 대표적인 전문인력이다. 사회복지사는 장애인이 당면한 문제해결을 위해 면접상담이나 사례관리 등을 통해 해결방안을 모색하고, 특히 지역의 여러 자원들을 활용하고 후원자, 자원봉사자들을 연계하는 업무를 수행한다. 사회복지사는 장애인의 인권, 경제적 측면, 가족관계, 문화여가 등 장애인의 전반적인 생활에 관해 자원을 연계하고 서비스를 지원하는 전문인력으로써 활동영역은 매우 넓다고 하겠다. 장애인복지단체나 기관, 시설 등에 근무하는 인력 가운데 가장 높은 비율을 차지하고 있다.

사회복지사 자격제도는 1972년 시작되어 현재는 보건복지부장관 명의로 교부되는 국가자격이다. 사회복지사를 양성하는 교육과정은 전문대학, 4년제 대학교 대학원 등에 설치되어 있다. 2급 자격은 대학에서는 총 17과목을 이수하여야 하고, 1급 자격을 취득하기 위해서는 2급 자격 취득 후 1급 국가자격시험에 통과되어야 한다. 1급 자격시험은 매년 1회 1월경 시행하고 있다.

6) 장애인복지상담원

「장애인복지법」 제33조에 의해 장애인복지향상을 위한 상담 및 지원 업무를 맡기기 위해 시·군·구에 장애인복지상담원을 두도록 하고 있다. 장애인복지상담원의 자격은 ① 「사회복지사업법」 제11조에 따른 사회복지사 자격증의 소지자, ② 「초·중등교육법」 제21조에 따른 특수학교의 교사자격증 소지자, ③ 장애인복지 관련 직무 분야에서 근무한 경력이 3년 이상인 사람으로서 해당 지방자치단체의 규칙으로 정하는 임용 예정 계급에 상당하는 경력기준에 상응하는 사람, ④ 임용 예정 직급과 같은 직급에서 공무원으로 2년 이상 근무한 사람으로 되어 있으나, 해당 지방자치단체의 인력 운영상 부득이한 경우, 소속 공무원 중 사회보장급여의 이용·제공 및 수급권자 발굴에 관한 법률 시행령 제23조에 따라 임용한 사회복지전담공무원에게 상담원의 직무를 수행하게 할 수 있도록 하고 있어서, 대부분의 지방자치단체는 별도의 장애인복지상담원을 두지 않고 사회복지 전담공무원이 겸직하도록 하고 있다.

7) 심리치료사

후천적 장애인의 경우, 대부분 예기치 못한 사고나 질환으로 인하여 갑작스럽게 장애인이 될 경우, 정도의 차이는 있지만 거의 모두가 심리적 문제가 발생하게 된다. 즉, 장애인이 장애로 인해 위기상황을 맞게 되면 그 사실을 현실적으로 받아들이지 않는 현실 부정의 태도를 갖게 되는 것을 비롯하여 불안감, 분노감, 극심한 우울증 등 심리적인 변화의 과정을 거치게 된다. 따라서, 장애인이 생에 대한 의욕, 회복에 대한 의욕을 가지고 의료재활치료를 받고 심리적 안정을 기할 수 있도록 심리치료사는 장애인이 이러한 심리적 변화과정을 조속히 극복하여 재활치료에 자발적이고 적극적으로 참여할 수 있도록 의료재활서비스를 제공하고 가족과 의료재활팀에게 협조를 요청하고 자문을 제공한다.

8) 수화통역사(한국수어통역사)

수화통역사는 청각장애인의 언어인 수화를 통하여 청각장애인이나 그 관계자와 의사소통함으로써 청각장애인의 사회참여를 지원하는 전문인력이다. 구체적으로 수화통역사는 청각장애인과 건청인 사이에서 청각장애인에 대해서는 건청인이 말하는 언어를 수화나 필담, 구화 등의 수단을 통하여 전달해 주고, 반대로 건청인에 대해서는 청각장애인의 수화를 해석하여 음성언어로 바꿔서 전달하는 역할을 한다.

청각장애인의 경우, 청각 상실 시기나 교육적 배경, 성장기의 환경 등에 있어서 개인별로 차이가 많기 때문에 청각장애인의 의사소통 수단은 다양하다. 이러한 이유에서 수화통역사는 능란한 수화 구사력뿐만 아니라, 청각장애인이 갖고 있는 언어력 등을 판별하는 능력이나 의사소통 전반을 조정하는 능력 등을 필요로 한다. 청각장애인은 직장 및 교육 관계에서부터 회의나 강연회의 참가, 텔레비전 시청에 이르기까지 사회생의 모든 부분에서 수화통역을 필요로 한다.

9) 장애인스포츠지도자

신체적 · 정신적 능력의 한계로 일상생활 및 사회생활에 적응하기 어려운 장애인들에게 있어서 스포츠활동은 매우 중요하다. 장애인구가 지속적으로 증가함에 따라 장애인 스포츠는 장애인의 사회통합을 이루는 데 반드시 필요한 영역으로 인정받고 있다. 스포츠 활동은 장애인으로 하여금 건전한 여가활동의 기회를 제공해 주며, 장애로 인한 신체활동의 감소와 함께 오는 건강과 체력의 감퇴를 예방해 준다. 이러한 장애인 스포츠의 역할이 제대로 기능하기 위해서는 장애에 대한 전반적인 이해와 구체적인 체육 프로그램 및 실기를 지도할 수 있는 장애인스포츠지도자가 필요하다.

장애인스포츠 관련 종사자의 주요 근무처는 장애인체육관, 각 지역의 장애인 생활체육교실, 장애인복지관 및 장애인시설 그리고 특수학교 등이며, 전문자격증을 소지한 경우는 많지 않은 것으로 파악되고 있다.

향후 장애인구의 증가와 더불어 의료재활 측면에서 뿐만 아니라, 장애인의 여가 및 문화적 권리로서 장애인체육에 대한 관심이 높아짐에 따라 장애인스포츠지도자에 대한 수요가 크게 증가할 것으로 예상되어 장애인체육 전문지도자 양성과 배치가 이루어져야 한다.

10) 점역 · 교정사

점역 · 교정사는 시각장애인이 촉각을 이용하여 일반 도서를 읽을 수 있도록 일반문서를 점자로 번역 · 교정하는 것을 직무로 하는 전문인력으로 1998년부터 연수과정이 설치되어 민간자격으로 운영되다가 2002년부터 국가공인 자격제도로 도입되었다. 점역 · 교정사 자격은 특성상 점역 가능한 전문과목의 수와 숙련 정도에 따라 1,2,3급으로 등급 분류되며, 대상은 시각장애인 관련 기관의 점역 · 교정 업무 3년 이상의 경력자면 누구나 가능하다.

점자는 시각장애인으로 하여금 정보사회에서 소외되지 않도록 각종 도서와 정보를 자유롭고 편리하게 취득하게 해 주는 역할을 한다. 최근 여러 종류의 음성도서를 비롯한 음성정보들 그리고 컴퓨터 점자번역 소프트웨어와 광학주사시스템(Optical Scanning System)의 출현으로 시각장애인들이 과거에 비해 다양한 정보들을 접하기가 훨씬 용이해졌지만, 점역 · 교정사는 수학이나 과학, 음악, 그래픽 등에서 여전히 중요한 역할을 담당하고 있다.

11) 보행지도사

시각장애인 보행지도사는 시각장애인으로 하여금 학교, 직장 등에서 보행 및 일상생활이 가능하도록 돕는 전문인력이다. 시력을 상실했을 때, 가장 먼저 제한을 받는 것은 신체의 이동 시 느끼는 불편함이다. 따라서, 보행지도는 중도실명자를 포함한 시각장애인의 재활에 있어서 가장 우선적으로 제공되어야 할 서비스이다. 보행지도사는 시각장애인이 독립적으로 그리고 안전하게 걷도록 하는 데 일차적인 목적을 둔다. 시각장애인의 재활목표가 스스로 독립적인 생활이 가능한 수준에 이르는 것임을 볼 때, 보행지도사의 역할은 중요하다.

일반적으로 보행지도사는 응시자격을 갖춘 자가 한국시각장애인연합회에서 시행하는 보행지도사 시험에 합격한 후 자격을 취득한 자를 말한다. 또한 보행지도사는 시각장애인이 안전하고 독립적으로 보행할 수 있도록 지도하는 것을 주된 직무로 한다.

보행지도사의 자격 특징은 다음과 같다.

첫째, 보행지도사는 2010년부터는 민간자격으로 등록되어 시행하였다가, 2021년부터 국가공인 민간자격으로 승격되었다.

둘째, 보행지도사는 흰지팡이를 사용해 시각장애인이 안전하고 독립적으로 보행할 수 있도록 지도하는 전문자격이다. 외국에서는 Orientation and Mobility (O&M) Specialist라는 이름으로 운영되고 있다.

셋째, 보행지도사는 시각장애인의 독립적인 보행을 지도하고, 점역교정사는 시각장애인이 촉각을 이용하여 도서를 읽을 수 있도록 일반 문자를 점자로 번역하고 교정한다.

12) 치료레크리에이션 전문가

치료레크리에이션 전문가는 장애나 신체적 · 정신적 · 사회적 · 정서적으로 적응상의 문제를 지닌 개인들에게 치료를 목적으로 한 다양한 레크리에이션 활동읍 통해 부족한 기능을 회복시키고, 자신감을 회복하고, 사회에 적응할 수 있도록 도와주는 전문인력이다. 병원이나 복지관에서 치료레크리에이션 전문가는 다른 전문인력과 협력하며, 장애인의 욕구 및 치료에 적합한 활동프로그램을 개발, 수행하는 역할을 담당한다. 또한 지역사회 내의 장애인의 여가활동과 문화활동 등을 도와주는 역할을 한다.

치료 레크리에이션 분야의 경우, 비장애인에 비해 여가에의 욕구가 상대적으로 높은 장애인의 특성을 감안한다면, 여가를 통한 치료레크리에이션 수요는 상당히 클 것이다. 치료 레크리에이션 서비스가 신체적 · 정신적 · 정서적 결함을 가진 사람, 즉 모든 장애인을 대상으로 한다는 점과, 향후 장애인구의 계속적인 증가와 재활을 위한 사회여건의 점진적인 개선 등을 예상할 때, 치료레크리에이션사에 대한 수요는 계속 증대될 것으로 추정된다.

13) 음악치료사

음악치료는 치료적인 목적, 즉 정신과 신체 건강을 복원 및 유지시키며 향상시키기 위해 음악을 사용하는 것이다. 음악치료는 치료적인 환경 속에서 치료대상자의 행동을 바람직한 방향으로 변화시키기 위한 목적으로 음악치료사가 음악을 단계적으로 사용하는 것이다(American Music Therapy Association). 음악치료사는 환자와 장애인을 도와 기능을 회복시키기 위해 음악적 경험과 관계들을 통해 역동적인 변화를 이끌어 내는 체계적인 치료를 담당하는 전문인력이다.

음악치료사가 근무하는 곳은 음악치료센터, 정신병원, 요양소 장애인복지관, 재활센터, 특수학교 등이다, 최근에는 장애인 관련 시설이 아닌 곳에서도 음악치료에 대한 열기가 상당하다. 미술치료 역시 음악치료와 유사하다.

14) 놀이치료사

놀이치료사는 사회적·정서적 적응문제로 성장발달과 학습에 어려움을 겪는 장애아동과 청소년들을 놀이를 통해 진단하고 치료 교육하는 전문인력이다. 놀이치료사가 되기 위해서는 발달심리, 정신병리, 정신치료 및 상담 등에 관한 전문지식이 필요하고, 특히 아동발달과 아동심리에 관한 지식을 필요로 한다.

놀이치료는 치료사와 아이가 놀이를 통해서 교류를 해, 감정이나 갈등의 심리적 문제를 표현할 수 있도록 돕고 그러한 문제를 해결하며, '아동심리치료사' 등으로 불리기도 한다. 놀이치료사는 아동발달센터, 소아청소년클리닉, 복지관, 재활원 등과 같은 시설에서 근무하며, 아동과 청소년의 정신적, 심리적 건강을 위한 전문적인 활동을 할 수 있다.

놀이치료, 미술치료 음악치료 등은 유사성이 많은 분야라고 할 수 있는데, 각각의 개별적 치료방법은 궁극적으로 장애아동에 대한 심리적 접근과 대인관계 등 기능향상을 추구한다는 방향은 같지만, 미술과 음악, 놀이라는 각각의 전문적인 접근방법을 적용한다는 점이 다른 특징을 갖고 있다. 다만, 이 분야의 치료사는 다른 전문인력에 비해 역사가 길지 않고, 또한 최근 장애분야에서 프로그램 중심으로 활성화되고 있지만, 공통적으로 자격체계를 확립하기 시작한 단계에 있다. 또한 '치료(치유·교육)라는 개념적 용어의 사용이 적합한지에 대해서도 충분한 합의가 이루어지지 못하고 있는 실정이다. 하지만 전문적 프로그램을 수행하는 인력이라는 측면에서 잠재성이 큰 분야이며, 앞으로는 체계적인 양성, 자격의 질 관리 등이 절실히 필요한 실정이다.

5 전달체계의 문제점 및 개선방안

우리나라 장애인복지 전달체계는 공공기관과 민간기관에 걸쳐 다양한 기관들이 산재해 있다. 물론 이러한 다양한 기관의 연계성을 위해 국무총리 산하에 장애인정책조정위원회 등이 있기는 하나, 장애인에게 효과적인 장애인복지를 제공하기 위해서는 공공기관 간, 민간기관 간 그리고 공공과 민간 간에 전달체계의 연계성 등이 강화되어야 한다. 이러한 전달체계에 대한 문제점에 대한 개선방안은 다음과 같다(석말숙 외, 2022: 291－293).

1) 수직적 전달체계의 한계

장애인복지 전달체계는 공공의 경우, 보건복지부 등 중앙정부의 정책 결정에 따라 광역자치단체, 지방자체단체, 읍·면·동으로 수직적 전달체계의 성격을 가지고 있다.

그러나 장애인의 욕구는 지역에 따라서 다양하게 나타나고 있으며, 이러한 욕구는 즉각적으로 해소되어야 한다. 그럼에도 불구하고, 이러한 수직적 전달체계에서는 지역적 특성과 장애인의 욕구를 반영한 복지서비스를 제공하는 데 한계점을 가지게 된다.

국가의 장애인정책을 총괄하고 있는 장애인정책 조정위원회의 위상이 실제적이고 상설조정기구로 전환되어야 할 것이다. 또한 장애인복지사업은 대부분이 지방이양사업으로 시행되고 있지만, 지방정부의 재정자립도 여건상 중앙정부의 예산지원 없이는 많은 어려움이 있다. 이에 거시적이고 장기적인 정책수립과 재정지원에 대해서는 중앙정부의 실질적인 서비스 제공은 지방정부가 맡는 등 중앙정부와 지방정부 간의 역할 분담에 대한 재정립이 필요하다.

2) 전문인력의 부족

장애인복지는 장애의 유형과 욕구에 따라 매우 세분화되고 전문적인 서비스가 요구되고 있다. 이러한 다양한 욕구에 따라 전문인력이 종합적인 서비스를 제공해야 함에도 불구하고, 장애인복지에 대한 전문적 지식을 갖추고 있는 전문인력이 매우 부족한 상황에 있다.

공공영역에 있어서 대부분의 장애인복지서비스는 시·군·구를 비롯한 읍·면·동을 통해 제공되고 있으나, 담당공무원은 잦은 인사이동으로 인해 전문적인 지식을 습득하기에는 매우 어려운 상황이다. 특히, 읍·면·동은 장애인복지를 전담하는 인력이 아닌 사회복지 전반에 걸쳐 업무를 담당하고 있기에 장애인이 전문적 서비스를 받기에는 역부족한 상태이다.

민간영역에 있어서도 대부분 사회복지사를 통하여 직접서비스가 제공되고 있음에도 불구하고, 사회복지사 교육기관인 대학(교)에서 장애인과 관련된 교육이 대부분 1~2개의 과목에 불과하여 장애인복지에 대한 전문성이 떨어진다. 이에 대학에서의 장애인복지에 대한 교육이 강화되어야 한다.

3) 연계성과 통합성의 부족

장애인복지서비스는 대부분 민간기관이 사회복지기관을 통해 실시하고 있다. 그러나 「장애인복지법」, 「장애인고용촉진 및 직업재활법」, 「장애인 등에 대한 특수교육법」, 「발달장애인 권리보장 및 지원에 관한 법률」, 「장애인활동지원에 관한 법률」 등 다양한 법령에서 장애인복지 관련 기관 등을 규정하고 있다. 그러나 이러한 장애인복지 관련 기관 간에 역할과 기능이 중복되는 경우가 종종 발생하고 있다. 예를 들어, 장애인복지관, 특수학교, 재활병원 등에서 의료재활과 관련된 서비스를 중복하여 실시하고 있고, 장애인복지관, 발달장애인지원센터, 장애인권익옹호기관 등에서 장애인의 인권 등에 대한 서비스를 제공하고 있다. 이러한 다양한 기관의 연계성과 통합성의 부족으로 인해 중복된 역할을 수행하고 있는 장애인복지기관 간의 기능과 역할이 재정립되어야 한다.

Chapter 12

장애인복지시설

✓ **학습목표**

1. 장애인복지시설의 유형 분류
2. 각 시설의 내용 파악
3. 시설 이용 대상자의 애로사항 청취

✓ **학습내용**

1. 장애인복지시설의 개념
2. 장애인복지시설의 유형
3. 장애인거주시설
4. 장애인 지역사회재활시설
5. 장애인복지시설의 문제점과 과제

✓ **개요**

장애인복지시설은 장애인을 대상으로 하는 사회복지시설이다. 장애인복지시설은 특별한 사회문제를 가지고 있거나, 그러한 사회문체를 갖게 될 위험이 있는 장애인에게 사회복지서비스를 제공하기 위한 조직이나 시설을 일컫는다. 이 장에서는 장애인복지시설을 살펴보고자 한다.

장애인복지시설

1 장애인복지시설의 개념

1) 장애인복지시설의 개념

장애인복지시설은 장애인을 대상으로 하는 사회복지시설이다. 여기서 사회복지 시설이란 “특별한 사회문제를 가지고 있거나, 그러한 사회문제를 갖게 될 위험이 있는 사람에게 일정한 범위 내의 사회복지서비스를 제공하기 위하여 사회복지사와 사무직원, 기타의 직원들로 구성되고 이사회에서 운영하는 조직이나 시설”(NASW, 1987)로 정의된다. 따라서, 장애인복지시설은 특별한 사회문제를 가지고 있거나, 그러한 사회문체를 갖게 될 위험이 있는 장애인에게 사회복지서비스를 제공하기 위한 조직이나 시설을 일컫는다.

장애인복지시설과 유사한 개념으로 장애인복지기관을 들 수 있다. 장애인복지기관은 장애인을 위한 사회복지기관이라고 할 수 있다. 사회복지시설과 사회복지기관은 일반적으로 혼용되고 있다. 그럼에도 불구하고, 용어의 쓰임새를 구분해 본다면, 사회복지 관계 법규에서는 사회복지시설이라는 용어만 사용되고 사회복지기관이라는 용어는 사용되지 않고 있다. 그러나 사회복지현장에서는 모든 사회복지시설 및 기관을 포함하여 사회복지기관으로 사용하는 경우가 있고, 협의의 사회복지기관은 사회복지 분야에서 간접적인 서비스 기관(각종 협의회, 협회, 연합회 등)과 이용시설(복지관, 상담소, 보육시설 등)을 지칭하고 있다. 여기에서는 장애인복지시설은 협의의 장애인복지기관까지 포함하는 것으로 정의한다.

2 장애인복지시설의 유형

1) 사회복지시설의 유형

장애인복지시설의 유형은 사회복지시설의 유형 구분과 동일하게 나눌 수 있다. 사회복지시설의 유형은 시설의 이용방법에 따라 생활시설, 이용시설, 중간시설로 구분할 수 있으며, 각 유형의 개념은 다음과 같다(정지웅, 2019: 196).

첫째, 생활시설은 심신장애, 노화, 미성숙 등으로 타인을 향한 의존 없이는 자립생활이 곤란한 조건하에 있는 사람으로서, ① 이들을 보호해야 할 가족이 어떠한 이유이든 현재 없거나, 있다 하더라도 가족의 부양기능이 결여되어 가족 내에서 생활이 곤란하고 부적당한 경우, ② 각종 장애로 인한 치료보호의 이유로 가정 또는 가족의 보호를 받을 수 없는 경우, ③ 경제적 곤궁에 의해 자립생활이 곤란한 경우 등에 해당될 때, 그의 생존권을 보장하는 시설을 의미한다.

둘째, 이용시설은 재가 또는 생활시설의 보호대상자들을 통원하게 하여 서비스를 제공하는 시설이며, 사회복지관, 장애인복지관, 노인복지관, 영유아 보육시설 등이 속한다.

셋째, 중간시설(halfway house)은 영국에서 사용하는 용어로, 병원으로부터 가정에 복귀하기까지 중간의 시설을 총칭하여 사용된다. 미국에서는 정신장애인이나 형무소 출소자들의 사회복귀시설을 의미하고 있으며, 일본의 경우에는 노인의 사회복귀시설로 이해하면서 의료나 복지시설 또는 지역사회와의 중간에 위치한 시설로 언급되고 있다.

2) 장애인복지시설의 유형

장애인복지시설 역시 위의 세 가지 유형으로 구분할 수 있는데, 우리나라의 법정 장애인복지시설의 종류는 장애인거주시설, 장애인 지역사회재활시설, 장애인직업재활시설, 장애인 의료재활시설, 그 밖에 대통령령으로 정하는 시설(장애인생산품판매시설) 등 모두 5가지다(장애인복지법 제58조). 여기서 장애인거주시설은 사회복지시설에 가깝다고 할 수 있고, 나머지 시설들은 이용시설이라고 할 수 있다. 장애인복지설의 종류는 <표 12-1>과 같다.

표 12-1 장애인복지시설의 종류

시설명	개 념
장애인 거주시설	거주공간을 활용하여 일반가정에서 생활하기 어려운 장애인에게 일정 기간 동안 거주·요양·지원 등의 서비스를 제공하는 동시에, 지역사회생활을 지원하는 시설
장애인 지역사회재활시설	장애인을 전문적으로 상담·치료·훈련하거나 장애인의 일상생활, 여가활동 및 사회참여활동 등을 지원하는 시설
장애인 직업재활시설	일반 작업환경에서는 일하기 어려운 장애인이 특별히 준비된 작업환경에서 직업훈련을 받거나, 직업 생활을 할 수 있도록 하는 시설(보건복지부령으로 정하는 시설 포함)
장애인 의료재활시설	장애인을 입원 또는 통원하게 하여 상담, 진단·판정, 치료 등 의료재활서비스를 제공하는 시설
그 외	장애인생산품 판매시설, 장애인쉼터

자료: 「장애인복지법」 제58조 및 제59조, 동법 시행령 제36조

3 장애인거주시설

1) 장애인거주시설의 서비스 기본 사항

(1) 목적

「장애인복지법」 제34조(재활상담등의 조치), 제57조(장애인복지시설의 이용 등) 및 제60조의2(장애인거주시설 이용 절차)의 규정에 따라 장애인거주시설에서 각종 서비스를 제공 받을 수 있는 대상자의 자격기준과 이용절차를 마련하여 이용대상을 명확히 하고, 이용조치 과정에 대한 필요사항을 규정함으로써 장애인의 시설서비스 이용의 편의를 도모한다.

(2) 이용 대상

① 우선 입소 대상 : 장애인 중 국민기초생활보장수급자 및 부양자가 없거나 부양을 받을 수 없는 자로서 아래에 해당하는 자

② 실비입소이용자 : 종합조사 결과를 충족하고 시설 소재지 관할 시 · 군 · 구 담당부서에서 입소 결정(적격성 심사 간소화(생략) 가능)

(3) 대상자 자격 결정

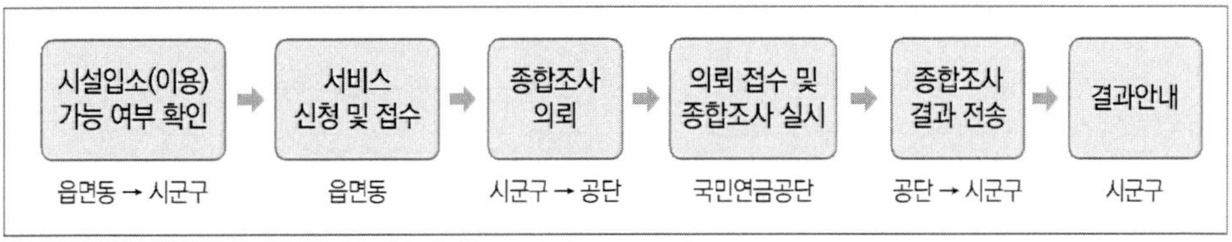

시설 종류별 입소 대상 장애인 유형은 <표 12-2>와 같다.

표 12-2 시설 종류별 입소 대상 장애인 유형

대상시설	시설별 대상 장애인
• 장애유형별 거주시설 – 지체장애인 및 뇌병변장애인을 위한 시설 – 시각장애인을 위한 시설 – 청각 · 언어장애인을 위한 시설 – 지적장애인 · 자폐성장애인을 위한 시설	 – 자체 · 뇌병변장애인(중복장애 포함) – 시각장애인(중복장애 포함) – 청각 · 언어장애인(중복장애 포함) – 지체 · 자폐성장애인(중복장애 포함)
• 중증장애인거주시설	– 중증장애인
• 장애인영유아거주시설	– 6세 미만의 장애영유아
• 장애인단기거주시설	– 1개월 기준으로 보호자의 휴식 또는 일시적 피난 등이 필요한 장애인
• 장애인공동생활가정	– 유형별 거주시설 입소대상자와 동일

자료: 보건복지부(2022: 59).

(4) 인권침해 발생 시 조치 및 처리절차

① 피해자 보호·분리 조치 : 정확한 진상 파악을 위해 성폭행, 폭행 등 사건의 경우 피해 장애인을 우선 보호·분리(전원) 조치

② 전문기관 조사 : 시·군·구 주무관청의 진상 조사, 장애인권익옹호기관·수사기관에 신고, 인권전문기관이나 국가인권위원회에 조사 의뢰

③ 장애인거주시설 인권지킴이단 운영 : 장애인거주시설 이용장애인의 인권침해를 예방하고 인권침해 발생 시 확인과 필요한 조치를 통해 이용자의 인권이 보장될 수 있도록 하기 위하여 거주시설 내에 인권지킴이단을 설치·운영하도록 한다(「장애인복지법」 제60조의4 제4항).

(5) 체험홈 설치 및 운영

장애인거주시설 이용 장애인 가운데 지역사회로의 이주를 희망하고 지역사회에서의 생활이 적절하다고 판단되는 자에 대하여 일정한 주거공간을 지원함으로써 지역사회의 일상생활 및 다양한 사회활동 등에 대한 체험기회를 체계적으로 제공하고 향후 시설 퇴소 후 지역사회에서의 생활에 어려움이 없도록 하기 위하여 설치 및 운영한다.

2) 장애인단기거주시설

(1) 목적

장애인에게 일정 기간 주거·일상생활·지역사회생활 등을 제공하고 아울러 장애인을 돌보는 보호자의 단기간 휴식을 제공하여 가족기능의 회복·유지를 지원하는 장애인단기거주시설의 운영에 필요한 사항을 정한다.

(2) 기본 방침

① 관할 지방자치단체는 단기거주시설의 기능과 역할에 적합한 사업을 수립하고 운영하여야 한다.

② 시설 운영자는 가정적인 분위기에서 이용 장애인을 보호하여야 한다.
③ 긴급한 일시보호(쉼터)를 요하는 이용자를 우선 배려하여야 하며, 장애인의 인간적 존엄성과 기본적 권리가 유지 될 수 있도록 노력하여야 한다.

(3) 이용 대상과 정원

① 이용자는 소득조건에 관계없이 등록장애인으로 한다.
② 정원은 상시 이용자와 수시 이용자를 포함한 최소 10인 이상으로 하고 30인을 초과할 수 없다.
③ 이용시간 : 24시간 운영하되, 시설의 휴무일은 시·군·구와 협의하여 정하고, 시설운영규정에 명시하여야 한다.
④ 1회 이용기간 : 30일 이내로 하되, 필요한 경우 연장은 가능하나, 6개월 이상 이용하고자 할 경우 시·군·구의 승인이 필요하다.
⑤ 정원은 상시 이용자와 수시 이용자를 포함한 최소 10인 이상으로 하고, 30인을 초과할 수 없다.

(4) 수행사업

① 개별서비스지원 : 이용자 개인의 희망과 욕구를 최대한 보장할 수 있도록 개별 서비스지원을 계획하여 개인의 욕구와 선택을 강화하고 이용자의 참여와 권리를 보장하도록 한다.
② 자립생활 지원 : 일상생활(식생활, 의생활, 개인위생관리, 건강관리 등)에 필요한 지식과 기술을 지원하여 장애로 인하여 발생하는 의존성을 최소화 시키도록 한다.
③ 사회적 인지기술 지원 : 사회의 한 구성원으로 삶을 영위할 수 있도록 지역사회를 바르게 이해시키는 교육, 사회적응훈련을 통해 진정한 사회통합을 이루도록 한다.
④ 정서안정·여가 지원 : 단조로운 일과에 변화를 주고 새로운 환경과 정보를 접할 수 있도록 야외활동, 취미생활, 종교활동 및 정서안정 지원활동을 통한 사회적응력을 키우고 배운 기술이 일반화되도록 한다.

⑤ 이용자 권리사업 : 사회의 한 구성원으로서 이용자가 자신의 권리를 올바르게 주장할 수 있도록 한다.
⑥ 직업지원 사업 : 이용자가 사회활동을 할 수 있도록 경제·서비스 활동 등의 지원을 통해 한 경제주체로서 생활할 수 있도록 한다.
⑦ 가족지원사업 : 이용자의 가족에게 상담을 지원하고 각종 정보를 제공하며, 가족에게 휴식을 지원하여 이용자에게 지속가능한 돌봄이 제공될 수 있도록 한다.
⑧ 이용 장애인과 그 가족과의 상담을 통해 욕구를 파악하여 지원한다.

3) 장애인공동생활가정 운영

(1) 목적

지역사회 내 일반주택을 이용하여 장애인들이 스스로 사회에 적응하도록 가정생활, 사회활동 등의 자립생활을 지원하는 장애인공동생활가정(이하 '공동생활가정')의 운영에 대한 필요한 사항을 정한다.

(2) 기본 방침

① 공동생활가정은 이용 장애인들의 사회통합과 사회적 자립을 목표로, 이용자 개개인의 존엄이 유지됨과 동시에, 독립적 생활이 최대한 보장되는 방식으로 운영한다.
② 공동생활가정 지원 및 체계적인 관리를 위해 별도의 지원기관을 둘 수 있다.

(3) 추진방향

인건비 지원기준

① 시설장 및 사업수행 인력의 인건비 보조기준은 "2022년 장애인거주시설 인건비지원기준"을 따른다(인건비를 지원받는 다른 시설의 장 또는 직원이 겸임하는 경우 제외).
② 24시간 운영하는 공동생활가정의 2인 이내의 종사자, 일과 이후 운영 공동

생활가정의 1인 종사자의 시간외 수당은 거주시설의 교대근무자 기준을 적용하도록 노력하여야 한다.

③ 인건비의 보조 및 지급은 근로기준법 기준에 위배되지 않도록 시간외 근무 수당, 퇴직금, 기타 4대 연금 등을 반영할 수 있도록 한다.

④ 직원의 출산, 병가, 휴직 등의 사유로 인력의 공백이 발생할 경우 해당 직원의 인건비 범위 내에서 대체인력을 활용할 수 있다.

관리운영비

① 운영비는 지방비보조금, 운영주체의 전입금, 이용료, 민간후원금 등으로 한다.

② 장애인거주시설 운영지원 사업 지원기준에 준하되, 시설운영을 고려하여 할 지자체가 추가 지원할 수 있다.

③ 지방자치단체의 운영비 보조는 인건비와 관리운영비를 분리하여 보조함을 원칙으로 한다.

④ 시설의 환경개선에 필요한 개·보수비는 별도로 지원한다.

인력지원기준

① 장애인공동생활가정의 종사자 배치기준은 <표 12-3>과 같다.

표 12-3 장애인공동생활가정의 종사자 배치기준표

직종별	배치기준	비 고
시설장 또는 사회재활교사	1명	• 시설장은 상근을 원칙으로 한다. 단, 시설운영 현황에 따라 타 공동생활가정과 겸임할 수 있다.
사회재활교사 및 생활지도원	2명	• 사회재활교사 1명 이상이어야 함. • 종사자 2명 배치는 상시 24시간 운영시설 또는 주 7일 운영시설에 한한다.

※ 지자체는 「근로기준법」 준수를 위해 필요한 경우 추가적인 인력배치를 위해 노력하여야 한다.
자료: 보건복지부(2022: 179).

② 관할 지자체는 서비스 개선과 직원의 처우 개선을 위해 직원의 휴일 및 업무지원에 필요한 대체인력을 지원하도록 노력하여야 한다.

③ 관할 지자체는 위의 "인력지원기준"에도 불구하고, 이용 장애인의 욕구, 장애특성을 고려하여 추가인력을 배치하도록 노력하여야 한다.

(4) 공동생활가정의 설치기준

① 공동생활가정은 일반주택, 아파트, 연립주택 등과 같은 일반 주거형태로 하되, 신규시설을 설치하더라도, 지역사회의 일반주거지역 내에 설치하는 것을 원칙으로 한다.
② 장애인복지관 등 지역사회재활시설과 인근에 위치토록 하여 이용 장애인의 편의를 도모한다.
③ 간판이나 표찰을 붙이지 말고, 다수의 공동생활가정이 일정 지역 내에 밀집되지 않도록 한다.

설치비(주택) 지원

① 공동생활가정 설치를 위한 주택자금 및 집기 비품 구입비에 관한 예산은 별도의 지방자치단체 예산으로 지원할 수 있다.
② 운영주체의 소유부동산, 지자체 지원 시설, 국·공유 토지 및 건축물 등에 설치할 수 있다.
③ 「화재예방, 소방시설 설치·유지 및 안전관리에 관한 법률」 제9조(이하 "소방법")에 따라 1, 2층에 설치 가능하며, 3층 이상의 경우 피난구조설비를 갖추어야 한다.

(5) 입주대상자 선정

입주기준

① 시설 및 재가장애인으로서 공동생활가정에서 생활하는 것이 재활 및 자립에 더 효과적이라고 인정되는 자
② 낮시간 동안 근로, 고용훈련, 교육 및 재활훈련 등에 참여하고 있는 자
③ 사회재활교사의 도움을 받아 공동생활을 하는 데 큰 지장이 없는 자

이용자의 생활

① 이용자는 사회구성원으로서 자신의 책임하에 개인생활과 공동생활의 구성원으로서 의무를 지키면서 사회적 자립을 달성함을 목적으로 한다.

② 이용자는 사회재활교사와 협의하여 개인위생관리, 주택관리, 가사 등 역할 부담을 하고 필요시 규칙을 정할 수 있다.

③ 이용자는 낮시간에는 장애인복지관, 보호작업장, 근로시설, 직장교육기관 등에 다니는 것을 원칙으로 한다. 다만, 질병 등 특별한 사유가 있는 경우는 제외한다.

④ 이용자는 공동생활가정에서 실제 주거 및 생활하여야 하며, 취업 등을 이유로 공동생활가정 외의 장소에서 장기간(15일 이상) 생활할 경우에는 사전에 시설장에게 알려야 한다.

4 장애인 지역사회재활시설

1) 장애인 지역사회재활시설 공통

(1) 목적

「장애인복지법」 제58조제2항의 규정에 따른 장애인지역사회재활시설(이하 "지역사회재활시설"이라 한다)의 설치 및 운영전반에 관하여 기본적으로 필요한 공통적 사항을 정함으로써 지역사회재활시설의 운영상 일관성 유지 및 사업의 효율성 제고를 도모하고자 한다.

(2) 지역사회재활시설의 종류와 기능

장애인복지법 시행규칙 제41조 별표 4의 규정에 의한 지역사회재활시설의 종류와 기능은 다음과 같다.

① 장애인복지관 : 장애인에 대한 각종 상담 및 사회심리 · 교육 · 직업 · 의료재활 등 장애인의 지역사회생활에 필요한 종합적인 재활서비스를 제공하고

장애에 대한 사회적 인식개선 사업을 수행하는 시설

② 장애인주간보호시설 : 장애인을 주간에 일시 보호하여 장애인에게 필요한 재활서비스를 제공하는 시설

③ 장애인체육시설 : 장애인의 체력증진 또는 신체기능회복 활동을 지원하고 이와 관련된 편의를 제공하는 시설

④ 장애인수련시설 : 장애인의 문화·취미·오락활동 등을 통한 심신수련을 조장·지원하고 이와 관련된 편의를 제공하는 시설

⑤ 장애인생활이동지원센터 : 이동에 상당한 제약이 있는 장애인에게 차량운행을 통한 직장 출·퇴근 및 외출보조 기타 이동서비스를 제공하는 시설

⑥ 수어통역센터 : 의사소통에 지장이 있는 청각·언어장애인에 대한 수어통역 및 상담서비스를 제공하는 시설

⑦ 점자도서관 : 시각장애인에게 점자간행물 및 녹음서를 열람하게 하는 시설

⑧ 점서 및 녹음서 출판시설 : 시각장애인을 위한 점자간행물 및 녹음서를 출판하는 시설

⑨ 장애인재활치료시설 : 장애아동을 포함한 장애인에게 언어·미술·음악 등 재활치료에 필요한 치료, 상담, 훈련 등의 서비스를 제공하고 서비스를 이용한 자로부터 비용을 수납하여 운영하는 시설

(3) 지역사회재활시설 이용자 요건

지역사회재활시설의 이용자는 「장애인복지법」 제2조의 규정에 의한 장애인이어야 한다. 다만, 지역사회와의 유대 강화 및 사회통합 분위기 조성을 위하여 해당 지역주민도 사회통합 프로그램을 일부 이용할 수 있음. 또한 「장애인복지법」 제2조의 규정에 의한 장애인은 아니지만, 전문의 소견이 있거나 이용시설 진단판정 결과, 서비스지원이 필요한 경우 이용 가능함.

2) 장애인복지관 운영

(1) 목적

장애인복지관(이하 "복지관"이라 함)의 운영에 필요한 사항을 정하여 지역 장애

인의 재활자립과 복지증진을 도모하고자 한다.

(2) 기본 방침

① 복지관의 수행사업은 어떠한 경우에도 정치활동, 영리활동 및 특정 종교활동 등으로 이용할 수 없으며, 인도주의적 원칙 하에 이를 이용하는 장애인의 인간적 존엄성과 기본적 권리가 유지되도록 조치한다.

② 복지관의 종사자는 「사회복지사업법」 제5조에 의하여 그 복지업무를 행함에 있어서 장애인복지를 필요로 하는 사람을 위하여 차별 없이 최대로 수행한다.

③ 복지관은 이용 장애인에 대한 서비스는 물론, 장애발생 예방과 지역 장애인 문제의 조사, 연구 등 장애인복지가 종합적으로 향상되도록 하여야 하며, 이를 위해 각 복지관에서는 장애인의 날(매년 4월 20일) 전·후 1주간을 '장애발생예방주간 및 인식개선 주간'으로 정하여 지역주민, 학생, 직장인 등을 대상으로 장애발생예방 및 인식개선 프로그램을 실시한다.

④ 복지관은 지역장애인 등의 다양한 복지욕구를 해소하기 위하여 자원봉사자 활용, 지역 내 복지자원의 동원 등 당해 지역사회의 자원을 개발, 활용한다.

⑤ 복지관은 지역 장애인복지의 증진효과와 투입재원 및 수행사업의 적정성, 효율성 등을 지속적으로 평가하고 이를 활용, 발전적 운영 개선방안을 강구한다.

⑥ 복지관은 운영 및 사업수행에 있어 지역사회를 기반으로 한 지역 장애인의 의사와 선택권을 존중하고 이를 사업에 적극 반영한다.

⑦ 복지관은 장애유형에 따른 다양한 교육적 욕구를 해소하고, 장애인이 국민으로서 평생에 걸쳐 능력과 적성에 따라 교육받을 권리를 가질 수 있도록 체계적이고 지속적인 평생교육을 지원한다.

⑧ 복지관은 장애인복지 관련분야의 전문적인 지식과 기술을 가지고 있는 전문인력에 의해 수행되도록 노력한다.

⑨ 복지관은 이용 장애인의 인권침해를 예방하고 인권침해 발생 시 필요한 조

치를 통해 이용자의 인권이 보장될 수 있도록 하기 위하여 정기적인 인권 교육을 실시한다(단, 자연재해 감염병 등 불가피한 상황 발생 시 온라인을 통한 교육 실시).

⑩ 복지관은 주말에 시설을 개방 또는 관련 프로그램을 운용하여 취업장애인 등 주말 이용자의 편의를 도모한다.

(3) 운영

① 장애인복지관은 중증장애인에 대한 서비스를 우선적으로 제공하여야 하며, 정당한 사유 없이 타 유형의 장애인 또는 중증장애인에 대한 서비스를 거부할 수 없다. 단, 종별(단종) 복지관의 경우 타 유형의 장애인에 대해서는 해당 장애유형의 복지관으로 연계할 수 있다.

② 관할 지역 내 장애인의 복지증진을 위해 종합적인 재활과 자립지원서비스를 제공하는 장애인복지센터로서의 기능과 역할을 충실히 수행할 수 있도록 장애인복지관의 주요 기능(아래 표)을 참고하여 필요한 사업을 선정 수행한다. 관내 등록장애인 중 연령별 대비, 장애유형별 인원, 생활정도, 직업종사 유형, 관내 지역 경제기반, 관내 장애인복지에 대한 지역사회의 인식도, 장애인가족 및 자원봉사자의 참여도 등을 적극 참고하여 이용자 욕구 중심의 사업계획을 수립, 추진한다.

③ 장애인복지와 관련된 행정기관 및 시설·단체 등과 긴밀한 협력체계를 구축하여 사업수행의 효과성을 극대화한다.

④ 재가복지사업 예산(종전 재가복지봉사센터 예산)을 지원받은 시설은 반드시 이 사업을 수행하여야 한다.

장애인복지관의 주요 기능은 <표 12-4>와 같다.

표 12-4 장애인복지관의 주요 기능

대분류	중분류	주요 사업 예시
상담 · 사례관리	사례발굴	• 사례대상자 발굴 및 상담 • 사례대상자 연계 • 동행상담
	접수 및 사정	• 접수상담 • 각종진단 및 사정

	개입계획	• 개별지원계획 수립 및 의뢰, 연계 • 사례관리 계획수립(단순, 일반, 집중)
	개입	• 긴급대상자 위기사례관리 • 집중관리대상자 사례관리 • 직접서비스 제공 • 자원연계 및 서비스 중개 • 모니터링 및 재사정 • 종결 및 사후관리
	지역회의	• 지역사회 통합사례회의 • 지역사회 솔루션위원회
	기타	• 기타
기능강화 지원	운동 · 지각 향상	• 운동발달(물리치료) • 작업활동(작업치료) • 다감각촉진활동(심리안정치료, 심리이완치료, 심리안정 반응촉진치료 등) • 수중운동 • 감각통합활동
	의사소통 향상	• 언어활동(언어치료)
	학습능력 향상	• 특수교육
	사회적응력 향상	• 심리운동 • 특수체육 • 음악활동(음악치료) • 미술활동(미술치료) • 놀이활동(놀이치료)
	기타	• 기타
장애인 가족지원	상담 및 교육	• 가족지원 전문상담 • 정보제공 • 가족교육
	가족기능 강화	• 가족 휴식지원 • 가족조력교실 • 중도장애인가족지원 • 가족 역량강화지원(부모역할, 부부관계지원, 비장애형제 지원, 부모모임 지원 등)
	양육지원	• 가족 돌봄지원 • 케어서비스(주간 및 단기보호) • 방과 후 교실 • 방학 프로그램 • 야간 및 주말 프로그램 • 가족단위 문화프로그램
	여성장애인복지증진	• 여성장애인 상담실 및 쉼터 운영 • 여성장애인 임신 · 출산 · 양육 · 가사보조활동 지원 • 여성장애인 결혼 주선 등
	장애인 무료급식	• 결식우려 장애인 무료급식소(식당) 운영 • 거동불편 저소득 재가장애인 식사배달 등
	기타	• 기타
역량강화 및 권익옹호 지원	역량강화 및 지역사회참여 활동지원	• 동료상담 • 자조모임 육성 • 동아리활동 지원 • 주거서비스 • 이동지원서비스 • 보조기구 관리, 수리, 임대

	권익옹호	• 장애인차별금지법 준수운동 • 권리침해 해소 • 인권옹호 • 법률적인 지원
	정보제공	• 장애인정보화교육 등 정보화 지원 • 시청각장애인 도서(시청각장애인 자료 등) 제작 · 출판 • 보급 · 대여, ARS운영, BBS운영
	수어 관련	• 수어교실 • 수어통역 봉사원 양성 및 파견 • 수어자막 및 비디오 등 영상물 제작 • 보급 · 대여 등
	기타	• 기타
직업지원	직업상담 및 평가	• 직업상담 • 직업평가 • 구인 및 구직상담
	전환교육	• 전환교육 • 중등/고등 직업준비프로그램
	직업적응 및 역량개발훈련	• 직업적응훈련 • 직업훈련 • 취업알선(지원고용 등) • 현장훈련 • 취업 후 지도
	사업체 개발 및 관리	• 사업체 개발 • 사업체 관리
	기타	• 기타
지역사회 네트워크	지역사회장애인복지서비스 개발 및 지원	• 지역유관기관 장애인복지서비스 자문 • 장애인서비스 개발 컨설팅
	지역의 사회통합환경 조성	• 장애인 및 장애인가족에 대한 인식개선 • 장애발생예방 캠페인 • 지역사회통합 환경 진단 및 계획수립
	주민조직 지원	• 주민조직체 형성 및 교육 • 지역행사 및 정보제공
	민관협력 네트워크 구축	• 지역사회복지협의체 활동 • 각종 지역위원회 활동 • 지역사회 장애인 중심기관 역할
	지역자원 개발 및 관리	• 자원봉사자 발굴, 교육, 활동, 관리 • 후원자 개발 및 관리
	기타	• 기타
평생교육 지원	상담 및 프로그램 개발	• 평생교육 전문상담 • 평생교육프로그램 개발
	기초문해 및 학력보완교육	• 한글(생활)문해 프로그램 • 초 · 중 · 고등 학력보완 프로그램

	문화예술 및 인문교육교육	• 여가스포츠 프로그램 • 문화예술향유·숙련 프로그램 • 생활소양 및 인문학적 교양 프로그램
	시민참여교육	• 시민의식 프로그램 • 시민역량 프로그램 • 시민활동 프로그램
	기타	기타
사회서비스 지원	장애인 활동지원	• 활동보조 • 방문간호 • 방문목욕
	장애아동 재활치료	• 언어·청능치료 • 미술·음악치료 • 행동·놀이·심리운동치료 • 기타 재활서비스 • 장애조기발견 및 발달진단서비스 • 중재를 위한 부모상담 서비스
	기타	기타
운영지원 및 기획 · 홍보	총무	• 인사 및 조직관리 • 각종위원회 운영 • 회계 및 문서관리 • 시설 및 차량관리 • 식당운영
	기획	• 사업계획 수립 및 평가 • 조사연구사업 • 직원개발사업 • 실습지도
	홍보	• 홍보물 제작 • 지역홍보 • 온라인 홍보 및 홈페이지 운영 • 견학안내
	고객만족 윤리경영	• 이용자 참여 • 고객만족사업 • 윤리경영
	기타	기타

자료: 보건복지부(2022: 257－260).

⑤ 인건비 및 관리운영비

- 시간 외 근로수당, 퇴직급여, 사회보험 등의 경우 근로기준법 등 관련법령을 준수할 수 있도록 보조금으로 지급 허용 및 시설지도
- 직원(종사자)의 출산, 병가, 휴직 등의 사유로 인력의 공백이 발생할 경우, 해당 직원(종사자)의 인건비 범위 내에서 대체인력을 활용할 수 있으며, 대체인력 인건비는 해당 직원(종사자)의 인건비 범위 내에서 기본급 및 수당 등 급여로 지급할 수 있음.

- 장애인복지관 일반사업에 대한 운영비는 지방비보조금 외에 자체수입(이용료, 후원금, 법인 전입금 등)을 추가함. 단, 예산 집행 시에는 재가복지사업 운영비를 장애인복지관 운영비에 포함함.
- 운영비로 장애인복지관 사업수행에 필요한 장애인복지시설 관련단체의 가입비, 회비, 종사자 교육비 등을 지출할 수 있음.

⑥ 장애인복지관은 재무·회계 및 후원금 관리 등에 있어 사회복지법인 및 사회복지시설 재무·회계 규칙을 준용하여 합리적인 운영 도모

⑦ 장애인복지관 분관 운영

- 장애인복지관이 소재한 곳과 거리가 먼 산간벽지 등 농어촌 지역 등에 분관을 둘 수 있으며, 그 운영은 해당 시·도지사의 책임하에 장애인복지관에서 운영함.
- 종사인력은 개소당 전문직을 포함한 4명 이상의 인원을 배치할 수 있도록 노력해야 함.
- 운영비는 지방비보조금으로 하되, 자체수입을 추가할 수 있음.

⑧ 장애인복지관 인권교육

- 종사자(시설장 포함)와 이용장애인을 대상으로 연1회(4시간) 이상 인권교육을 실시
- 이용장애인 대상 인권교육은 장애인 특성에 맞추어 내용을 구성하고 다양한 형식과 방법(개별, 그림카드, 애니메이션 등)을 고려하여 실시
- 종사자 인권교육은 외부기관에서 실시하는 교육 참여를 우선하되, 인권교육 외부강사 초빙하여 진행함을 원칙으로 하되, 인권교육 강사양성과정 수료자(국가인권위원회 주관 인권교육 관계자 및 양성과정 수료자 포함)를 통한 내부교육으로 진행할 수 있음.

(4) 관리

① 조직 및 직제

- 각 복지관은 지역의 여건 및 이용대상자의 특성을 감안하여 서비스를 가장 효과적으로 제공할 수 있도록 장애인복지관의 조직 및 직제기준을 준

용하여 편제

- 인력관리의 효율성을 확보하고 간부와 직원간 적정한 업무의 분담이 이루어지도록 팀제 운영을 원칙으로 하되, 기획·운영지원 등 지원부서와 그 외 사업부서로 구분 운용
- 종전 장애인복지관 부설로 운영되던 재가복지봉사센터는 장애인복지관의 기능 속에 통합 운영(인사를 장애인복지관의 경우와 분리하지 않음). 단, 최소 3인의 인력을 확보하되 복지관의 총정원 내에서 증원할 수 있음.

② 복지관의 인력은 지원부서에는 최소의 인력을 배치하는 것을 원칙으로 하고, 서비스를 제공하는 사업부서에 최대한 배치토록 노력

(5) 행정지원사항

① 각 지방자치단체는 해당 지방자치단체 관리조례 및 관련 법률에 따라 보조금의 교부신청 및 지급, 정산 및 결산보고를 하여야 하며, 매 회계연도 이전에 각 지역 내 장애인복지관에 다음 년도 보조금 및 인건비를 확정하여 통보하여야 한다.

② 각 지방자치단체는 장애인이 지역사회를 중심으로 생활을 영위하고 사회활동에 참여할 수 있도록 개인의 능력과 적성에 따른 사례관리, 기능향상지원, 장애인가족지원, 역량강화 및 권익옹호지원, 직업지원, 지역사회 네트워크, 평생교육 지원, 사회서비스 지원 등의 종합적인 지역사회재활 및 자립지원 서비스의 제공에 필요한 정책을 강구하여야 하며, 그에 따른 경비를 지원하여야 한다.

③ 각 지방자치단체는 장애인복지관의 업무처리 효율성 제고를 위해 한국장애인복지관협회에서 개발 보급한 전자문서 결재시스템 및 사회복지정보시스템을 지역 내 장애인복지관이 적극 활용할 수 있도록 노력하여야 한다.

3) 장애인주간보호시설 운영

(1) 목적

일상생활 및 사회생활을 영위하기 위하여 지원이 필요한 장애인에게 낮시간 동안 활동위주의 프로그램 및 교육지원 등의 기회를 제공하고, 또한 장애인가족 구성원이 안심하고 사회·경제 활동을 영위할 수 있도록 장애인주간보호시설의 운영에 필요한 사항을 정한다.

(2) 기본 원칙

① 장애인주간보호시설은 장애인생활시설, 장애인복지관 등과는 분리하여 단독시설로서 운영되어야 한다.

- 지방자치단체에서는 신규로 설치되는 장애인주간보호시설이 장애거주시설, 장애인복지관 등과 분리하여 단독시설로 운영되도록 해야 한다. 또한 이미 설치된 주간보호시설은 기능보강(임차료 지원) 지원 등을 통하여 단독시설로 운영될 수 있도록 하여야 한다. 다만, 부득이한 경우 관할 주무관청의 승인을 거쳐 복합 설치·운영이 가능하다.
- 장애인주간보호시설이 법인 또는 타 복지시설과 복합으로 설치되어 있는 경우에도 인사·회계는 별도 시설로 유지되어야 한다.
- 장애인주간보호시설은 장애인의 인간적 존엄성과 기본적 권리를 보장하고, 지역장애인의 의사와 선택권이 존중될 수 있는 시설운영이 되도록 노력한다.
- 장애인주간보호시설은 지역사회 내 장애인의 생애주기와 장애유형에 따른 다양한 활동 욕구에 맞게 체계적이고 지속적인 서비스를 제공하기 위해 노력해야 한다.

(3) 수행사업

① 일상생활 지원

- 식사 및 간식지원, 건강관리 및 위생관리 및 일상생활훈련 등을 통해 자립생활 능력을 배양

② 여가활동 지원

- 의미 있는 낮시간 활동을 위한 문화·예술, 스포츠, 여가·취미 활동 등 체험위주의 여가활동을 제공

③ 교육·훈련 지원

- 일상생활에 필요한 안전, 교양 및 언어·인지 등의 교육과 직업훈련, 사회구성원으로써의 권리의 이해를 위한 성교육, 인권교육 등의 교육·훈련 지원

④ 지역사회적응활동 지원

- 사회구성원으로서의 능력배양을 위하여 공공기관 및 대중교통 이용 등 활동 서비스 지원

⑤ 특별활동 지원

- 여행, 캠프 및 기념일 활동 등 새로운 환경과 정보를 접하고 정서함양을 통한 자기발전을 도모할 수 있도록 활동 서비스 지원

⑥ 자원봉사자 개발 및 실습생교육지도

- 이용장애인의 욕구와 시설에서 활용할 수 있는 자원봉사자를 개발하고, 장애인에 대한 이해 및 사회복지 현장의 이해를 위한 사회복지 현장실습생 지도

⑦ 기타

- 차량, 인력 등 허용범위 내에서 장애인주간보호시설 이용을 위한 교통편의를 제공
- 이용 장애인과 그 가족과의 상담 등을 통해 욕구를 파악하여 그에 맞는 서비스를 개발하고, 가족들의 부양부담 경감을 위한 다양한 가족지원서비스 제공 등
- 시설장은 시설 운영 여건과 이용 장애인의 욕구 및 특성에 따라 의미 있는 낮시간 활동이 되도록 다양한 수행사업을 개발하여 제공할 수 있도록 노력해야 한다.

4) 장애인주간보호시설 기능보강 사업

(1) 목적

① 장애인주간보호시설(이하 "주간보호시설"이라고 한다) 이용장애인의 안전과 편의를 보장하고, 일상생활 및 사회생활을 지원하는 프로그램 운영을 원활히 할 수 있도록 시설 개선, 지원한다.

(2) 지원대상 및 지원조건

① 지원대상 : 시설 건물 개보수 및 장비보강이 필요한 장애인주간보호시설. 지방자치단체, 법인·단체, 개인이 설치·운영하는 시설
② 지원조건 : 국비 50%, 지방비 50%(필요시 지방비 추가 지원 가능). 전체 사업규모가 보조금 지원 범위를 초과하는 경우 자부담 필요

(3) 지원방향

① 산발성, 임시방편을 지양하고 사업의 시급성과 효과성을 고려하여 지원
② 시설 안전을 가장 우선적으로 고려하고, 주간보호시설이 없는 지역(기초자치단체)에서 신규로 설치.·운영하는 경우와 뇌병변장애인, 중증장애인 등에 대한 전담 주간보호시설에 대해 우선적으로 지원

(4) 지원대상 선정 기준

기본 고려사항

① 보조금 지원 필요성, 사업 시급성, 사업계획의 타당성·충실성, 사업 효과성, 보조사업자의 사업수행능력 및 추진의지
② 장애인주간보호시설 지속 운영 계획 및 가능성

우선 고려사항(가점)

① 시설 노후화 등으로 인한 홍수·지진 등 자연재해, 화재·붕괴 등 사고의 예방 및 피해복구 사업, 건물 안전·소방설비 지원사업을 최우선 고려

② 장애인주간보호시설이 없는 지역(기초자치단체)에서 신규로 장애인주간보호 시설을 설치·운영하려는 경우
③ 시설 안전·환경 개선이 필요한 뇌병변 장애인, 중증 장애인 등에 대한 전담 주간보호시설

5) 장애인체육시설 운영

(1) 목적

장애인이 체육활동을 통하여 체력증진 또는 신체적인 기능회복과 재활을 지원하고, 사회통합을 목적으로 설치된 장애인체육시설의 관리 운영에 관하여 필요한 사항을 정한다.

(2) 이용대상

① 장애인체육시설의 이용자는 「장애인복지법」 제2조의 규정에 의한 장애인이어야 한다.
② 장애인체육관 설립 목적의 범위 내에서 장애인체육관련 각종 국제대회 파견 및 국내 주요 대회 참가선수 훈련 시 적극 개방한다.

(3) 주요 사업

장애인체육시설은 다음 표와 같은 사업을 수행하여야 하며 시설의 특성에 따라 사업 분야를 탄력적으로 운영할 수 있다.

장애인체육시설의 주요 사업은 <표 12-5>와 같다.

표 12-5 장애인체육시설의 주요사업

사업분야	사업내용
운영지원사업	기획·홍보, 조직·인사, 총무·회계, 장애인권익지원, 윤리경영, 고객지원(안내), 고객복리후생(구내식당, 매점, 휴게실 등) 등
시설관리사업	전기설비·영선 등 기관실관리, 상하수 및 수질관리, 소방안전, 장애인편의증진시설관리, 셔틀차량운행, 시설환경관리(탈의실, 미화, 주차관리) 등

재활체육사업	운동상담, 신체측정평가 및 재활체육계획수립 등 – 재활운동(특수체육, 맞춤형 개별운동 등) – 수중재활(뇌병변, 척수손상, 관절질환 등) – 수중운동(심리수중운동, 아쿠아로빅 등)
생활체육사업	기초체력증진(헬스장), 종목별 장애인생활체육 프로그램 운영, 어울림생활체육 프로그램 운영, 각종생활체육대회 개최 및 참가지원 등
문화여가사업	여행지원, 계절스포츠캠프, 각종문화여가 및 행사지원, 체험행사지원 등
지역연계체육사업	시설대관, 체육동호회지원, 찾아가는 체육서비스, 자원개발(후원, 자원봉사자, 재능기부) 등
사회서비스사업	발달재활서비스, 장애인 건강권법(재활운동 및 체육), 스포츠강좌이용권 등

자료: 보건복지부(2022: 311).

6) 장애인생활이동지원센터 운영

(1) 목적

이동에 상당한 제약이 있는 장애인에게 차량운행을 통한 직장 출·퇴근 및 외출보조 기타 이동서비스를 제공함으로써 장애인의 사회활동 기회를 확대하기 위한 장애인생활이동지원센터(이하 "센터"라 한다) 운영에 필요한 사항을 정한다. 사단법인 한국시각장애인연합회가 운영주체가 된다.

(2) 기본 방침

① 센터는 장애인복지법 제58조제2항에 따른 장애인 지역사회재활시설이므로, 센터 운영주체인 연합회 및 시·도지부(시·군·구 지회)의 법인운영체계와는 엄격하게 분리하고, 재무회계도 법인 운영과 구분된 독립채산제에 의하여 운영한다. 또한 재무회계관리에 있어서는 공통지침상의 장부를 비치하고 차량운행 및 유지관리에 관한 차량운행일지 및 이용예약 관계일지 등은 상시 기록 비치한다.

② 센터는 사업의 특성상 차량관리규정 등 자체운영 규정을 마련하여 운용하

고, 운전원은 안전운행 및 이용승객의 안전보호에 각별히 유의한다.

③ 기타 사항은 「해당 지자체 장애인지역사회시설 설치·운영(공통)」 지침을 마련하여 이 지침에 의한다.

(3) 이용대상

이용대상은 센터가 소재한 지역의 「장애인복지법」 제32조에 의한 등록장애인을 우선으로 하되, 인근지역 장애인의 요청이 있는 경우 센터 업무의 특별한 사정이 없는 한, 이용할 수 있도록 지원한다. 다만, 자자체의 실정에 따라 이용 장애인의 유형과 등급을 제한할 수 있다.

(4) 사업내용

이동에 제약이 있는 장애인에게 차량운행을 통하여 민원업무 보조, 직장 출·퇴근, 시장보기, 외출보조 및 병원 이용보조 등 각종 이동서비스 및 안내 지원과 장애인복지증진에 필요한 사업을 말한다.

7) 장애인수어통역센터 운영

(1) 목적

의사소통에 지장이 있는 청각·언어장애인에 대한 수어통역 및 상담서비스를 제공함으로써 원활한 일상생활 및 사회생활을 도모하기 위한 수어통역센터(이하 "센터"라 한다)운영에 필요한 사항을 정한다. 사업주체는 사단법인 한국농아인협회로 한다.

(2) 기본 방침

① 센터는 「장애인복지법」 제58조제2항에 따른 장애인 지역사회재활시설이므로 소유와 경영 분리의 원칙에 따라 운영주체인 협회의 운영체계와는 엄격하게 분리하고, 재무회계도 독립채산제에 의하여 운용한다. 또한 재무회계 관리에 있어서는 공통지침상의 장부를 비치하고, 차량운행 및 유지관리에

관한 차량운행일지 및 수어통역 관계일지 등은 상시 기록 비치한다.

② 센터는 사업의 특성상 수어통역업무처리규정 등 자체운영 규정을 마련하여 운용하고, 수어통역사는 청각·언어장애인의 원활한 의사소통을 위하여 각별히 노력한다.

③ 기타 사항은「해당 지자체 장애인지역사회시설 설치·운영(공통)」지침을 마련하여 이 지침에 의한다.

(3) 이용 대상

① 이용대상은「장애인복지법」제32조에 따라 센터가 소재한 지역의 등록청각·언어장애인을 우선으로 하되, 다음 각 호의 1에 해당하는 자의 요청이 있는 경우 특별한 사정이 없는 한, 이용할 수 있도록 지원한다.

1. 센터 소재지 외의 인근지역 등록청각·언어장애인
2. 청각·언어장애민원인과 업무적으로 의사소통을 할 필요가 있는 관내 주요 관공서
3. 기타 청각·언어장애인과 의사소통이 필요한 일반 개인 등

(4) 사업내용

① 청각·언어장애인 상담지도 : 개별상담(접수, 의료, 직업, 일반상담) 및 사후관리

② 출장 수어통역서비스 제공 : 각종 민원해결(법률·취업·관공서 이용), 가족문제 상담, 심리적 부적응에 대한 출장 서비스

③ 기타 예산의 범위 내에서 수어교육 및 보급사업 및 청각·언어장애인의 복지증진을 위한 사업

8) 점자도서관 운영

(1) 목적

① 점자도서·녹음도서·큰글자도서·전자점자도서·기타 대체자료의 제작·보급, 독서문화진흥 사업 등을 통해 시각장애인 등 독서소외계층의 정보접근

성 및 삶의 질 향상과 자립을 지원하는 점자도서관(이하 "도서관"이라 한다) 운영에 필요한 사항을 정한다. 운영주체는 지방자치단체, 사단법인 한국시각장애인연합회 중앙회 및 시·도지부, 시·군·구지회, 장애인의 독서문화 향유를 주된 목적으로 하여 설립된 비영리법인 등으로 한다.

(2) 기본 방침

① 도서관은 점자도서관 서비스 제공에 있어 시각장애인 등 독서소외계층과 그 가족의 인간적 존엄성과 기본적 권리를 보장하고, 시각장애인 등 독서소외계층의 자율성과 자기선택권이 존중될 수 있도록 노력한다.

② 도서관은 지역사회 내 시각장애인 등 독서소외계층의 생애주기와 장애정도 등을 고려하여 체계적이고 지속적인 서비스 제공한다.

(3) 이용대상

①「장애인복지법」 제32조에 의한 등록장애인

②「독서문화진흥법」 제2조제3호에 의한 독서소외인

③ 점자문화향유에 관심 있는 비장애인

(4) 사업내용

① 점자도서·녹음도서·큰글자도서·기타 대체자료 제작·보급사업

② 복지정책자료·각종 소식지 등 출판사업

③ 점자도서·녹음도서·큰글자도서·기타 대체자료 열람·대출사업

④ 점자도서·녹음도서·큰글자도서·기타 대체자료 제작 자원활동인력 교육·훈련·양성사업

⑤ 시각장애인 등 독서소외인의 독서문화진흥을 위한 각종 사업

⑥ 지식정보문화접근권 향상을 위한 사업

⑦ 홍보사업

9) 장애인직업재활시설 운영

(1) 목적

이 지침은 장애인이 자신의 능력과 적성에 맞는 직업생활을 통하여 인간다운 생활을 할 수 있도록 장애인직업재활과 관련된 제반 서비스(보호고용, 직업상담, 직업능력평가, 직업적응훈련, 직업훈련, 작업활동, 취업알선, 취업 후 지도, 장애인생산품 판매 및 판로 확대 등)를 제공하고, 취업기회를 제공하는 장애인직업재활시설의 설치·운영에 필요한 사항을 정하여 직업을 통한 장애인의 자활·자립을 도모하는 데 있다.

(2) 장애인직업재활시설의 종류와 기능

장애인복지법 시행규칙 제41조 [별표 4]의 규정에 의한 장애인직업재활시설의 종류와 기능은 다음과 같다.

① 장애인보호작업장 : 직업능력이 낮은 장애인에게 직업적응능력 및 직무기능 향상훈련 등 직업재활훈련 프로그램을 제공하고, 보호가 가능한 조건에서 근로의 기회를 제공하며, 이에 상응하는 노동의 대가로 임금을 지급하며, 장애인 근로사업장이나 그 밖의 경쟁적인 고용시장으로 옮겨갈 수 있도록 돕는 역할을 하는 시설

② 장애인근로사업장 : 직업능력은 있으나, 이동 및 접근성이나 사회적 제약 등으로 취업이 어려운 장애인에게 근로의 기회를 제공하고, 최저임금 이상의 임금을 지급하며, 경쟁적인 고용시장으로 옮겨갈 수 있도록 돕는 역할을 하는 시설

③ 장애인직업적응훈련시설 : 작업능력이 극히 낮은 장애인에게 작업활동, 일상생활훈련 등을 제공하여 기초작업능력을 습득시키고, 작업평가 및 사회적응훈련 등을 실시하여 장애인 보호작업장 또는 장애인근로사업장이나 그 밖의 경쟁적인 고용시장으로 옮겨갈 수 있도록 돕는 역할을 하는 시설

5 장애인복지시설의 문제점과 과제

우리나라 장애인복지설의 향후 문제점과 과제를 열거하면 다음과 같다(김영애 외, 2021: 213－217).

1) 장애인거주시설

장애인거주시설은 패러다임의 변화와 장애인의 권익증진, 사회적 인식변화 등의 환경변화에 따라 장애인이 시설에 거주하면서 필요한 훈련과 교육을 받게 하는 서비스에 중점을 두는 단계로 변화하고 있으나, 여전히 거주시설의 서비스 질 문제, 궁극적으로 추구해야 할 장애인의 '자기결정과 선택권'이 보장되기에는 해결해야 할 과제가 많은 상황이다. 이에 '제5차 장애인정책종합계획(2018~2022)'에서는 장애인의 '탈시설' 방향이 확정되었으며, '시설 거주 장애인의 자립생활 전환 지원체계 마련' 등이 과제로 제시되었다.

(1) 제5차 장애인정책종합계획의 '탈시설' 과제 이행

정부계획을 살펴보면, 장애인거주시설에 대한 장기적이고 일관된 정책적 철학이나 이념이 부재함을 알 수 있다 단계별로 설정된 목표들을 장기적 비전을 가지고 일관성 있게 추구하였다면, 민간차원에서 진행되고 있는 탈시설화나 자립생활운동에 대한 광범위한 논의와 대안 모색에 가속을 낼 수 있었을 것이라는 아쉬움이 있다.

'제5차 장애인복지정책종합계획'(보건복지부, 2019: 19－20)에 따르면, 탈시설 이후 지역사회 정착지원제도, 주거 등 인프라 부족으로 자립생활 정착이 미미하고, 일부는 적응 실패로 시설로 복귀하는 경향이 있는 것으로 나타났다. 서울시 탈시설지원의 경우, 2015년까지 탈시설 장애인 총 158명 중 22명(13.9%)이 시설 복귀한 것으로 나타났다. '제5차 장애인정책종합계획'에서는 '탈시설'에 대한 정부의 의지가 담겨 있다.

먼저, '시설 거주 장애인의 자립생활 전환 지원체계 마련' 과제의 세부내용은 지역사회 중심 복지체계 구축을 위하여 탈시설 자립지원 근거 마련을 위한 「장애인복지법」 개정, 탈시설 지원 전담 및 기존 복지서비스와의 맞춤형 연계서비스를 제공하는 '탈시설지원센터(중앙정부 '19, 지방 '20~)' 설치, 2019년부터 매년 공공임대주택을 탈시설 장애인에게 제공, 자립생활 초기에 필요한 비품 및 생활필수품 마련 등에 필요한 자립정착금 지원, 장애인자립생활지원센터 지원 확대 추진 등이다.

둘째, '새로운 거주서비스 유형 개발' 과제에는 거주시설 이용자격을 서비스 욕구중심으로 재편하기 위하여 이용적격성 심사기준 마련 및 심사체계 구축, 장애인거주시설 서비스의 다양화, 소규모 거주시설 인력기준을 마련하고 정원 축소 유도 및 기능보강 지원 등으로 거주시설의 소그룹 시설전환 추진 등의 계획이 담겨져 있다.

이러한 계획을 제대로 실행하기 위해서는 효과와 비용, 실행방안에 대한 합리적 검토가 동시에 이루어져야 한다.

(2) 탈시설 전환기 추진 과제

① 기존 대규모 시설 해체 및 인력 재배치 노력

현존 대규모 시설을 그대로 두고, 개인 지원방식의 탈시설을 추진하는 것은 문제가 있다. 영국과 미국 등 서구 국가의 경우도 대규모시설을 폐쇄해 왔고, 이 과정을 국가가 주도하였다. 그러나 민간이 시설을 설립하고 운영해 온 우리나라 상황에서 국가 주도로 시설을 강제로 해체하는 것은 현실적으로 불가능하다. 영국과 미국 등 서구 국가의 경우도 사설시설의 경우, 영리적 이해관계가 작동하여 탈시설이 어렵다는 점을 밝히고 있다. 따라서, 국내 상황을 고려한 대규모 시설 해체방법을 찾아야 한다. 그 방법으로 시범사업을 통하여 직접 대규모 시설을 해체하고, 거주인을 지역사회로 이전시키고, 인력재배치를 실시하여 한국형 탈시설 모델을 구축할 필요가 있다. 또한 시설 규모 축소와 폐쇄에 따라 절감된 자금은 지역사회 주거서비스를 위하여 사용할 수 있도록 하여야 한다.

② 예산지원 방식의 전환

현행 보조금지원제도 등 공급자 중심의 예산지원방식은 대규모 시설일수록 예산 및 인력지원에 있어 유리하도록 되어 있다. 또한 현재와 같이 보조금을 서비스제공기관에 직접 지원하는 방식으로는 구조를 개편하기 어렵다. 시설화는 서비스제공기관이 정부로부터 보조금을 지급받고, 서비스 이용자를 선발하는 강력한 권한을 가지고 있는 구조로부터 발생한다. 거주인의 탈시설은 서비스 제공기관 입장에서는 기관의 권한 축소와 쇠퇴를 의미한다. 따라서, 개인예산지원제도를 통하여 예산을 수요자에게 지원하는 방식으로 전환하여 선택권을 수요자에게 이전할 필요가 있다.

③ 장애인거주시설 이용자의 인권보호

현재 많은 장애인거주시설은 정기적인 평가와 지도감독 등으로 시설 이용자의 인권보호나 권익옹호에 대한 절차, 처리 등이 민주적이고 투명해지고 있는 것으로 나타나고 있다. 그러나 이러한 현상은 지역별로 차이가 있으며, 조건부 비인가 거주시설이나 개인신고시설 등에서는 문제점이 지속되고 있다.

④ 서비스 질 개선과 장애인 이용자의 자기결정권 확대

최근 장애인거주시설의 서비스 질 개선과 서비스 최소기준 마련을 위한 연구 및 실태조사가 수행되고 있다. 최소기준은 시설 내 제공되어야 하는 서비스의 목록, 시설 내에서의 생활방식, 개별적 지원의 기준과 체계, 서비스에 대한 이의 신청과 처리, 시설의 공간과 환경조건, 직원의 요건, 시설관리·운영 등에 대한 구체적인 기준을 마련하는 것이다. 양적으로 거주시설을 소규모화하는 것 외에 장애인의 자립생활이나 자기결정권이 확대되었는지에 대해서는 부정적인 비판이 있다. 장애인거주시설에서의 삶의 질은 시설의 규모나 운영방식보다는 장애인 당사자가 얼마나 자신의 의사와 욕구를 표현하고, 이것이 생활에서 어떻게 반영되는가와 더 밀접하게 연관되는 것으로 나타나고 있다.

2) 장애인 지역사회재활시설

(1) 공급량 절대 부족 및 지역 간 격차

대표적 장애인 지역사회재활시설인 장애인복지관의 경우, 서울·경기·전남 지역을 제외하고는 광역자치단체당 3~5개소만이 운영되고 있고, 언어치료나 놀이치료 등 기초 재활서비스 시설도 부족하여 1~2년 대기해야 하는 실정이다.

장애인주간보호시설도 서울·부산·경기 지역을 제외하고, 대부분의 시·도에서 운영하고 있는 시설 수가 절대적으로 부족한 수준이며, 지리적으로 주거밀집지역에 대다수가 분포되어 있어서 농어촌지역이나 산간지역에 거주하는 장애인에게는 접근성 문제가 나타나고 있다.

(2) 프로그램의 다양성 부족

장애인 지역사회재활시설이 지역적 특성이나 장애인의 복지욕구를 반영하여 사업을 수행하기보다 설립역사가 오래된 시설의 사업내용을 답습하여 운영함으로써 시설별 특성이나 차별화가 약하다는 평가를 받고 있다. 장애인 수요자의 연령이나 장애유형 및 정도 등에 따라 다양한 시설 모형을 개발하고, '장애인 지역사회재활시설 설치, 운영지원센터' 등을 운영하여 신규시설 설치 시 시설물 구조기능에 대하여 각종 정보를 제공함으로써 초기단계에서 발생할 수 있는 오류를 줄이는 등의 지원이 필요한 실정이다.

3) 장애인직업재활시설

(1) 경쟁력 낮은 사업형태

장애인직업재활시설의 생산형태는 단순조립이나 포장 등이 대부분으로 경쟁력이 매우 낮은 사업형태를 띠고 있다. 따라서, 시설 자체에서 경쟁력 있는 사업을 개발하고 발굴해 내기 어렵다는 현실적 한계를 인식하여 정부 차원에서 중소기업을 집중 지원, 투자하는 것과 같은 방식으로 장애인직업재활시설에 대한 정부의 투자와 지원, 세제혜택 등이 적극적으로 이루어져야 한다.

(2) 직업재활시설 전담인력 강화

직업재활시설 근로장애인의 90%이상이 중증장애인이며, 지적장애인이 2/3 이상을 차지하고 있는 것을 감안한다면 법 개정이 절실히 요청된다. 또한 인력에 있어서 생산, 마케팅, 홍보, 경영에 대한 전문성을 갖춘 양질의 인재를 확보할 필요가 있으며, 이를 위하여 인건비 보조금을 증액할 필요가 있다.

(3) 재정 및 인력 부족

시설운영의 가장 큰 애로사항은 재정부족과 인력부족이다. 절대적 수준에서의 재정 및 인력지원이 필요할 뿐만 아니라, 일률적 기준 적용으로 보조금을 지급하기보다 직업재활시설의 설립목적에 맞는 차등 지원, 성과에 따른 인센티브 지급 등을 고려해볼 필요가 있다.

직업재활시설 운영상 문제점으로 전문인력 부족이 가장 높게 나타난 바 있으므로 인력충원의 문제는 시급하게 이루어야 할 과제로 보인다.

Chapter 13

장애인과 재활

✓ **학습목표**

1. 재활의 의미
2. 재활의 과정 파악
3. 재활의 영역별 내용 파악

✓ **학습내용**

1. 재활의 개념
2. 재활의 기본 원리
3. 재활의 과정
4. 재활의 영역

✓ **개요**

재활(rehabilitation)은 의료적 · 물리적 · 심리적 · 직업적 중재를 제공하여 장애를 가진 사람들이 스스로 자립하여 사회와 기능적으로 상호작용할 수 있도록 돕는 통합적인 프로그램이다. 이 장에서는 장애인과 재활을 서술하고자 한다.

Chapter 13

장애인과 재활

1 재활의 개념

재활(rehabilitation)은 의료적·물리적·심리적·직업적 중재를 제공하여 장애를 가진 사람들이 스스로 자립하여 사회와 기능적으로 상호작용할 수 있도록 돕는 통합적인 프로그램이다. 재활은 사전적 의미로 '회복시키다', '복귀시키다'를 뜻하며, 라틴어의 '*habitas*'에서 어원을 찾을 수 있는데, '할 수 있다(to make able)'의 의미를 갖고 있다. 재활이라는 개념은 장애인 분야에만 사용되는 것은 아니고, 일반적으로 사회복귀라는 의미로 사용되어져 오다가 의료나 복지의 영역에 도입되면서 그 뜻이 확대되었다. 결국 재활은 인간다운 권리, 자격, 존엄이 어떠한 원인에 의해 손상된 사람에 대해 그 권리, 자격, 존엄을 회복하는 것을 의미한다. 따라서, 재활이란 개념은 단순한 치료, 훈련이라는 기술적인 것을 초월하여 장애인이 한 사람의 사회인으로서 생활이 가능하도록 적절한 욕구를 만족시키는 종합적인 접근이라고 할 수 있다.

재활이라는 용어가 처음 사용된 것은 1943년 초 미국의 국립재활협의회(National Conference for Rehabilitation)로서, 재활의 개념을 "장애를 가진 사람에게 그가 가진 잔존능력을 최대한 발휘하게 함으로써 신체적·정신적·사회적·직업적·경제적 능력을 회복시키는 것"이라고 정의하였다. 러스크(Rusk)는 재활이란 "신체적·정신적·직업적 잠재능력을 최대한으로 회복시켜 충분한 생활을 영위할 수 있게 하는 것"이라고 정의하였다.

WHO에서는 "의학적·사회적·교육적·직업적 수단을 동원하고, 이를 상호 조정하여 훈련 또는 재훈련을 통하여 장애인의 기능적 능력을 가능한 최고수준에 도달하도록 하는 것"이라고 정의하였다. 케슬러(Kessler)는 "의학적 재활과 이학적 처치를 마친 사람에 대하여 사회 전체가 신체적, 정신적, 직업적, 경제적으로 자립시키려고 하는 광범위한 과정으로 이루어진 것"이라고 정의하였다. 라싱거(Rasinger)는 "장애를 갖게 된 자의 신체적·정신적·사회적·직업적 회복과 그 적응을 위한 통합 조정된 서비스 프로그램"이라고 정의하였다.

이와 같이 장애인 재활은 신체적·정신적 손상의 상태에서 회복시킨다는 뜻이지만, 단순하게 신체적 또는 정신적 질병을 의학적 치료만이 아니라, 기능적인 회복은 물론, 심리적이며 사회적이고 직업적인 측면까지의 잠재적 기능을 포함하여 전인(全人, whole person)으로의 복귀를 의미하는 것이다.

2 재활의 기본 원리

재활의 이념은 시대상황이나 장애의 개념, 재활서비스의 발전에 따라 변화해왔다. 재활은 인본주의(humanism)에 입각하여 장애인이 하나의 완전한 인격체이자 사회인으로서 자립할 수 있게 함을 목적으로 하는 전인적, 종합적 활동이며, 장애인의 잠재능력을 평가하고 이를 개발할 수 있도록 다방면의 전문가들과 지역사회의 자원을 동원하여 사회구성원으로서의 권리와 의무를 다할 수 있도록 돕는 활동이다.

재활의 기본 원리는 다음과 같다.

첫째, 모든 국민에게 기회의 균등이 보장되어야 한다. 장애인에게 특별한 서비스를 제공하여 취업과 함께 국민으로서의 권리와 의무에 대한 참여를 준비해야 한다.

둘째, 인간은 전인격적 존재이다. 신체적·정신적·사회적·직업적·경제적 부문으로 나누어질 수 없는 하나의 완전한 개인이며, 인간의 각 부문은 전체를 형성하는 다른 부분들과 상호작용한다.

셋째, 모든 인간은 독특한 존재이다. 장애에 대한 심리적·개인적 반응은 개인마다 다르고 누구도 똑같은 잠재능력을 갖지 않으며, 개인마다 독특한 요소와 소질, 대처방법과 목표가 있다.

전인적 재활의 구성도는 [그림 13-1]과 같다.

그림 13-1 전인적 재활의 구성도

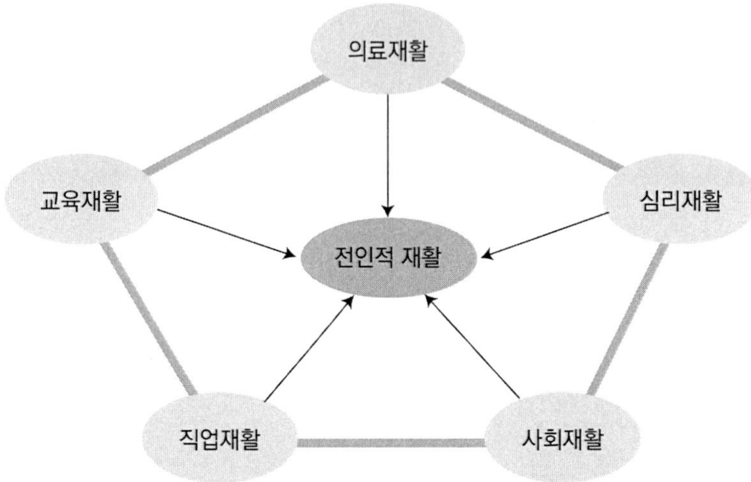

이러한 재활을 위해서는 다양한 분야에서 전문가들의 협력에 기반을 둔 과학적이고 합리적인 방법의 서비스가 제공되어야 한다. 즉, 재활은 장애인 개개인의 욕구에 대응하여 그들의 잠재능력을 최대한으로 회복시키기 위하여 의학, 심리학, 교육학, 기타 여러 전문분야의 협조를 필요로 한다.

재활은 의료·교육·직업·심리 분야의 재활 등이 서로 유기적 연계하에 상호보완적인 임무를 수행해야 하는 종합적 성격을 가지며, 장애인이 하나의 인격체로서 자립할 수 있도록 전인적 접근방법을 취해야 한다. 따라서, 완전한 재활을 위해서는 우선 의학적 재활을 통하여 장애를 입기 이전의 신체상태로 회복시키려고 노력하고, 다음으로 심리적, 직업적, 경제적으로 자립시키도록 해야 한다. 재활과정에서 개개 장애인의 잠재능력이 재활전문가에 의하여 평가되며, 개별화된 프로그램을 통하여 이러한 잠재능력을 개발한다. 재활은 장애인의 기능회복을 위한 서비스와 기술 그리고 모든 사람들이 갖고 있는 노력을 조직하는 것이다. 재활이 성공적으로 이루어지기 위해서는 장애인 본인의 동기부여가 필요하며, 장애인마다 다른 욕구에 따라 재활의 방법도 달라질 수 있다.

재활이 장애인 자신의 장애를 극복하고 잔존기능을 최대한 살려서 사회구성원으로 자립이 가능하도록 하기 위해서는 장애인을 전인적 관점에서 평가, 판정하고 그 결과에 따라 재활실시계획을 일관된 체계하에서 실시해야 한다. 따라서,

재활의 방향은 장애인에 대해 재활의 시기와 장소 그리고 장애의 수용에 초점을 두어야 한다.

첫째, 장애인의 현재능력을 정확히 파악하여 잠재능력의 개발가능성으로 고려하면서 객관적인 평가를 내려야 한다. 이러한 평가에 기초하여 재활의 목표를 설정한다.

둘째, 재활의 시기는 장애발생과 동시에, 가능한 빨리 실시하는 것이 좋다. 그리고 재활의 장소는 가능한 지역사회를 중심으로 이루어지는 것이 바람직하다.

3 재활의 과정

재활과정은 연속적이고 역동적이며 총체적인 과정이다. 전통적으로 의료분야, 교육분야, 직업분야, 사회 및 심리 분야의 재활은 각각 독립적이고 전문적인 성격이 강하나, 장애인을 대상으로 한 재활에 있어서는 유기적이고 상호 보완적인 관계에 있다. 재활과정은 어떤 기관이나 시설을 통하여 검사받고 치료받는가에서부터 어떻게 사회생활에 적응해 나가는가 하는 방법을 습득하는 하나의 체계이다. 이러한 재활과정은 일련의 연속적인 과정이므로 장애인과 재활프로그램에 대한 지속적인 평가가 이루어져야 한다. 체계적인 재활과정에 따라서, 재활프로그램을 실시해야만 효과적인 재활이 될 수 있다.

재활의 과정은 [그림 13－2]와 같다.

그림 13-2 재활의 과정

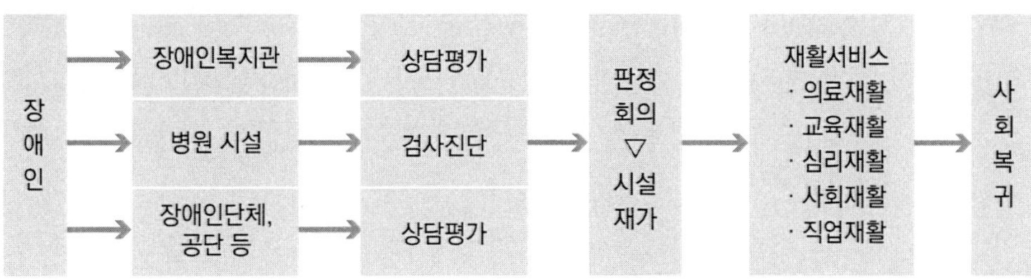

자료: 김한식 외(2020: 122).

장애인이 재활서비스를 받기 위해서는 예비진단과 세부진단 과정을 거치는데, 예비진단은 재활서비스를 받기에 적절한지 여부를 결정하며, 취업에 곤란을 야기시킬 장애를 수반하고 있는지의 여부와 재활서비스를 제공함으로써 일반적인 건강상태에 대한 검사를 포함한다. 세부진단연구는 어떤 재활서비스가 필요할 것인지를 결정할 목적으로 실시한다. 이와 같은 종합평가는 작성된 서류에 의해 재활전문가와 장애인이 공동으로 작성하는 일종의 재활계획서라고 할 수 있다.

4 재활의 영역

재활의 영역은 다음과 같다(심현석, 2021: 157－174 ; 김한식 외, 2020: 123－132 ; 최운영 외, 2016: 144－194).

1) 의료재활

(1) 의료재활의 개념

의료재활은 장애인 재활서비스에 있어서 가장 기초가 되는 재활의 첫 단계이며, 중심적 역할을 담당하는 재활분야이다. 재활의 목표가 장애를 최소한으로 줄이고 장애인의 기능을 최대한 증대시켜 사회복귀시키는 데 있으므로 의료재활은 재활과정의 첫 단계가 된다.

ILO에서는 의료재활을 장애인이 자립하고 활동적인 생활을 영위할 수 있도록 개인의 기능적 또는 심리적 능력을 발달시키는 의료적인 접근방법으로 정의하였다.

WHO에서는 질병이나 사고에 대한 후유증, 만성질환, 노인병 등 치료기간이 장기화되기 쉬운 환자의 잠재능력을 활용하여 자연치료를 적극적으로 촉진시키는 기술이며, 내·외과적 치료의 응용과 함께 물리적·심리적 수단을 보완하고 보충하는 의료적 조치라고 정의하고 있다.

러스크(Rusk)는 의료재활을 외상이나 질병에 대한 치료만으로 끝나는 것이 아니라, 환자가 장애를 입게 되었을 때, 남아 있는 기능으로 일상생활은 물론 직장생활도 가능하도록 훈련시키는 것으로 정의하고 있다.

장애인은 그 자신의 신체적·정신적 장애로 인한 것뿐만 아니라, 체계적 재활서비스의 부재에 의해서도 사회환경에의 적응에 어려움을 겪고 있으며, 나아가서 인간다운 삶의 보장에 위협을 받고 있는 대표적인 사회복지 대상 영역이다. 어떤 원인으로든지 일단 장애가 발생된 경우에는 장애인이 신체적·정신적·사회적 또는 직업적으로 사회에서 정상에 가까운 생활을 할 수 있도록 최대한의 기능을 회복시켜 주어야 한다. 이러한 측면에서 의료재활서비스는 여러 과정 중에서 첫 단계에 해당하는 가장 기초적이고 필수적인 과정이며 장애의 예방, 조기발견, 조기치료 및 추후관리까지의 모든 과정을 포함한다. 질병이나 외상은 치료시기, 치료내용, 치료방법 등에 따라 그 결과가 현저히 달라질 수 있으므로 발병 초기나 외상 직후부터 예상되는 장애에 대해 미리 적절한 조치를 취한다면 장애를 최소화할 수 있는 반면, 이미 발생한 장애에 대하여 적절한 재활치료를 하지 않는다면 중증장애인이 될 수도 있으므로 여기에 의료재활의 중요성이 있는 것이다.

의료적 욕구는 일반적으로 장애인의 가장 필요로 하는 영역이라고 볼 수 있기 때문에 의료재활서비스의 공급확대는 장애인의 가장 절실한 필요를 충족시킨다는 측면과 아울러, 장애인의 사회통합 촉진과 기여 면에서 가장 필수적인 분야이다. 의료재활은 장애인재활의 기초가 되는 동시에, 가장 중요한 부분이며 질병의 발생 및 외상 초기부터 실시되어야 할 뿐만 아니라, 장애인들이 사회생활을 영위하는 중에도 계속 필요로 하는 분야이다.

(2) 의료재활의 대상

의료재활을 필요로 하는 사람은 심신에 장애가 있는 사람으로 만성질환이나 장애를 지니고 있는 사람들이다. 실제로 임상에서 재활의학전문가가 주로 다루는 장애는 다음과 같다(신현석, 2021: 158－159).

① 신경계 질환 : 척수손상 및 척수질환, 뇌졸중(뇌경색, 뇌출혈), 외상성 뇌손상, 중추신경 및 말초신경병증, 중추 및 말초신경손상, 뇌성마비

② 근·골격계 질환 : 근육병과 근육질환, 골절, 탈구와 염좌, 결합조직질환, 스포츠 손상

③ 절단 환자의 재활 : 절단환자의 의지착용 및 보행훈련
④ 통증 : 경추 및 요추질환, 관절통증, 급성 및 만성통증
⑤ 호흡기재활 : 호흡기 환자의 재활훈련
⑥ 심장재활 : 심장질환 환자의 재활훈련
⑦ 정신건강 분야 : 정신 및 심리평가, 약물 및 알코올 중독 환자, 뇌질환 후 정신장애 환자, 절단환자 및 만성통증 환자의 정신건강에 대한 재활훈련, 안면장애인의 재활
⑧ 기타 : 언어장애 및 연하곤란(dysphagia)증 환자의 재활, 암환자 재활, 시각장애 환자의 재활, 화상 및 동상 환자의 재활, 기타 만성질환의 재활

이러한 다양한 영역에서 의료재활은 환자의 신체적·심리적 능력의 회복을 꾀하고 그가 가진 잠재능력을 발휘할 수 있도록 하는 의학적 수단으로 그 영역은 음과 같다.

① 우선적으로 신체적 장애를 예방하는 일
② 신체적 장애를 제거 또는 경감시키는 일
③ 장애가 잔존하더라도, 그 제약 내에서 그의 능력을 최대한으로 발휘해서 생활할 수 있도록 훈련시키는 일 등이다.

(3) 의료재활서비스의 내용

의료재활서비스는 장애인의 잔존능력을 개발하여 장애인들이 일상생활에 적응하며, 생업활동에 장애인을 참여시키는 것을 목적으로 한다. 따라서, 의료재활서비스는 의료뿐만 아니라, 심리적·사회적·직업적 제반서비스와 같이 제공되어 전인재활(total rehabilitation)을 시키는 것을 원칙으로 하여야 한다. 의료재활서비스에서 지체, 내부기관의 장애, 정신적 장애를 제거하거나 감소시키기 위한 물리치료와 작업치료, 심리치료 등은 재활의학의 핵심 부분이라고 할 수 있다. 그 내용은 다음과 같다(이형석 외, 2019: 315).

① 물리치료

물리치료(Physical Therapy)는 열, 전기, 광선, 물, 운동요법과 같은 물리적 에

너지 현상뿐만 아니라, 치료사의 손에 의한 도수적 방법(manipulation)으로 동통 등을 완화시키거나, 치료적인 수단을 이용하여 근육의 수축 및 이완, 혈액의 순환 등을 도와주고, 비정상적 자세 및 운동 형태를 교정시키는 목적으로 물리치료사세 의하여 이루어지는 체계적이고 과학적인 의료재활의 한 전문영역이다.

물리치료의 과정은 물리치료를 필요로 하는 장애인의 문제점 파악 및 재활계획을 설정하는 측정 및 평가과정과, 이러한 평가과정에 의하여 선택된 적절한 치료방법이나 운동치료 방법 등을 선택하여 대상자에게 직접적으로 재활치료를 행하여 주는 재활서비스 과정으로 분류할 수 있다.

② 작업치료

작업치료(Occupational Therapy)는 선택된 작업활동(activity, work, task, play)을 통하여 장애인의 병소를 감소시키거나, 교정, 예방을 하여 장애인 스스로가 외부 환경에 적응할 수 있도록 능력을 길러주고, 보다 생산적 활동에 참여하는 데 필요한 기술과 기능을 학습하도록 도와주어 궁극적으로는 장애인의 일상생활동직(activities of daily living)뿐만 아니라, 사회생활의 수행능력을 회복, 증진, 강화시켜 주는 의료재활의 한 전문영역이다.

작업치료에는 신체의 기능을 향상시키기 위한 기능적 작업치료, 정신과 영역의 환자뿐만 아니라, 신체의 기능 손실과 동반된 인지 및 지각 능력을 상실한 자들을 위한 심리적 재활을 위한 작업치료, 환자의 신체적, 정신적 상태에 맞는 작업 활동을 선택해 줌으로써 장차 이들이 사회에 나가 직업을 가질 수 있도록 돕는 직업재활을 우한 작업치료 등으로 분류하기도 한다.

신체의 기능을 향상시키기 위한 기능적 작업치료로서는, 입체감각(stereo gnosis), 이점식별능력(two point discrimination)과 같은 피부감각의 식별능력증대, 장애자의 운동발달 촉진, 환자의 관절 가동 범위증가 및 손의 기민성(dexterity) 눈과 손의 협공능력(eye–hand coordination) 증진, 심폐기능의 증진, 근력 및 근의 지구력 향상 등과 같은 치료가 있다.

정신과 영역의 환자뿐만 아니라, 신체의 기능 손실과 동반된 인지 및 지각능력을 상실한 자들을 위한 심리적 재활을 위한 작업치료는, 발달검사, 감각통합검사(sensory integration test), 지능검사, 심리검사, 스트레스검사 등을 통한 환자의 심리적 기능, 정신적 기능, 인지적 기능 등을 평가하는 등의 치료가 있다.

(4) 언어치료

언어치료(Speech Therapy)는 언어재활서비스 모든 유형의 재활서비스가 원만히 이루어질 수 있는 도구적 기능과 동시에, 장애인의 사회통합에 가장 핵심적인 언어 기능을 신장시킨다.

언어장애에 대한 재활치료는, 언어장애인의 판별, 언어장애의 진단과 평가, 언어치료 프로그램의 선정, 언어치료의 실시(조음장애, 유창성장애, 음성장째, 기호장애), 언어장애에 관한 부모, 언어장애인, 교사들의 상담과 지도 등으로 이루어져 있다.

2) 교육재활

(1) 교육재활의 개념

교육재활이란 장애인이 가지고 있는 능력을 최대한으로 향상시키고 잠재능력을 개발하여 사회생활에 적응하도록 도움을 주는 교육제도와 교육방법 및 기술을 통한 교육적 서비스를 지칭한다. 장애아도 일반아와 동등한 교육의 의무와 권리를 가진다. 장애아동의 능력향상을 위하여 교육재활은 반드시 필요한 재활의 영역이다. 교육재활의 주 대상은 장애아동이나 성인장애인에 대한 교육도 전인적 발달을 위해 필요하므로 교육재활은 비단 아동뿐만 아니라, 장애인의 전생애에 걸쳐 이루어질 필요가 있다(권선진, 2013: 188).

교육재활은 시각장애, 청각장애, 지체장애, 정신지체 등으로 통상적인 학교나 일반 학급에서는 교육의 효과를 기대할 수 없는 학생을 위하여 특별한 학교. 학급을 마련하고 각 장애의 특성에 맞는 교과과정에 따라, 실시하는 특수교육이 주가 된다. 모든 장애아동이 특수교육을 필요로 하는 것이 아니며, 장애정도가 경미한 경우는 일반교육이 가능하다. 장애를 가진 아동의 독특한 교육적 욕구에 맞게 설계된 교육이다.

장애아는 일반아동과는 심신의 상태가 다르기 때문에 일반적인 교육방법으로는 적절한 교육효과를 기대할 수 없다. 특수교육의 대상범위는 일반적으로 시각장애아(맹·약시), 청각장애아(농·난청), 지체부자유아, 발달장애아, 정서장애아 등 다양하다.

특수교육의 변화는 <표 13-1>과 같다.

표 13-1 특수교육의 변화

구분	과거	현재
목적	생활에 필요한 지식과 기능교육	자주적 생활능력 신장
정의	점자, 구화, 보장구 등을 사용한 교육, 교정, 직업보도	특성에 적합한 교육과정과 매체를 통한 교과과정, 치료교육 및 직업교육
대상자	7종의 장애에 해당하는 자	7종의 장애 중 특수교육을 필요로 하는 자
방법	분리교육 및 부분통합교육	분리교육, 통합교육, 순회교육, 개별화교육, 보호자교육 등
실시기관	특수학교와 특수학급	특수학교, 특수학급, 일반학급, 병원, 장애인복지시설, 가정 등
보호자 참여	없음	진단, 평가과정 및 개별화 교육계획 수립 시 보호자 참여

자료: 김한식 외(2020: 126).

통합교육은 단지 물리적 배치만을 의미하는 것이 아니고, 학문적·사회적으로도 통합하여 아동이 필요한 기술을 배우고, 또래친구와 긍정적인 상호작용을 하면서 즐겁게 학교생활을 할 수 있도록 하는 것이다. 특수교육은 특수교육기관에서 전문교사에 의해서만 이루어지는 것이 아니며, 가정에서 부모에 의한 교육과 사회교육도 중요하다. 특히, 미취학 연령의 장애아를 대상으로 한 조기특수교육이 매우 중요하다. 우리나라의 경우, 조기특수교육을 필요로 하는 아동 수에 비하면 기관이나 인력이 아직도 매우 부족한 실정이다(김한식 외, 2020: 126).

(2) 교육재활의 대상

우리나라의 법적 장애인은 「장애인복지법」에서 제시하고 있는 15개 장애 영역에 해당하는 등록장애인이 특수교육의 대상자로 볼 수 있다. 그러나 모든 등록장애인이 특수교육의 대상자는 아니며, 모든 특수교육의 대상자가 등록장애인은 아니다. 예를 들어, 교통사고로 한쪽 다리를 잃게 되어 의족을 착용하고 다니지만, 일반 학급에서 수업을 받아도 일반아동들과 동일하게 문제가 없어서 특수교육의 대상자로 선정이 안 된 아동도 있다. 따라서, 특수교육의 대상이 되는 특수아동은 정신적 특징, 감각적 특징, 사회적 행동 및 신체적 특징 등에서 평균으로부터 차미가 있는 아동으로 볼 수 있다. 이러한 특수아동의 능력을 교육적인 관점에서 분류하면 다음과 같다(이형석 외, 2020: 326-325).

① 지적 능력이 우수하거나 지체되는 경우 : 여기에는 정신지체, 학습장애, 영재 등이 포함
② 의사소통능력이 저하되는 경우 : 주로 언어장애가 포함
③ 감각능력의 차이를 지닌 경우 : 시각장애와 청각장애가 포함
④ 행동이상을 지닌 경우 : 정서장애, 자폐성장애 및 사회 부적응이 포함
⑤ 신체능력의 차이를 지닌 경우 : 운동장애가 포함
⑥ 장애정도가 심하거나 하나 이상의 장애를 지닌 경우 : 중도·중복장애 등

장애인 등에 대한 특수교육법 시행령에서는 특수교육 대상자를 시각장애, 청각장애, 정신장애, 지체장애, 정서·행동장애, 자폐성장애, 의사소통장애, 학습장애, 건강장애, 발달지체, 그 밖에 대통령령으로 정하는 장애의 11개 영역이 있다. 그렇지만 장애인복지법 시행령에서는 지체장애, 뇌병변장애, 시각장애, 청각장애, 언어장애, 지적장애, 자폐성장애, 정신장애, 신장장애, 심장장애, 호흡기장애, 간장애, 안면장애, 장루·요루장애, 뇌전증의 15영역으로 정하고 있다. 이와 같이 「장애인 등에 대한 특수교육법」의 특수교육 대상자와 「장애인복지법」의 장애의 대상은 법이 목적하는 바에 따라 약간의 차이가 있다.

(3) 교육재활서비스의 내용

장애인을 대상으로 한 교육은 장애인이 가지고 있는 특성에 맞추어 교육내용이나 교육방법이 특수한 성격을 띠므로 이를 특수교육이라고 한다. 특수교육은 장애로 인해 일반학교과정을 일반학급에서 교육받기 곤란한 아이나 교육상 특별

한 배려가 필요한 아동에게 특성에 맞는 교육환경을 마련하여 아동의 가능성을 최대한 발휘하도록 하기 위한 교육의 한 분야이다. 이러한 특수교육은 20세기 후반에 이르러 장애인도 비장애인과 함께 생활해야 한다는 사회통합의 이념이 강조됨에 따라 장애아동에 대한 특수교육도 분리교육보다는 비장애아동과 함께 공부하는 통합교육이 강조되어 오늘날에는 통합교육에 역점을 두고 있다. 이러한 특수교육의 기본 가정과 원리는 다음과 같다(신현석, 2021: 163).

첫째, 특수교육의 목적은 일반교육에 비하여 특이하지 않다.

둘째, 특수교육의 방법은 일반교육과 다르다. 즉, 특수아동은 정상성에서 벗어난 점 때문에 특별한 시설과 교육방법, 특별한 훈련을 받은 교사와 여러 가지 보조서비스가 필요하다.

셋째, 특수교육은 종합적인 노력의 소산이다. 즉, 특수아동을 발견하여 효과적인 교육적 조치를 하기 위해서는 여러 영역의 전문가들의 관여가 필수적이다.

넷째, 특수아동은 이질적인 집단이다. 특수아동은 동일 영역의 장애아동이라 할지라도, 개인차가 심하므로 획일적인 교육프로그램을 사용할 수가 없다.

다섯째, 특수교육은 많은 보조서비스를 필요로 한다. 대부분의 특수아동은 의료서비스, 특별한 시설 및 기자재, 특별한 훈련 프로그램, 특별한 학급 크기 등을 필요로 한다.

여섯째, 특수교육과정은 선별, 진단, 교수, 평가 등 네 가지 요소로 구성된다.

일곱째, 통합교육을 한다. 즉, 특수아동은 필요한 만큼만 특수교육 전문 영역에 배치하여 교육받게 하고, 될 수 있는 한 일반학급에서 일반아동과 함께 교육받게 한다. 일반학급에서 통합교육을 받기 위해서는 개별화 학습, 융통성 있는 교육프로그램, 물리적 환경의 개선 등이 필요하다.

이러한 특수교육의 기본 가정과 원리는 특수교육의 개별성, 통합성, 전문성 등의 특징을 잘 나타내 주고 있다. 이러한 특수교육의 주요 대상별 교육내용을 살펴보면 다음과 같다(신현석, 164-166).

① 시각장애

최근 특수교육의 경향 중의 하나가 조기교육의 강조이다. 시각장애인의 경우, 이러한 조기교육이 더욱 필요하며, 학령 전에 가정이나 유치원에서 지도하여야 할 영역은 ① 개념발달과 관련된 언어발달지도, ② 보행지도, ③ 일상생활기술 개발, ④ 사회적 정서적 발달, ⑤ 신체적 발달 등이다.

시각장애인에 대한 교육은 시각장애로 인해 지도방법상 특성이 있다.

첫째, 개별화 교육이다. 즉, 시각장애는 잔존시력의 정도, 시각상실의 연령, 시각장애의 원인 등의 차이가 시각장애의 특성을 결정하는 요인이 되기 때문에 이를 고려하여 개별화된 교육이 이루어질 수 있도록 해야 한다.

둘째, 구체적인 경험을 주어야 한다. 시각장애인에 대한 교육은 주로 촉각과 청각을 통해 이루어지므로 진정한 의미의 학습이 되기 위해서는 보다 구체적인 경험을 주는 교육이 이루어져야 한다.

셋째, 통합된 경험을 주어야 한다. 일부만 경험하게 되면 현실에 대한 이해를 왜곡시키는 결과를 초래하므로 통합된 경험을 할 수 있도록 교육해야 한다.

넷째, 의도적이고 체계적인 자극을 주는 학습 프로그램과 능동적으로 학습활동을 전개할 수 있도록 하는 프로그램을 제공해 줌으로써 그들의 잔존능력을 적극적으로 개발하는 데 초점을 맞추어야 한다.

② 청각장애

대부분의 청각장애인들은 1차 언어의 획득이 불안정하여 비장애인에 비하여 읽기능력이 크게 지체된다. 일반적으로 고등학교 과정에 있는 대부분의 청각장애인의 읽기능력은 비장애인들의 초등학교 3~4학년 수준을 넘지 못한다. 또한 청각장애인들은 장애인과 비장애인의 이중문화에서 겪는 소외와 갈등, 의사소통의 어려움에서 오는 인간적 신뢰감과 공감적 이해의 결여로 인한 어려움도 있다.

이러한 청각장애인에 대한 효과적인 교육을 위해서는 먼저 청각장애로 인해 나타난 손상의 실태를 바르게 진단하는 것이 중요하다. 진단결과에 따라 잔존감각이나 능력을 최대한 활용하여 불필요한 2차적 장애의 발생을 예방하고, 치료 가능한 점을 치료하여 잠재능력을 가능한 한 신장시키는 것이 중요하다.

그러므로 청각장애인에 대한 교육내용에는 ① 잔존능력을 최대한으로 활용하기 위한 청능훈련, ② 상대방의 언어를 최대한 이해할 수 있도록 하는 독화훈련, ③ 발어훈련, ④ 수화훈련 등이 포함되며, 교육과정에서는 청각장애의 정도와 발달수준에 적합한 교과 및 생활지도가 이루어져야 한다.

③ 지적장애

지적장애인은 일반적으로 한 가지에 오래 집중하지 못하며, 단기기억력에 제한을 보이는 등 주의력과 기억력에 한계가 있다. 학습속도가 느리고, 관찰이나 모방을 통하여 배우는 모방학습 능력이 부족하며, 학습동기가 낮은 편이다. 따라서, 이러한 한계점을 극복하기 위해서는 다음과 같은 사항에 유의하여 교육을 해야 할 것이다.

첫째, 구체적인 교육이 이루어질 수 있도록 해야 한다.

둘째, 일상생활을 통하여 교육이 이루어질 수 있도록 해야 한다.

셋째, 사회생활 적응에 필요한 내용을 선택할 수 있도록 해야 한다.

넷째, 개별화의 원리에 맞추어 교육하여야 한다.

④ 지체장애

지체장애인에 대한 교육은 비록 장애는 가지고 있을지라도, 교육의 목표와 내용 면에서는 비장애인과 같은 교육적 요구를 가지고 있으므로 개개인의 특수성과 개인차를 고려하여 신체적 장애를 최대한 경감시키고 잠재능력을 개발할 수 있는 내용을 고려하여 계획하며, 교육과 치료의 상호 유기적인 협력체제가 이루어지도록 해야 한다. 지체장애인을 위한 교육내용에는 ① 장애를 극복하고 개선시키는 내용, ② 생활의 기본적인 태과 행동양식을 습득하도록 하는 내용, ③ 일상생활에 필요한 기능을 능력에 따라 습득하고 발달시킬 수 있도록 하는 내용, ④ 창조력의 함양은 물론 표현능력을 개발하는 내용, ⑤ 정서적 · 사회적 · 도덕적 발달의 촉진을 포함하는 내용 등이 포함되어야 한다.

⑤ 정서 · 행동장애

정서 · 행동장애인은 그 증상이 다양하기 때문에 교육 역시 증상에 따라 개별적인 교육이 이루어져야 하는 데, 대체적으로 그 증상을 정신분석학적 · 교육심리학적 · 생태학적 · 행동학적 측면으로 범주화해서 교육목적과 방법을 선택한다. 그 내용은 다음과 같다.

첫째, 정신분석학적 측면으로 교육의 목적을 정신분석적 원리를 사용하여 정서장애의 원인을 찾는 데 두며, 학업성취보다는 환경에 역점을 두고 교육한다.

둘째, 교육심리학적 측면으로 교육의 목적을 무의식적인 동기화와 개별적인 욕구를 충족시키는 데 둔다.

셋째, 생태학적 측면으로 아동들의 행동이 위축되어 있을 때, 바람직한 행동을 할 수 있도록 사회체계를 바꾸는 데 교육의 목적을 둔다.

넷째, 행동학적 측면으로 아동행동의 결과와 아동의 직접적인 환경의 변화에 교육의 목적을 두며, 행동의 측정과 분석을 통해 행동을 변화시키는 데 있다.

⑥ 학습장애

『학업과 발달 학습장애』
(2007년 출판)

커크와 챌팬트(Samuel A. Kirk and James Chalfant)은 1984년 그들의 저서 『학업과 발달학습장애(*Academic and Developmental Learning Disabilities*)』에서, 학습장애란 듣기, 말하기, 쓰기, 추리 또는 산수계산 능력에 심한 곤란을 나타내는 여러 종류의 장애집단을 총칭한다. 그들에 따르면, 학습장애는 발달학습장애와 학업학습장애의 두 가지 유형으로 구분할 수 있으며(Kirk & Chalfant, 2007), 발달학습장애는 학생이 교과를 습득하는 데 필요한 주의집중, 기억, 인지기능, 사고, 구어기능을 포함하고 학업학습장애는 학교에서 습득하는 학습인 읽기, 산수, 지필, 철자, 작문을 포함하고 있다.

학습장애의 일반적 특성을 이해하기 위해서는 다음과 같은 사항의 이해가 필요하다.

첫째, 각 학생은 고유한 특성을 가지고 한 영역에서는 학습장애를 보이지만, 다른 영역에서는 보이지 않을 수도 있다.

둘째, 학습장애로 판별하는 데 사용되는 특성들은 상당한 기간 동안 지속되어야 한다.

셋째, 학습장애 판별에 있어서 아동들을 명명하기보다는 특정적인 행동을 기술하는 것이 좋다.

넷째, 학습장애아들은 성취와 추정된 능력 간의 불일치와 관련해서 판별해야 한다.

3) 직업재활

(1) 직업재활의 개념

장애인의 통합을 위한 궁극적인 과제가 직업대책이라고 볼 때, 직업재활이 장애인복지에 차지하는 비중은 매우 중요하다. 직업재활은 장애인들의 직업적이 능력을 최대한 개발하여 직업상담, 평가, 직업훈련, 정치활동 등을 통해 직업인으로서 안전한 사회복귀와 능동적 사회참여를 돕는 과정을 의미하는 데, 노동은 인간의 권리이자 의무이며, 장애인도 자신의 능력범위 내에서 일할 권리를 갖는다.

장애인도 직업생활을 통해 사회의 일원으로서 생산적인 시민으로서 살아갈 수 있다. 직업재활은 장애인으로 하여금 의존적인 생활로부터 독립적인 생활을 하게 함으로써 자기실현과 자존심을 고취시킨다. 오늘날 직업이 세분화됨에 따라 장애인에 적합한 직업의 종류도 늘어나고 있으며, 재활공학의 발달과 최신기기의 개발로 인하여 장애인은 과거보다 직업능력을 발휘할 수 있게 되었다. 직업재활은 장애인으로 하여금 사회통합을 위한 최대 과제인 자립생활을 영위하게 하는 재활 중에서도 가장 핵심적인 과정이다.

직업재활은 직업적 능력을 회복시키는 활동이며, 장애인이 적절한 직업을 얻고 유지할 수 있도록 하는 직업상의 직업훈련, 직무지도, 직업훈련, 취업알선 등을 해 주는 것으로서 장애인의 직업능력을 평가하고, 직종을 개발하고, 직업훈련을 실시하며, 취업을 알선하고 취업 후 사후지도를 실시하는 일련의 과정들로 이루어진다.

국제노동기구(ILO)는 직업재활을 장애인이 직업을 갖고 그것을 유지할 수 있도록 하는 직업상의 제 원조, 즉 직업지도, 직업훈련, 직업선발, 직업알선 등의 직업적 서비스를 포함한 계속적이고 종합적인 재활과정의 하나이며, 장애인의 적절한 취업과 그 유지를 가능하게 하하는 계획적 사업으로, 최종 목표는 취업이라고 규정하였다.

직업재활은 개인의 욕구와 능력에 따른 개별성, 장애에 따른 한계성을 인식하는 각 전문분야의 서비스를 요하는 전문성, 종합적 서비스 제공이라는 포괄성, 서비스가 필요할 때까지 제공해야 하는 계속성, 장애인의 욕구에 따라 서비스가 조정되어야 하는 신축성 등을 갖추어야 한다. 직업재활을 실시할 때에는 장애인 개개인의 능력과 개성, 한계성 등의 원칙을 고려해야 한다.

(2) 직업재활의 과정

직업재활이 모든 장애인에게 가능한 것은 아니다. 장애정도가 심하여 직업을 갖기 불가능한 사람은 대상이 될 수 없고, 일정한 대책을 마련해 주면 직업을 가질 수 있는 가능성이 있는 장애인이 직업재활의 대상이 된다.

직업재활의 과정은 여러 단계로 구성되어 있으나, 전체가 직업재활과정이라는 하나의 구조로 짜여 있기 때문에 각 단계들도 명확히 한계를 두어 구분하기는 곤란하다. 장애인의 요구나 장애정도에 대응해서 보다 더 필요로 하는 것을 집중적으로 행하여야 하는 경우가 많기 때문에 장애인 개개인에 대응한 개별적 방법에 의해 직업재활 과정을 적용시켜야 한다. 일반적으로 직업재활과정은 직업상담, 직업평가, 직업적응훈련, 직업훈련, 직무개발 및 배치, 사후(추수)지도로 구분된다.

① 직업상담

첫 번째 단계인 직업상담은 내담자의 직업적인 문제를 해결하고자 하는 것으로, 장애인의 적성, 기능수준, 흥미 등을 객관적 자료에 의해 평가하고, 장애인이 장애 이전에 갖고 있었거나 새로 원하는 직업적 조건을 평가하여 가장 적합한 직업을 갖도록 돕는 과정이다. 따라서, 직업상담은 직업의 여러 특성을 이해하고 자신의 재능과 장점을 적절히 연결하는 과정 또는 내담자가 본인에게 맞는 직업적 의사결정을 돕는 활동으로 정의할 수 있다.

직업상담은 생애에 걸친 직업발달에 관심을 갖고 개인의 적성과 흥미를 탐색하여 내담자의 직업문제에 보다 효과적인 대안을 모색하기 위한 절차라고 할 수 있다. 이 과정에는 직업에 필요한 지식과 기능을 습득하도록 자극하고, 개인의 위기나 기회, 직업정보, 인간관계 등의 문제에 대처할 수 있도록 도와주는 것이 포함된다. 특히, 내담자가 자신 스스로 직업에 대한 문제인식을 가지고, 직업정보에 대해 이해하도록 하며, 능력과 한계에 맞는 직업선택을 위한 방향을 결정하고 적응할 수 있도록 도와주는 전문적인 서비스과정이다. 직업평가는 직업재활에서 가장 핵심적이라 할 수 있는데, 장애인이 앞으로 훈련을 마치고 사회에 적응하여 성공적인 자립생활을 하도록 하기 위하여 어떤 분야의 직종에 대한 직업적 능력 또는 가능성이 어느 정도인가를 측정하는 것이다.

② 작업평가

직업평가의 목적은 향후 서비스를 받게 될 평가대상자의 최적의 성과를 파악하고, 평가대상자의 기능적 능력과 장애를 평가하며, 평가대상자의 최적의 성공적인 기능수행에 방해가 되는 기능적 장애를 극복하는 데 필요한 서비스를 파악하고 평가대상자의 기능적 장애를 감소시키거나 제거하는 것으로 정의된다.

직업평가의 과정은 초기면접과 사정, 기초평가 작업표본평가, 현직평가, 평가회의 및 최종보고서 작성으로 이루어진다.

초기면접과 사정에서는 이력서와 구직기록표, 훈련기록과 같은 자료를 바탕으로 신체적 기능, 직업적 기능, 직업적 기술, 심리적 기능, 환경에 더해 사정한다.

기초평가는 전문적 진단과 심리검사처럼 표준화된 도구들을 사용하여 내담자의 직업적 의사결정에 필요한 의료적 특성, 직업적성, 인성 등을 평가한다.

직업표본평가는 실제작업상황과 유사한 작업 및 환경을 제송함으로써 예상직종을 이해하도록 하고, 장애인의 직업적성을 평가하고, 직업선정과 적응을 위한 객관적 자료를 얻는 것이다.

작업표본 평가도구로는 밸파(Valpar) 시스템, 맥케런 다이얼(McCarron－Dial) 시스템, 탭(Talent Assessment Program) 등이 있다.

현직평가는 통제된 작업환경에서 작업수행도와 관련된 행동들을 평가하기 위해 행동관찰기법을 활용하는 체계적인 평가방법으로, 주로 작업장에서 실시한다.

판정회의는 전문영역별로 평가자료를 가지고 전문가들이 종합적으로 재활계획을 수립하기 위한 과정이다.

③ 직업적응훈련

직업적응훈련(work adjustmebt training)은 모든 영역에 공통적으로 필요한 근로자로서의 기본적인 능력과 태도를 길러 직업세계에서 활동하도록 해 주는 과정이다. 즉, 장애인 개인과 직업적 환경과의 부적응을 해결하기 위해 직업의 의미, 가치, 태도 등을 학습하는 것으로 일상생활훈련, 사회성훈련, 인성적응훈련

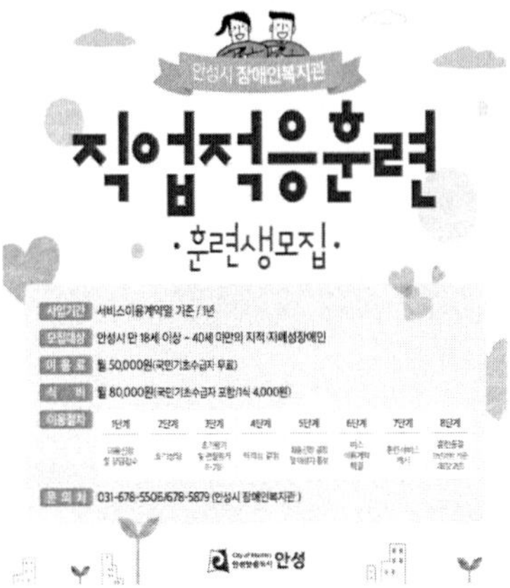

직업적응훈련 안내(경기도 안성시)

등 직장생활 및 대인관계 등을 포함한다. 취업을 한 장애인이라 하더라도, 직장 내에서의 적응에 문제가 있다면, 지속적인 취업상태를 유지하기 어려울 것이며, 장애인의 이직률이 높은 이유 중의 하나는 직장 내 적응문제 때문일 수 있으므로 직업생활을 위한 기초적인 소양을 함양시킬 필요가 있다.

직업적응훈련의 접근방법은 개별·집단 상담 및 교육방법, 직장경험을 할 수 있는 기회를 제공하는 상황접근법, 작업능률을 극대화시키기 위한 시설개조, 작업보조기기 설치 등의 환경개선방법 등으로 구분된다. 직업적응훈련의 내용으로는 일상생활자립훈련, 사회성훈련, 직업전기능훈련 등이 있다.

④ 직업훈련

직업훈련(vocational training)은 장애인의 고용계획에서 직업발달을 도울 수 있는 가용능력을 최대한 신장하고 기능을 습득하는 것으로, 직장에서 과업을 수행하는 데 반드시 필요한 직업적 지식과 기술을 제공하는 조건적인 훈련형태이다. 직업훈련의 의의는 첫째, 장애인을 소비의 객체가 아닌 생산의 주체로서 기여할 수 있게 하며, 둘째, 개인의 능력을 개발하고 발전시키며, 셋째, 직업훈련 자체가 치료과정이 될 수 있다는 점이다.

직업훈련의 원칙은 다음과 같다(김한식 외, 2020: 129).

- 통합성의 원칙 : 지역사회 내의 기업체, 학교, 훈련기관 등 통합된 형태로 시행한다.
- 기회균등의 원칙 : 직업훈련에 있어서 다른 시민과 동등한 기회가 제공되어야 한다.
- 동등조건의 원칙 : 비장애인과 장애인이 동등한 조건에서 훈련받을 수 있도록 한다.
- 특수성의 원칙 : 장애유형과 장애정도에 따른 개별적 특성을 고려하여 훈련도구, 보조기기, 시설 등을 조성한다.

- 평생훈련의 원칙 : 직업여건 변화에 따라 지속적 직업능력을 개발, 유지하도록 한다.
- 고용주 지원의 원칙 : 장애인 고용 여건 조성을 위해 고용주에 대한 지원이 이루어져야 한다.

⑤ 직무개발

직무개발훈련 및 배치직업훈련이 실시된 이후에는 직무개발(job development) 및 직업배치(job placement)가 뒤따른다.

직무개발은 장애인의 욕구, 적성, 이전의 경험, 고용가능성, 장애조건에 대응할 수 있도록 취업원을 개발하는 것이다.

직업배치는 취업준비가 된 장애인을 적절한 직업에 선별적으로 배치하는 전문적 활동이다.

그러므로 직무개발 및 직업배치가 제대로 이루어지기 위해서는 장애인의 인성, 작업기술, 등 장애 장애인과 관련된 변인들과 작업환경 간의 상호관계를 인지하는 것이 필요하다.

⑥ 사후지도

작업배치 이후에도 지속적민 사후지도(fdlow-up)가 이루어져야 한다. 장애인이 직업훈련을 마치고 근무하다 보면 여러 가지 문제에 직면하게 되는데, 장애를 보완할 수 있는 적절한 작업환경의 미비 등의 문제가 발생하여 지장을 초래할 수 있다. 이 경우, 장애인이 취업상태를 계속 유지하도록 지원할 목적으로 사후지도가 제공되며, 직업적 요구사항의 변화에 따른 보충훈련의 실시, 건강서비스의 제공 등이 포함된다. 사후지도에 있어서 고려해야 할 사항으로는 장애인 각 개인이 종사하는 직무를 올바르게 이해하도록 지도, 장애인들이 일할 수 있는 작업환경 개선을 위한 고용주의 협조 유도, 동료들의 태도 개선을 위한 협조, 의료적·심리적 측면에서의 분석과 장애인의 요구에 따른 문제 해결, 직업적 적응력 및 흥미에 알맞은 직무분석 등이 포함된다.

직업재활 과정은 하나의 계획된 프로그램으로서 장애인의 전체 요구와 밀접하게 연결된 체계적인 서비스이다. 특히, 직업재활은 장애인 재활의 최종적이며 종합적인 측면이다. 즉, 직업재활은 의료적 및 교육적 재활에 이어서 사회생활에 참여하는 과정이다. 국제노동기구(ILO)의 권고에서도 직업재활은 장애인의 적절한 취업과 그 유지를 가능하도록 계획되어진 것이라고 하였으며, 최종 목적은 취업에 있다고 하였다.

장애인 고용유형은 일반고용과 보호고용이 있는데, 보호작업장은 완전경쟁하의 노동시장에서 불리한 장애인을 위하여 보수가 있는 직업을 제공하는 것으로, 주로 중증장애인을 대상으로 한다. 보호고용의 형태로는 조정된 작업환경에서 장애인에게 근로기회를 제공하는 보호작업장이나 기업 내 집단고용, 거택고용 등이 있다.

직업재활 관련 전문인력으로는 직업재활사, 직업훈련교사, 직업생활상담원, 직업평가사, 직무지도원 등이 있으며, 현재 각종 훈련원, 특수학교, 복지관 등에 종사하는 직업훈련 인력이 2천명 이상 종사하고 있으나, 장애인의 직업훈련 수요에 비해 훈련시설이나 인력 면에서 크게 부족한 실정이다.

4) 사회적 · 심리적 재활

(1) 사회적 재활

사회적 재활은 장애인이 사회생활이나 가정생활에 적응하도록 원조하는 전문적 과정이다. 즉, 장애인도 인간으로서 존엄과 권리를 가지고, 완전 참가와 평등의 이념에 입각하여 아무런 차별과 불편을 느끼지 않고, 그가 속한 주류문화를 공유하면서 사회생활을 충분히 영위하도록 수용적 태도와 인식의 개선을 의미한다. 장애인이 의학적으로나 직업적으로 문제가 해결되었다 하더라도, 가정이나 사회에 적응하려면 적응에 지장을 주는 물리적 · 경제적 · 사회적 문제들을 해결하여야 한다. 사회적 재활은 공동체를 이루며 더불어 살고 있음을 의미하는 것이다. 따라서, 장애인의 재활목표는 장애인을 사회로부터 격리시키지 않고 사회의 일원으로서 삶을 영위할 수 있도록 하는 데 있다. 사회적 재활은 장애인 자신의 사회기능적 능력을 촉진하는 한편, 사회의 장벽을 제거하기 위한 노력이 필요하다. 즉, 장애인과 사회를 동시에 대상으로 해야 하는 이중적 과제를 가진다.

사회적 재활의 주요 활동으로는, 개인과 가족의 사회능력 확대를 위한 지지적

상담, 본인의 문제해결에 도움이 되는 법적, 제도적 조치, 장애인을 둘러싼 가족, 이웃, 친구 등의 사회적 인간관계 조정, 자원봉사 또는 관련 프로그램 등 사회적 자원의 개발 등의 역할을 수행한다(예, 사회적응훈련. 집단지도. 집단상담, 가족, 심리치료. 사례관리, 저소득 가정지원, 자조집단육성 등).

(2) 심리적 재활

심리적 재활은 장애인 자신과 그 가족 및 주위 사람들의 심리적 문제, 재활과정 중에 갖는 욕구, 정서, 관심, 가치관, 태도 등과 같은 심리적 요인에 대한 접근으로, 그들의 심리적 향상을 도모하는 것이다. 심리적 재활은 재활 분야가 주로 의료적, 직업적, 교육적으로 발달되어 오다가 전인적 재활에 역점을 두면서 관심이 높아진 분야이다. 즉, 의료적인 처치만으로는 부정적인 심리적 문제를 해결할 수 없기 때문에 재활성과에 악영향을 끼칠 수 있다. 특히, 선천적이거나 어렸을 때 장애를 가지게 된 경우보다, 후천적으로 성인이 되어 사회활동을 하다가 사고 등으로 장애를 입게 된 중도장애인에서 더욱 두드러진다.

5) 지역사회중심재활

(1) 지역사회중심재활의 개념

지역사회중심재활(Community Based Rehabilitation, CBR)은 장애인의 재활과 사회통합을 달성하기 위하여 장애인 자신과 그 가족 및 지역사회의 인적·물적 자원을 가동, 활용하고 지역사회를 기초로 여러 서비스의 협력체계를 구축하여 통합된 서비스를 제공하는 재활방법이다.

지역사회중심재활은 지역사회 구성원들의 참여를 통해서 이루어진다. 장애인의 재활은 장애인의 생활기점인 가정과 지역사회를 중심으로 그 안에서 이루어지는 것이 바람직하며, 이를 위해서는 장애인 본인과 가족 그리고 이웃과 지역사회 주민들이 서로 협력하여야 한다는 점이 강조된다. 즉, 지역사회중심재활은 장애인의 재활영역 중에서 재활전문가의 역할과 개입이 꼭 필요한 부분은 10%이며, 관련된 일반 전문가의 개입으로도 재활이 가능한 영역이 20%, 전문가의 직접적인 역할개입 없이도 장애인 본인과 가족 및 지역사회의 도움으로 재활이 가능한 영역이 70%가 된다는 기본 전제에 근거를 두고 있다. 따라서, 지역사회중심재활은 전문가의 직접적인 개입이 없이도 지역사회의 가용자원을 활용하여 재활의 욕구를 수용할 수 있는 방법이며, 재활과정에서 지역사회의 참여와 협력은 필수적인 요소이다(신현석, 2021: 177).

이러한 지역사회중심재활사업은 지역사회에 있는 장애인들의 모든 재활업무를 전문인력만으로는 직접 담당하기 불가능하므로 지역사회의 인적·물적 자원을 최대한 활용한다. 즉, 전문가에 의해 훈련된 인력과 지역사회조직을 통하여 장애인의 재활과정을 지속적으로 돕는 활동이다. 보다 구체적으로 말해서, 지역사회중심재활이란 지역사회의 변화를 목적으로 장애인과 그 가족 그리고 지역사회 내의 준전문가가 일반화된 기술을 바탕으로 지역사회 내에 이미 존재하는 여러 서비스의 협력체계를 구축하여 통합된 서비스를 제공함으로써 장애인도 사회의 한 구성원으로서 만족스럽게 참여할 수 있도록 하기 위한 프로그램이라고 할 수 있다.

지역사회중심재활은 모든 상태의 장애에 대처하기 위한 것은 아니며, 장애인에 대한 국가 책임의 서비스를 반대하는 것도 아니고, 재활에 필요한 서비스의 전부를 제한된 지역사회에서 모두 해결하겠다는 전제를 갖는 것도 아니다. 지역사회중심재활은 지역사회 수준에서 진행될 수 있는 지역사회 자원동원을 통해서 지역사회통합을 향한 실천을 의미한다(이형석 외, 2020: 392).

(2) 지역사회중심재활의 구성요소

지역사회중심재활사업은 지역사회 구성원들의 참여를 통해서 이루어진다. 장애인의 재활은 가정과 지역사회를 중심으로 그 안에서 이루어지는 것이 바람직하며, 이를 위해서는 장애인 본인과 가족 그리고 이웃과 지역사회주민들이 서로 협력하여야 한다는 점이 강조된다. 이러한 지역사회중심재활의 구성요소들은 다음과 같다(신현석 외, 2021: 183－184).

① 장애를 가진 사람들에 대하여 긍정적인 태도를 만들어 가는 것 : 즉, 지역사회중심재활프로그램의 한 구성요소로서 지역사회 내에서 장애를 가진

사람에게도 균등한 기회를 제공하는 것을 원칙으로 하여야 한다.

② 기능적인 재활서비스의 제공 : 지역사회중심재활 활동가들은 다음과 같은 일차적인 재활서비스를 제공할 수 있도록 훈련되어야 한다. 즉, 의료, 시각 및 청각 장애를 위한 서비스 물리치로 작업치료, 언어치료, 이동훈련, 심리상담, 의지 및 보조기, 기타 생활보조기구 등과 같은 서비스들이 제공되어야 한다.

③ 교육과 훈련의 기회 제공 : 조기 장애아동 검진 및 의뢰, 특히 의료재활서비스, 정규교육과정의 제공, 정규교육이 불가능한 곳에서는 비정규적인 교육, 일반학교나 특수학교에서의 특수교육, 수화교육, 점자교육, 일상생활 훈련 등이 제공되어야 한다.

④ 경제적인 활동을 할 수 있는 기회를 제공 : 기존의 경제적 지원뿐만 아니라, 실제 경제적 활동을 할 수 있는 기회를 제공하기 위한 직업훈련 및 기술전수 등이 이루어져야 한다.

⑤ 요양시설의 구비 : 중증장애를 가지고 있는 사람들이나 가족이 돌보기 벅찬 장애인들을 위한 장기요양시설들이 지역사회 내에서 필요할 때 지원을 받을 수 있어야 하며, 가족들의 부담을 덜어줄 수 있는 낮병원과 같은 시설들이 지역 내에 구비되어야 한다.

⑥ 장애발생 원인의 예방 : 많은 종류의 장애들이 비교적 간단한 방법으로 예방될 수 있다. 장애아동의 조기발견과 조기치료, 가정 안전사고의 예방교육, 기타 교통사고 및 산업재해의 예방, 건강한 삶을 살아가도록 하는 보건교육 등이 이에 포함된다.

⑦ 지역사회중심재활프로그램의 유지, 점검과 평가 : 모든 지역사회중심재활 프로그램의 효과와 효율성을 지역사회 내에서 뿐만 아니라, 지역사회 외부로의 서비스 연계과정까지 포함하여 평가하여야 한다. 정기적으로 지역사회중심재활 활동의 내용을 점검하여야 하며, 활동하는 사람들의 훈련이 이루어져야 한다. 지역사회중심재활 활동의 자료들을 모아서 프로그램의 목적과 부합 되는지 평가하여야 하며, 정직하게 프로그램의 성공과 실패 여부를 판정하여야 한다.

(3) 지역사회중심재활의 과정

지역사회중심재활의 핵심적인 내용은 지역사회의 자원을 서비스 욕구와 연결시킨다는 것이다. 이러한 이유 때문에 프로그램 개발에 관련하여서 지역사회중심재활은 다음의 네 가지 영역이 연결되는 과정으로 볼 수 있다(이형석 외, 2020: 392－393).

① 지역사회에 대한 초기 접근 영역 : 이 부분에서는 지역사회의 기본적 특징, 행정구역, 주요 산업, 복지 관련 현황 등에 대한 초기 파악이 주요 내용을 이룬다.

② 지역사회자원의 개발 및 동원에 관련된 지역사회조직사업에 관한 부분 : 지역사회가 재활이라는 이슈에 공감하고 이에 대한 역할을 수행할 수 있는 상태로 진전할 수 있도록 하는 방법이 무엇인가에 관한 것이다.

③ 서비스 대상자에 대한 정확한 파악 : 지역사회에 방치되어 있는 재가장애인은 서비스에 대한 접근성이 근본적으로 제한되어 있기 때문에 이들 대상자에 대한 파악이 중요한다. 또한 이들 각각에 대하여 필요한 서비스가 무엇인가를 확정하는 작업이 필요하다. 이 부분은 주로 사례관리라는 차원과 관련되는 것으로, 여러 서비스 기관과의 연계체계를 통해서 많은 도움을 받을 수 있을 것으로 생각된다.

④ 지역사회자원과 서비스 대상자와의 적절한 연결 : 앞의 두 가지 내용은 서로 관련을 가지지만, 실제 진행에서는 각각의 과정을 거치게 된다. 이러한 각각의 진행의 결과를 토대로 두 가지의 내용을 연결시키는 방법이 고안될 필요가 있다.

부 록

세계인권선언

장애인권리선언

대한민국 장애인인권헌장

세계인권선언

개요

세계인권선언(The Universal Declaration of Human Rights, UDHR)은 1948년 12월 10일에 유엔 총회에서 채택된 세계인권선언문이다. 제2차 세계대전이 끝나고 나서, 추축국들이 저지른 만행이 세상에 알려지자, 이와 같은 비극이 다시 반복되는 것을 막기 위해서 만들어졌다. 수많은 소중한 생명이 참혹하게 죽은 끔찍한 전쟁을 치른 후 국적을 불문하고 모두가 함께 지켜야 할 하나의 윤리 기준을 세우기 위한 선언이었다.

선언은 그 자체로서는 법적 구속력을 갖고 있지 않은 결의문이지만, 전 세계 국가와 국민들이 모두 이루고자 하는 목표를 나타낸다는 점에서 권위가 있다. 또한 세계인권선언을 골격으로 하여 경제적, 사회적 및 문화적 권리에 관한 국제규약, 시민적 및 정치적 권리에 관한 국제규약을 비롯하여 수많은 인권 조약들이 탄생했고 선언의 내용이 거의 모든 국가의 헌법에 반영되어 있다는 점에서 선언의 내용이 하나의 국제관습법의 지위를 갖는다.

1946년 선출된 유엔 인권위원회의 의장이자 프랭클린 D. 루스벨트의 영부인이었던 엘리너 루스벨트가 선언문의 기안에 큰 구실을 한 것으로 알려져 있다. 이 선언문은 모든 세계에서 지켜져야 한다는 취지에 걸맞게 동일한 텍스트가 최소 500여 개가 넘는 언어로 번역되어 있다. 이 때문에 언어학 쪽에서는 주기도문이나 북풍과 태양처럼 Parallel text로 유명하다. 다만, 주기도문과 북풍과 태양과는 달리 문어체인데다가 문장의 구조도 복잡하고, 근대적 내지는 추상적 어휘로 이루어져 있기 때문에 비교언어학적으로 사용하기에 그리 적합한 텍스트는 아니다.

원래 대한민국에서도 세계인권선언기념일이라고 해서 12월 10일이 기념일로 지정되어 있었지만, 2003년에 국민교육헌장 선포기념일과 함께 폐지되었다.

전문

우리가 인류·가족·모든 구성원의 타고난 존엄성과 그들의 평등하고 빼앗길 수 없는 권리를 인정할 때, 자유롭고 정의롭고 평화적인 세상의 토대가 마련될 것이다.
인권을 무시하고 짓밟은 탓에 인류의 양심을 분노하게 한 야만적인 일들이 발생하였다. 따라서, 보통 사람들이 바라는 간절한 소망이 있다면 그것은 바로 모든 사람이 말할 자유, 신앙의 자유, 공포로부터의 자유, 그리고 결핍으로부터의 자유를 누릴 수 있는 세상의 등장이라고 우리 모두가 한 목소리로 외치게 되었다.
인간이 폭정과 탄압에 맞서 최후의 수단으로써 폭력적 저항에 의존해야 할 지경에까지 몰리지 않으려면 법의 지배를 통해 인권을 보호해야만 한다.
오늘날 각 나라들 사이에서 친선관계의 발전을 도모하는 일이 반드시 필요하게 되었다. 유엔의 모든 인민들은 유엔헌장을 통해 기본적 인권에 대한 신념, 인간의 존엄성 및 가치에 대한 신념, 남성과 여성의 평등한 권리에 대한 신념을 재확인했으며, 더욱 폭넓은 자유 속에서 사회 진보 및 더 나은 생활수준을 촉진시키자고 다짐한 바 있다.
유엔 회원국들은, 유엔과 협력하여, 인권과 기본적 자유를 함께 존중하고 준수하며, 그것을 증진하자고 약속하였다.
그런데 이러한 서약을 온전히 실현하려면 인권이 무엇인지 또 자유가 무엇인지에 관해 모든 사람이 공통적으로 이해하는 것이 무엇보다 긴요하다.
따라서, 이제 유엔 총회는, 사회의 모든 개인과 모든 조직이 이 선언을 언제나 마음속 깊이 간직하면서, 가르침과 배움을 통해 이러한 권리와 자유가 존중되도록 애써 노력하며, 국내에서든 국제적으로든, 전향적이고 지속적인 조치를 통해 이러한 권리와 자유가 보편적이고 효과적으로 인정되고 지켜지도록 애써 노력하기 위하여, 모든 인민과 모든 국가가 다 함께 달성해야 할 하나의 공통 기준으로서 유엔 회원국 인민들과 회원국의 법적 관할 하에 있는 영토의 인민들에게 세계인권선언을 선포하는 바이다.

(1948년 12월 10일 유엔총회에서 채택)

조항

제1조

모든 사람은 자유로운 존재로 태어났고, 똑같은 존엄과 권리를 가진다. 사람은 이성과 양심을 타고났으므로 서로를 형제애의 정신으로 대해야 한다.

제2조

모든 사람은 인종, 피부색, 성, 언어, 종교, 정치적 견해 또는 그 밖의 견해, 출신 민족 또는 사회적 신분, 재산의 많고 적음, 출생 또는 그 밖의 지위에 따른 그 어떤 구분도 없이, 이 선언에 나와 있는 모든 권리와 자유를 누릴 자격이 있다. 더 나아가, 어떤 사람이 속한 곳이 독립국이든, 신탁통치령이든, 비 자치령이든, 그 밖의 어떤 주권상의 제약을 받는 지역이든 상관없이, 그곳의 정치적 지위나 사법관할권상의 지위 혹은 국제적 지위를 근거로 사람을 구분해서는 절대로 안 된다.

제3조

모든 사람은 생명을 가질 권리, 자유를 누릴 권리, 그리고 자기 몸의 안전을 지킬 권리가 있다.

제4조

어느 누구도 노예가 되거나 타인에게 예속된 상태에 놓여서는 안 된다. 노예제도와 노예매매는 어떤 형태로든 일절 금지된다.

제5조

어느 누구도 고문, 또는 잔인하고 비인도적이거나 모욕적인 처우 또는 처벌을 받아서는 안 된다.

제6조

모든 사람은 그 어디에서건 법 앞에서 다른 사람과 똑같이 한 인간으로 인정받을 권리가 있다.

제7조

모든 사람은 법 앞에서 평등하며, 어떤 차별도 없이 똑같이 법의 보호를 받을 자격이 있다. 모든 사람은 이 선언에 위배되는 그 어떤 차별에 대해서도, 그리고 그러한 차별에 대한 그 어떤 선동 행위에 대해서도 똑같은 보호를 받을 자격이 있다.

제8조

모든 사람은 헌법 또는 법률이 보장하는 기본권을 침해당했을 때 해당 국가의 법정에서 적절하게 구제받을 권리가 있다.

제9조

어느 누구도 함부로 체포 또는 구금되거나 해외로 추방되어서는 안 된다.

제10조

모든 사람은 자신의 권리와 의무가 무엇인지를 가려내고, 자신에게 가해진 범죄혐의에 대해 심판 받을 때에, 독립적이고 불편부당한 법정에서 다른 사람과 똑같이 공정하고 공개적인 재판을 받을 자격이 있다.

제11조

1. 형사상 범죄혐의로 기소당한 사람은 누구나 자신의 변호를 위해 필요한 모든 법적 보장이 되어 있는 공개재판에서 법에 따라 정식으로 유죄 판결이 나기 전까지 무죄로 추정받을 권리가 있다.
2. 어떤 사람이 이전에 국내법 또는 국제법상 범죄가 아니었던 일을 행하거나 행하지 않았던 것을 두고 그 후에 유죄로 판결해서는 안 된다. 또한 범죄를

저지른 당시에 부과할 수 있었던 처벌보다 더 무거운 처벌을 그 후에 부과해서도 안 된다.

제12조

어느 누구도 자신의 사생활, 가족관계, 가정, 또는 타인과의 연락에 대해 외부의 자의적인 간섭을 받지 않으며, 자신의 명예와 평판에 대해 침해를 받지 않는다. 모든 사람은 그러한 간섭과 침해에 대해 법의 보호를 받을 권리가 있다.

제13조

1. 모든 사람은 자기 나라 내에서 어디든 갈 수 있고, 어디에서나 살 수 있는 자유를 누릴 권리가 있다.
2. 모든 사람은 자기 나라를 포함한 어떤 나라로부터도 출국할 권리가 있으며, 또한 자기 나라로 다시 돌아올 권리가 있다.

제14조

1. 모든 사람은 박해를 피해 다른 나라에서 피난처를 구할 권리와 그것을 누릴 권리를 가진다.
2. 그러나 이 권리는 순수하게 비정치적인 범죄로 제기된 법적 소추, 또는 유엔의 목적과 원칙에 위배되는 행위로 제기된 법적 소추의 경우에는 적용되지 않는다.

제15조

1. 모든 사람은 국적을 가질 권리가 있다.
2. 어느 누구도 함부로 자신의 국적을 빼앗기지 않으며, 또한 자신의 국적을 바꿀 권리를 부정당하지 않는다.

제16조

1. 성인이 된 남녀는 인종이나 국적, 종교에 따른 어떠한 제약도 받지 않고, 결

혼할 수 있는 권리 그리고 가정을 이룰 권리가 있다. 남성과 여성은 결혼 시, 결혼 중, 그리고 이혼 시에 서로 똑같은 권리를 가진다.
2. 결혼은 오직 배우자가 되려는 당사자 간의 자유롭고 완전한 합의에 의해서만 유효하다.
3. 가정은 사회의 자연적이고 기초적인 구성단위이므로 사회와 국가의 보호를 받을 자격이 있다.

제17조

1. 모든 사람은 다른 사람들과 공동으로 그리고 단독으로 재산을 소유할 권리가 있다.
2. 어느 누구도 자기 재산을 함부로 빼앗기지 않는다.

제18조

모든 사람은 사상의 자유, 양심의 자유, 그리고 종교의 자유를 누릴 권리가 있다. 이러한 권리에는 자신의 종교 또는 신앙을 바꿀 자유도 포함된다. 또한 이러한 권리에는 혼자 또는 다른 사람들과 함께, 공개적으로 또는 사적으로, 자신의 종교나 신앙을 가르치고 실천하고 예배드리고 엄수할 자유가 포함된다.

제19조

모든 사람은 의사 표현의 자유를 누릴 권리가 있다. 이 권리에는 간섭받지 않고 자기 의견을 지닐 수 있는 자유와 모든 매체를 통하여 국경과 상관없이 정보와 사상을 구하고 받아들이고 전파할 수 있는 자유가 포함된다.

제20조

1. 모든 사람은 평화적 집회와 결사의 자유를 누릴 권리가 있다.
2. 어느 누구도 어떤 모임에 소속될 것을 강요당해서는 안 된다.

제21조

1. 모든 사람은 자기가 직접 참여하든 또는 자유롭게 선출된 대표를 통해서 간접적으로 참여하든 간에, 자기 나라의 국정에 참여할 권리가 있다.
2. 모든 사람은 자기 나라의 공직을 맡을 평등한 권리가 있다.
3. 인민의 의지가 정부 권위의 토대를 이룬다. 인민의 의지는, 주기적으로 시행되는 진정한 선거를 통해 표출된다. 이러한 선거는 보통선거와 평등선거로 이루어지고, 비밀투표 또는 비밀투표에 해당하는 자유로운 투표 절차에 따라 시행된다.

제22조

모든 사람은 사회의 구성원으로서 사회보장을 받을 권리가 있다. 또한 모든 사람은, 국가의 자체적인 노력과 국제적인 협력을 통해, 그리고 각국이 조직된 방식과 보유한 자원의 형편에 맞춰 자신의 존엄성과 인격의 자유로운 발전에 반드시 필요한 경제적·사회적·문화적 권리를 실현할 자격이 있다.

제23조

1. 모든 사람은 노동할 권리, 자유롭게 직업을 선택할 권리, 공정하고 유리한 조건으로 일할 권리, 그리고 실업 상태에 놓였을 때 보호받을 권리가 있다.
2. 모든 사람은 어떠한 차별도 받지 않고 동일한 노동에 대해서 동일한 보수를 받을 권리가 있다.
3. 모든 노동자는 자신과 그 가족이 인간적으로 존엄을 지키고 살아갈 수 있도록 정당하고 유리한 보수를 받을 권리가 있다. 또한 이러한 보수가 부족할 때에는 필요하다면 여타 사회보호 수단을 통한 부조를 제공받을 권리가 있다.
4. 모든 사람은 자신의 이익을 지키기 위해 노동조합을 결성하고 그것에 가입할 권리가 있다.

제24조

모든 사람은 휴식을 취하고 여가를 누릴 권리가 있다. 이러한 권리에는 노동시간을 적절한 수준으로 단축할 수 있는 권리 그리고 정기적인 유급 휴가를 받을 권리가 포함된다.

제25조

1. 모든 사람은 자신과 가족의 건강과 안녕에 적합한 생활 수준을 누릴 권리가 있다. 이러한 권리에는 음식, 입을 옷, 주거, 의료, 그리고 생활에 필요한 사회서비스 등을 누릴 권리가 포함된다. 또한 실업 상태에 놓였거나, 질병에 걸렸거나, 장애가 있거나, 배우자와 사별했거나, 나이가 많이 들었거나, 그 밖에 자신의 힘으로 어찌할 수 없는 형편이 되어 생계가 곤란해진 모든 사람은 사회나 국가로부터 보호를 받을 권리가 있다.
2. 자식이 딸린 어머니 그리고 어린이·청소년은 사회로부터 특별한 보살핌과 도움을 받을 자격이 있다. 모든 어린이·청소년은 그 부모가 결혼한 상태에서 태어났건 아니건 간에 똑같은 보호를 받는다.

제26조

1. 모든 사람은 교육받을 권리가 있다. 적어도 초등교육과 기본교육 단계에서는 무상교육을 실시해야 한다. 초등교육은 의무적으로 실시해야 한다. 보통 사람들이 큰 어려움 없이 기술교육과 직업교육을 받을 수 있어야 하며, 고등교육은 오직 학업능력으로만 판단하여 모든 사람에게 똑같이 개방되어야 한다.
2. 교육은 인격을 온전하게 발달시키고, 인권과 기본적 자유를 더욱 존중할 수 있도록 그 방향을 맞춰야 한다. 교육은 모든 국가, 모든 인종집단 또는 모든 종교집단이 서로 이해하고 서로 관용하며 친선을 도모할 수 있게 해야 하고, 평화를 유지하기 위한 유엔의 활동을 촉진해야 한다.
3. 부모는 자녀가 어떤 교육을 받을지를 우선적으로 선택할 권리가 있다.

제27조

1. 모든 사람은 자기가 속한 공동체의 문화생활에 자유롭게 참여할 권리, 예술을 즐길 권리, 학문적 진보와 그 혜택을 함께 누릴 권리가 있다.

2. 모든 사람은 자신이 만들어낸 모든 학문, 문예, 예술의 창작물에서 생기는 정신적·물질적 이익을 보호받을 권리가 있다.

제28조

모든 사람은 이 선언에 나와 있는 권리와 자유가 온전히 실현될 수 있는 사회체제 및 국제체제에서 살아갈 자격이 있다.

제29조

1. 모든 사람은 자신이 속한 공동체에 대하여 의무를 진다. 어떤 사람이든 그러한 공동체를 통해서만 자신의 인격을 자유롭고 온전하게 발전시킬 수 있기 때문이다.
2. 모든 사람이 자신의 권리와 자유를 온전하게 행사할 수 있지만, 다음과 같은 경우에는 예외적으로 그러한 권리와 자유가 제한될 수 있다. 즉, 타인에게도 나와 똑같은 권리와 자유가 있다는 사실을 인정하고 존중해 주기 위해 제정된 법률에 의해서, 그리고 민주사회의 도덕률과 공중질서, 사회 전체의 복리를 위해 정당하게 요구되는 사안을 충족시키기 위해 제정된 법률에 의해서는 제한될 수 있다.
3. 그 어떤 경우에도 이러한 권리와 자유를 유엔의 목적과 원칙에 어긋나게 행사해서는 안 된다.

제30조

이 선언에 나와 있는 어떤 내용도 다음과 같이 해석해서는 안 된다. 즉, 어떤 국가, 집단 또는 개인이 이 선언에 나와 있는 그 어떤 권리와 자유라도 파괴하기 위한 활동에 가담할 권리가 있다고 암시하거나, 그러한 행동을 할 권리가 있다는 식으로 해석해서는 절대로 안 된다.

장애인권리선언

개요

장애인권리선언(Declaration on the Rights of Disabled Persons)은 1975년 12월 9일 유엔총회에서 만장일치로 채택된 장애인의 인권선언으로, 모든 장애인의 권리를 존중하자는 취지를 담고 있다.
1975년 12월 9일 유엔 총회(United Nations General Assembly)에서 만장일치로 채택된 장애인의 인권선언이다. 이 선언은 유엔헌장과 세계인권선언의 정신에 입각하여 모든 장애인이 다른 사람들과 동일한 권리를 가지고 있음을 명시하고 있다.
국제사회는 1970년 무렵부터 장애인의 인권문제에 본격적으로 관심을 두기 시작하였다. 1969년 12월 11일 유엔 총회에서는 '사회진보와 발전에 관한 선언(Declaration on Social Progress and Development)'을 채택했는데, 19조에서 정신지체 또는 지체장애인의 재활을 위한 조치의 제도화, 교육, 직업 훈련과 배치 등을 통해 장애를 이유로 차별받지 않는 사회환경을 조성해야 한다는 내용을 담았다. 이어 1971년 12월 20일 유엔 총회에서는 '지적장애인 권리선언(Declaration on the Rights of Mentally Retarded Persons)'을 채택했으며, 이 선언은 지적장애인이 실현 가능한 정도까지 적절한 의료와 교육, 경제적 안정, 착취로부터의 보호와 법적 절차에 접근할 권리가 있음을 서술하고 있다. 또한 지적장애인이 시설에 수용되기보다 가족과 함께 살고 지역사회에 참여해야 한다고 강조하였다. 1969년과 1971년의 두 선언은 이후 1948년에 채택된 세계인권선언이 장애인에게도 명확하게 적용된다는 것을 담은 장애인권리선언의 채택으로 이어지게 되었다.

장애인권리선언은 전문과 13개의 조항으로 구성되어 있다. 여기에는 장애인의 개념을 정의하고, 모든 장애인에게는 인간으로서 존엄성을 존중받을 권리, 시민적 권리와 정치적 권리, 자립을 가능하게 하는 조치에 대한 권리, 치료받을 권리, 경제 및 사회적 생활 보장과 적절한 생활 수준을 누릴 권리, 능력에 따른 고용에 대한 권리, 경제 및 사회적 계획 수립의 모든 단계에서 특별한 필요조건이 반영되도록 요구할 권리, 가족과 함께 살면서 사회 활동과 생산활동에 참여할 권리 등을 명시하고 있으며, 모든 장애인 단체는 장애인의 권리에 관한 모든 사안에 관해 협의할 수 있고, 모든 장애인과 그 가족과 지역사회는 그들의 권리에 대해 충분히 알려야 함을 규정하고 있다.

이후 2006년 12월 13일에 열린 유엔 총회에서는 장애인권리협약(Convention on the Rights of Persons with Disabilities)을 체결하였다. 이 협약은 신체장애, 정신 장애, 지적 장애를 포함한 모든 장애가 있는 사람들의 존엄성과 권리를 보장하는 것을 목적으로 하며, 장애인의 권리보호와 증진을 위한 규범적 효력을 가진다.

선언 외에 장애인 인권에 관한 국제 규정으로는 정신지체인권리선언(1971년), 세계 장애인의 해(1981년), 장애인에 관한 세계행동계획(1982년), 유엔 장애인의 해 10년(1983~1992년), 장애인의 기회평등화에 관한 기본 규칙(1993년) 등이 있고, 우리나라에서는 1998년에 한국장애인인권헌장이 선포되었다.

장애인권리선언

1. '장애인'이라는 개념은 선천적으로나 후천적으로나 신체적 능력이나 정신적 능력에 결함이 발생함으로써, 자신 스스로 개인생활이나 사회생활을 정상적으로 영위할 수 있는 필요조건을 전혀 갖출 수 없거나 부분적으로 갖출 수밖에 없는 모든 사람을 의미한다.
2. 모든 장애인은 이 선언에 명시된 모든 권리를 누려야 한다. 이러한 권리는 인종, 피부색, 성별, 언어, 종교, 정치적 입장이나 여타의 견해, 국적이나 사회적 신분, 빈부, 출생, 장애인이나 그 가족이 처한 상황 등에 따라 어떤 차별도 받

지 않고 예외 없이 모든 장애인에게 인정되어야 한다.

3. 모든 장애인에게는 인간으로서 존엄성을 존중받아야 할 천부적 권리가 있다. 모든 장애인에게는 장애의 원인과 특징과 정도에 관계없이 동일한 연령의 일반 시민과 마찬가지로 기본적 권리, 즉 무엇보다도 먼저 품위 있는 생활을 정상적으로 최대한 누릴 수 있는 권리가 있다.
4. 모든 장애인에게는 다른 사람과 마찬가지로 시민적 권리와 정치적 권리가 있다. 하지만 <정신지체인 권리선언> 7조에는 정신장애인에게 그러한 권리를 제한하거나 억제할 수 있다는 조항이 존재한다.
5. 모든 장애인에게는 최대한 자립을 돕기 위해 마련된 모든 수단을 이용할 권리가 있다.
6. 모든 장애인에게는 보장구를 포함하여 의료와 심리치료와 기능치료를 받을 뿐만 아니라, 의료재활과 사회재활, 교육, 직업훈련과 재활, 개호, 상담, 취업 알선, 장애인의 능력과 기술을 최대한 향상시켜서 그들의 사회통합이나 재통합 과정을 촉진하는 다양한 서비스 등을 받을 수 있는 권리가 있다.
7. 모든 장애인에게는 경제·사회적 생활 보장과 품위 있는 생활수준을 누릴 수 있는 권리가 있다. 모든 장애인에게는 각자 능력에 따라 고용을 보장받거나 유익하고 생산적이고 보수가 보장되는 직종에 종사하면서 노동조합에 가입할 수 있는 권리가 있다.
8. 모든 장애인에게는 경제·사회적 계획 수립의 모든 단계에서 자신의 특수한 필요조건이 반영되도록 요구할 수 있는 권리가 있다.
9. 모든 장애인에게는 가족이나 수양부모와 함께 살면서 사회 활동과 생산활동이나 오락활동에 참여할 수 있는 권리가 있다. 주거에 관한 한 모든 장애인은 건강상태나 건강개선을 위해 불가피한 경우를 제외하고 어떤 차별대우도 받아서는 안 된다. 장애인이 불가피하게 특수시설에 수용되는 경우, 그곳의 환경과 생활조건은 가능한 한 그와 연령이 똑같은 일반인이 정상적으로 누리는 생활조건과 유사해야 한다.
10. 모든 장애인은 모든 형태의 착취, 모든 형태의 규제, 차별적이고 모욕적이고 천박한 성격을 띠는 모든 처우로부터 보호되어야 한다.

11. 모든 장애인이 자신의 인격과 재산을 보호하기 위해 법률 지원이 필요한 경우, 그러한 지원을 적절하게 제공받을 수 있어야 한다. 장애인에 대한 사법 소송이 제기된 경우, 그들의 심신상태를 충분히 고려하여 법적 절차가 적용되어야 한다.
12. 모든 장애인 단체는 장애인의 권리에 관한 모든 사안에 대해 유익한 조언을 제공할 수 있다.
13. 모든 장애인과 그 가족과 사회는 모든 적절한 방법을 통해 이 선언에 포함된 권리에 대해 충분히 파악하고 있어야 한다.

대한민국 장애인인권헌장

개요

장애인들은 사회의 여러 가지 편견과 차별대우, 장애인에 대한 법적 보호의 미흡 등 그 열악한 조건을 이겨내고 모든 사람과 마찬가지로 "존엄한 인간"임을 확인하기 위하여, 1975년 12월 9일에 국제연합 총회에서 채택된 장애인 권리선언을 근거로, 1998년 12월 9일 대한민국의 특수성을 감안하여 국회에 의하여 헌장으로 채택되었고, 전 국민과 국가에 의하여 존중되기를 열망하면서 장애인 인권 헌장을 선포하였다.

장애인인권헌장

1. 장애인은 모든 인간이 누리는 기본권을 당연히 누려야 하며 그 인격의 존엄성은 충분히 존중되어야 한다. 장애인이라는 이유로 같은 시대의 같은 사회의 다른 사람이 누리는 권리, 명예, 특전이 거부되거나 제한되어서는 아니 된다.
2. 장애인에게는 다른 모든 사람과 마찬가지로 가능한 한 정상적이고 원만하게 인간다운 삶을 영위할 수 있도록 모든 기회와 편의가 제공되어야 한다.
3. 장애인은 다른 사람과 동일한 정치적 권리를 가지며 사회가 제공하는 모든 기회와 편의를 이용할 수 있다.
4. 국가는 장애인이 혼자 힘으로 행동하고 생활할 수 있도록 조치를 취할 의무가 있으며 모든 장애인은 그것을 요구하고 이용할 권리가 있다.
5. 장애인은 자신이 가진 능력을 최대한으로 개발하고 가능한 한 빨리 그리고 쉽게 사회에 적응할 수 있도록 하기 위하여 필요한 각종 보조기구, 모든 의

료혜택, 의학적 및 사회적 재활교육, 직업훈련 및 직업알선, 상담 등 각종 사회 서비스를 받을 수 있어야 한다.

6. 장애인은 인간다운 생활과 사회활동의 안정을 보장받기 위하여 자신의 능력에 따라 직업을 선택하여 생산적인 경제활동을 할 수 있고 응당한 보수를 받을 권리가 있으며, 노동조합에 가입할 권리가 있다.
7. 국가가 수립하고 시행하는 사회, 경제, 교육, 문화 등 제반분야의 정책과 교통, 교육, 문화 등 각종 시설에 장애인들이 가지고 있는 특수한 필요와 상황이 반드시 감안되어야 한다.
8. 장애인은 가족과 동거할 권리가 있으며 사회의 각종 활동에 차별대우를 받지 않고 참여할 권리가 있다. 장애인의 이익을 위한 경우 이외에는 주거환경에 있어서 차별대우를 받아서는 아니 되며, 장애인의 이익을 위하여 필요하다고 인정되는 별도의 주거지역은 같은 연령의 다른 사람들이 정상적인 생활을 하는 곳에 가능한 한 가까워야 한다.
9. 장애인은 모든 종류의 착취로부터 보호를 받아야 하며, 어떤 종류건 어떠한 명목이든 차별대우나 천대를 받아서는 아니 되며, 누구를 막론하고 장애인 복지를 빙자하여 개인적 부를 축적하여서는 아니 된다.
10. 혼자 힘으로 의사결정을 할 수 없는 장애인이나 그 가족들의 인간다운 삶을 보장하기 위하여 국가는 그에 알맞은 특별한 정책 배려를 하여야 한다.
11. 장애인은 자신의 권익을 보호받기 위하여 필요한 경우에는 상당한 법률적 도움을 받을 수 있어야 한다. 만약 장애인들이 법적인 제재를 받아야 하는 경우에도 그들의 육체적, 정신적 특수 조건이 충분히 고려되어야 한다.
12. 장애인의 권리와 복지에 관한 모든 시책이 제정되고 시행되는 경우 장애인들의 의사가 충분히 반영되어야 하며, 장애인들이 자발적으로 참여하는 조직체의 자문을 받아야 한다.
13. 모든 교육기관과 언론매체들은 장애인에 대하여 가지고 있는 우리 사회의 오해와 편견을 제거하는 데 앞장서야 하며, 장애인에 대한 부정적인 표현을 삼가야 한다.
14. 장애인과 그 가족 그리고 장애인 단체들은 이 선언에 포함된 모든 권리에 대하여 충분한 정보를 얻을 수 있어야 한다.

참고문헌

1. 국내 자료

고명석 외(2020). 『장애인복지론』. 서울: 동문사.
권선진 외(2013). 『장애인복지론』. 서울: 청목출판사.
권선진(2013). 『장애인복지론』. 서울: 청목출판사.
김보기 외(2016). 『최신 사회문제론』. 경기: 양서원.
김보기 외(2017c). 『인간행동이해를 위한 심리학』. 경기: 양서원.
김보기 외(2019a). 『사회복지실천론』. 경기: 양성원.
김보기 외(2019b). 『인간행동과 사회환경』. 경기: 양성원.
김보기 외(2020). 『사회복지와 문화다양성』. 서울: 동문사.
김보기 외(2021a). 『가족상담 및 가족치료』. 서울: 조은.
김보기 외(2021b). 『사회복지실천기술론』. 서울: 정원.
김보기 외(2022a). 『사회복지정책론』. 서울: 박영스토리.
김보기 외(2022b). 『복지국가론』. 서울: 동문사.
김보기 외(2022c). 『인간행동이해를 위한 심리학』. 서울: 박영스토리.
김보기 외(2022d). 『빈곤론』. 서울: 동문사.
김영애 외(2021). 『장애인복지론』. 서울: 한국방송통신대학교출판문화원.
김영철 외(2021). 『정신건강론』. 서울: 조은.
김영철 외(2022a) 『인간행동과 사회환경』. 서울: 박영스토리.
김영철 외(2022b) 『사회복지실천론』. 서울: 박영스토리.
김영철 외(2022c) 『장애인복지론』. 서울: 박영스토리.
김용환 외(2020). 『장애인복지론』. 서울: 동문사.
김준환 외(2017). 『장애인복지론』. 경기: 어가.
김한식 외(2020). 『장애인복지론』. 경기: 정민사.
노병일(2018). 『사회문제론』. 경기: 양서원.
박옥희(2021). 『장애인복지론』. 경기: 학문사.
박주현(2021). 『사회복지정책론』. 서울: 어가.
배경희 외(2021). 『장애인복지론』. 경기: 정민사.

서동명 외(2022). 『장애인복지론』. 서울: 신정.

석말숙 외(2022). 『장애인복지론』. 경기: 양서원.

신현석(2021). 『장애인복지론』. 경기: 공동체.

양승일(2019). 『사회복지정책론』. 경기: 양서원.

양정하 외(2020). 『사회복지정책론』. 경기: 양서원.

엄태완 외(2019). 『정신건강사회복지론』. 서울: 학지사.

오정화 외(2022). 『장애인복지론』. 경기: 양서원.

유태완 외(2017). 『장애인복지론』. 서울: 창지사.

윤상용 외(2021). 『장애인복지론』. 서울: 신정.

윤선오 외(2016). 『장애인복지론』. 경기: 양성원.

이민훈 외(2021). 『사회복지시설 정보와 창업』. 경기: 어가.

이선우 외(2021). 『장애인복지론』. 경기: 공동체.

이승기 외(2016). 『장애인복지론』. 서울: 신정.

이준우 외(2021). 『장애인복지론』. 경기: 양서원.

이채식 외(2021). 『장애인복지론』. 서울: 창지사.

이평화 외(2022a). 『지역사회복지론』. 서울: 박영스토리.

이평화 외(2022b). 『상담심리학』. 서울: 박영스토리.

이형석 외(2019). 『장애인복지론』. 경기: 지식공동체.

임종호 외(2021). 『장애인복지론』. 서울: 학지사.

정일교 외(2022). 『장애인복지론』. 경기: 양성원.

정종화 외(2021). 『사회복지현장의 이해』. 서울: 동문사.

정지웅 외(2019). 『장애인복지론』. 경기: 양서원.

최윤영 외(2015). 『장애인복지론』. 서울: 학지사.

허완중(2020). 『헌법(기본권론)』. 서울: 박영사.

황희숙 외(2021). 『장애인복지론』. 서울: 형설출판사.

2. 외국 자료

American Psychiatric A ssociation(2013, 2018). *Desk Reference To The Diagnostic Criteria From DSM−5*. Generic.

Brisenden, S.(1989), *A charter for personal care, in progress*, 16. Disablement Income Group.

Bruno, F. J.(1989). *The Family Mental Health Encyclopedia*. Wiley.

Dell Orto A. E.(2007). *The Psychological and Social Impact of Illness and Disability* (5th Edition, Kindle Edition). Springer Publishing Company.

Dunst, C. J., Johanson, C., Trivette, C. M., & Hamby, D. (1991). Family-oriented early intervention. *Family Systems Intervention Monograph*. iviorgainun.

policies and practices: Family-centered or not? Exceptional children, 58(2), 115-126.

Dunst, C. J., Trivette, C. M., & Deal, A. G.(1988). *Enabling and empowering families: Principles and guidelines for practice*. Cambridge, MA: Brookline Books.

Dunst, C. J. et al.(1994). Enabling and empowering families. *Supporting and strengthening families*, 2-11.

Fast, B., & Chapin, R.(2002). The Strengths Model with Older Adults-Critical Practice Components. In D. Saleevey(Ed.). *The Strengths Perspective in Social Work Practice*. Allyn and Bacon.

Giddens, A.(1989, 2017, 2021). *Sociology*. Polity Press.

Giddens, A.(1991). *The Consequences of Modernity* (1st Edition). Stanford University Press.

Gilbert, N. and Terrell, P.(2014). *Dimensions of Social Welfare Policy*. Pearson.

Goffman, E.(1963, 1986). *Stigma: Notes on the Management of Spoiled Identity* (Reissue edition). Touchstone.

Gowdy, A.(1993). Management is Performance: Strategies for Client-Centered Practice in Social Service Organization. *Administration in Social Work*, 77(1).

Hepworth, D. H. et al.(1986, 2018). *Direct Social Work Practice: Theory and Skills*. Rawat.

James, R., & Gilliland, B.(2020). *Crisis Intervention Strategies* (8th ed.). Pacific Grove. CA: Brooks/Cole.

Jones, D. A.(1993). Informal carers and their elderly dependents' A community based longitudinal study. In D. Robinns (Ed.). *Community care: Findings form department of health funded research*. London: HMSO, 180-182.

Jones, Kathleen(1993). *Asylums and After: Revised History of the Mental Health Service From the Early 18th Century to the 1990s*. The Athlone Press.

Kirk, S. A., & Chalfant, J. C.(1984). *Academic and Developmental Learning Disabilities*. London: Love Publishing.

Mackelprang, R., & Salsgiver, R.(2021). *Disability: A diversity Model Approach in human service practice* (4th Edition). Oxford University Press.

Moxley, D. P.(1989). *The practice of case management*. CA: Sage Publications Inc.

Oliver, M.(1996). *Understanding Disability: From Theory to Practice*. New York: St. Martin's Press Olmstead Decision.

Priestley, M.(2003). *Disability: A Life Course Approach* (1st Edition). Polity.

Rothman, D.(1971). *The discovery of the asylum: Social order and disorder in the new republic*. Boston: Little Brown.

Soodak, L.(2004). *Disability and Education: Societal Values and Public Policy (Education and Society)* (1st Edition). RoutledgeFalmer.

Allport, G. W.(1958). *Assessment of human motives*. New York: Rinehart.

Rhodes, R.(1996). Mental retardation and sexual expression: An historical perspective. In R. W. Mackelprang & D. Valentine (Eds.). *Sexuality and disabilities: A guide for human service practitioners*. Binghamton. NY: Haworth Press.

Shapiro, J. P.(2011). *No pity: People with disabilities, forgiving a new civil rights movement*. New York: Times Books.

Turnbull, A. A. et al.(2015) *Families, Professionals, and Exceptionality: Positive Outcomes Through Partnerships and Trust* (7th Edition). Pearson.

Yuker, H. E.(1988). *Attitudes toward persons with disabilities*. New York: Springer Publishing Company.

3. 기타

교육부(2017). 「제5차 특수교육발전 5개년(2018~2022) 계획」.

보건복지부(2019). 「제5차 장애인정책종합계획(안)(2018~2022」.

보건복지부(2021). 「2020년 장애인실태조사 결과」.

보건복지부(2022). 「2022년 장애인복지시설 사업안내(Ⅲ)」.

보건복지부(2022a). 「2022년 장애인연금사업안내」.

보건복지부 홈페이지(2022).

한국장애인고용공단 홈페이지(2022).

찾아보기

ㄱ

저자소개

김영철

강서대학교 사회복지대학원 사회복지학과 석사
순복음대학원대학교 사회복지학과 박사
공동모금회 배분심사위원/사회복지공무원 역량강화 교육강사
성평등교육 전문강사/주민참여예산 심의위원
희망나눔재단 이사/디딤병원 총괄본부장
명지대학교 복지경영학과 특임교수/호원대학교 사회복지학부 겸임교수
＜저서＞ 장애인복지론, 사회복지실천론, 인간행동과 사회환경, 정신건강론

윤진순

사회복지학 박사
국민대학교 행정대학원 석사
사회복지학전공/칼빈대학교 겸임교수
칼빈대학교 미래교육원 주임교수/서정대학교 글로벌융합복지학과 겸임교수
imbc 평생교육원 운영교수
＜저서＞ 장애인복지론, 사회복지정책론

정행복

남서울대학교 대학원 복지경영학과 석사
서울한영대학교 대학원 사회복지학 박사
안산대학교 평생교육원 에이블학과 강사
행복한나무요양원 이사/뉴엠평생교육원 운영교수
서정대학교 글로벌융합복지학과 겸임교수
한국열린사이버대학교 특임교수
＜저서＞ 장애인복지론, 인간행동과 사회환경, 정신건강론

김민선

서울한영대학교 사회복지학 석사
서울한영대학교 대학원 사회복지학 박사 수료
한국열린사이버대학교 특임교수/국제평생교육개발원 교수
노인건강운동 지도 전문강사
푸드아트 심리상담 강사
<저서> 장애인복지론

김혜숙

명지대학교 대학원 사회복지학 석사
서울한영대학교 대학원 사회복지학 박사
안산대학교 평생교육원 에이블학과 겸임교수
뉴엠평생교육원/이룸평생교육원 운영교수
파스텔일러스트 전문강사/미술심리상담사/평생교육사
<저서> 장애인복지론

이용주

서울한영대학교 대학원 사회복지학 석사
서울한영대학교 대학원 사회복지학 박사
한국열린사이버대학교 특임교수/국제평생교육개발원 교수
청소년선도위원회 이사 및 강사
경기도 안성교육지원청 갈등조정자문단
안산대학교평생교육원 에이블대학과정 강사
MBC아카데미사이버평생교육원 개발교수
뉴엠평생교육원 운영교수/이룸평생교육원 개발 및 운영교수
<저서> 장애인복지론

장애인복지론

초판발행 2022년 9월 1일

지은이 김영철·윤진순·정행복·김민선·김혜숙·이용주
펴낸이 노 현

편 집 탁종민
기획/마케팅 조정빈
표지디자인 이소연
제 작 고철민·조영환

펴낸곳 ㈜ 피와이메이트
서울특별시 금천구 가산디지털2로 53, 210호(가산동, 한라시그마밸리)
등록 2014. 2. 12. 제2018-000080호
전 화 02)733-6771
f a x 02)736-4818
e-mail pys@pybook.co.kr
homepage www.pybook.co.kr
ISBN 979-11-6519-294-5 93330

정 가 28,000원